朱虹　赵建洪　杨惠媛　王忆云｜主编

外语教学与研究

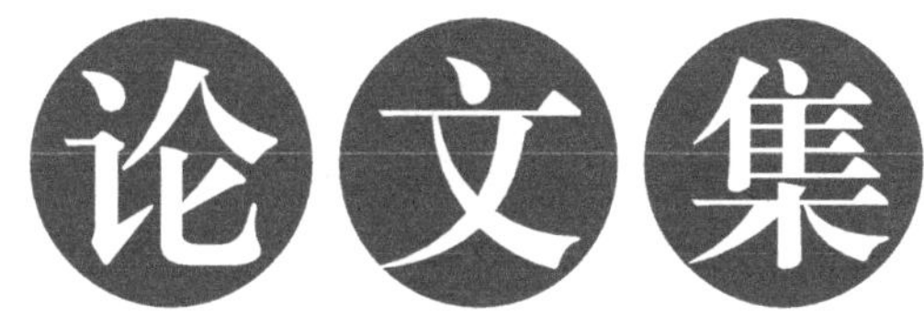

图书在版编目(CIP)数据

外语教学与研究论文集 / 朱虹等主编. -- 天津 : 天津大学出版社，2021.11

ISBN 978-7-5618-7079-2

Ⅰ. ①外… Ⅱ. ①朱… Ⅲ.①外语教学－教学研究－文集 Ⅳ. ①H09-53

中国版本图书馆CIP数据核字(2021)第219518号

出版发行	天津大学出版社
地　　址	天津市卫津路92号天津大学内(邮编:300072)
电　　话	发行部:022-27403647
网　　址	www.tjupress.com.cn
印　　刷	北京盛通商印快线网络科技有限公司
经　　销	全国各地新华书店
开　　本	185mm×260mm
印　　张	22.75
字　　数	568千
版　　次	2021年11月第1版
印　　次	2021年11月第1次
定　　价	78.00元

目　　录

大学英语课程思政实现路径研究①

■ 朱 虹
■ 天津商业大学 300134

摘要 课程思政的概念一经提出，即在全国范围内掀起了改革热潮。本文从大学英语的课程特点出发，分析了实施大学英语课程思政的意义和必要性，并从教师、教学方法和手段以及高校层面尝试探索大学英语课程思政的实现路径。

关键词 **课程思政；大学英语；实现路径**

多年来，思想政治教育一直是各高校育人体系的一项重要工作，而思想政治课程则是开展大学生德育工作的主阵地，起着培养学生正确的价值观、引导学生树立正确的道德观念等重要作用。随着高校教育改革的不断变化和发展，大学生的思想政治教育工作逐渐渗透到各学科教学建设中。在 2016 年全国高校思想政治工作会议上，习近平总书记强调，要"使各类课程与思想政治理论课同向同行，形成协同效应"。2017 年，教育部印发《高校思想政治工作质量提升工程实施纲要》，要求大力推进以"课程思政"为重点目标的教学改革，充分发挥课堂教学的思政育人功能，将思想政治教育与知识体系教育有机地统一起来。

1 实施大学英语课程思政的意义与必要性

从思政课程迈向课程思政，是立德树人的根本要求，是新时期高校思想政治教育工作改革发展的必然趋势。单独的思政课程已不能满足当前高校大学生思想教育的要求，各类课程都应承担起思政育人的责任。课堂是传授文化知识、培养学生技能的主要场所，也是传递社会主义核心价值观、树立正确的人生观、价值观和世界观的重要渠道。因此，将思想政治教育渗透到教学设计和课堂教学等各教学环节之中，是培养德、智、体、美、劳全面发展的社会主义建设者和接班人的重要举措。在教育部高等学校大学外语教学指导委员会发布的《大学英语教学指南（2020 版）》中，明确提出要将大学英语教学融入学校课程思政教学体系。作为各大高校开设的基础类课程，大学英语具有覆盖学生面广、授课课时多的特点，可以充分发挥课堂思政育人主阵地、主渠道的作用。它不仅承担着培养学生英语语言运用能力的责任，同时也肩负着培养学生跨文化思辨意识、提高学生跨文化交际能力的重要使命。通过大学英语课程，在中西文化对比中树立学生的文化自信，在单元主题探讨中引导学生树立正确的人生观、价值观和世界观，在合作学习中培养学生的综合能力，是大学英语课程重要的一项思政教育功能。

---

① 本论文为 2019 年天津商业大学专业"金课"建设项目"大学英语 3（新视野教程）"的阶段性成果，项目号是 19JKJS01020；2020 年天津商业大学线上及混合课程建设项目"大学英语 4（新视野教程）"的阶段性成果，项目号是 20ZXJXZX0136。

2 大学英语课程思政的实现路径

当前，课程思政已在全国范围内掀起改革热潮，它已成为大学英语课程教学改革的必然趋势。如何发挥好大学英语课堂主阵地在思政育人中的重要作用，通过什么路径实现课程思政，是每一位高校英语教师需要认真思考的问题。

2.1 提升教师的道德素养，提高思政教育质量

随着大学英语教学改革的不断深入和发展，大学英语教学早已不是单纯的语言知识和能力培养，而是在此基础上进一步从情感、态度和价值观的角度培养学生的国际视野和跨文化能力。而价值观的传递，应把思想政治教育作为一项重要内容，将思政育人纳入课堂教学目标。这就要求广大英语教师要提升自身的道德素养，培养思政教育意识，充分理解和认同课程思政的重要性，担负起立德树人的责任。虽然不是专业的思想政治教育工作者，开展思想政治教育的意识和能力可能存在不足，但高校英语教师普遍接受过高等教育，也具有良好的师德和爱国主义情怀，在开展思政育人工作方面具备优势。教师可以通过研读书籍、文献，积极参与思政教研活动、讲座培训和工作坊等形式，不断培养和提高自身的思政教育意识和敏锐度，更好地利用课堂教学的主渠道对学生进行思想政治教育。

2.2 对课本内容进行补充，丰富思政学习材料

语言教学的最终目标是培养学生的语言综合运用能力，这离不开文化的交流和传播。文化的传播应该是中西方文化的平等交流，而不是中国文化或西方文化单一的文化输入。当前，大学英语课程可选用的教材版本较多，收录的文章题材涵盖经济、文化、政治、科技、教育、道德、伦理等各方面内容，也基本能符合从认知、能力和情感三个维度培养学生的目标要求。然而，教材中选取的篇目大多来自英、美国，反映的多是西方国家的社会文化、价值观等。如果仅仅从教材中吸收西方文化知识，过于强调文化输入，可能从源头上弱化了中国文化，使学生过多地受到西方文化和意识形态的影响，不但不利于帮助学生树立文化自信、培养社会主义核心价值观，还有可能导致学生对西方文化的盲目崇拜。要充分发挥大学英语思政功能，就要适当地在教学材料中加入中国元素，将中华优秀传统文化、社会主义核心价值观等内容有机地融入课堂教学，引导学生培养正确的国际观、价值观。教师应具有敏锐的政治意识，深入挖掘课文内容可联系的思政教育素材，重视对学生进行中国文化输出的能力培养。例如，教师可以适当地补充中国优秀传统文化学习内容，或根据社会热点话题补充时政材料，在带领学生了解西方社会、文化的同时，引导学生认识和理解本国文化和社会现状，辩证地看待中、西方社会状况和文化背景，帮助学生树立正确的人生观、价值观、世界观和社会主义核心价值观。

2.3 充分利用网络手段，将思政教育贯穿课前、课中、课后

正如习近平总书记在 2016 年全国高校思想政治工作会议发表的讲话中所强调的，要“把思想政治工作贯穿教育教学全过程”。大学英语课堂教学时间有限，把全部课堂时间用于对学生进行思想政治教育是不现实的。因此，把思政育人贯穿于教学环节的前、中、后

三个阶段，不仅能够兼顾对学生进行英语知识、技能的传授和价值观的培养，而且可将思想政治教育从课堂之中延伸到课堂之外，使学生能够随时随地接受思想政治文化的熏陶。目前，00后已逐渐成为大学生的主体，他们对于新事物的接受能力和自我意识较强，但尚未形成批判性、全局性的思考能力，容易被网络、媒体等各种形式的信息所影响。教师应充分考虑到当代大学生的学习和生活习惯，灵活运用网络技术，如雨课堂、学习通等在线移动学习平台，通过这些平台在课前、课后发布契合单元学习主题的思想政治学习材料，以学生熟悉、习惯的方式将正确的价值观传递给学生，以达到长期地、潜移默化地培养学生树立正确的思想道德意识的思政教育目的。此外，教师可以为学生创造课外学习环境，充分打造大学英语课程思政的第二课堂，开展具有思政主题的英语角、英文朗诵、英语辩论等课外活动，在提高学生英语语言应用能力的同时，又能培养学生的思想政治意识，提升学生的思想道德素养，从而为思政育人增砖添瓦。

2.4 丰富思政教学方式，为思政育人注入活力

当前，许多高校的大学英语课程都将课程思政纳入了改革目标，将思政育人以不同形式融入课堂教学。然而，一部分教师虽然在课堂中涉及了思想政治教育，但仅仅将显性的思想政治元素生硬地罗列出来进行讲授，如思政相关的词汇教学，或相关文件的英文译本教学等。这样的思政教育虽明显，但过于浅显，且内容形式较为枯燥，不易被学生所认可和接受，往往容易适得其反，使学生失去学习的兴趣。也有一部分教师干脆以培养学生的语言知识和运用能力为主，忽视对学生进行思政教育，这就导致大学英语课程思政的边缘化，进而影响高校整体思想教育工作体系的改革与发展。因此，教师应在充分挖掘与课文主题相关的思政教学材料的同时，根据学生的水平和特点，设计不同的教学活动，通过隐性的方式把思政育人融入学生的学习过程，使学生在完成课堂学习任务的同时，无意识地接受思想政治教育。例如，教师可根据单元主题内容设计相关的思政主题探讨或根据时事设计辩论、案例分析、中西文化对比等小组学习活动，将价值传递融入教学活动中。同时，教师可充分利用多媒体及各种教育教学平台的互动功能，以更加有趣的方式进行课程思政，为大学英语课程思政注入新的活力与生机。

2.5 完善高校大学英语课程思政的制度建设

要从根本上实现大学英语课程思政，离不开完善的制度保障体系。高校应结合本校的人才培养目标和课程目标，以立德树人为中心，加强和完善制度体系的建设，以确保大学英语课程思政工作的开展和实施。当前，有些高校已建立课程思政领导体制，明确了各部门的具体职责，使各职能部门和教学部门形成合力，共同推进本校课程思政建设。此外，还可进一步完善考核评价机制，在原先教师的教学绩效考核中加入对课程思政的要求，从传统单一以专业知识、技能为主的考核转化为专业知识、技能和思政育人能力相结合的考核，兼顾课堂教学效果与育人效果。为推进课程思政建设，高校还可在督导反馈机制中加入对课程思政的要求，以督促教师主动学习、提高课程思政的教学水平，将课程思政的理念真正融入日常教学之中。

3 结语

高校大学英语课程受众面广、授课时间久，在课堂教学中融入思政教育是加强大学生思想政治教育的重要渠道。广大教师应不断提高自己的政治意识，认识到课程思政的重要性，通过对教学内容、方法和手段的创新，将思想政治教育有机地融入课堂教学中，并充分利用网络、移动设备的优势，将思政教育贯穿于教学过程的整个阶段，使学生在提高语言应用能力的同时，能够充分学习中华优秀传统文化的价值和内涵，树立文化自信，培养社会主义核心价值观，成长为符合社会需求的全面型人才。

参考文献

[1] 贺武华，王凌敦 . 我国课程思政研究的回顾与展望 [J]. 学校党建与思想教育，2021（4）：26–30.

[2] 安秀梅 .《大学英语》“课程思政”功能研究 [J]. 文化创新比较研究，2018，2（11）：84–85.

[3] 刘晓阳 . 大学英语“课程思政”的实施路径研究 [J]. 吉林工商学院学报，2018，34（5）：126–128.

[4] 衡清芝 . 课程思政融入高校英语教学的路径分析 [J]. 高教学刊，2021（6）：193–196.

“大学英语”课程思政在“商科特色”人才培养中的作用①

■ 杨惠媛
■ 天津商业大学 300134

摘要 天津商业大学人才培养的目标是培养具有高度社会责任感、深厚商学素养的复合型、应用型创新创业人才。“大学英语”课程思政因其特色优势，在这方面可以发挥较大的作用。其一，提供外语技能和实际运用能力的培训；其二，提供思想政治教育和人文情怀培养；其三，培育“商学素养”和“为商之道”。

关键词 **大学英语；课程思政；商科特色；商学素养**

1 前言

近年来，中国共产党第十九次全国代表大会、全国高等学校本科会议和全国教育大会陆续召开，对高等教育人才培养工作提出更高也更加明确的要求，全力提高教育教学质量、培养德智体美劳全面发展的社会主义劳动者和接班人，是高等教育的核心任务。国家进步、社会经济文化发展，所需要的人才是多元化的，高等学校要根据自身情况和人才培养目标特色，结合自身的办学定位，确定自己人才培养的策略和方案。天津商业大学，作为一所以商科为特色的综合性高校，在培养工商经法文不同类型人才的同时，更加注重商学素养的培育和养成，为社会输送具有学校自身培养特色的商科人才。

天津商业大学坚持“育经世之商才，授致用之术业”的办学理念，明确了面向区域经济和社会发展需求的办学定位。其办学目标顺应国家经济发展新常态，立足京津冀一体化战略需求，增强服务地方经济社会发展的能力，力尽商学所能，满足时代所需。学校致力于创建商科特色鲜明、对接社会需求的高水平大学，坚持以培养具有高度社会责任感、深厚商业素养的复合型、应用型创新创业人才为己任。

2 “大学英语”课程思政在“商科特色”人才培养中的作用

2.1 “商科特色”人才首先应具备外语技能和语言实际运用能力

进入新时代，世界经济文化迅猛发展，社会对于人才的要求也呈多元化、高标准的态势。培养既具备专业知识，又具有综合素养，既有国内视野，又具国际眼光的复合型、创新型新时代人才，是高等教育培养的目标。因此，新时代人才必须要掌握一定的外语技能和语言实际运用能力。外语是对外交流交际的工具和桥梁，是现代社会精英人才必备的技

① 本论文为2020年天津商业大学校级教改项目“‘大学英语’一流课程建设方案研究”的阶段性成果，项目号是TJCUJG202001。

能。天津商业大学培养的商科人才，更需要熟练掌握外语这一必备技能，它既是学习外来知识、获取外文信息不可或缺的工具，也是对外交流、对外商务等活动中高效达成目标的有利“武器”。

因此，“大学英语”课程承担着从听说读写译各个角度传授外语知识、提升学生外语技能的任务，这也是该课程所应尽的基本责任。众所周知，高等教育中公共外语是必修课程，对于天津商业大学商科特色人才培养来说，要在完成基本授课任务的基础上，突出商科专业外语技能的训练，使学生掌握在国内国际商场运用外语驰骋纵横的能力。这就要求外语教师在原有授课内容的基础上，增加商务英语功能性知识的传授、帮助学生进行商科英语语汇的积累，在语言知识及商务活动实践两个方面加强对学生的指导和培训。本课程还可指导学生在学习训练的基础上参加商务英语类的考试，以考促学、以考提高，通过考试检验并提升学生商科外语技能和商务英语实用技能。总之，结合教学目标和内容，充分利用现代化教学手段，通过小班化教学、混合式教学、翻转课堂、线上线下相结合等教学模式，达到理想的商科特色外语教学效果。

2.2 “商科特色”人才还应具备高度思想政治觉悟、具有中外文化修养和人文情怀

“大学英语”课程思政是在英语语言知识传授的基础上，通过传达正确的价值理念，来提升学生思想政治素养和综合人文涵养。正如习近平总书记指出的那样，我们首先要解决好培养什么人、怎样培养人、为谁培养人这个根本问题。进入社会主义新时期，我们要培养的是德智体美劳全面发展的社会主义建设者和接班人，我们要全方位育人，要积极开展中国特色社会主义和中国梦的宣传教育，努力实现习近平新时代中国特色社会主义思想进教材、进课堂、进学生头脑。“大学英语”课程思政要与专业课、思想政治课等同向同行，发挥课堂教学主渠道的作用，发挥“大学英语”课程自身的特色和优势，提升学生思想政治觉悟、培养学生高尚的人文情怀。从时间、与学生接触频率等方面讲，“大学英语”课程具有其他课程不能比拟的优势。从语言课程教授的内容来讲，“大学英语”课程进行思想文化教育，也具有天然优势，其可以因循教学内容，有机地融入积极正确的价值观和人文内涵，起到潜移默化、立德树人的理想效果。因此，“大学英语”课程可以在两年四个学期的时间内，持续不断地结合教材和教学内容，因材施教、因人施教，做到以文化人、以德育人，在润物无声中实现对大学生的思想政治教育和高尚人文情怀的培养。总之，其可从坚持理想信念、厚植爱国主义情怀、加强品德修养、增长知识见识、培养奋斗精神、增强综合素质等方面全面提升学生素养。

当前，学校在大力推广课程思政改革成果，努力做到全校所有基础课和专业课课程思政全覆盖。作为五门“天津市高校新时代‘课程思政’改革精品课”之一的“大学英语”课程，更应该再接再厉，在现有成绩的基础上更上一层楼，努力建成课程思政示范课程，打造精品示范课，为学校培养商科特色鲜明的人才打好思想基础，提供精神保障。

2.3 “商科特色”人才更应具备“商学素养”，秉承正义的“为商之道”

天津商业大学坚持商科特色定位，遵循“育经世之商才，授致用之术业”的办学理念，积极发挥商科特色优势，努力落实“核心的商科理论知识、基本的商务运营能力、正

确的商业价值观”为基本内容的“商学素养”内涵。目的在于通过建设商科特色优势专业，培养具有高度社会责任感、深厚商学素养的复合型、应用型创新创业人才。

作为以商科为特色的高等学校的“大学英语”课程，在开展教学改革的时候，理应把“商学素养”“为商之道”等纳入授课内容，使其成为课程思政教学的一部分。首先，我们培育的商科人才要以国家民族为重，把民族复兴、实现中国梦作为自己的使命，具有强烈的社会责任感，努力做到有本领、有担当，成为国家的栋梁。其次，必须使学生在具备深入的商学专业学识的同时，树立正确的商业价值观，即为商之道。知道有所为有所不为，更知道如何为。在“大学英语”授课过程中，教师可以结合授课内容或通过授课内容的延伸，引入如古今中外成功商业案例，以及为商之道的训诫和教导，通过讲述、小视频、电影节选等形式呈现，使学生浸润其中，耳濡目染，激励并引导学生接受正确的商业价值理念，树立正确的为商之道，在未来的事业征途上把握正确方向，为成就国家民族大业贡献自己的力量。

3 结语

综上，天津商业大学是以商科为特色的高等学府，培养既具有专业知识和技能，又具有社会责任感的复合型、应用型商科特色创新创业人才是学校的责任和使命。作为一门通用基础课，“大学英语”在人才培养中肩负着重要任务，特别是近年来国家倡导“课程思政”改革，“大学英语”课程在“课程思政”中大有可为，也在发挥重要作用。根据天津商业大学培养目标和办学定位，发挥“大学英语”课程优势，进一步完善“课程思政”改革，可以为“商科特色”人才培养发挥不可忽视的作用。首先，其可以为“商科特色”人才培养提供外语技能和实用能力的培训。其次，其可为“商科特色”人才提供思想政治觉悟、中外文化修养和人文情怀方面的培养。更重要的是，“大学英语”课程可在长期授课过程中潜移默化地培养学生的“商学素养”和正确的“为商之道”，为天津商业大学高素质复合型、应用型创新创业人才培养贡献力量。

参考文献

[1] 把思想政治工作贯穿教育教学全过程 [EB/OL].[2016-12-08]http：//www.moe.gov.cn/jyb_xwfb/s6052/moe_838/201612/t20161208_291306.html.

[2] 汪军，李芳媛 .“大学英语”课程思政探索与实践 [J]. 教育教学论坛，2020（15）：52-53.

[3] 教育部关于印发《高等学校课程思政建设指导纲要》的通知 [EB/OL].[2020-06-03]http：//www.moe.gov.cn/srcsite/A08/s7056/202006/t20200603_462437.html.

大学英语课程思政的路与思 ①

■ 殷雪圻
■ 天津商业大学 300134

摘要 在新时代立德树人根本任务的指导下，大学英语课程思政改革尚处于不断发展完善阶段，本文聚焦大学英语课程思政的路径、方法，提供了具体的设计案例，并探讨了相关问题。

关键词 **大学英语；课程思政；路径；案例；思考**

2016 年 12 月，习近平总书记在全国高校思想政治工作会议上指出“要用好课堂教学这个主渠道”，“其他各门课都要守好一段渠、种好责任田，使各类课程与思想政治理论课同向同行，形成协同效应”，首次提出高校教育新理念——课程思政，即在非思政课程中贯穿思政教育。三年多来，各高校对课程思政的认识不断深化，并将其积极贯彻落实于课堂实践中。其中，大学英语课程积极探索英语课与思政元素的融合，引导学生在语言习得同时获得思政启发，将社会主义核心价值观春风化雨、润物无声地播撒到学生心田，取得了初步成效。因此，有必要对大学英语课程思政的前期经验进行总结，明确实施路径，对存在的问题进行思考，使课程思政改革之路不断深入，最终结出硕果。

1 大学英语课程思政改革的理由与路径

1.1 为什么要进行大学英语课程思政改革

首先，是“三全育人”的需要。2017 年 2 月，中共中央、国务院下发《关于加强和改进新形势下高校思想政治工作的意见》，提出高校要把立德树人作为根本任务，形成全员、全程、全方位育人机制。而课程育人是三全育人机制的首要组成部分，大学英语课程兼有工具性和人文性的双重性质，核心是语言能力、跨文化能力和人文素养的培养，而思政教育与人文教育有共同的价值理念，这就使得大学英语在课程育人中占有了得天独厚的优势，所以说，把思政教育融入课程中，大学英语当仁不让，责无旁贷。

其次，是建设一流课程的需要。教育部高教司吴岩司长提出一流课程的标准，即高阶性、创新性和挑战度。其中创新性要求课程有前沿性和时代性，而大学英语课程思政紧贴时政新闻和先进文化，将习近平新时代中国特色社会主义思想融入教学，充分体现了时代性。将思政融入大学英语教学，也丰富和扩展了大学英语的课程内涵，所以，大学英语课程思政本身就体现了创新性。

① 本论文为 2020 年天津商业大学“课程思政”改革课程建设项目“新视野大学英语”的阶段性成果，项目号是 TJCUKCSZ202001；2019 年天津商业大学专业“金课”建设项目“大学英语 3（新视野教程）”的阶段性成果，项目号是 19JKJS01020；2020 年天津商业大学线上及混合课程建设项目“大学英语 4（新视野教程）”的阶段性成果，项目号是 20ZXJXZX0136。

最后，大学英语课程思政归根结底是要回答“培养什么人、怎样培养人、为谁培养人”的问题。大学英语教学不仅应注重知识传授与能力培养，更应注重价值塑造，以提升学生的政治素质和品德修养，使他们树立社会主义核心价值观，以三位一体的育人理念开展教学。2019 年 4 月，教育部高教司吴岩司长提出高校要建设新文科、大外语，所谓大外语，就是外语教学要有大格局，要跳出语言和文化教育的小格局，培养既心系祖国又具有国际视野的新时代中国特色社会主义建设者，为国家发展战略服务。

因此，大学英语课程思政改革势在必行，只有将思政元素融入大学英语教学，使之与思想政治理论课同向同行，形成协同效应，才能答好时代给我们出的这份试卷。

1.2 如何进行大学英语课程思政改革

大学英语教材本身蕴含了丰富的思政元素，作为教学主导，教师的任务就是对教材的思政元素进行挖掘和融入。

1.2.1 *思政元素的挖掘*

教师面对一个单元的教学内容，可以从课文主题、词汇语言、篇章理解和练习作业等方面进行思政元素的挖掘。

第一，在课文主题方面，学生学习一篇课文，会先对课文主题感兴趣，他们急迫地想知道这篇文章是讲什么的。而这些主题的思政联系必须有的放矢，以教材为主体。以《新视野大学英语读写教程》（第三版）第二册为例，第一单元的课文主题是语言教育，可联系习近平总书记语言文化观和教育观；第二单元的课文主题是人文学习，可联系加快建设中国特色社会主义哲学社会科学；第三单元的课文主题一方面是青年的成长，可联系责任与担当、奋斗与青春，另一方面是回家思乡之情。

第二，在词汇语言点上做文章。学习词汇语言点时，除了释义，学生最依赖的就是例句。教师用书或字典上的例句都有助于学生掌握词汇或短语的用法，但每一课都有重点词汇出现在党政文件的英文版中，如果把文件中使用这些词汇的句子摘取出来补充到例句中，就增加了学生词汇学习的厚度，这些词的思政价值也就挖掘出来了，从而达到了思政赋能词汇学习的效果。

第三，跳出词汇的视野，扩大到语篇范围，同样可以从语篇中挖掘思政元素。大学英语课程的特殊性就在于语言的输出也带有文化输出，对西方文化的解读与辨别，并施加正面的引导，是大学英语课程思政的重点。对于课文文本中蕴含的西方文化、理念、思维、习俗，教师都可以找准切入点，用跨文化对比的方法进行思辨性解读。这些与西方文化相对的中国文化元素往往涉及社会主义核心价值观、中华优秀传统文化、革命文化、社会主义先进文化，还包括新闻时事中反映的价值伦理、文化自信。通过对比解读，教师可以引导学生对中西文化的异同进行思考、思辨，汲取精华，摒弃糟粕，从而帮助学生形成正确的世界观、人生观、价值观。

第四，课文各类训练中也蕴含着思政元素，主要体现在思辨性问题思考、翻译练习和最后的单元任务中。教材中的思辨问题紧贴现实生活、发人深省，容易使学生产生共鸣，对学生的是非观、人生观都能施加正面影响。翻译练习包括汉译英与英译汉，内容有中西方传统文化和当代社会发展，是新视野教材的一大亮点。

此外，教师可借助网络教学平台补充与思政内容相关的练习和作业。这些练习和作业以听、说、读、写、译等语言技能训练形式开展，使课后作业具备了思政性。教师还可以采用其他各种形式，比如让学生进行思政主题的课堂报告、辩论等。总之，课外任务是对课内学习的补充，是利用网络平台实现的沉浸式学习，从而形成课内和课外结合的大学英语课程思政立体混合教学模式。

1.2.2 思政元素的融入

思政元素通过课内和课外两个维度融入教学。课内维度，主要立足教材，在主题、篇章、语言点、练习等教学环节中，通过思辨、讨论和讲解等手段将思政元素有机结合到教学过程中。课外维度，借助网络教学平台或微信群，以听、说、读、写、译等任务形式让学生完成思政任务。例如，在 U 校园作业区将“学习强国”或《中国日报》的英文阅读资料分享给学生，要求他们完成阅读，并用英语语音形式发表评论，学生上交作业之后，老师就可以在 U 校园网络教学平台听到学生的口语表达。

2 课程思政设计案例

现以《新视野大学英语读写教程》第三版第二册第三单元 A 课文《奥德赛岁月之旅》为例，进一步呈现大学英语课程思政的设计思路及教学实践。

2.1 课文主题的思政联系

首先是对课文主题的提炼，这篇文章借用荷马史诗《奥德赛》的背景，以奥德赛归家途中遭遇种种磨难的经历类比青年成家立业前可能不甚顺遂的人生阶段，展开对“奥德赛岁月”这个青年成长的烦恼阶段的讨论，由此可以提炼出两个主题：青年成长和回家之旅。

青年成长的主题自然联系到习近平总书记的“青年观”，将习总书记发表的关于青年的讲话以关键词填空形式呈现给学生，使他们加深对关键词的印象。例句如下。

青年兴则国家兴，青年强则国家强。

A nation will prosper only when its young people thrive.

我们都在努力奔跑，我们都是追梦人。

We are running at full speed towards the realization of our dreams.

教师可以由此引导学生，青年人关系到一个国家的发展，每一个青年人都扮演着重要的角色。个人要发展就要拼搏奋斗，我们都是追梦人。不奔跑，哪怕不努力奔跑，你都会被人超越，更何况你在原地踏步呢？从而使学生产生共鸣，理解努力学习、不负韶华的重要性。

课文的另一个主题是回家及思乡之情。在此引出美国流传很广的故事——路边的黄丝带，教师同时播放歌曲视频，让学生体会家庭对个体的重要性。事实上，B 课文也是关于一个叛逆少年回家的故事，表达人的成长离不开家庭，与路边的黄丝带的故事有异曲同工之妙。教师再引导学生把视线放到中国，指出中国文化传统的家国情怀，即心怀故乡和国家，也是我们的文化根基，同时为学生展示余光中先生的名作《乡愁》的双语版本；还可联系诗经中表达从军战士对故乡思念之情的《豳风·东山》，与奥德赛故事形成呼应。

2.2 词汇学习的思政联系

教师凭借思政敏感性，对本单元的词汇语言点进行筛选，并在思政文件中查找，最后确定 phase，agenda，shift，stability，reinforce，witness，transition 等七个词汇在十九大报告中出现，教师在词汇讲解或布置学生词汇自学材料时，将涉及这些词汇的十九大报告的句子补充到其例句中，从而开阔学生词汇学习的视野。其中 stability 在课文第五段出现，它在十九大报告中被使用了 19 次，教师可把这个词标记为思政高频词，告诉学生注意它多用于时政报告的用法。

2.3 课文篇章学习的思政联系

文章首句“Most of us know about the phases of life which we label to parallel different age groups and life stages：childhood，adolescence，adulthood，and old age”，就说西方把人生分为童年、青少年、成年和老年四个阶段。那么，教师可以问学生，中国也是这么划分的吗，中国古代对人生各阶段有哪些称呼？等学生说出襁褓、孩提、垂髫、豆蔻、及笄、弱冠、而立之年、不惑之年、知命之年、花甲之年、古稀之年、耄耋之年、期颐之年这些名词时，教师可以让学生试着说出其相应的英文单词。进一步提到《论语》中的名句“吾十有五而志于学，三十而立，四十而不惑，五十而知天命，六十而耳顺，七十而从心所欲，不逾矩。”英文译文为“At fifteen，I was fond of learning. At thirty，I was established. At forty，I did not waver. At fifty，I knew my sacred mission. At sixty，I had a discerning ear. At seventy，I could do what I would without going beyond what is right.”引导学生认识大学阶段是他们求学的黄金时期，在学习知识的最佳年龄做了正确的事，人生就会少一点遗憾，将来到人生每个年龄段时就都能从容不迫。

2.4 课后练习的思政联系

本单元课后练习中的汉译英也是一段典型的关于中国传统文化的思政材料。“首孝悌、次谨信”，“百善孝为先”，孝道是中华民族传统文化优秀传承之一，通过翻译孝道的这段文字，学习有关孝道的英文，对学生的文化输出进行积累，对学生增强文化自信有重要意义，将来他们对外交流时就能讲好孝道这个中国故事。

课外练习是由课内转为课外的任务型学习。教师可以根据需要布置听、说、读、写、译等作业，通过雨课堂或 U 校园等网络教学平台让学生完成。如本单元布置写作作业，结合本课主题，让学生谈谈自己的人生规划以及如何拼搏奋斗。这个题目可以通过 U 校园或 iWrite 智能批阅平台完成。学生在构思过程中就会对自己的现在和未来进行思考，完成一次自我省察，并融入学生自己的思辨意识和思辨能力，对自己的青春负责，对自己的行为负责，不负青春，不负韶华。从而引导他们以积极的态度面对人生。

3 思考

3.1 避免将课程思政上成思政课程

课程思政的落脚点在课程，大学英语课程思政要以大学英语为落脚点，英语语言与文化是课程主体，不能生硬地融入各种思政材料，否则会使大学英语课变成思政英语专业课，效果适得其反。但教师在大学英语课程思政的实施中绝不能缩手缩脚，要运用个人学识巧妙设计，通过语言和文化的对比，通过大量的生动实例，如中外政府在新冠疫情中的应对反差，让学生自己体会中西文化的不同，产生文化自觉和文化自信，从而使思政元素形成潜移默化的影响。有的教师担心学生对大学英语课程思政的接受度，教师不能以自己的思政修养揣度学生对课程思政的接受度，要通过调查和质性研究才能获得真实结论。事实上，问卷调查结果显示笔者所在高校的学生对大学英语课程思政满意度相当高。

3.2 教师的思想政治素养

2020 年 5 月，教育部发布《高等学校课程思政建设指导纲要》，标志着课程思政的全面铺开。这意味着教师在授课中必须注重对学生的思政引领和对社会主义核心价值观的塑造。而教师思想政治素养的参差不齐将会是课程思政教学的一个短板，可能影响到大学英语课程思政教学的实施效果。为了尽快提高全体教师思政素养，可从两个方面开展工作。一方面，通过如思政学习论坛、讲座专题培训等多种平台和形式加强对教师的思政素养培训，笔者所在学校每学期都要举办两次明德讲坛，邀请马列学院的教师给各学院教师讲授思政专题，从专业的角度解读政策文件，提高教师的思政素养和理论水平。另一方面，加强教师合作学习，通过党员教师的带动，成立课程思政学习小组，分享思政素材，交流思政教学经验，促进教师对思政材料的积累，从而提高教师的思政敏感度，使他们积极有效地开展大学英语课程思政教学。

参考文献

[1] 把思想政治工作贯穿教育教学全过程 [EB/OL].[2016-12-08]http：//www.moe.gov.cn/jyb_xwfb/s6052/moe_838/201612/t20161208_291306.html.

[2] 中共中央国务院印发《关于加强和改进新形势下高校思想政治工作的意见》[EB/OL].[2017-02-27]http：//www.gov.cn/xinwen/2017-02/27/content_5182502.htm.

[3] 吴岩 . 新使命 大格局 新文科 大外语 [EB/OL].[2019-03-26]http：//www.fltrp.com/c/2019-03-26/519770.shtml.

[4] 教育部关于印发《高等学校课程思政建设指导纲要》的通知 [EB/OL].[2020-06-03]http：//www.moe.gov.cn/srcsite/A08/s7056/202006/t20200603_462437.html.

大学英语在线课程中思政因素的融入

■ 高 存
■ 天津商业大学 300134

摘要 如何在网络环境中，通过丰富有趣、形式多样的教学活动，继续将思政因素融入大学英语在线课程，是摆在教师面前的新课题。本文依托线上平台，将社会主义核心价值观、中国传统文化和时政信息融入课堂，让学生在学习双语表达、扩展词汇的同时，激发了他们的文化认同感，有效地达成了“价值塑造、能力培养、知识传授”三位一体的教学目标。

关键词 **大学英语；在线课程；思政因素；虚拟课堂活动**

如何自然、恰当地将思政元素融入教学过程，是近年大学英语教学最热门的课题之一。经过几年的尝试与努力，各级“课程思政”改革精品课的建设由探索逐渐走向成熟。随着这一场史无前例的大规模在线课程的开展，如何在网络环境中，通过丰富有趣、形式多样的教学活动，继续将社会主义核心价值观带入线上虚拟课堂，有效地输入到学生心中，出色地完成激发学生爱国情怀、传播中国特色社会主义文化的目标，是摆在大学英语教师面前的新课题。本文正是针对这一新课题，以大学英语一年级的课程为依托进行的将思政因素融入线上虚拟课堂的一次尝试。

1 思政因素融入在线课程的理念

在线课程融入思政因素的教学，延续了线下课程的理念——不断挖掘大学英语课程的思政基因，把思想政治教育自然融入教学中。对此，我们可以充分借鉴大学英语教学与思政教育相结合的研究成果。

梅强（2018）主张“运用现实问题引领课堂教学”和“通过思辨式讨论默化思政教育”来设计大学英语课程思政的教学课堂。夏文红、何芳（2019）从大学英语课程思政的使命担当的角度，认为“应认识大学英语‘课程思政’在立德树人方面的时代价值，引导青年学子以批判的眼光学习西方文化”，用英语讲好中国故事。陈雪贞（2019）“通过制订综合的课程思政教学计划、精选富含思政元素的教学内容、组织多元化的课程思政教学形式、推动课程思政教育实践内化、改善课程思政课程实施的外部条件和注重课程思政评价导向等六个方面探讨‘大学英语’课程思政的实现路径”。和伟（2019）则主张从大学英语人才培养方案的修订、大学英语教材“思政”相关内容的增加等根本途径入手，使之贯穿教学全过程。杜刚跃、孙瑞娟（2019）列举了大学英语进行“思政”改革互为补充的三大要素，即教师、教材和教法。杨琼（2020）强调，英语教师加强自身思想政治素养的提升，对大学英语教育思政改革也十分重要。谭苏燕、章庆娥（2020）总结了“文化对比法、人物关联法、新闻述评法、小组辩论法和项目驱动法教学方法”，对大学英语课程思政改革进行实践。汪军、李芳媛（2020）提出大学英语教师在将思政融入英语课堂前，可先向思政教师多学习，与之合作，针对时事设计行之有效的课堂活动。

线上教学融入思政因素，除了借鉴以上经验外，还可以利用网络优势，树立时时处处皆可接受思政教育的理念，将思政融入得更为彻底，收效更好。而网络辅助教学手段与平台，则是实践这一理念的关键。

2 思政因素融入在线课程的手段

雨课堂平台是在线授课过程中，思政融入课堂的主要手段。课前，教师可根据教学规律，选取思政热词，以双语形式发布到雨课堂，并附上相关配套练习；课中，教师可以直接在发布的课件中，插入思政相关音视频，以语音讲解的形式引导学生进行积极的学习与思考，通过开启允许学生上传语音或图片功能，鼓励学生发表自己的见解，巩固学习效果；课后，教师可将思政因素贯穿于多种练习形式中，让学生在语言习得的同时，自然接受思政教育。

此外，出版社提供的公众号，也是组织虚拟课堂活动有力的辅助手段。我们选取了外教社"WE 外语教学"与外研社"Unipus"两个公众号，作为思政融入虚拟课堂的辅助方式。公众号中与思政和时事相关的教学素材与热点词汇，可作为课堂互动的材料依托。

下文中，笔者将具体展示运用多种教学手段进行的虚拟课堂思政相关活动设计。

3 思政因素融入线上虚拟课堂的教学活动

3.1 社会主义核心价值观的融入

下面，我们以《新视野大学英语读写教程》第三版第二册第五单元课文为例，展示将社会主义核心价值观融入教学的课堂活动。

文章还提及美国核心价值观。为了让学生在学习西方文化过程中，进行中西文化对比，并通过对比提升社会主义文化自信，我们运用雨课堂，设计了以下活动：将社会主义核心价值观中英文版本通过图示法发布在雨课堂课件中；设置两个任务，任务一为口头朗读 24 字社会主义核心价值观中英文版，查阅字典，确保发音正确后，上传语音，任务二为用英文书写一段自我或身边的人践行社会主义核心价值观的事例，拍照上传；设置英汉互译练习，巩固与检测学生的学习成果。

3.2 中国传统文化的融入

《新视野大学英语读写教程》第三版第二册第三单元课文中作者展示了西方不同人生阶段的划分——婴儿期、儿童期、青春期、成年期和老年期。可以此为切入点，引入中国传统文化中对不同人生阶段的界定。我们设定活动的具体步骤如下。

教师通过腾讯会议，先逐句朗读《论语・为政》中的一些英文片段，The master said，"At fifteen，I set my heart upon learning. At thirty，I had planted my feet firm upon the ground. At forty，I no longer suffered from perplexities. At fifty，I knew what were the biddings of Heaven. At sixty，I heard them with docile ear. At seventy，I could follow the dictates of my heart, for what I desired no longer overstepped the boundaries of right." 学生听后，分组提供每一人生阶段的汉语原文，子曰："吾十有五而志于学，三十而立，四十而不惑，五十而知天命，六十而耳顺，七十而从心所欲，不逾矩。"最后让学生对比中西方对人生阶段不同的解读与界定，将中国传统文化自然贴切地融入课程讲授过程中。

《新视野大学英语读写教程》第三版第二册第六单元课文中可引申出"多与少""得与失"的讨论，我们可在授课过程结束后，围绕"是否要做关门者"的话题，通过腾讯 QQ 群发送语音的形式，在线组织辩论，在为学生提供参考素材的过程中引入与中国传统文化相关的哲理，如"Good fortune follows upon disaster; disaster lurks within good fortune."（祸兮福之所倚，福兮祸之所伏）和"What one loses on the swings, he gains on the roundabouts."（失之东隅，收之桑榆）。学生在对文章进行思考的过程中，可加深对中国古代哲学思想的感悟。

3.3 时政信息的融入

除了在课堂活动中融入思政因素，我们还可以将思政因素贯穿于在线课程教学的全过程。在发布雨课堂的预习课件时，我们选取了外研社"Unipus"与外教社"WE 外语教学"公众号中持续更新的英文抗疫词汇表达，以扩展学生相关词汇与时事知识。在课后任务中，我们选取"学习强国"中的英文播报与《中国日报》（*China Daily*）英文新闻报道作为课下补充阅读任务，并在下一节课就相关内容进行在线词汇与阅读理解测试。我们也选取了《中国日报》中的一些音视频材料，如抗疫演讲等，作为课下补充听力材料。在汉译英练习的讲解中，我们适时插入热词翻译，将时政信息融入课程。

4 结语

本文在延续线下挖掘大学英语课程思政基因理念的基础上，依托线上雨课堂平台、腾讯会议与腾讯 QQ 群等通信手段、"WE 外语教学"与"Unipus"等外语教学公众号，不仅在线上授课过程中，将社会主义核心价值观、中国传统文化和时政信息融入课堂，而且由点到面，从课前预习，到课文讲授，到补充任务，再到练习，将思想政治教育贯穿于大学英语在线课程的始终，让学生在学习双语表达、扩展词汇的同时，激发其文化认同感，有效地达成了"价值塑造、能力培养、知识传授"三位一体的教学目标。

参考文献

[1] 梅强. 以点引线 以线带面——高校两类全覆盖课程思政探索与实践 [J]. 中国大学教育，2018（9）：20–22，59.

[2] 夏文红，何芳. 大学英语"课程思政"的使命担当 [J]. 青年关注，2019（30）：108–109.

[3] 陈雪贞. 最优化理论视角下大学英语课程思政的教学实现 [J]. 中国大学教学，2019（10）：45–48.

[4] 和伟."课程思政"融入大学英语课程教学路径研究 [J]. 中州大学学报，2019（6）：96–100.

[5] 杜刚跃，孙瑞娟. 高校英语教学"课程思政"有效策略研究 [J]. 延安大学学报（社会科学版），2019（4）：122–126.

[6] 杨琼 . 基于课程思政的大学英语课程教学模式研究 [J]. 教育教学论坛，2020（2）：49–50.
[7] 谭苏燕，章庆娥 . 课程思政背景下国家认同感融入大学英语教学的实践研究 [J]. 当代教育实践与教学研究，2020（9）：97–98.
[8] 汪军，李芳媛 ."大学英语"课程思政探索与实践 [J]. 教育教学论坛，2020（15）：52–53.

加强疫情防控期间大学生的思政教育

■ 冯冬琳
■ 天津商业大学　300134

摘要　一场突如其来的新型冠状病毒肺炎疫情对我们的思政教育提出了更高的要求，我们要向学生积极宣传我国在疫情防控期间取得的伟大成绩，引导学生树立社会主义核心价值观，增强制度自信、道路自信和文化自信。

关键词　**疫情防控；思政教育**

2020 年的新冠疫情在很短的时间内暴发并席卷全球，此次肺炎疫情牵动着全国 14 亿人民的心。新冠肺炎疫情发生以来，习近平总书记高度重视，亲自指挥、亲自部署，主持召开中央政治局常委会会议专题研究疫情防控工作，多次作出重要指示批示。

为了保证学生的身体健康，全国各大中小学延期开学，大学基本上都采取了网上授课的方式，保证停课不停学，让学生们在家里也可以保质保量地完成学习任务。在这样一个特殊时期，更是凸显了加强大学生思政教育的必要性和重要性，同时也为我们进一步宣扬社会主义制度优越性，增加制度自信提供了一个很好的契机。

1　疫情防控总形势

虽然国内疫情防控形势整体向好，但是，随着全国陆续有序大规模复工复产复课，以及国内外一些必要的流动带来的风险性依旧存在，整体疫情的防控工作可能呈现常态化的趋势，这对于大学生的思政教育也就提出了更高的要求。

在这样的情况下，我们的思想完全不能有丝毫的松懈，要根据国内外形势的变化，更加深入学习体会习近平总书记在全国高校思想政治工作会议的重要讲话精神，在疫情防控的同时，始终把立德树人作为中心环节，把思想政治工作贯穿教育教学全过程。这个重要讲话为我们指明了新时代大学本科教育的发展方向，描绘了中国特色社会主义高校发展道路的蓝图。在疫情防控的特殊时期，这一重要讲话更是激励我们要进一步提高自己的政治觉悟，提高自身的政治素养，全方位了解中国在疫情防控期间为实现抗击疫情世界命运共同体所作出的贡献、努力和成绩，并将这些事迹真实客观地向学生进行宣传，为疫情防控贡献我们的绵薄之力，保证学生身心的健康成长和发展。

2　加强疫情防控期间思政教育的重要意义

虽然现在疫情在全国基本上得到了控制，但我们要清醒地认识到疫情在不同地区、不同人群中存在着极大的反弹风险，加之目前对于病毒的研究也是一步步通过实践在积累，所以和疫情之间的斗争可能会呈现出长期化、常态化的特点。

当前国际形势严峻复杂，我们要共同反对“信息病毒”和“政治病毒”。新冠肺炎疫情是世界各国面临的共同挑战，国际社会同心协力、携手应对才是人间正道，共同抵制谣言、偏见是应有之义。疫情面前，我们需要的是科学、理性、合作，用科学战胜愚昧，用合作抵制偏见。互联网上各种信息鱼龙混杂，而疫情又是一个和每个人的生活息息相关的热门话题，因此，也就成了一些西方敌对势力以及别有用心者用来诋毁我国、妄图颠覆我们国家的一个媒介和工具。我们应该清醒地认识到，网络的迅猛发展的确带给我们各种便利，但网络也成为滋生和泛滥各种不正确社会思潮的温床，而且它们很多时候具有极强的隐蔽性。

在当前形势下，绝大多数大学生能够做到政治立场坚定，有自己正确的判断，拥护共产党的领导和社会主义制度，并对中国特色社会主义建设道路充满信心。但同时也应该看到，由于青年学生还没有步入社会，人生各方面积累的实践经验还比较匮乏，在各种信息铺天盖地涌入的时候，他们更是极容易受到一些歪曲事实言论的误导。目前的疫情牵动人心，正常的生产生活和就业毕业也呈现出和以往不同的特点，这些情况就更容易使学生的思想处于各种波动变化和动荡矛盾之中，甚至产生一些悲观情绪。基于此，我们加强思政教育的重要性就不言而喻了。

我们要帮助学生重新建立起对美好生活向往的愿景，引导他们树立正确的社会主义核心价值观，正确看待生活学习中遇到的挫折，在挫折中不断成长和进步。此次疫情，为我们广大教育工作者提供了一个很好的契机，可通过中国在抗疫方面取得的巨大成绩来增强我们的制度自信、道路自信和文化自信。

3 大力宣传我国在抗疫期间取得的伟大成绩

疫情牵动了亿万中国人民的心，我们每天都可以从中央电视台滚动播出的新闻中看到各省各地方派出医疗队驰援武汉，医生、护士们身先士卒。从“央视频”可以观看直播火神山、雷神山医院的建成，这充分体现了中国速度。从《解放军报》中可以了解到联勤保障部队军事设施建设系统为方舱医院的快速开设提供了物资保障。他们按照“迅即响应、就近就便，特事特办、边审批边准备”的原则，上下一体联动，做好野营器材保障工作，因为野营器材是方舱医院快速运营的重要物资。2020 年 3 月 9 日，国务院联防联控机制新闻发布会上，中国快递协会副会长兼秘书长韩瑞林表示：快递行业“各个企业勇于担当，发挥优势，积极作为，全力保障疫情防控物资的寄递运送，为统筹疫情防控和经济社会发展贡献了力量”。这些民营快递企业积极参与到抗疫物资的运输中去，用他们的实际行动回报社会。

在中国疫情得到缓解的同时，一些国家的疫情在加剧。中国在继续做好本国疫情防控的同时，也在全世界贡献着抗疫的中国力量，互通有无、分享信息，提供防控和诊疗等技术支持。这是真正秉持人类命运共同体理念，为全球疫情防控贡献中国方案和中国智慧。我们在防控救治经验、科研攻关和宏观经济政策等方面积极推进国际合作，继续向有关国家提供力所能及的帮助，坚决打好新冠肺炎疫情防控全球阻击战。

在国际疫情形势日益严峻的情况下，我国政府的所作所为让留学生们感受到中国的温暖和呵护，我们通过各种形式积极引导他们克服恐慌情绪、客观评估形势。很遗憾的是，有一些国外媒体依旧混淆视听，颠倒黑白，企图抹杀我国在抗疫期间所付出的努力。我们要真实客观地把中国在抗疫期间所作出的伟大成绩向学生不遗余力地进行宣传，培养他们辨别是非的能力。

4 总结

这次疫情为我们提出了新的挑战，也为我们的思政教育提出了更高的要求，我们决不能麻痹、疏漏、松懈、厌战，要继续积极引导学生树立社会主义核心价值观，增强制度自信、道路自信、文化自信，奋力实现疫情防控和经济社会发展双胜利。

参考文献

[1] 黄立鹤．大学外语文化建设与思政教育新途径[J]. 湖北广播电视大学学报，2009，29（8）：62-63．

大学英语课程思政教学资源与应用
——以“新视野大学英语”课程思政课件为例[①]

■ 何 云
■ 天津商业大学 300134

摘要 全面推进课程思政建设是落实立德树人根本任务的重要举措。大学英语教学中必须融入思政教育，采取各种有效措施丰富和深化教学内容、优化教学方式，引导学生坚定崇高的理想信念，将社会主义核心价值观自然地融入大学生的世界观、人生观和价值观塑造过程中，最终实现其自身的全面发展。大学英语课程思政教学资源的应用能够有效地实现课程思政的教学目标。本文以“新视野大学英语”课程思政课件为例探讨课程思政资源的特色和有效应用。

关键词 **大学英语；课程思政；课件；应用**

2020 年 5 月 28 日，教育部印发实施的《高等学校课程思政建设指导纲要》(以下简称《纲要》)明确指出课程思政建设的目标要求和内容重点。落实立德树人根本任务，必须将价值塑造、知识传授和能力培养三者融为一体、不可割裂。

在大学英语课程思政教学实践中能力培养和价值塑造由教师主导，体现在课文主题启发和语篇讲解这两个课堂教学环节。教师引出和课文主题相关的思政元素，启发学生思考，获得共鸣。语篇讲解聚焦课文中出现的文化对比点，同时也聚焦与课文息息相关的时事、政策、纲要等。教学中，教师可让学生讨论文化异同，再以思辨问题的讨论明确价值观导向。通过这一环节，培养学生的跨文化能力和思辨能力，同时增强学生的文化认同和文化自信，从而实现对学生的价值塑造。

在《纲要》的指导下，结合大学英语课程特点制作的课程思政课件能够有效地辅助课堂教学，经过整合，其能够自然顺畅地运用于教学的全过程，实现大学英语课程思政的教学目标。本文以“新视野大学英语”课程思政课件为例，具体讲述如何把课程思政资源应用于日常教学实践。

1 “新视野大学英语”课程思政课件的主要特色

①紧密贴合教学内容与流程，深挖思政要点，紧扣单元教学内容，提升学生语言应用能力，培育文化素养，塑造价值观，促进语言教学与铸魂育人的有机融合。

②思政元素兼具时政特色与文化底蕴，引导学生树立正确价值观和文化自信心，培养国际视野、家国情怀、创新意识、未来精神。

③课程思政课件提供形式多样、丰富优质的音频、视频及多体裁双语文本素材，巧妙

① 本论文为 2021 年天津商业大学课程思政示范课建设项目“大学英语 2”的阶段性成果，项目号是 TJCUKCSZ202102。

融入教学环节，满足个性化教学需要，助力高校开展外语课程育人实践。

思政课件不同于日常教学使用的普通课件。普通课件基本上覆盖所有教学内容，教师授课时可以直接使用。而课程思政课件的使用要求教师从中挑选内容，融入普通课件中使用。课堂讲授需选取思政课件贴近课文的部分，在使用普通课件讲解篇章过程中自然融入思政课件内容，从而将课本教学内容和思政教学内容有机结合。

2 课程思政课件在日常教学中的应用

2.1 课程思政课件按照五个板块设计编排内容

Unit theme（单元主题）板块选用与主题相关的中国传统文化内容，或中国领导人讲话，或中国名家名言，与课本主题页的内容形成呼应，使学生更加明确单元主题。

Lead-in（导入）板块可以选取与主题相关的讨论题融入原教学课件中，如果内容非常契合可以考虑舍弃原教学课件的讨论部分。

Text study（课文学习）板块结合具体段落的讲解进行延伸，建议选取部分作为补充。

Word study（词汇学习）板块的使用比较灵活，学生自主学习起来没有困难，如果课堂授课使用，也可作为重点词汇讲解，通过思政例句理解单词在句子中的用法。

Unit project（单元项目）板块是针对文章主题设计的活动。活动包括：通过调查撰写调查报告，或通过讨论总结研讨结果等。结合课本的项目设计可以将思政课件的项目任务补充进去，如有必要可作出取舍。

2.2 自主学习与课堂教学相结合，充分利用思政课件辅助教学

课程思政课件内容丰富翔实，但因课时有限，课件的使用无法面面俱到，但舍弃又十分可惜。因此，课件中无法在课堂授课体现的内容可以设计为自主学习的资料。自主学习资料在课前预习与课后复习两个环节使用。比如，可以将思政课件中 Lead-in 的相关内容提前发给学生自学，宏观把握本单元话题。课堂授课进行导入时可适当提及相关知识点。Text study 中以文章整体为依据讲解的课程思政内容可作为课后复习材料使用，进一步巩固所学。可以将非思政课件有关单词讲解的内容提前发给学生自学，授课时利用思政课件中 Word study 环节的例句，通过填空、翻译等方式反馈自学效果，进行单词复习总结。课件中的音视频资源可以根据题目类型进行选取，作为课下的作业使用。

2.3 教学各环节使用课程思政课件的教学样例

根据每个单元文章内容和思政课件内容的特点，各单元选择的思政课件辅助内容不尽相同。在此，以 B1U1 的 A 课文为例，详述如何使用"新视野大学英语"课程思政课件辅助教学。

《新视野大学英语读写教程》第三版第一册第一单元主题是"Fresh start"，这篇文章刚好是大一新生的第一课，非常有实际意义。

2.3.1 Unit theme 板块

教师将课本主题页的名言介绍完毕，补充思政课件主题内容，进一步让学生理解本单元文章跟自己已经开始的大学生涯密切相关，吸引他们进一步探究文章的内涵，并有所

借鉴。

2.3.2 Lead-in 板块

普通课件中 Lead-in 部分设计的思考题有关“你心目中的理想大学”和“你对大学生活的期待”。在此建议直接使用思政课件中的 Lead-in 部分。通过观看视频回答有关大学的问题，可以在视频下的问题里加入上述普通课件中的思考题，这样合二为一，一举两得。

2.3.3 Text study 板块

这一环节是授课重点，具体分析篇章内容。根据以往授课实践，教师可首先进行文章的结构分析。然后结合每一部分进行精讲。精讲的内容一般包括重点词汇和重点句型结构的讲解和练习，字里行间内容的理解和写作方法等。课程思政课件在 Text study 环节的设计基本是依据段落内容挖掘思政元素制作教学内容，因此，在精讲段落的时候选用思政课件是有章可循的，根据对应段落即可插入进来。当然需要结合课时去粗取精。本文开篇的第一部分包括三个段落。在普通课件中为第三段设置了两个问答题，引导学生理解段意。思政课件里针对第二段设计了思考题，正好可以作为补充。

教学设计如下。

①思政课件中针对第二段提出的问题：How do you understand the “clock” here？

讨论之后给出参考，进而引入毛主席的名言，进一步理解“clock”的内涵。

②普通课件中针对第三段提出的问题 1：According to the speaker，of what did the parents always remind their children before they came to college？

③普通课件中针对第三段提出的问题 2：What’s the speaker’s purpose in mentioning the parents’ reminders？

至此，通过上述思考题，学生对于文章第一部分的内容有了深入的理解，也从中认识到充分利用大学时光努力学习本领的重要性，因为未来是建立在过去坚实的基础上的。思政要素的融入过程非常流畅自然，能引起学生的共鸣。

2.3.4 Word study 板块

课上的时间更多地用于篇章理解、思辨性问答、小组互动任务等，课堂上关于单词的讲解不占用过多时间。因此，教师在课前会发布单词讲解的资料供学生自学，课上选取重点词汇以多种形式检查学生自学掌握的情况。

学生自学之后，在课上利用思政课件的 Word study 进行自学效果反馈。主要利用重点词汇的思政例句进行互动练习。互动练习的形式可以采取英汉互译填空的形式，或是把思政例句整理出来，将每个例句的重点词汇去掉，制作成选词填空题的形式。

2.3.5 Unit project 板块

本单元课本 Unit project 包括讨论校训内容和给父母写封信汇报大学见闻等。思政课件此环节主要针对校训进行任务设计。任务分三步：research（调查），group discussion（小组讨论），writing a report（写报告）。

research 要求学生自主查找校训的定义，了解中国知名大学校训的中英文表达，探讨其中文出处等。通过调查研究，学生能够学习校训背后所蕴含的中国传统文化，然后讨论我国校训的共同关注点，最后形成研究报告。

在教学实践中根据课时安排，教师可舍弃课本校训的讨论内容，用课程思政课件替代，使学生通过搜索资料自主学习的方式了解校训，并完成调查研究的整个过程。教师总结任务达成情况，并给予课程思政课件中的相关内容参考。最终，学生能够发现中国大学的校训集中在对人的思想道德、价值观的教育上；鼓励学生努力学习，追求知识；鼓励学生把国家荣誉和集体荣誉放在首位，把奉献铭记在心。这样，在完成 Unit project 任务的同时自然而然地实现了课程思政的教学目标。

总之，教师通过思政课件与普通课件及课本内容的三方结合，实现了课程思政元素融入教学的全过程。在此教学样例中，可以看到，根据课文和普通教学课件的特点，需从实际出发在不同环节融入思政课件内容，其中有增减取舍的过程，要在丰富的教学素材中提炼精华，使学生掌握语言知识技能，锻炼语言应用能力；同时，可使其在中华传统文化的滋养下，在中国故事、中国精神的感召下，提高思想觉悟，树立文化自信，厚植爱国主义情怀，从而达到知识传授、能力培养和价值塑造三位一体的要求。

参考文献

[1] 教育部关于印发《高等学校课程思政建设指导纲要》的通知 [EB/OL].[2020-06-05]http：//www.moe.gov.cn/srcsite/A08/s7056/202006/t20200603_462437.html.

大学英语课程思政之我见①

■ 朱 虹
■ 天津商业大学 300134

摘要 本文从课程思政的意义及其发展历程出发，探讨了高校大学英语课堂中融入课程思政的必要性和可行性，针对具体实施过程中可能出现的问题进行了具体剖析并尝试给出相应解决措施。

关键词 **大学英语；课程思政；立德树人**

作为高等教育中的一项重要内容，思想教育一直以高校思想政治课的课堂作为其主要教学阵地。近几年，随着“课程思政”的提出，思政教育早已不仅限于思政类基础课，而是逐渐融入其他通识类课程乃至各专业课的教学之中。作为高校开设的通识类课程之一，大学英语课程具有覆盖面广、延续性强的特点。课程思政的重要意义、大学英语与课程思政有机融合的可行性，以及大学英语课程在实际教学过程中可能遇到的问题和解决对策，则成为当代大学英语教师应深入思考的重要内容。

1 课程思政的意义及其必要性

课程思政在本质上，不同于“思政课程”，课程思政并非单独的一门课程，而是一种教学思想、教学理念，即在开展各学科的教育教学工作时，适时地、恰当地融入思政教育，使学生在日常学习过程中能够全方位地接受思政教育。在 2016 年 12 月召开的全国高校思想政治工作会议上，习近平总书记指出，“要坚持把立德树人作为中心环节，把思想政治工作贯穿教育教学全过程”。这为新时期如何做好大学生的思想政治教育工作提出了新的要求、新的方法。该要求一经提出，即在教育界引发强烈反响，各学科教师开始对如何在本学科的教学中融入思政元素进行探索和实践。2020 年 6 月，教育部印发《高等学校课程思政建设指导纲要》，明确指出了课程思政建设工作要在所有高校、全部学科中全面推进，并要求广大教师创新思维，深入挖掘所教授课程中蕴含的思政教育资源，从政治认同、文化素养、家国情怀、道德修养以及法治意识等方面，努力将思政教育渗透到知识传授、能力培养和价值引领的每一个方面。至此，课程思政已不再是各类课程教学中的“加分项”，而是每一个课程教学目标中必须涵盖的“必选项”。

2 大学英语课程思政具有可行性

在大学英语课程中融入课程思政，在培养大学生英语能力的同时加强其思政教育具有

① 本论文为 2019 年天津商业大学专业“金课”建设项目“大学英语 3（新视野教程）”的阶段性成果，项目号是 19JKJS01020；2020 年天津商业大学线上及混合课程建设项目“大学英语 4（新视野教程）”的阶段性成果，项目号是 20ZXJXZX0136。

切实可行性，主要体现在以下三个方面。

2.1 大学英语课程的性质与课程思政的本质相互吻合

2020 年 10 月，教育部高等学校大学外语教学指导委员会发布《大学英语教学指南（2020 版）》（以下简称《教学指南》），指出大学英语作为高等教育中通识类课程的重要一环，在课程性质上兼具“工具性”和“人文性”。而其人文性主要体现在两个方面。

其一，是在大学英语课程的教学过程中引导学生进行跨文化学习，学生除了学习语言知识以外，还应学习、了解外国文化，培养跨文化意识和能力。

其二，则是培养当代大学生对中国文化的领悟和表达能力，以推进中华文化的对外传播。同时，该指南强调，“人文性的核心是以人为本”，大学英语教育要注重提高学生的综合素质，引导学生全面发展，并将社会主义核心价值观有机融入课堂教学内容。这与课程思政立德树人、培养德智体美劳全面发展的社会主义建设者和接班人的根本要求不谋而合。

2.2 大学英语课程的目标与课程思政的目标相互统一

《教学指南》提出，大学英语的教学应以培养学生英语应用能力及跨文化意识、提高学生英语语言交际能力、增强学生自主学习能力、丰富学生综合文化知识以及培养学生人文精神和思辨能力为教学目标，并将教学目标划分为基础目标、提高目标和发展目标，供各高校根据实际情况自主选择安排。而《高等学校课程思政建设指导纲要》则明确了课程思政的目标，即“让学生通过学习，掌握事物发展规律，通晓天下道理，丰富学识，增长见识，塑造品格，努力成为德智体美劳全面发展的社会主义建设者和接班人”。

要实现《教学指南》提出的丰富综合文化知识、培养人文精神和思辨能力的目标，广大英语教师就需要在教学过程中充分挖掘和拓展其人文内涵，潜移默化地融入对学生的思想政治教育，引导学生在跨文化对比的过程中提升文化输出的能力、增强文化自信，在英语课堂学习过程中丰富综合文化知识，并树立正确的人生观、价值观和世界观，从而全面提升大学生的人文素养，实现学生全面发展的最终目标。由此可见，大学英语教学改革中融入课程思政教育，具有其他学科不能媲美的优势。

2.3 大学英语课程的内容与课程思政的内容相互补充

根据《教学指南》，大学英语的教学内容大致分为三个方面，即通用英语教学、专门用途英语教学和跨文化交际教学。根据课程目标，其主要课程内容涉及英语语言知识及技能、其他各领域基础知识、价值观引领、专门用途英语学术知识和职业素养及跨文化相关内容。而课程思政包含社会主义核心价值观、中国特色社会主义和中国梦、劳动与心理健康、法治以及中华优秀传统文化等方面的教育，二者在教育内容上互为补充。通过将课程思政引入大学英语教学，学生不仅能在大学英语课堂中学习中国传统文化知识，充分了解和认同本国传统文化及其思想价值体系，而且能用英语阐释、传播中华优秀传统文化，并在跨文化学习中能够对比和发现中外文化的异同，在学习课文内容的同时树立正确的社会观念，在实现大学英语工具性和人文性的同时，也落实了课程思政立德树人的根本任务。

3 大学英语课程思政过程中可能遇到的困难及对策

3.1 英语教师自身对课程思政了解不透彻

现阶段，全国各高校大学英语课程改革中对于课程思政的建设尚未形成完整的、系统性的要求，英语课堂中的课程思政仍处于探索和尝试阶段。因此，英语教师自身可能对课程思政的意义了解不透彻，导致在实际教学过程中出现思政教育生硬或者缺乏思政育人的问题。要解决此问题，首先，广大英语教师要加强思政学习，研读以课程思政为主题的各大讲话、会议及文献，积极参加相关讲座和研修班，以提高自身思政育人水平。其次，教学部门内部应定期组织课程思政主题交流研讨，以更好地推进本部门课程思政的建设。最后，学校层面应加强各教育教学部门的联动机制，形成合力，共创全员参与的思政育人格局，为课程思政的切实开展提供制度保障。

3.2 教学过程中思政材料的开发不充足

由于课程思政的概念近几年才提出，大学英语课程的教材涵盖的思政内容并不能满足课堂教学的需求，因此需要教师积极思考，深入挖掘课文内容中可以联系的思政材料，并利用网络、报刊、书籍等资料进行补充。然而，在开发思政材料的过程中，有时会出现难以找到切合单元主题的英文思政材料的问题。对此，英语教师自身应不断学习中国传统文化知识，关注时事，平时注意收集双语思政材料。在针对单元主题设计思政教学内容时，要尽量发散思维，结合学生的专业尝试从不同角度挖掘相关思政元素，以丰富课程思政的内涵。此外，教材编纂者也应与时俱进，在对教材内容进行编辑和改革时，应注重思政内容的注入，以满足课程思政的教学需求。

3.3 课程思政的效果不尽人意

在大学英语教学过程中，如果思政教育过于生硬、枯燥，则会导致学生丧失学习兴趣，起到反面作用。要使课程思政有机融入课堂，教师应根据思政教学材料的难度和内容设计丰富的教学环节，在实际教学过程中，可在多媒体的辅助下通过组织学生完成相关分组任务、观看视频材料、收听音频材料、合作完成游戏等不同的形式，以达到在和谐、愉悦的课堂氛围中潜移默化地进行思政教育的目的，为大学英语课堂思政注入生机与活力。

4 结语

综上所述，课程思政与大学英语在性质、目标及内容上是相互吻合、相互统一、相互补充的。深入挖掘课程思政材料并将其有机地融入课堂已成为大学英语教学中不可缺少的一个重要组成部分。在具体实施阶段中，可能会出现教师对课程思政理解不透彻、对课程思政材料的挖掘不充足，以及在课程思政的具体实施过程中效果不尽人意的问题。为了更好地推进高校英语课程思政建设，教师应不断提升自身教学水平，利用多种教学方式和手段将思政材料与课堂教学有机融合。各高校和各部门也应采取相应措施，保障大学英语课程思政的顺利开展。

参考文献

[1] 教育部关于印发《高等学校课程思政建设指导纲要》的通知 [EB/OL].[2020-06-05]http：//www.moe.gov.cn/srcsite/A08/s7056/202006/t20200603_462437.html.

[2] 教育部高等学校大学外语教学指导委员会．大学英语教学指南（2020 版）[M]. 北京：高等教育出版社，2020.

[3] 贺武华，王凌敦．我国课程思政研究的回顾与展望 [J]. 学校党建与思想教育，2021（4）：26-30.

疫情之下高校学生价值观培养研究①

■ 王 竹
■ 天津商业大学 300134

摘要 2020年庚子年伊始，新型冠状病毒肆虐武汉，席卷全国，打乱了全国人民的生活节奏，一场众志成城的疫情防控阻击战在全国有序展开。为阻断疾病在校园的传播，全国学校延期开学，“停课不停学，停课不停教”，线上授课成了新时尚，但是毕竟不同于线下学习，大学生处于刚成年阶段，心智尚未成熟，思想受周围环境影响较大，情绪易处于波动状态，易导致大学生价值观、人生观发生变化。因此，针对这一特殊时期的具体情境，教师要高度重视大学生思想状况，引导大学生树立符合社会潮流的核心价值观。

关键词 **新冠肺炎；价值观；高校**

1 引言

突如其来的新冠疫情，范围之广，影响之大，速度之快，令全国上下始料未及，在党中央的坚强领导下，全国人民同心协力，各行各业积极参与疫情防控，我们看到白衣战士无惧风险，风雪逆行奔赴武汉；社区工作者坚守社区主阵地，是疫情上报的前排兵；公安干警奋战在大街小巷，逆行而上，守护百姓平安；基层干部坚守岗位，筑牢基层防控的防线。疫情肆虐时正值中国春节，大学生处于寒假状态，教育部于1月底下发了推迟2020年春季学期开学时间以及利用网络平台开展线上教学的通知，各高校也积极响应这个政策。当代的大学生是新一代互联网时代的核心群体，使用网络进行课堂学习不是问题，但是疫情期间互联网也是各种敌对势力混淆视听、进行舆论攻击的主阵地，因此，疫情下要根据大学生思想行为特点，提升应对公共卫生突发事件中大学生价值观教育的实效性，开展大学生社会主义核心价值观培养。

2 疫情期间大学生价值观培养影响因素

2.1 互联网是大学生价值观培养的主要载体

疫情期间，普通大众疫情防控的主要方式是“宅家”，减少与外界的接触，大学生亦是如此，此时的互联网成了和外界沟通的唯一方式，因此，纷繁复杂的互联网信息也成了影响大学生价值观的关键因素之一。互联网时代各种自媒体的出现为人们了解国内外各类时事政治、热点消息提供了方便，但是这些事件所呈现出来的信息具有多元化特征，不同的思想文化、价值观念、政治观点都汇集在这里交锋碰撞，一些别有用心者甚至依靠编辑“谣言故事”等博年轻人的眼球，带偏舆论节奏，进而影响大学生的价值观。而大学生社

① 本论文为天津商业大学校级本科教育教学改革项目“基于大学英语的课程思政教学改革研究”的阶段性成果，项目号是TJCUJG202079。

会阅历还不够丰富、易动感情，尤其是在疫情期间大学生社会交际面窄，容易受网上“意见领袖”的诱导和各种社会思潮的裹挟，感性思维多于理性思考，易作出错误的价值判断与选择。这既影响了大学生对当今社会的客观认知，也对一些大学生价值标准的选择产生强大的冲击，使大学生在价值取向上产生困惑。另外，虽然目前网络已经普及，但是在一些偏远地区，仍存在小部分网络学习受限制的学生，他们没有条件利用网络学习以及和外界沟通，这些大学生长期处于相对封闭的状态，势必会影响其对个人价值观的判断。

2.2 熟悉人的习惯行为影响大学生价值观选择

疫情期间，我们看到了太多让我们感动的事迹，已过耄耋之年仍奋战在抗疫一线的钟南山院士，用生命守护生命的武汉市武昌医院院长刘智明，奋战在距离病毒最近的地方的白衣天使，日夜穿梭在重症区域的清洁员，有家不能回的社区工作者，还有疫情前线的大学生志愿者，他们不畏生死、不计报酬，用人间的大爱托起了新的曙光，才迎来了抗击疫情的阶段性胜利，为复工复产的顺利进行、国家经济的发展奠定了坚实的基础。英雄是榜样，英雄也同样在大学生身边，当熟悉的面孔在为抗击疫情舍生忘死、为国为民的时候，我们除了感动，可能最能想到的是我们能做些什么？这应该是每个大学生思考的问题，人生的价值、青春的意义在于踏浪潮头奉献祖国，还是偏守春光一隅独自享受呢？

2.3 社会实践的缺失影响大学生价值观取向

人的价值观在社会实践过程中形成，也只有在社会实践中才能够被改变，大学生价值观的形成和发展同样依赖于社会实践。目前，社会实践作为大学生的第二课堂，在充实学习生活、体验社会方面发挥着不可替代的作用，但是在疫情防控特殊时期，大学生既不能返回学校继续完成学业，也不能参与社会实践，只能在网上接受老师们的远程授课，显得单调乏味，时间久了，大学生的心理会发生一定的变化，进而对大学生的价值观取向产生影响。

3 疫情期间大学生价值观培养对策探析

3.1 教师授课过程中融入课程思政元素，深植爱国主义情怀

习近平总书记在全国高校思想政治工作会议上提出，要坚持把立德树人作为中心环节，把思想政治工作贯穿教育教学全过程，实现全程育人、全方位育人，努力开创我国高等教育事业发展新局面。在疫情期间的课程思政教育更有特殊的意义，防疫阻击战中的中央精神、先进事迹等鲜活素材本身就是思政教育生动的案例，将抗疫精神及时纳入课堂教学，挖掘典型事迹、凝聚和传播正能量，让大学生切身感受到我们党以人民为中心的发展思想，增强学生爱党、爱国、爱社会主义的情感，以激发青年学子们的社会责任感、人民情怀和爱国热情，这对于培养大学生的核心价值观有重要意义。

3.2 积极利用互联网加强对大学生的心理辅导，提升大学生自控能力

健康的心理是大学生价值观形成的基础，在疫情防控的特殊时期，对疫情的恐慌、对学业的担忧、对隔离的焦躁是大学生宅家面临的主要心理问题，此时我们又无法面对面进行心理疏导，其自身缺乏发泄的渠道，极易造成心理的扭曲。因此，我们要通过网络、新

媒体手段加强对大学生心理健康的培育，提高大学生自我管控的能力，理性看待这一特殊的历史时期。辅导员、教师可以加入班级群，积极分享心理健康教育知识，发布符合学生需求、传播正能量的典型事迹，区分不同的专业让学生有针对性地学习心理健康知识，能起到为学生排忧解难、疏导心理的作用，尤其是对于一些网络学习受限制以及平时心理起伏比较大的学生，这段时期更应多加关注，加强理性平和心态的培育。

3.3 鼓励大学生积极参与“防疫战争”，增强社会责任意识

疫情面前没有局外人，在目前疫情全球化大扩散的情境下，每个人都是病毒潜在威胁者，每个人亦应该是抗击疫情的行动者。当代大学生作为年轻的一代，肩负着时代赋予的使命与责任，当国家有难时，他们亦挺身而出，所以，我们看到了大批大学生志愿者奔波于大街小巷，开展形式多样的志愿服务，为打赢疫情防控阻击战贡献着光芒耀眼的青春力量。疫情之下更显责任与担当，这些可能不曾走出过校园的孩子们一夜间长大了，他们甚至冲在前面保卫我们的民族、捍卫我们的国家，他们是抗击疫情的英雄，也是每个大学生学习的榜样，正是这些人的无私奉献与勇于担当，让我们相信祖国的明天一定会更好。

4 总结

疫情防控，我们不仅要同病毒抗争，与时间赛跑，更要加强爱国爱民主义信念、弘扬社会主义核心价值观，大学生更应用实际行动证明，新时代的中国大学生是好样的，是可以经受历史严峻考验的，是可堪当大任的。我国虽然人口多、密度大但是在疫情防控期间以制度的优势、科学的举措、一线英雄的奉献牺牲，取得了令世界认可的阶段性成果。根据国家卫健委相关数据，疫情本地传播已基本阻断，彰显了我们党治理公共突发事件的能力和决心，充分体现了社会主义核心价值观的理念，是大学生应该学习和深思的地方。

参考文献

[1] 叶定剑，林立涛，田怡萌．重大疫情背景下大学生思想行为特点及教育策略 [J]. 学校党建与思想教育，2020（7）: 79–81.

[2] 王红．“互联网 +”时代大学生社会主义核心价值观培育路径 [J]. 华南师范大学学报（社会科学版），2018（3）: 121–125.

[3] 张磊，刘新民，霍群．社会实践对大学生价值观的导向作用研究 [J]. 湖北社会科学，2010（6）: 188–190.

[4] 王立洲．要上好“抗击疫情”时期的特殊思政课 [J]. 陕西教育（高教），2020（4）: 4–5.

[5] 昌敬惠，袁愈新，王冬．新型冠状病毒肺炎疫情下大学生心理健康状况及影响因素分析 [J]. 南方医科大学学报，2020，40（2）: 171–176.

大学英语课程思政课堂设计探索——以《新视野大学英语读写教程》第三版第一册第四单元 A 部分教学为例①

■ 李丽军
■ 天津商业大学 300134

摘要 课程思政是实现立德树人的重要途径，因此探索高校课程教学的思政切入点是十分必要的。本文以《新视野大学英语读写教程》第三版第一册第四单元为例，探索将思想政治元素融入大学英语教学中，以使教学内容更加丰富，同时使学生有担当、有责任感，培养其思辨能力和自主学习能力，同时做到教书育人。

关键词 **课程思政；环境保护；可持续发展**

1 引言

习近平总书记在十九大报告中提出要培育和践行社会主义核心价值观，要培养有担当民族复兴大任的时代新人。也就是说，目前高校要培养有知识有能力的人才，思想引导和价值观教育也是每门课的教学目标。

课程思政是目前高校教学实现上述目标的有效途径，其把专业课程或综合素养课程与育人结合起来，以学生易于接受的形式切入或融入思政教育的内容和要点，进行价值观教育，提高学生的人文素养，把思想政治工作贯穿教学全过程，使显性教育和隐性教育相结合，事半功倍，达到立德树人的效果。

2 大学英语课程思政探索

2.1 大学英语课程特点与课程思政的可行性

大学英语课主要是为非英语专业一、二年级的学生开设的，师资力量雄厚，教学对象人数众多，课程内容多样，时间持续大学前两年，影响面广。大学英语既是一门技能性课程，也有较高的人文性，是重要的通识课程。教师通过授课来培养大学生英语应用能力，同时注重文化素养的教育，除了要帮助学生学习外国语言和文化，也要使学生对比中国文化，在跨文化交际中，让学生能拥有国际视野、树立中国优秀文化的自信心、坚定社会主义理想信念和社会主义核心价值观。基于这一教学理念，大学英语课程中融入思想政治教育，具有十分重要的意义。

① 本论文为 2020 年天津商业大学“课程思政”改革课程建设项目“新视野大学英语”的阶段性成果，项目号是 TJCUKCSZ202001；2021 年天津商业大学课程思政示范课建设项目“大学英语 2”的阶段性成果，项目号是 TJCUKCSZ202102。

教育部《大学英语教学指南（2020版）》中明确指出“社会主义核心价值观应有机融入大学英语教学内容”。因此，大学英语课堂是思政教育的一个重要场所。大学英语教学资源中有许多来自西方国家的资源和材料，教材文章有的是英语原文，其中会有一些不同于我国文化的意识和理念。在“大思政”格局下，大学英语作为通识教育课程，融入思政元素，可充分发挥其协同效应，使学生在两种语言和文化碰撞的环境中辩证地看待文化间的差异，培养其文化自信和正确的价值观念。

2.2 目前的大学英语课程思政研究

目前大学英语课程思政的研究方向较多，侧重点各有不同，通过阅读文献和研究论文，笔者总结出了四类研究方向：第一，关于大学英语课程思政的教学或实施路径的研究。第二，基于大学英语课程思政的教学模式的构建或研究。第三，大学英语课程思政的实施实践探索。第四，与语言学理论、教学理论或现代技术相结合，进行大学英语课程思政实践探索。比如，陈雪贞（2019）在文章中探讨了最优化理论视角下“大学英语”课程思政的实现路径。

3 大学英语课程思政的实践

3.1 大学英语课程思政的实践思路

在大学英语课程思政的实践中，教师要将几方面的内容有机结合，才能使语言学习和思政教育都达到预期目标。首先，要制订合理的语言学习和思政教育教学计划及要达到的目标。比如语言能力提高的重点内容、培养学生自主学习的能力及帮助学生树立正确的价值观。其次，精心设计教学活动，精心选择教学内容，挖掘思政元素，融入思政教学内容。再次，具体问题具体分析，根据不同班级情况和授课内容，选择教学模式，做到因材施教。最后，结合教学理论和方法，使课后实践达到隐性育人目的。最后，多方面进行教学效果评价，实现育人目标。

3.2 大学英语课程思政的实践——以《新视野大学英语读写教程》第三版第一册第四单元A部分课堂教学为例

3.2.1 教学设计凸显“英雄含义”和“英雄品质”

本单元教学目标如下：本单元的主题是英雄，探讨什么样的人能被称为英雄。知识目标包括熟悉文章的主要内容、作者的观点、语言点重点和难点。能力目标是能运用相关的语言知识探讨文章相关内容和引申的主题，听说读写译达到本单元重点知识的灵活运用。思政引领目标是探讨是否英雄只是那些凭借卓越才能拯救世界的人物。A课文提出了新的观点，履行个人职责，尽力向他人伸出援手，每个普通人都能够成为英雄。结合这些内容进行思考并讨论英雄一词更为广泛的含义，思考英雄的真正内涵和宝贵品质以及如何在日常生活中践行英雄主义。启发学生思考英雄的信念和追求，引导学生树立正确的人生观、价值观和偶像观，拓展单元主题的内涵，体现外语课程思政育人的价值。

3.2.2 具体教学设计

（1）课前任务布置

本单元包括两篇文章，Text A 围绕什么样的人能被称为英雄展开。主要是在课前布置学生提前一周准备背景知识的学习。一是请学生课前阅读相关专有名词释义和背景介绍，帮助学生了解课文背景、拓宽知识面，为课文学习做好准备。二是提供一段来源于中国环球电视网（CGTN）的关于疫情期间各行各业的普通人默默对抗新冠病毒的视频，通过本视频，使学生感受无名英雄的无私奉献精神，思考英雄行为背后的感人品质，体现大学英语课程思政的育人价值。

课前任务结束后，要求学生选出小组代表，做口头陈述或演讲，主题是对于“英雄”一词的思考。陈述结束后，教师进行评价并补充相关内容。鼓励学生拓展思维，总结有关英雄和新冠病毒的英文单词和句子，以及思考如何做好个人防护及能为抗击疫情作出的贡献。思政元素主要是引导学生理解英雄的含义和对抗击疫情的责任，学习奉献精神并增强社会责任感。

（2）课堂教学过程活动设计

这部分设计的思政元素切入主要是通过具体语言学习渗透思政教育，从词汇、课文和观点各方面切入。

词汇方面，选择课文中的关键词在《中国日报》（英文版）、“学习强国”和习总书记的讲话中的经典引用。从而激发学生学习词汇的热情，并在语境中学习词汇。本单元的词汇，如 shield，remarkable ，commitment，distinct ，harmony，legislation，fulfillment 等可以在以上材料中找到相关句子。另外，单独布置学生运用这些词汇自己编故事。

课堂热身活动，提前分享一段 TED 演讲视频，题目是“What makes a hero”。通过视频，使学生了解普通人的生活中也存在着英雄，要跳出舒适圈，接受挑战，战胜恐惧。基于视频引导学生讨论自身战胜恐惧或挑战的经历。训练听力的同时，启发学生思考并运用材料中的词汇表达自己。思政元素要点在于启发学生从生活中发现英雄精神，激励自我成长。

课堂讨论中，除了精读课文内容外，再分享给学生一篇英文文章。本文讲述了 7 个有过英雄行为的普通人，讲了他们的英雄瞬间。学生分组阅读不同故事，进行探讨，这些人是否可以被称为英雄，他们具备的品质有哪些？当自己遇到类似事情怎样做？交流谈论后，加深学生对英雄的理解。

（3）审辨式思维能力的训练

关于英雄的课后思辨题，分享给学生一篇英文文章，英雄到底是天生的还是后天培养出来的？英雄主义是流淌在血液中的，还是能够在后天习得的？文章从心理学角度提供了一种思路，讨论“Do you agree that Heroism is latent in every human soul？ Why or why not？”，学生以小组形式完成并汇报。

4 结语

大学英语课程思政教育有助于全面全方位育人，这也对于一线教师提出了新的挑战。例如，课程思政建设靠个人力量有限，教师要进行思政团队建设。此外，思政元素的自然融入是每位教师需要长期探索的课题。教师要掌握新的信息技术能力，混合多种教学法和手段，激发学生学习兴趣，促进学生自主学习。

参考文献

[1] 陈雪贞 . 最优化理论视角下大学英语课程思政的教学实现 [J]. 中国大学教学，2019（10）：45–48.

构想大学英语课程改革之路①

■ 吴 锦
■ 天津商业大学 300134

摘要 本文从金课建设的评价标准“两性一度”的角度分析大学公共英语课程未来发展的走向及可能的路径。

关键词 **金课；两性一度**

当今中国已跻身于世界高等教育大国之列，然而，教育大国向教育强国的跃升之路，却并非坦途。其间，高等教育中占据绝大比例的本科教育毫无疑问是关键所在。

在教育改革不断深化的进程中，教育部提出的“金课”这一概念毫无疑问赋予了强大的时代意义，是新时代人才培养的教学导向。在先进的教育思想以及外语教学理论的指引下，采取现代外语教学手段进行课堂教学，师生双方可在先进的现代网络信息技术的加持之下，得以进行以学生为主体、教师为主导的教学活动，过程中强调自主学习、合作学习与探究式学习，使学生得以运用外语能力以及综合素养培养创新能力及批判性思辨能力，养成正确的人生观、世界观，从而在精神上有担当、能力上有强劲实力去担负起民族复兴的重任。

在此基础上，大学公共英语课程需要遵循金课的评价标准“两性一度”，从教学内容、教学方法、教学手段等诸多方面进行改革，更新滞后的观念，重新构建观念体系；同时，通过人文教育，引导学生树立坚定的文化自信，不自卑于异国文化，亦不自傲于本国文化；综合这些亦有助于培养学生养成细致观察问题、全方位多角度分析问题的习惯，从而逐渐锤炼出综合性批评思辨的能力以及创新能力；这亦与天津商业大学培养复合型、应用型创新创业人才的目标相契合。

1 高阶性之更新拓展教学内容

传统相对不具有高阶性的教学，信息密度不高，在深度及广度方面欠缺延展性，难以启发学生进行反刍性的高级思考，不利于培养学生的批判性思辨能力及创新能力等综合能力以及高级思维；而且传统课程欠缺对学生进行综合能力训练的体量，对能力达成要求度低，学习任务偏简单低阶化，这些都导致学生的最终学习成效不高。

传统教材开放度不够，往往选用外刊上发表的文章资料，经过精心编纂成教材上的阅读文章；此类教材上的阅读资料受出版速度等诸多因素的影响，更新度迟缓，对瞬息万变的现实生活的反应往往慢出好几拍，00后的学生阅读到的是10年前甚至20世纪的古旧

① 本论文为2019年天津商业大学专业“金课”建设项目“大学英语3（新视野教程）”的阶段性成果，项目号是19JKJS01020；2020年天津商业大学线上及混合课程建设项目“大学英语4（新视野教程）”的阶段性成果，项目号是20ZXJXZX0136。

观点和过时现状的描述，这些都导致学生在完成教材文章阅读的过程中表现出缺乏兴致、觉得教材内容枯燥乏味且跟不上发展节奏。

更新教学内容，在“教什么”这样看似老生常谈的问题上精益求精，汇聚融合对学生具有启发性的内容，摸索出学生诉求与教学任务相协调相匹配的教学内容的同时，更要磨砺“怎么教”这个教学之道，以学生为核心，关注加强与学生在课堂内外、线上线下的互动，引导激发学生走向自主学习、合作学习与探究式学习的学习之道。

2 创新性之优化改革教学方法

传统课堂教学，师生安坐于一堂，虽可做到教学相长、其乐融融，却总觉得与现今网络时代相剥离脱节，总不免让人产生些许落伍落寞之感。

如果大学公共英语课程能够融合现代信息化多媒体等高科技的教学手段辅助完成教学任务，充分利用更具人性化、个性化、丰富多样的智慧教室，以学生兴趣点为引爆点，凸显学生在教学中的主体地位，那么相较于传统课堂上教师处于主导者地位，教师便可转变为引导者、辅助者，致力建立良好的师生交流互动的渠道。需要注意的是，教师对于学生在语言层面犯的错误，仅进行适当适度的纠正偏差；对于学生敢于跳出窠臼、另辟蹊径的想法，进行适当适度的鼓励性反馈；同时，引导学生进行深层次的思考和分析问题，而不流于表面；或者避免停留在语言现象的表层，忽略对语言现象进行深入挖掘，忽视其背后所蕴含的深层次文化现象。如此，就能建立起师生之间可良性发展的教学相长、亦师亦友的关系。

此外，创新性应不仅仅体现在教学内容、教学手段等诸多方面的创新，同时也应体现在对传统评测体系的创新。传统的评价标准体系，多数使用是或否的单一答案来衡量学生的最终学习效度，而这种不对即错的封闭性问题在某种程度上扼杀了学生求新知的欲望，阻滞了学生创造力的发展。因此，教师如果能够在日常课堂教学中增加开放性问题，启发学生跳出窠臼进行多维度的思考，同时鼓励学生通过合作学习彼此碰撞思想的火花，进行大脑风暴，这毫无疑问是符合创新性要求的。正如苏格拉底所说，“教育是燃起火焰，而不是灌输容器”。

3 挑战度之精心打磨教学设计

挑战度是指“课程一定要有一定难度”，教师要认真备课讲课，学生要“有较多的学习时间和思考做保障”。

教学过程不应当是简单地将知识铺陈开来，让学生从中挑肥拣瘦；而应在明确学生学习目标的前提下，对其学习需求进行预估与评定，为学生提供知识架构，精心打磨设计教学环节中的每一个学习活动，通过精巧的教学行为来引导并促成学生进行自我发现。其中的关键在于如何引导学生在学习过程中自主、合作、探究性学习，从而实现自我探索的目的，并能够积累足量的知识，提升相应的能力，养成良好的综合素质。在学生进行学习和自我发现的过程中，教师担当的任务已不仅仅是传统的授业，更是在履行传道、引领、陪同、示范、支持、协同及合作的任务。在进行课程整体架构的设置以及课堂教学活动的设计过程中，教师需要跳出窠臼，摆脱思维定式，精心设计出比学生现有水平稍高一些层次的内容，但又不能过高，以免学生在学习过程中遭遇阻力过大，因困难过多而丧失信心和动力继而放弃。比现有水平稍高一点但不过量的难度，具有一定挑战性的学习内容，可以促进学生无论是课堂之上还是课堂之外都调动自驱力花费较多的时间去学习以及思考。

在组织线上线下混合式课程过程中，线上可依托现代化网络技术组织学生进行自主、合作学习；线下课堂授课中，师生以及学生之间通过面对面的交流，思想进行碰撞，此互动过程并非随机发生，而是基于此前线上学习的铺垫，有逻辑、有目标且条理清晰地进行更加深入的探究性学习；从而打造出“学生和教师一起，跳一跳才能够得着的”线上线下混合式课程。

参考文献

[1] 郭英剑．“双一流”建设之于外语学科的意义 [J]. 当代外语研究，2018（4）：1-2.

[2] 吴岩．建设中国“金课”[J]. 中国大学教学，2018（12）：4-9.

探索大学英语课程思政教育之道①

■ 吴 锦
■ 天津商业大学 300134

摘要 本文从课程思政的概念及其作用入手，明确大学英语课程中蕴含的思政功能与思政课程的协同关系，探究如何在课堂教学的实践中贯彻践行课程思政的理念。

关键词 **课程思政；思政教育；大学英语课程**

在当今全球经济进入一体化的 21 世纪，借助现代网络技术这个富有巨大潜力的平台来进行国际合作与交流的次数也频频增多，并且其无论从形式还是内容上都日渐丰富，英语这门语言作为国际交流主要使用的载体其重要性愈加突显。当代大学生在学习大学公共英语这门课程中主要诉求及目的亦以追求英语的工具性为主，而其人文性则一直处于次要位置甚至经常被有意忽略；试图对学生进行“润物细无声”的人文主义及正确世界观、价值观的培养一直以来呈现疲软后续乏力的状态。

大学公共英语教学不仅覆盖面广，涉及全校两个年级绝大多数的学生；而且跨度相对大，贯穿学生大一及大二整整两年的大学生涯。传统的大学英语教学，往往讲授的是英语语言知识及其蕴含的西方文化现象，强调的是提升学生的英语语言技能；而学生在这门课程上与国外思想文化直接对撞，与互联网共生的 00 后学生极易受西方文化及潮流的影响；因而，身为高校英语教师，在传授外国语言文化知识的同时，无疑应当承担起思政教育之重责，努力提升自身的思政能力，积极参与并推进高校英语课堂的思政功能，努力挖掘大学英语课程的思政元素，使英语课程增强其思政功能，与传统思政课程协同合作，将思政教育融入整个教育教学过程，实现育人的终极目标。那么，该如何在大学公共英语教学的实践中践行课程思政的理念？不妨先明其理，尔后行其道，意即先明确其理念的内涵，然后据此有的放矢地探究课程思政的可行之道。

1 明其理

课程思政这个概念最早由上海市委、市政府提出，意即“将立德树人作为教育的根本任务，深入发掘各类课程的思想政治理论教育资源，使各类课程与思想政治理论课同向同行，形成协同效应，构建全员、全程、全课程育人格局的一种综合教育理念”，这一理念强调除了知识传授外，专业课程还具有思想政治功能。

正如有学者指出的那样，“课程思政是近年来国家提出的新型教育理念，拥有丰富的教育内涵和高远的立意”。

---

① 本论文为 2019 年天津商业大学专业“金课”建设项目“大学英语 3（新视野教程）”的阶段性成果，项目号是 19JKJS01020；2020 年天津商业大学线上及混合课程建设项目“大学英语 4（新视野教程）”的阶段性成果，项目号是：20ZXJXZX0136。

课程思政与传统思想政治课程不尽相同，它不是一味地进行说教，进行理论的灌输，而是“通过独有的暗示、模仿和同化的作用，在不知不觉中引起学生个体和思想上的变化，达到社会所要求的道德品质和行为规范化的要求，实现学生个体文化与现实的融合。”

长久以来，公共英语课程与思想政治课程各自为政、各行其道，在进行思政课程向课程思政转变的道路上，教师作为知识的传播者，观念的扭转与改变毫无疑问是首先需要完成的。教师需要自身具备正确的思想道德意识，树立准确的思想政治观念，同时加强自身的传统文化修养，加深对中华文化传统内涵的理解，从而能够在教学设计过程中精巧地将课程内容有机地融入中华文明与当代社会主义核心价值观，培养学生对本国文化的自豪感与自信度，对学生潜移默化地进行思想政治教育。

2 行其道

在教学内容的选择方面，传统教材往往偏爱所谓的原汁原味，选用的基本是国外报纸杂志的文章。有学者指出，“高校英语教材中体现了对西方国家社会环境面貌的反射，渗透了多个国家的文化内容”。这些内容大多都是在宣扬西方倡导的价值观。一味地进行西方文化的输入，对三观尚不确定、还处于形成阶段的大学生来说，无疑不利于培养其对中华文明的信心以及对于社会主义核心价值观的正确理解及融会贯通。因此，教师不妨在日常教学中，结合具体的教学内容，发掘其中相关的思政元素，将传统文化习俗融入其中，培养学生对于本国文化的自信意识，从而有利于深入地开展思政教育。在进行课堂教学的设计及内容的遴选上，教师可以结合新闻时事，挖掘思政教育与其的交互点，使语言学习与思政学习相融合，结合教材中各单元的主题有意识地加入传播中华传统文化的资料，激发学生对传统文化的兴趣以及更深层次的思考，增强学生对中华文明的认同感，提升其思想深度，并且启发学生进行深层次的思考，引导学生进行正确的思辨，走出小我的世界，客观理性地看待世间万物，站在全局角度思考当今纷繁复杂的国际关系。避免学生盲从西方价值观及其意识形态，从而导致盲目崇拜西方文明。进一步完善学生的世界观、人生观、价值观。通过这些，促使学生产生动力去关注身边的事，关注本国国情，结合国际局势进行全局观的反刍性思考，进而激发学生创新的潜能及奋进的动力。

丰富教学方式，不再只是一味地教师负责讲、学生负责听，满堂灌的结果往往不尽如人意，易导致学生对课程内容心生乏味甚至抵触。大学英语课堂上可以引导学生进行中西方不同风俗习惯的比较，挖掘产生这些差异背后深层次的文化层面的原因，培养学生的家国情怀以及国际视野。在教学环节设计上，教师充分利用英语课程的人文价值巧妙地将社会主义核心价值观的精髓融入课堂教学内容中，传授知识的同时，进一步阐释知识背后所蕴含的思想、逻辑、精神、哲学等，从而增加课程思政内容的感染力；同时通过对文化现象的认知加深及语言能力的逐步提升，使学生不知不觉中将所学知识内化为日常的行为模式。

总而言之，教育决定着国家未来发展的兴衰，高校的课程思政之路非一日即可铺就，大学英语课程可以发挥自身人文性等特点，高校教师努力站得更高些、抓得更准些，将语言学习与思想政治教育巧妙地、有效地融合在一起，达到课程思政的最终目标。

参考文献

[1] 安秀梅 .《大学英语》“课程思政”功能研究 [J]. 文化创新比较研究，2018，2（11）：84–85.

[2] 黄河，林芸 .《大学英语》课程思政教学探索与实践——以江西经济管理干部学院为例 [J]. 湖北开放职业学院学报，2019，32（21）：154–155，158.

[3] 王景云 . 论高校思想政治理论课隐性课程载体的系统构建 [J]. 中国特色社会主义研究 ，2011（2）：100–103.

[4] 田鸿芬，付洪 . 课程思政：高校专业课教学融入思想政治教育的实践路径 [J]. 未来与发展，2018（4）：99–103.

大学公共英语“课程思政”建设的现状和思路①

■ 张昌英
■ 天津商业大学 300134

摘要 大学公共英语是开课时间长、覆盖范围广的一门学科，具有很强的育人功能，大学英语“课程思政”建设在学生的价值引领、能力培养、知识传授方面意义深远。但是目前，“课程思政”融入大学英语教学还存在一些问题，有的课堂中思政元素融入比较生硬，有的教师的思政素养还有待提高，有的课堂教学主要采取讲授法，“满堂灌”，思政育人效果不是非常理想。针对这些问题，教师要进一步深挖教材的思政点，保证每个单元的思政点主线清晰，资源多样化；教师要不断学习，加强理论修养和文化积累；革新课堂的教学方法，以学生为中心，充分发挥学生的积极性，线上教学和线下授课相融合，提升教学效果和效率。

关键词 **大学公共英语；课程思政；建设现状；思路**

2014 年，上海率先展开教育综合改革，上海各高校广泛展开“课程思政”的试点工作。2016 年的全国高校思想政治工作会议和 2017 年颁布的《关于加强和改进新形势下高校思想政治工作的意见》都强调把立德树人作为教育的中心任务。2020 年 5 月，教育部印发《高等学校课程思政建设指导纲要》，强调把思想政治教育贯穿人才培养体系，全面推进高校课程思政建设，发挥好每门课程的育人作用。在这样的大背景下，高校的各个学科都在探索学科所承载的思政育人功能，大学英语作为诸多高校大一、大二阶段学生的必修课程，具有学时长、受众广、课程集中等特点，应承担起立德树人、思政育人的重要责任，提升学生对于中国特色社会主义道路和中国传统文化的自信心和认同感，培养德才兼备、全面发展的人才。

1 “课程思政”融入大学英语教学的现状分析

1.1 课堂中思政元素融入比较生硬

目前，大学英语课堂教学虽然融入了一定的思政元素，如在讲解词汇时引用重要会议和报告中的例句，在讲解课文时引用党和国家领导人的名言，在课后练习中加入与课文主题有关联的思政阅读内容，但有的大学英语教学中“课程思政”元素的融入比较生硬，不能做到潜移默化、润物无声。好的“课程思政”应该像盐，滋润到每个科目里，不见其形，却知其味。然而，在英语教学中，一些教师苦苦研究文本，挖掘出多个课程思政的元素。尽管有的思政元素与课文联系有些牵强，但是教师仍然把它们纳入教学计划，导致课程中的思政元素过多、过散，缺乏主次，难以取得良好的教学效果。

① 本论文为 2020 年天津商业大学“课程思政”改革课程建设项目的研究成果，项目号是 TJCUKCSZ202002。

1.2 一些英语教师的思想政治理论素质偏低

一些大学英语教师没有思想政治的教育背景，不能准确地把握国家的大政方针和路线策略，对于国内国际时事和国际关系的变化缺乏足够的敏感度，对于中国传统文化和汉语言文学没有深厚的积淀，导致其不能深入剖析和研究教材中的育德育人元素，课程思政建设缺乏深度。另外，大学公共英语教师往往承担着全校的基础课教学，课时任务量大，课余时间还需要完成科研任务，相对地在思政理论和传统文化积累上投入的用于系统性学习的大块时间较少，导致教师无法在短时间内提升自己的思想政治理论素养。教师是课堂设计的主导者，教师的思想政治理论素养直接影响到课程思政建设的成效，影响着学生参与课程思政建设的主动性，影响着思政教育的趣味性和深入性。

1.3 教学方法和手段有待进一步更新和完善

目前，一些教师对课程思政相关内容的讲解主要以传统的“老师讲、学生听”的模式为主，信息单向流动，说教的氛围浓厚，容易使学生产生疲惫感和厌烦感。而且，大学英语课通常两个课时连上，时长 90 分钟，长时间使用讲授法教学会使得学生注意力分散、记忆力衰退，形成被动的学习习惯，失去主动探究的意识，不利于激发学生的批判性和创造性思维。课程思政素材往往来源广、范围大，假如教师不辅之以灵活先进的教学方法，会极大地增加学生学习的难度。

2 大学英语“课程思政”建设的意义

大学英语是大学生与国外文化、思潮接触和碰撞最多的课程之一，其思想教育和价值引领的责任重大。教师应充分发挥大学英语课程的培养人、教育人的功能，实现“三全育人”。第一，从价值引领方面来说，大学公共英语“课程思政”建设可以帮助学生牢固树立“四个自信”，储备好含有“中国元素”的英语知识，为学生在对外交往中讲好中国故事、当好民间交流大使打好坚实的基础。第二，从能力培养方面来说，大学公共英语“课程思政”建设可以帮助学生甄别所接触的西方文化的优点和不足，鼓励学生发挥创新性和创造性思维，从不同的角度理解和分析问题，从东西方语言和文化的交互学习中拓展思路，培养跨文化交际能力，提高思辨能力。第三，从知识传授的方面来说，大学公共英语“课程思政”建设可以帮助学生拓宽英语学习的范围，从单一的英语技能学习，发展到以语言为载体、跨文化交际为目的的综合技能学习。

3 大学英语“课程思政”建设的思路

建设大学英语“课程思政”，要充分考虑学生的需求，立足于“全员育人、全程育人、全方位育人”，拓展思路，突出思政元素的重点，教师需要巧构思，深钻研。

3.1 深入挖掘教材的思政内涵

教师要深入挖掘所教授教材的内涵，大学英语课程所使用的主流教材主要是来自外语教学与研究出版社、上海外语教育出版社、高等教育出版社、复旦大学出版社等在英语教育方面经验丰富的出版社。教材经过专家的精心选编和出版社的层层把关，所选用的素材在思想上能起到正面引导的作用，课文内容选材广泛，涉及政治、经济、社会、文化、生活等诸多方面，教材本身就具备教书育人的功能性作用，值得教师深入挖掘其闪光点，找到“课程思政”的有机切入点。教师还需要根据课程思政的切入点，广泛搜集相关的资料，资料的形式不应拘泥于文字，图片、音频、歌曲、视频、课件等多媒体资源会更具有冲击力，激起学生的兴趣，引发学生主动思考和讨论。

3.2 加强思想理论学习

教师思想理论素养的提高与课程思政建设的顺利开展密切相关。教师可以将搜集到的资料分门别类，建立思政建设资源库。要做到这一点，教师需要加强思想理论学习，广泛涉猎并且积累时事、传统文化、国家方针政策、心理学等方面的知识。引导学生用辩证的眼光看待国际热点时事，增强对中国传统文化的领悟和理解，唤起自身对于传承中华文明的历史责任感和使命感，了解中国现阶段的国情和大政方针，坚定“中国特色社会主义道路自信、理论自信、制度自信、文化自信”，树立积极的世界观、人生观和价值观。思政建设资源库需要及时更新，以反映社会变化的新形势和新要求。

3.3 采用多样化的教学方法和手段

在课堂教学中，教师要采取多样化的教学方法，适当地给学生放权。除了传统的讲授法、提问法、论证法等教学方法外，教师还可以采用诸多以学生为中心的教学方法。如就某个思政议题展开全班讨论和辩论、小组讨论、同伴教学等。

“课程思政”的建设不是简单的知识灌输，而且由学生广泛参与、自下而上的价值观塑造过程，培养团体的合作精神，激发学生的学习积极性，提高学生独立思考、搜集资料、归纳分析的能力。

教师还可以采取信息化的教学手段，充分发挥互联网资源和数据库的作用，充分挖掘诸如学习通、雨课堂、智慧树、慕课平台等线上学习平台在辅助教学方面的潜力，充分使用现代化的师生沟通、交流和答疑的手段。线上学习和线下教育相结合，提高大学公共英语课堂的影响力。

4 小结

大学公共英语的课程思政建设是大势所趋，对于国家、高等教育和师生来说都具有重要的作用，课程思政建设离不开教师和学生的互相配合。高校英语教师要强化“立德树人”的责任感和使命感，认识到日常教育教学是课程思政实施的主阵地，真正做到“守好一段渠，种好责任田”，强化大学英语课程的思政育人功能，为大学生的发展奠定扎实的思想、政治和理论基础。

参考文献

[1] 陈雪贞 . 最优化理论视角下大学英语课程思政的教学实现 [J]. 中国大学教学，2019（10），45–48.

[2] 崔戈 . 大思政格局下外语课程思政建设的探索与实践 [J]. 思想理论教育导刊，2019（7）：138–140.

[3] 顾晓英 . 教师是做好高校课程思政教学改革的关键 [J]. 中国高等教育，2020（6）：19–21.

[4] 夏文红，何芳 . 大学英语“课程思政”的使命担当 [J]. 人民论坛，2019（30）：108–109.

“一流课程”视角下大学英语课程建设实践探索①

■ 李　馨
■ 天津商业大学　300134

摘要　高等学校一流本科人才培养的核心要素是“以学生发展为中心”的“一流本科课程”建设。如何转变传统的教学方式，构建以学生为中心，多层次、多维度的教学模式，使之符合应用型本科“一流课程”建设的科学性和实用性等要求是本文探讨的重点内容。
关键词　**大学英语；课程建设；课堂模式；教学活动**

近几年，教育部提出一系列重大举措，旨在推进和深化高校本科教育教学改革，多次强调要淘汰“水课”，全力打造“金课”；提出“实施一流本科课程双万计划”，即建设国家级和省级一流课程各一万门。这里的“金课”建设指的就是一流本科课程建设，课程相对于“水课”具有挑战度、高阶性与创新性。传统教学模式重视知识灌输，忽视学生个性发展和能力培养。重视学生的主体性、能动性，树立教育教学的全新理念，全面开展“一流本科课程”建设，积极推进课程改革与创新目前在教育界已经达成了势在必行的共识。大学英语课程在英语语言学习过程中以培养学生的英语综合应用能力、自主学习能力、跨文化交际能力，拓展学生国际视野为主要目的。在天津商业大学，大学英语课程为全校一、二年级学生必修的公共英语课程，立足于学校“培育经国济世的商学人才，传授服务社会的实用学问”的办学理念，英语教学中注重发挥语言的工具性作用，使学生们在学习、生活、社会交往和未来工作中能够有效地使用英语进行沟通，为学校培养商学素养与专业能力结合、知识学习与实践能力并重、诚信做人与创新能力兼备的复合型应用人才提供语言能力支持；并且，在教学过程中有机融入思政教育元素，增加学生对不同文化的理解、树立求同存异的意识，弘扬社会主义核心价值观和马克思主义科学世界观，提高学生综合素质。天津商业大学自2019年开始实施大学英语一流课程建设，迄今已开展了为期四个学期的线上线下融合式教学，进行了一些有益的探索。

1　课程教材选取与重构

一流课程建设过程中，天津商业大学经济学院、法学院、公共管理学院等学院的学生英语基础相对较好，采用“全新版大学英语”系列为授课教材。该教材遵循现代外语教学理念，已形成纸质教材、多媒体课件和网络学习系统相结合的立体化教学模式。课程设计既符合外语教学的客观规律，又可满足学校本科生学习的实际需求，既适用于教育教学又便于学生自主学习。参与教改的教师们二次开发所用教材，使其更贴合时代发展的要求，将课程资源、自找资源等补充资源进行课程内容重组，建构系统资源。

① 本论文为天津商业大学青年基金项目“大学英语翻译教学中的个性化教学模式研究”的研究成果，项目号是151116；2019年天津商业大学专业“金课”建设项目“大学英语1（全新版教程）”的阶段性成果，项目号是19JKJS01022。

1.1 基础性

“全新版大学英语”是集英语基础知识与交际技能于一体的一门基础课程。课程建设的目标是促进学生牢固掌握语言基础，进而培养学生具备较强的英语综合应用能力，尤其是听说能力，使他们在今后的学习深造、工作过程和社会交往中能正确地、有效地使用英语进行口头和书面的信息交流。信息化时代，该课程已经成为学生了解世界、培养国际化视野的有效途径。

1.2 思想性

学生在语言习得过程中学习中西文化，因此，本课程旨在培养学生思考问题的独立意识和思辨能力。我们要响应习近平总书记在全国高校思想政治工作会议上的号召和部署，以“课程思政”的新理念为指南，尊重课程建设规律，结合教材，针对不同专业，做好课程整体规划与顶层设计，实现全过程、全方位“立德树人”。

1.3 实践性

语言学习的落脚点是实际应用与实践。课程建设中注重知识的讲授，强调了理论联系实际，在教学过程中夯实听、说、读、写、译等综合能力。推动以调动学生积极性为核心的教学实践，为学校办学特色服务，以培养学生商学素养为导向。教师在传授知识的过程中，给予学生更多的机会与空间去探索与实践，鼓励学生主动运用新思路、新方法、新技能，把语言习得的知识、技能与本专业相关知识相结合，融会贯通，学以致用。

2 教学过程设计与呈现

我们在教学内容体系、教学过程设计、教学方法体系、自主学习方式、教学考核方法等方面进行了尝试与探索，积极构建多元化、多层次大学英语课程体系，逐步形成课程、教师、教材、评价机制一体化的教学模式。

2.1 教学内容创新

根据教学大纲、学科发展和教学要求，更新教学内容，补充、更新教学材料。根据学生所学专业的培养目标的差异性，调整教学内容，提高针对性，找准契合点，因材施教提升学生英语综合能力。每单元增加了思政要点，对学生进行德育教育与思想引领。

2.2 教学过程设计与教学方法和手段

以往的大学英语课程大多为教师主导的讲授型课程。教改中结合本校办学特色，以培养学生商学素养为目标，授课教师结合学生所学专业，将文化因素、思政德育、交际技能直接嵌入课程教学，突破了传统的讲授型单一课程设计方法。教师角色发生根本转变，成为学生语言习得的“助手”，将教学过程划分为课前、课中、课后和课外四个模块，形成了线上导学、线下促学的模式。教师主要采取重点讲解与自主学习教学资源平台相结合的方式，多维度训练和提升学生听、说、读、写、译各个方面的技能，增强学生的英语语言能力和综合应用能力。重视学生的主体性，鼓励学生主动参与课堂活动，培养其创新能力。

同时，采用翻转课堂和混合式教学，以“任务教学”为主线进行课程教学改革。通过多媒体教学、网络教学等现代教育技术与教学平台辅助教学。目前不仅使用了线上精品课程和资源共享课程，如慕课、Spoc（小规模限制性在线课程）等，还采用了 WE Learn（随行课堂）、雨课堂、词达人、学堂在线、超星学习通等应用程序或平台资源。采取启发性、自主性、探究性和实践性的特色课堂教学方法：运用分组讨论法、角色扮演法、头脑风暴法等，通过与课程内容紧密配合的活动，丰富教学内容，增加学生们的学习热情和兴趣，提高课堂参与率与学习效果，培养学生的主体意识、问题意识、开放意识、互动意识、交流意识，使学生真正成为学习的主人、课堂的主人，获得应有的收获，也增强了满意度。从有利于提高学生语言实际应用能力和综合素质的角度设计练习与布置作业，加大了合作与互动环节的比例。灵活采用读书报告、专题讲演、剧情创作、角色扮演，分组讨论等形式，或采用 task-based measures（“任务” 方式），以锻炼学习分析和解决实际问题的能力，增强学生自主学习能力培养，全面提高教学质量和教学效果，达到培养应用型、复合型人才的目的。

2.3 考核方法创新

改变“唯期末论”的传统考核方法，加大学生平时成绩的量化考核，完善过程化考评机制。新的考核方法更注重过程性评价，采取了多元评价手段。利用诸如雨课堂、词达人等多个平台实现学生学习过程与成绩的即时反馈，帮助师生查找不足，从而进一步提升教师教学质量与学生学习的效果。在过程化考核中，对学生平时课堂参与率、作业完成度、课上课下、线上线下综合表现等进行全面考核，计入成绩。调整平时成绩与期末成绩的考核比重（如，平时成绩的考核比例调整至 40%~50%；期末考试成绩的比重则占 60%~50%）。另外，构建学生自我评价、学生互相评价以及教师评价等多元综合评价体系，提高过程性评价的比例。

3 结束语

新时代，“一流本科课程”建设为传统课程改革赋予了全新内涵，我们要抓住这个契机，立足天津商业大学的办学理念与特色，同时将“三全育人”等课程思政理念融入教学环节，渗透到教学实践之中。完善培养方案，对课程建设过程中出现的新问题及时反思，总结经验与不足，优化课程体系，不断更新教学方法，服务于学生所学的专业，激发学生的创新意识，为社会培养具备综合能力和高级思维的复合型应用人才。

参考文献

[1] 史仪凯．一流课程建设和教学的关键在提升教师的教育教学水平 [J]. 西北工业大学学报（社会科学版），2020（1）：50.

[2] 实施一流本科课程“双万计划”让本科课程优起来——教育部印发《关于一流本科课程建设的实施意见》[EB/OL].[2019-10-31]http：//www.moe.gov.cn/jyb_xwfb/xw_fbh/moe_2606/2019/tqh20191031/sfcl/201910/t20191031_406261.html.

课程思政的再认识与再探讨①

■ 杨海艳 殷雪圻
■ 天津商业大学 300134

摘要 为充分落实立德树人的根本任务，引导青年树立社会主义核心价值观，实现三全育人，思政教育已经覆盖到高校的各个学科和各门课程体系。本文通过对课程思政认识过程的梳理，阐释新时代高校育人总方针，即所有的课堂都是育人的主渠道，教师人人要讲育人，并从实践和评价的角度探讨了课程思政实施中的关键问题，为课程思政的持续深入提供了启发。

关键词 **课程思政；认识；探讨；实践；评价**

“课程思政”是高等院校以习近平新时代中国特色社会主义思想以及关于教育的重要指示为指导方针，是当前我国高校各类课程面临的新课题、新使命。在青年所处于的人生观和价值观形成和确定的关键时期，培育青年社会主义核心价值观，各门课程通过“守好一段渠、种好责任田，同向同行，形成协同效应”，进而实现思想政治教育与知识体系教育相统一。

1 课程思政的再认识

1.1 课程思政的认识起点

21 世纪初，我们成立了各学科课程标准研制组，并于 2001 年 2 月形成了课程标准初稿：有自己的时代目标，即培养学生的爱国主义精神，使其形成正确的价值观；也已经有了思政的意识，但是这一纲要主要是针对大学以下的幼儿及学生群体，无论是内容还是课程结构都没有一个清晰的理念和思政过程。2004 年的普通高中改革把高中生作为实验对象，在培养目标上加入了“继承中华民族的优秀传统，弘扬民族精神”“对自己的行为负责”等精神层次的引领和追求，但关注点更多的是集中在高中课程的改革设置上，并没有把课程与思政联系在一起，而且涵盖范围小，仅有四个省。同年，中共中央、国务院发出的《关于进一步加强和改进大学生思想政治教育的意见》中已经把目标群体调整为大学生，虽然强调了思想政治教育对大学生的重要性，但是此意见强调的是思想政治理论课主战场的地位。2010 年起上海承担起“整体规划大中小学德育课程”改革试点项目，虽有思政的雏形，但是范围小，还没有展开。直到 2016 年 12 月，习近平总书记在全国高校思想政治工作会议上指出：“要坚持把立德树人作为中心环节，把思想政治工作贯穿教育教学全过程，实现全程育人、全方位育人，努力开创我国高等教育事业发展新局面……要用好课堂教学这个主渠道，思想政治理论课要坚持在改进中加强，提升思想政治教育亲和

① 本论文为 2020 年天津商业大学“课程思政”改革课程建设项目“新视野大学英语”的阶段性成果，项目号是 TJCUKCSZ202001。

力和针对性，满足学生成长发展需求和期待，其他各门课都要守好一段渠、种好责任田，使各类课程与思想政治理论课同向同行，形成协同效应。”这次会议明确了思想政治工作的重要性以及实施的时间跨度，强调了育人的主渠道是所有的课堂教学，思想政治理论课不再是唯一的战场，落实了各类课程、各门课程都有各自的职责以及所承担的责任，构建了思政课程与课程思政共舞的一个新的教育理念。同时，随着这次全国高校思想政治工作会议的召开，“课程思政”这一提法深入人心，得到了学术界的广泛关注，并为各大高校的努力指明了方向。因此，这次思想政治工作会议才是课程思政的真正起点。

1.2 课程思政的认识深化

2018 年 5 月 2 日，习近平总书记在北京大学师生座谈会上指出：“社会主义建设者和接班人，既要有高尚品德，又要有真才实学。学生在大学里学什么、能学到什么、学得怎么样，同大学人才培养体系密切相关……人才培养体系必须立足于培养什么人、怎样培养人这个根本问题来建设……人才培养体系涉及学科体系、教学体系、教材体系、管理体系等，而贯通其中的是思想政治工作体系”。这次座谈会明确了我们党的教育方针，指出了我国大学最鲜亮的底色是马克思主义，同时强调需同时育人和育才，才能形成人才，其中育人才是根本，而立德又是育人之本。而在课程思政实施过程中的主体——教师——从思想政治工作会议上强调的教师要坚持“四个统一”到“素质过硬、业务能力精湛、育人水平高超的高素质”教师队伍，明确了师德师风是第一标准。这次座谈会同时指出思政课程是人才培养体系的基本，贯穿整个人才培养体系，进而表明课程思政地位高、作用大、意义深远。

1.3 课程思政的认识成形

2018 年 9 月 10 日，全国教育大会在北京召开。习近平总书记出席会议并发表重要讲话。讲话共包括十三个重点，点点都与教育相关。其中第五点的“九个坚持”是习近平同志关于教育新理念新思想新观点，其指出“努力构建德智体美劳全面培养的教育体系，形成更高水平的人才培养体系”。可以看出国家对教育体系、人才培养体系的认识更加深刻了。从北京大学师生座谈会上对教师提出要求到全国教育大会上进一步明确“对教师队伍建设提出新的更高要求，也对全党全社会尊师重教提出新的更高要求”，都表明国家对课程思政有了更明确、更全面的认识。通过这次大会，我们能够看出教育的方向更坚定了，目标更明确了，而课程思政是具体落实的手段，课程思政的认识已经成形。

根据国家的一步步规划，我们能够清晰地发现，课程思政是对包括思想政治理论课在内的所有课程的要求；课程思政涉及每门课程，不是要新增几门思想教育类的课程，而是涵盖了所有的课程，意味着将高校思想政治教育的“主渠道”从思政课延伸扩展为全部课程，即门门思政，课课思政，人人思政。

2 课程思政的再探讨

2.1 课程思政的积极实践

相较于思政课程，课程思政有自己的难度，从原来的从无到有，到少要变精，从弱到强，到课程原安排怎么办、完不成计划又该怎么办、找不到切入点又该如何。有的教师感觉困难重重，不知如何下手。这里首先要明确课程思政不是增加教师上课的时间和学生完成学业的难度；而是在课程思政建设中，教师对所授课内容、方法的重新挖掘、梳理和认识，是新要求，而不是额外要求。所以，对教师的要求就会提高，高校教师要坚持育人者先受育，毕竟打铁还需自身硬。教师要积极梳理课程思政的教学理念，这就要求各个学科的教师要以“四有好老师”的标准来严格要求自己，不断地改革教学理念，提高教学方法，用思想政治理论武装自己的头脑，不断地提高自己的思想觉悟、政治觉悟和道德修养，还要学习中国的传统文化知识、习俗、技艺等，从而帮助学生树立“四个自信”，要做到在课堂教学中注重在传授知识时重视价值的引导，在价值传播中，累积知识。将思想政治教育自然地融入课程教学，从而实现知识传授与价值引导相统一，显性教育与隐性教育相统一。

明确课程思政的理念后，教师的课堂育人不再是个体行为、单兵作战；而是有组织的行为、集体作战。其要求更明确，行为也更规范。可以建设思政小组，大家一起投入与参与。课程思政建设的重要推动者是教师党支部，党员教师也就构成了课程思政建设的主力军，教师党支部冲到了育人第一战场。党员教师要发挥模范带头作用，和群众教师一起学习理论，寻找合适的切入点，不能生搬硬套、硬切入、直接添加；要有机融入，从而达到润物无声的效果，进而使学生自然地接受，认为这就是课程的一部分。在教学当中，所引用的知识要能够引起学生情感上的共鸣，能够极大地激励学生产生学习的内动力，能够有效地促进学生对课程知识的领悟、掌握、应用以及扩展。目的是要产生复杂的化学反应，而不是简单的物理焊接。更不能简单地堆砌，要像盐溶入汤中有味，却看不见。

2.2 课程思政的评价

有的教师会有疑问：进行课程思政多久之后才能呈现出结果？学生思想转变如何？有什么评价方法或评价措施？首先，教师们要清醒地认识到，立德树人绝非一日之功，成果绝非一时能够显现。所以各高校、各位教师要做好、做足长期的准备。因为学生身上体现的不是某一个学科、某一学年的学习效果，而是学校教育的总效果、总成果；更不要轻易就某个阶段、某门课程、某项活动的思想教育效果进行简单、直接的评价。这不符合德育的特点和规律。其次，“同向同行，形成协同效应”是指学生培养的最终目标指向，即社会主义建设者和接班人，要有政治认同感、家国情怀，坚定四个自信，健全公民人格，这是学校、教师的共同责任。因此，这个协同效应，应该是长期积累的结果。最后，要在专业思政大框架下具体认识某门课程的思政建设。不能忽略专业对学生的总体要求，要积极和学生的专业相结合，共同发展。

“课程思政”需要学校和教师共同努力，积极探索，深挖教材，坚持教育者先受教育，注重提升自我，才能在知识的传授中帮助青年成长为既有扎实的技能，又有坚定的理想信念，综合能力强，能“讲好中国故事，传播好中国声音，向世界展现一个全面的中国”的社会主义建设者和接班人。

参考文献

[1] 培养德智体美劳全面发展的社会主义建设者和接班人——习近平总书记重要讲话引领教育战线新思考新作为 [EB/OL].[2018-09-12]http：//www.gov.cn/xinwen/2018-09/12/content_5321354.htm.

[2] 教育部关于印发《基础教育课程改革纲要（试行)》的通知基础教育课程改革纲要（试行）[EB/OL].[2001-06-08]http：//www.gov.cn/gongbao/content/2002/content_61386.htm.

[3] 中共中央国务院发出《关于进一步加强和改进大学生思想政治教育的意见》[EB/OL].[2004-10-15] http：//www.moe.gov.cn/jyb_xwfb/gzdt_gzdt/moe_1485/tnull_3939.html.

[4] 刘月霞，马云鹏．我国普通高中课程改革的特征条件与实施策略 [J]. 课程教材教法，2015（1）：61-67.

[5] 刘思洋．“新时代”背景下大学英语“课程思政”教学格局构建 [J]. 吉林化工学院学报，2020（2）：1-4.

浅析大学英语“课程思政”实施路径

■ 王 竹
■ 天津商业大学 300134

摘要 本文旨在从“课程思政”的内涵角度，总结归纳目前在大学英语“课程思政”建设实践过程中存在的难点及问题，浅析更加顺应学生需求的大学英语“课程思政”实施路径，为“课程思政”在英语教学中的有效推广、推动大学英语“一流课程”建设提供参考。

关键词 **大学英语“课程思政”；内涵；必要性；实施路径**

“课程思政”是新时代国家对高校思想政治工作的新要求。随着思想政治工作在高等教育中的地位不断提高，高校对于“课程思政”的探索、认识得到不断聚焦，“课程思政”的建设成果也成为衡量高校“一流课程”建设水平的重要标准之一。本文旨在从“课程思政”的内涵角度，总结归纳目前在大学英语“课程思政”建设实践过程中存在的问题，浅析更加符合学生需求的大学英语“课程思政”建设途径，为“课程思政”在英语教学中的有效推广提供参考与借鉴。

1 大学英语“课程思政”建设的内涵

1.1 “课程思政”的内涵

思想政治教育是高校育人体系中不可缺少的重要部分，随着社会形势的不断发展变化，国家对思政教育的要求也进一步提高，要求将思政教育贯穿于学生学习生活的所有层面。因此，除依靠传统的思政理论课教育之外，其他学科也要发挥优势，将思政理论知识、价值理念以及精神追求等思政教育元素融入课程教学过程之中，使教学实现育才和育人的双重功能。“课程思政”的理念应运而生。

“课程思政”与“思政课程”有着不可分割的紧密联系，但二者又绝非在语序上的简单互换。二者在内涵上既非相互包含，又非完全独立。“课程思政”作为“思政课程”的拓展和延伸，其根本要求在于所有课程都应回归育人本源，与“思政课程”教育同向同行。“课程思政”通过发掘各类课程的思政元素，在进行智育的同时发挥德育功能，即在对学生进行知识传授的同时，实现对学生的价值观的塑造。由“思政课程”向“课程思政”的转变是高校人才培养与立德树人并重的有力举措。

1.2 大学英语“课程思政”建设的必要性及现实意义

大学英语课程不仅是语言课程，同时也承担文化传播的功能，因此兼具人文性和工具性的本质特征。语言学科的人文属性决定了大学英语课程在学生人文素质培养，即“育人”方面具有先天优势，与“课程思政”立德树人的目标不谋而合。大学英语课程涵盖历史、文化、政治、经济、科技乃至社会生活等多方面内容，为“课程思政”建设提供了生动的素材，具有重要的实践价值。

最新修订的《大学英语教学指南（2020 版）》明确提出了大学英语“课程思政”的要求，明确了大学英语教学应主动融入学校课程思政教学体系，将课程思政理念和内容有机地融入课程，使之在高等学校落实立德树人根本任务中发挥重要作用。《指南》中还提出：“课程思政”建设要寓价值观引导于知识传授和能力培养之中，帮助学生塑造正确的世界观、人生观、价值观，是大学英语教学的必备内容。由此可窥见“课程思政”于大学英语教学之必要性。

现今，学生的思政教育已经不仅是思政课程的主要任务，也是其他专业课、公共基础课需要承载的功能和着力点。大学英语课程不仅承担着培养学生语言能力的任务，同时也是向学生介绍外部世界，普及中国文化的阵地。学生在学习知识的同时，也对中西方制度、文化、价值、信仰以及道德等进行学习和比较。引导学生辩证地学习西方的语言文化，在“比较”中获得并坚持“文化自信”，增强学生对国家的认同感、对文化的认同感，是大学英语课程重要的思政功能。探索将思政教育与英语教学有机结合、实现工具性和人文性相统一的新路径，不断深化“课程思政”改革，对推进大学英语“一流课程”建设、发挥公共基础课的协同育人作用，具有积极的现实意义。

2 大学英语“课程思政”教学建设的现状及问题

在当今“大思政”教育格局下，高校在“课程思政”建设方面进行了许多有益的尝试。但由于“课程思政”理念相对较新，发展时间尚短，因此在大学英语“课程思政”建设过程中依然存在一些难点和问题，亟待在今后的研究及实践中突破和解决。

2.1 缺乏开展“课程思政”建设的有效方法

由于多数英语教师习惯了语言教学，教学内容集中在语言学知识的传授，而对思想政治理论专业知识了解相对缺乏，主观上对于英语课程思政功能的重视不足；加之不熟悉思政教育的内容体系，导致无法准确地发掘和提炼大学英语课程所蕴藏的思政元素，进而无法在教学过程中进行有效融入。此外，因现阶段“课程思政”建设相关的理论及实践成果相对较少，部分教师即便有“课程思政”的意识，但因缺乏有效的经验指导，在教学方法上还缺乏创新及有效手段，不能很好地将英语教学内容与思政教育联系到一起，选取的思政切入点往往与教学内容关联度不高，缺乏内涵，存在着生搬硬套、牵强附会的情况，既不利于教学的组织和实施，也不利于“课程思政”育人效果的实现。

需要明确的是，强化大学英语课程的思政功能，并非是要把大学英语课打造成思政课。大学英语“课程思政”建设应在大学英语课程培养学生英语语言能力和跨文化交际能力的基本属性不变的前提下，有机融合思政内容，使得课程既不失去语言学习的本质，并保证学生外语交际能力的提高，同时又兼顾文化输入输出双向能力的培养，从而达到育人的目标。

2.2 思政元素与课程内容的融合程度不高

在进行“课程思政”建设时，如何有效地将思政元素与课程内容进行融合决定了育人的效果，二者融合程度越高，课程育人的效果越好。有人将思政元素与课程内容的关系比喻为“盐”与“汤”，思政元素就像一把“盐”，融进课程的“汤”，“汤”在变得可口的同时，也能真正让喝汤的人获益。这种比喻十分恰当，也诚如这位作者所言，思政元素的“盐”不需多，在融入课程内容的“汤”时，必须讲究时间和火候，讲究方式和方法。目前在大学英语“课程思政”的教学实践中，还存在着思政内容编排不合理、为思政而思政等盲目融入的现象，不仅破坏了教学的连贯性，还容易使学生对“课程思政”产生抵触。

因而，我们在教学过程中强化“课程思政”功能，要时刻注意遵循适度、有序的原则，在教学内容的编排上，要重视知识本身的逻辑性，同时还要根据学生实际情况，按照由浅入深的步骤合理安排思政元素的融入，有序地开展教学。要把握好“课程思政”在教学中的“舒适度”，而非进行生硬的、大水漫灌、一蹴而就式的教学。只有这样，才能够有效地达成润物细无声的育人效果，实现知识的内化与价值观的引领。

2.3 “课程思政”教学评价标准不明

教学评价是评判教学目标是否实现、教学效果是否达到预期的不可或缺的环节。《大学英语教学指南（2020版）》中提出：“评价应涵盖课程体系的各个环节，教学管理者、专家、教师和学生都应积极参与评价活动，综合运用多种评价手段，促进课程发展。”

因此，科学合理的评价方式对于推进大学英语“课程思政”建设至关重要。大学英语“课程思政”相对普通大学英语课程具有一定特殊性，对其效果的评价方式也应有所区别，不仅要包含对语言能力的评价，还要考查课程教学对学生的价值取向、思维观念是否产生了积极的影响。

目前对于大学英语课程而言，评价主要还是以语言能力测评为主，对于“课程思政”尚未有较为完整、系统的评价标准，需要在今后的实践中不断完善，探索出一套全面、准确、客观考查大学英语知识能力和“课程思政”效果的综合评价体系。

3 大学英语“课程思政”建设实施路径

3.1 提升师资队伍“课程思政”建设能力

（1）强化教师思政意识，树立“课程思政”理念

要实现大学英语“课程思政”功能，就要引导教师充分认识“课程思政”建设的重要性和必要性，树立牢固的“课程思政”意识。教师是“课程思政”建设的关键所在，要坚持“教育者先受教育”的原则，在筑牢专业知识的基础上，不断加强思政和教育教学理论知识的学习，提升自身政治素养，为提升“课程思政”能力打好基础。此外，“课程思政”能力的提高绝不能脱离教学实践，教师应积极参与到“课程思政”实践中来，加深对“课程思政”的理解，在实践中不断思考和审视“课程思政”建设内容及环节，并不断进行调整、改进，持续提高思政素养和教学能力。

（2）推动“课程思政”基层教学组织建设，提升教师“课程思政”能力

推动“课程思政”基层教学组织建设，通过组建大学英语“课程思政”教学团队、课程小组以及“课程思政”功能党支部等形式，构建教师学习共同体，共同探讨、解决“课程思政”建设中的困惑和疑问，不断完善“课程思政”教学体系，为教师“课程思政”实践的顺利开展提供有力支持和保障。

加强“课程思政”相关的教学研究，制定符合大学英语教学规律的“课程思政”教学大纲及教学计划，将“课程思政”融入课堂教学建设，并落实到课程设计、教案课件制作、教辅材料编写选用等各个方面。通过定期开展“课程思政”集体备课及组织教师参与经常性的经验分享、教学研讨、教师培训、教学观摩等活动，助力教师“课程思政”能力不断提升。此外，鼓励教师积极申报“课程思政”相关课题及课程建设项目，使教学实践和科研成果更好地为育人目标服务。

3.2 整合教学资源，丰富教学手段

（1）充分挖掘思政元素，使“课程思政”有机融入教学

在教学准备阶段，教师首先应深挖教材内涵，准确把握知识点，识别、整合各种思政元素，完成思政资源的挖掘与开发；其次，要注重思政资源融入的有效性，要根据教学任务的实际需要，合理地编排、适度地融入与课程相关的“课程思政”内容；最后，要注重动态思政元素的捕捉利用，将时事热点、学生关注度较高的话题、身边人的优秀事迹等进行总结，找到恰当的思政切入点并及时引入课堂教学中，提高学生参与度，潜移默化地达成教学目标。

（2）丰富课程思政教学手段，合理设计教学活动

鼓励教师积极开展对教学理念、方法、内容和手段的创新改革，提升“课程思政”教学的组织和实施能力。通过合理设计教学环节、灵活运用教学手段，将思政教育内容寓于多模态的教学活动之中，实现对学生的思想启迪。教师还可以积极探索“互联网＋思政”的模式，充分利用网络及新技术手段，使用多样化教学方式，调动学生积极性，使“课程思政”更具时代感，拉近与学生的距离，优化学生的学习体验和效果。

3.3 探索科学的“课程思政”评价机制

“课程思政”评价的根本指向应是学生思想政治素养的提高以及价值观、人生观、世界观的成熟。从课程评价的角度来说，评价标准应主要考查知识传授和价值引领是否能有效统一；评价指标应关注思政元素的呈现形式是否多样、适度、有序；评价方式应以过程性评价为重点，关注课程建设的创新性。从教师评价的角度来说，要把教师“课程思政”实践的效果作为评价的重要内容，考查教师对“课程思政”目标的设计是否准确、对思政元素的挖掘是否充分、教学活动的组织形式和实施方式是否科学、知识与思政内容是否做到了真正的有机融合、教师水平能否满足教学要求、教学资源支持是否有力等，通过“评价—反思—改进”的路线，推动“课程思政”教师队伍水平的不断提高、“课程思政”教学设计的不断优化、“课程思政”课堂教学管理的不断改进，从而提升育人效果。

参考文献

[1] 安秀梅 . 大学英语“课程思政”功能研究 [J]. 文化创新比较研究，2018，2（11）：84–85.

[2] 和伟 .“课程思政”融入大学英语课程教学路径研究 [J]. 中州大学学报，2019，36（6）：96–100.

[3] 赖金茂 .“课程思政”的本质内涵、建设难点及其解决对策 [J]. 湖北经济学院学报（人文社会科学版），2021，18（4）：149–152.

[4] 陆舒湄 .“三全育人”格局下高校课程思政实践路径研究 [D]. 浙江理工大学，2020.

[5] 衡清芝 . 课程思政融入高校英语教学的路径分析 [J]. 高教学刊，2021（6）：193–196.

[6] 刘建达 . 课程思政背景下的大学外语课程改革 [J]. 外语电化教学，2020（6）：38–42.

[7] 蔡桂秀，冯利 . 课程思政能力：内涵、结构与提升策略 [J]. 伊犁师范学院学报（社会科学版），2020，38（2）：1–6.

大学思政教育中的知行合一①

■ 张 翌
■ 天津商业大学 300134

摘要 大学思政课程在新时代面临着新的挑战，如何使学生把道德认知、道德观念、道德意识和道德精神转化为道德实践，做到知行合一是我们需要解决的难题。

关键词 **大学思政；道德观念；道德实践；知行合一**

思想政治教育在大学教育过程中起着非常重要的作用，它能帮助大学生树立正确的世界观、人生观、价值观，使其成为具有较高职业素养、公民意识、道德观念及综合能力的有用人才。

然而，随着社会的不断发展以及网络时代的到来，大学思政教育面临着新的挑战。新时代的大学生接触的信息量大，有机会接触并乐于接受新的观念，如创新观念、风险观念、竞争观念、效益观念等，已不再满足于单调乏味的理论讲授和被动的填鸭式的教育方式。与此同时，网上大量的不良信息也对大学生产生负面影响，一些学生沉迷于网络，变得沉默寡言、冷漠麻木，甚至出现心理健康问题，这些严重影响了大学生正常的学习和生活，在一定程度上削弱了传统思政教育的价值和意义。如何让学生做到知行合一是新时代思政教育面临的挑战。

在思政教育中，知行合一不仅是时代的要求，更是解决当代大学生思政教育问题的有效途径。

知和行的问题，自古以来都是人们关注和探讨的问题。所谓“知”指道德观念、思想意念和事物之理，“行”指道德实践和实际行动。那么，是“知先行后”，还是“行可以兼知，知可以兼行”，是“知难行易”，还是“知易行难”，一直以来都是人们争论的话题。明朝哲学家王阳明提出了“知行合一”的重要思想。他认为：“知是行的主意，行是知的功夫；知是行之始，行是知之成。”“知”和“行”没有先后的差别，它们是同一过程的两个方面，二者本体同一，应该合一并进。知行相互依赖、相互促进，行之后才有真知，不知而行是盲动，而只知不行则是空谈。

简言之，知行合一强调知与行要相互贯通和促进，化知识为德性，化德性为德行，就是把道德落实到行动上，而不是停留在口头和认知上，也就是要言行一致，认识与行动相联系，理论与实践相结合。

培养学生形成道德品质的关键是培养学生的道德信念。道德信念是人们对道德理想、道德原则、道德规范的认知和坚定不移的信仰以及由此而产生的履行道德义务的强烈责任感。道德信念可以说是推动人们产生道德行为的强大动力，是活动的理性基础，能形成强

① 本论文为 2020 年天津商业大学线上及混合课程建设项目“大学英语 4（新视野教程）”的阶段性成果，项目号是 20ZXJXZX0136；2021 年天津商业大学课程思政示范课建设项目“大学英语 2”的阶段性成果，项目号是 TJCUKCSZ202102。

烈的情感体验，不需要外部的约束，它一旦形成就具有稳定的性质，是在个人行为中表现出的理性，是一种内化的理智活动。要想做到知行合一，思政教育就不只是要求学生服从某些规范的道德教育和说教，而应该去激发学生内在的道德情感和信念，培养学生道德实践的能力。

这就要求教师在教学中避免生硬说教，避免学生产生逆反心理，而要用生动、丰富的教学内容，活泼多样的教学方法和手段，使学生产生情感共鸣，在不知不觉中接受教育，而学生在这种潜移默化的教育中，逐渐建立起道德信念和道德意志，进行道德实践，从而实现知行合一，这也是大学思政教育的最终目标。

大学英语教学中，教师可以通过人文、历史教育激发学生爱国情怀，树立民族自尊心与自信心。语言是文化的一部分，教授语言的同时也是在教授异国的文化、艺术、历史、政治等，我们可以引导学生对东西方文化进行对比，从而激发学生对于我们传统优秀文化、传统美德的关注，培养学生的爱国精神和文化自信。正如苏联教育家凯洛夫所说，“爱国主义也和其他大的情感与信念一样，使人趋于高尚，使人愈来愈能了解并爱好真正美丽的东西，从对于美丽的知觉中体验到快乐，并且用尽一切方法使美丽的东西体现在行动中”。

通过道德典范和榜样的力量，向学生传递积极向上的人生观和价值观。大学英语教学中经常会介绍一些成功的榜样人物的励志故事。大学生的接受能力强、抱负远大，对这些榜样人物接受度很高，这就有利于学生形成积极的人生观和价值观。

鼓励学生参加社会活动。大学生对参与社会公益活动很积极，比如一些志愿者活动，要鼓励学生通过自己所学、所能服务社会、服务公众，通过这些活动可以培养学生的社会责任感、与他人合作的精神，培养他们的实践能力。

教师还可以通过对语言、艺术、社会、西方文化与文明、宗教、伦理学等相关内容进行讲解，使学生从中获得道德熏陶，提高道德判断力和选择的自觉性，增强大学生的责任感。

当代大学生思维活跃，对社会现实案例中的道德、法律问题感兴趣，教师可以组织学生进行积极的研讨和思考，在讨论中不断提高认识层次，引导学生对各种冲突的价值观进行评价、分析、思考、选择和澄清，最终形成正能量的价值体系。

青年学生是高校教育对象，也是思政工作的主要受众。“少年智则国智，少年富则国富，少年强则国强，少年独立则国独立，少年自由则国自由，少年进步则国进步。”习近平总书记于 2016 年 9 月，在北京市八一学校考察时指出，“教育要注重以人为本、因材施教，注重学用相长、知行合一，着力培养学生的创新精神和实践能力，促进学生德智体美全面发展”。新时代给我们提出新的要求，加强学生道德教育，培养学生道德意识和道德精神，促进学生社会道德实践，最终实现知行合一。

参考文献

[1] 王占君，葛浩 . 道德教育要重视个人内心信念的培养 [J]. 安徽教育学院学报，2000（1）：75–77.

[2] 闫孟伟 . 道德信念、道德权威性与人的自由 [J]. 教学与研究，2002（11）：22–27.

[3] 田佳佳 . 高校思政工作者开展中国梦宣传教育的前沿思考 [J]. 上海党史与党建，2014（3）：52–54.

[4] 戴岳 . 王阳明“知行合一”论在现代思想道德建设中的意义 [J]. 贵州教育学院学报（社会科学），2004（1）：6–8.

[5] 董春 . 王阳明的知行合一说及其现代意义 [J]. 西安石油大学学报（社会科学版），2010（4）：69–72.

研究生公共英语课程“思变”

■ 门智芳
■ 天津商业大学 300134

摘要 本文主要探讨研究生公共英语课程思政建设的可能性和必要性，说明实施课程思政是教学过程中不可缺少的部分。

关键词 研究生；公共英语；课程思政

从 2018 年的全国教育大会到 2020 年教育部印发《高等学校课程思政建设指导纲要》（以下简称《纲要》），再到 2020 年 9 月份发布的《关于加快新时代研究生教育改革发展的意见》，我国高等教育在新的历史阶段明确了以“立德树人”为根本任务的人才培养目标。各大高校全面推进课程思政建设，作为人才培养的最高层级，研究生公共英语课程思政的建设也有其可行性和必要性。

1 研究生公共英语课程思政建设的可行性

1.1 用英语传播本国文化的需求

第一，英语四六级、雅思等各项考试中有对中国国情和文化方面的翻译内容，需要运用相关表达。课本知识无法满足学生英语考试中的备考需要。因此，在课堂上加入对中国文化的介绍能够满足这部分学生对于备考的需求。

第二，研究生作为年轻活跃的高校群体，也有在日常用英语交流的机会。除专业学术交流外，在中国文化、国情等方面的介绍也是交流的常见内容。对于这部分学生来说，在课堂适当补充传统文化的表达、对中国国情的介绍以及英文时政热词等都能丰富学生的词库，帮助他们提高英语交流能力。

第三，学生经过高中乃至本科的思想政治教育，大都树立了一定的民族自豪感，拥有爱国热情，更有主动传播本国文化的渴望。在英语课堂上，如果教师介绍中国文化，学生都会眼前一亮，进而聚精会神、兴致高昂地参与到这部分非课文的学习之中。由此可见，学生因“自豪”而想要表达，由“热爱”而想要学习，这也是研究生公共英语课堂推动课程思政的可行性之一。

1.2 研究生更强的思辨能力

在提高培养人才质量方面，课程思政可以让学生通过学习掌握事物发展规律，通晓道理，增长见识。研究生相较于本科生，又经过一次国家统一考试的筛选，在政治理论方面都经过了强化，辩证思维能力更强。然而，这种强化是应试考试下的被动强化，学生在备考过程中所记住的理论知识是否能真正被接受并内化于心无从考量。

公共英语课程作为一门研究生的综合素养课，在学习英语知识的同时把国情、党情和民情融入课堂中，以举例子、看实例、做比较、小讨论等深入浅出的方式增强学生对党的政策和创新理论的情感认同、思想认同乃至政治认同。对于国家热点问题的讨论能够激发他们对问题的深度认识和关注，而对国家政策和方针的正确认识也会对学生科研和择业产生积极的指导作用。在课文与思政点结合的过程中，一般会有思维角度的变化，如从国外转向国内，在这个转变过程中，研究生相较于本科生反应更加敏捷。研究生更强的思辨能力为课程思政的顺畅推进提供了便利。

1.3 学校教务部门的政策支持和全新的课堂教学建设

实际上，英语公共课在本科学生课堂已经广泛铺开。相关教改项目、示范课程、“金课”建设项目层出不穷。政策解读、教学交流愈加频繁。老师们摩拳擦掌、夜以继日地在本科英语公共课层面大力推进课程思政。而作为高层次人才培养的主阵地，某些研究生课程的思政建设略显滞后。以 2021 年 4 月天津市教委通过的 60 门市级研究生课程思政示范课程为例，综合示范课占比不到十分之一。希望教务部门能够加大对研究生课程思政建设的投入力度，多多给予教改项目、示范课程项目的支持以调动教师课程思政建设的积极性，促进课程思政在高校研究生课程中的全面铺开。

此外，2020 年 9 月教育部发布的《关于加快新时代研究生教育改革发展的意见》提出了加强研究生思想政治教育的要求。这也是围绕研究生教育改革主线所提出的六个方面关键改革举措之一。高校课程思政建设想要融入课堂，需要学校相关教务部门在课程设置、教学大纲核准和教案评价等多个方面落实思政因素，将其融入课程目标设计、教学大纲修订和教材编审选用的各个方面；督促教师将课程思政融入教案编写并贯穿于课堂讲授和教学研讨等各个环节。这样自上而下的推进能为课程思政的全面铺开提供可能。

1.4 教师对课程思政的正确认识

习近平总书记在 2018 年 9 月召开的全国教育大会上提出的“坚持党对教育事业的全面领导、坚持把立德树人作为根本任务”等“九个坚持”为高校人才培养指明了方向。在“立德树人”这个人才培养根本任务的指导下，各大高校迅速推进课程思政改革。

一线教师对国家人才培养方针等相关政策的正确理解与参与课程思政建设的动力是正相关的。只有深刻认识到学校的根本任务是“立德树人”，是培养合格的社会主义建设者和接班人，才能正确理解课程思政的建设意义，也才能正确实施课程建设，真正把课程思政与专业内容的讲授融合到一起，起到自然而积极的效果。否则，教师只能囿于在若干年的教学中形成的固定模式而无法突破，逐渐落后于教学发展，最终见弃于学生。

2 研究生公共英语课程思政建设的必要性

2.1 国家学生培养方针的需求

教育部在《纲要》中明确提出：“培养什么人、怎样培养人、为谁培养人是教育的根本问题，立德树人成效是检验高校一切工作的根本标准。”由此可见，教育是为国家培养合格的建设者和接班人这一目标服务的。我们培养的学生不仅要有社会主义核心价值观，还要有丰富的专业知识，更要有一定的建设国家的能力。

《纲要》中提到“人才培养是育人和育才相统一的过程”。育人，可以理解为在思想政治和道德品质层面把学生培养成合格的社会主义接班人；育才，则指培育具有创新实践精神、专业技术过硬的合格的社会主义建设者。在这场人才培养的“战役”中，教师是“主力军”，课程建设是“主战场”，课堂教学是“主渠道”。

2.2 教师教书育人的职责所在

从狭义上来说，学生到高校学习就是为了获得相应的专业知识和专业技能，最后获得学历和学位，顺利毕业。但是在实际英语教学过程中，教师在课堂传授知识时总是会带有个人的主观意识在内，小到对示例的选取，大到文章主题、章节主旨，都是个人理解的传达。在这个过程中，学生除了得到英语语言能力的锻炼，还会受到教师个人思想的影响。

正所谓“言传身教”。教育本身除了“教”还有“育”，自古便是如此。也就是说教师应该明确教学不单单在于知识的传授，还需要有培养教育融入教学之中。而作为社会主义的教育事业，高校所培养的学生是社会未来的接班人和建设者，高尚的思想道德品质、正确人生观和社会主义核心价值观与学术能力同等重要，这也是在课堂上需要重视的部分。

2.3 对中国文化“失语”的弥补

在英语阅读学习过程中，老师除了解决词汇和课文理解问题外，还会根据课文内容解释文中出现的背景知识，如西方节日、各种团体、大学名校、教育结构等各个方面。老师会将背景知识尽可能详细地讲述清楚明白，以避免相关知识的欠缺导致学生无法理解。这种课堂上的中国文化的“失语”现象在英语课堂屡见不鲜。

英语教学要求学生能够拥有跨文化交际能力，能够用英语进行有效的交流。《纲要》在课程思政建设内容中也提到了“中华优秀传统文化教育”。那么，在英语课堂上介绍文章背景时就应该相应地加入中国文化作为文化对比，让学生同时看到两种文化以促进客观的评判。比如某段课文中提到“美国梦”，教师在介绍“美国梦”的提出过程、内容、概念发展之后也可以加入对“中国梦”概念的阐述；也可以作为小练习，让学生自行比较“美国梦”和“中国梦”，总结异同、阐述观点。这样就能弥补英美文化在课堂中“一言堂”的缺陷，使学生更深入了解本国文化的同时，更加积极主动地了解国家相关方针政策。

3 总结

中国特色社会主义建设进入新阶段，对人才的需求是研究生课程变化的外在动力，学生对教学内容的需求是课程变化的根本动力。教师应该顺势而为，积极探讨研究生公共英语课程思政建设方案，满足学生和国家的双重要求，培养合格的社会主义建设者和接班人。

参考文献

[1] 教育部高等学校大学外语教学指导委员会．大学英语教学指南（2020 版）[M]. 北京：高等教育出版社，2020.

[2] 教育部关于印发《高等学校课程思政建设指导纲要》的通知 [EB/OL].[2020-05-28]http：//www.moe.gov.cn/srcsite/A08/s7056/202006/t20200603_462437.html.

[3] 教育部国家发展改革委财政部关于加快新时代研究生教育改革发展的意见 [EB/OL].[2020-09-21]http：//www.moe.gov.cn/srcsite/A22/s7065/202009/t20200921_489271.html.

“大学英语”一流课程建设策略研究①

■ 杨惠媛
■ 天津商业大学　300134

摘要　一流课程建设是一项涉及多个维度的综合工程，需要兼顾多个方面，需要师生共同努力，还需要相关制度的管理和服务来保证。更新教育教学理念、充分利用现代化的信息技术和手段，结合人才培养目标和定位，加之教师自身不断自觉学习发展和提高，精心提炼优化授课内容，保证课程对人才培养的支撑作用，有针对性地改进并重构教材内容，在多维度的共同改革和发展完善的基础上，才能够实现一流课程的建成。

关键词　**大学英语；一流课程；效果导向**

1　前言

中国特色社会主义进入新时代，高等教育承担着新的育人使命。教育部提出高等教育的“双万计划”，设定打造一万个一流本科专业和一万门一流本科课程的建设目标。一流课程建设目的在于加大课程建设力度，切实提升高校教育教学水平和育人能力，提高本科人才培养质量。一流课程建设以习近平新时代中国特色社会主义为指导思想，以立德树人为根本任务，遵循高等教育基本规律和人才成长规律，实践“四个回归”，落实人才培养中心地位和本科教育基础地位。坚持“以学生为中心”，以提升课程建设水平为抓手，以提高课堂教学质量为目的。

课堂教学是高等教育人才培养的主渠道和主阵地，一流课程建设即建设具有高阶性、创新性和挑战度的优质课程，全力为提高人才培养质量而服务，对课程教学的各个相关维度提出了具有相当高度的要求。要求在教师队伍建设、教学内容建设、教学方法建设、教材建设、教学管理建设等方面，在科学性、先进性、发展性、多样性、创新性的原则指导下，实现一流建设目标。

“大学英语”课程是高等教育人才培养的一个重要环节，在高质量人才综合素质培养、提升学生综合能力和开阔学生国际化视野等方面发挥着重要作用。因此，“大学英语”课程提升质量和水平是提高教师教学质量和育人能力。作为一门公共基础课，“大学英语”是陪伴学生大学生活时间最长的课程之一，无形中对学生的影响也是最大的。因此，“大学英语”课程思政的开展意义也非常重大。如何从各个方位提升质量、培养符合新时代中国特色社会主义建设需要的接班人、全面建设“大学英语”一流课程，是我们每一位“大学英语”课程教学实践者和研究者应该思考和探究的课题，也是我们教学实践中应该不断尝试的内容和努力的方向。

---

①　本论文为2020年天津商业大学校级教改项目“‘大学英语’一流课程建设方案研究”的阶段性成果，项目号是TJCUJG202001。

2 “大学英语”一流课程建设维度和策略

“大学英语”课程和其他本科教育课程一样，涉及多个维度，其中主要包括教师队伍建设、教学内容和教材的甄选和提升、教学方法和手段的选择和应用、教学管理及教学质量评价和学业效果考查方法的科学化运行。结合社会发展对人才培养的要求以及天津商业大学的办学定位和“大学英语”目前的教学实际，本文探究天津商业大学“大学英语”一流课程建设的策略和实施方案，以期切实提高学生英语语言运用能力，实现对学生的知识传授、能力培养、素质提高，助力天津商业大学人才培养质量的提升。

2.1 教师队伍建设

“大学英语”教学以学生为中心，但是，教师却起着关键的主导作用，因此，打造一流教师队伍是“大学英语”一流课程建设的前提和保障。建造一流教师队伍，就是要确保教师教育教学能力的提升。一方面，要做到师德师风过硬。教师必须以德立身、以德立业、以德育人，做先进文化的承载者和传播者，做习近平新时代中国特色社会主义思想的学习者和实践者。另一方面，要做到语言教学的业务能力达到更高水平。教师要不断深入更新教学理念，把“学生中心、效果导向”等理念，落实于大学英语课堂授课前后过程的各个环节，努力提升课堂教学的实际效果。同时，自觉接受教育培训，不断强化现代教育理念，学习并掌握现代信息技术在教学中的应用。在日常教学中，形成团队，组织教师集体学习与自我提升相结合，掌握并实施教育教学新政策、新理念、新观点，将这些结合并落实于大学英语教学的方方面面，时时处处不忘教书育人的初心和使命，始终把提升大学英语教学质量和效果作为己任，做到政治思想和业务能力双过硬。

2.2 教学内容的扩充和提升

随着社会经济文化发展，学生和社会都对“大学英语”课程提出了新的更高要求。学生不再满足于基本语言知识的接收，更加注重教学内容的实际应用效果以及教学方法和手段的个性化满足与适用。社会及用人单位对学生语言能力的要求更具综合性和实用性，因此，提升学生语言综合素养，在通用基础上兼具专业特性，应该是“大学英语”教学新的努力方向。同时，结合新时代高等教育的发展，“大学英语”课程对学生人文素养和道德伦理方面的培育要求也较以往有所提升，这一目标的实现主要依赖的是“大学英语”课程思政。

同时，不同学校、不同领域和专业，对学生还有各自不同的要求。比如天津商业大学人才培养以商科为特色，商学素养是天津商业大学育人的重要内容。而“大学英语”教学同样可以结合中西文化中的商学及商道内涵，在日常教学中潜移默化引导学生，做到学生商学素养教育的润物细无声。

目前，天津商业大学“大学英语”教学根据学生的具体专业和入学水平分别应用三套教材，其内容较为丰富，涉及面广，对语言知识和能力的培养具有阶梯性，基本满足不同专业、不同层面学生的语言学习需求。在语言知识层面上，教材内容已基本满足学生对语言知识的基本需要，我们面临的问题是，如何适应不同学习者的需求，进一步深化知识内容，使课程学习具有更大的深度和挑战度，切实使学生语言能力和水平得到更大的提升。另一个关键问题在于，如何将这些语言知识有效传达给学生，使其将这些语言知识真正化为己有，并能够运用到未来的工作和社会生活中。与此同时，更加重要的是，在语言知识和技能提升的基础之上，还应加入有助于学生素养和素质养成的相关内容，这些包括社会文化知识、人文素养元素等。结合学校特点，还应加入有关商科内涵和商学素养的内容。除此之外，更加重要的是，思想政治和道德修养教育也是“大学英语”课程应该承担的重要内容。这也就是我们已经在进行并且做得较好的“大学英语”课程思政。

综上，“大学英语”一流课程建设在教学内容方面的提升应该包括三个层次的内容：其一，语言知识与技能在深度和广度上的提升；其二，相关社会文化及人文素养的融入；其三，“课程思政”育人效果的达成。总之，要努力使学生在课程学习的基础上、在语言知识和能力提升的同时，思考问题、分析解决问题的综合能力同时得到培养和锻炼。

2.3 教学方法和手段的更新与应用

外语课教学，一向注重实践、交流和互动。进入新时期，我们更加注重“效果导向”，因此，教无定法，只要能够实现理想的语言学习效果，在我们能力范围内，什么方法和手段都可以采取。目前来看，现代化教学手段和传统教学模式相结合是外语课程教学方式的最佳选择，也为外语教学提供了极大便利和有利条件。

一方面，要坚持并发挥传统课堂教学方法的优势。传统课堂面授方式是我们一直以来采用的授课方式，其优势是十分明显的。首先，知识的传授更加直接，更易于把握知识传授和接收的效果，并可及时适当加以弥补和调整。从根本上讲，面对面的授课方式原本是最理想的授课方式，录课、网课以及以往的函授课程都是在无法实现面对面授课的情况下采取的补充方式，由此不难体会面授课程的巨大优势。师生面对面的交流，跨越了不必要的障碍和限制，最有可能实现知识传授的最佳效果。其次，便于师生情感交流和互动。现代化教育更加意识到情感因素的重要性，师生间联系越紧密、学生对教师信任度越高，越有利于教师对学生的引导，学生对教师传授知识与思想的接受度越高。再有，传统课堂教学，生生互动和激励的效果更好，更有利于学生良性竞争，你追我赶共同提高。最后，教师对学习情况及时反馈效果好。无论是针对学习内容还是学习状况，教师可以进行实时反馈并给予有针对性的指导，更有利于确保学习实效。对于自主学习能力差的同学，课堂面授课程更是不可缺少。关于课堂教学，我们要做的是，进一步提升单位时间内的授课效率，提升学生的参与度，充分发挥课堂教学的优势。

另一方面，新时代高等教育更应该加强的是现代化信息技术在外语教学中的应用。网络课堂、视频课、翻转课堂不仅是对传统课堂的有效补充，本身对外语教学来说也是非常必要的途径和方式。这些外语授课形势不仅可以打破传统授课方式的时空限制，可供学生随时随处进行学习，还可提供语言学习所需要的虚拟仿真环境，为学生提升语言技能和水平提供有利条件。因此，合理利用现代化信息技术，创新教学模式，以效果为导向，开展启发式、探究式教学，提升学生自主学习、自觉学习的能力，也是一流课程建设在教学方法方面要提升的内容。

2.4 教材和教学资料的完善和提升

目前，“大学英语”课程所使用的教材，均为教育部推荐使用的全国高校评比优秀教材。这些教材资源广博，内容丰富，与时俱进，及时更新，适用面广泛，是深受各高校欢迎和好评的优质教材。多年来，这些教材以其牢固的权威性和可靠性赢得全国高校的普遍使用，加之各套教材都配备了较为完整的教师参考资料，近年来还为师生扩增了许多网络资源。因此这些教材一直是各高校“大学英语”课程的授课基础和蓝本，为我国高等教育人才培养在外语语言知识和技能方面的提升作出了巨大贡献。然而，要建设“大学英语”一流课程，仅仅依靠这些统编教材还不够，还要根据一流课程建设要求和天津商业大学人才培养实际进行必要的调整和提升。首先，根据课程开设时间对教材内容进行取舍，以保证如期保质完成教学工作。其次，在原有教材内容基础上增补商务英语等专业英语内容，以满足各专业学生需求，适应未来就业发展。另外，更重要的是，增加“课程思政”和“商学素养”等重要内容，满足天津商业大学培养商科特色人才的需要。同时，在教学实践中对增加的内容不断整理完善，形成相对固定的教学资料。总之，教材和教学资料应成为课堂教学质量的保证，使课程在难度、深度和广度上达到较高水平，这样才能提高课程建设的水平。

2.5 教学管理改革先试先行

根据“效果导向”原则，对教学管理各个方面进行改革。应优先强化学习过程管理和考核。以事实为依据，全面有效地考查学生学习情况，增加学习过程管理内容并增强管理力度，加大过程性考核成绩在学业总成绩中的比例。以不同形式的考查实现学习过程管理，可包括出勤管理、课堂表现、作业、小论文、小测试等不同内容，也可包括线上线下不同渠道和方式。既考查学生对所学知识的掌握情况，又考查学生对知识的理解以及实际应用能力。同时，提升教学服务水平。首先，做好学生学习服务。优化校园环境，使师生在优美、干净、环保的校园中生活学习，与时俱进，体现新时代中国特色社会主义优越性。在有形的氛围内，提升适合师生学习进步的软件环境。完善各种管理制度，做到依法依规、科学合理，有效可行。其次，为教师提升和发展提供条件和环境。在物质条件和环境上努力为教师教学和发展提供有利条件的同时，更多地创造机会激励教师在专业和育人能力方面不断学习和提升。这样，总体上通过管理和服务提升教学质量，为高质量人才培养提供制度和服务方面的保证。

3 结语

一流课程建设是一项涉及多个维度的综合工程，需要兼顾多个方面，需要师生共同努力，还需要相关制度的管理和服务来保证。更新教育教学理念、充分利用现代化的信息技术和手段，结合人才培养目标和定位，加之教师自身不断自觉学习发展和提高，精心提炼优化授课内容，保证课程对人才培养的支撑作用，有针对性地改进并重构教材内容，在多维度的共同改革和发展完善的基础上，才能够实现一流课程的建成。

当前，从教育部、市教委和学校等各个层面都把提高教育教学质量放在首位，强调效果导向，积极倡导建设一流本科课程，并为之提供各种支持和制度保证。高校的一线教师是实现一流课程建设的主体，更应不忘教书育人的初心和使命。“大学英语”课程在中国特色社会主义人才培养中承担着不可替代的作用。为了更好地培养适应新时代要求的接班人，更应与时俱进，不断改革和完善，努力建成一流课程。

参考文献

[1] 谢鑫，张红霞．一流大学本科教育的课程体系建设：优先属性与基本架构 [J]. 江苏高教，2019（7）：32–39.

[2] 唐瑞梁，文旭．关于国家级一流本科课程建设的思考——以“语言学导论”课程为例 [J]. 语言教育，2020，8（2）：2–8.

[3] 吉久阳，王济奎，阳辉．一流本科建设下通识教育课程高质量建设的困境与出路 [J]. 黑龙江高教研究，2020，38（4）：11–14.

新时代新商科人才隐性职业素养的培养：公共外语的新作为

■ 葛亚军
■ 天津商业大学　300134

摘要　职业素养可理解为职业过程中表现出的综合品质，可量化为职商，成为继智商、情商、逆商之后具有重要影响的人才量化指标。在开启实现我国第二个百年奋斗目标新征途的新时代，显性和隐性职业素养兼备的新商科人才不可或缺。新时代新商科人才需要具备哪些职业素养，哪些职业素养需要、可由并如何由商科院校培养，公共外语可有何作为，是本文探讨的问题。本文以“素质冰山”理论为基础，以新商科文化为核心，通过文献阅读和长期观察思考，在梳理新商科人才职业素养需求基础上，提出要着眼于整座“冰山”，以显性职业素养为基础，以隐性职业素养为重点，传授我国古今商业文化智慧，常态化关注现代服务业和规划政策等现实需求，常态化思考并设法满足市场需求，重视文学对高尚商业人格的塑造和价值引领作用，尤其弘扬著名爱国商人的爱国情怀，培养新时代新商科生的隐性职业素养。本文结合商科院校实际，就隐性职业素养教育引入公共外语课堂的可能性及相关融合协同机制问题，做了初步探讨，提出了三点构想。

关键词　**职商；隐性职业素养；商科生；公共外语；传统商业文化**

1　问题的提出

2020 年，我国打赢了三大攻坚战，取得了全面建成小康社会“收官战”的胜利。2021 年，我国开启了建设社会主义现代化国家，实现第二个百年奋斗目标的新征程。需要更加积极主动地参与全球治理，从世界和平与发展的大义出发，贡献中国智慧和中国方案，做世界和平的建设者、全球发展的贡献者、国际秩序的维护者。

民无商不活，国无商不兴。在建设社会主义现代化国家的新时代，在利用中国案例和中国理论，对中国现象进行解释，对中国问题进行解决，对中国经济发展实践进行指导，加强对具有中国特色话语体系构建的新商科时代，离不开商业兴盛，离不开新商科人才。商科院校承担着培养具备相应职业素养的商科人才的历史重任，商科院校公共外语教学部门作为新时代商科院校在校生（以下简称“商科生”）通用和专门用途外语、文化浸润互通及国际化视野扩展等方面的重要基础教学部门，在职业素养教育方面不会置身其外，在公共外语教学环节可主动作为。

现实中存在商科生和用人单位职业素养供需错位的尴尬。商科院校更重视显性职业素养的教育，商科生对隐性职业素养在创就业、事业发展中的决定作用理解和重视程度不够，不同程度地存在商科生职业素养有待于进一步提升的必要，无论本科生还是研究生。商科院校着力培养的，当为能够满足当前和未来需求的、能够迎接未来挑战的商界精英。

古今中外商界精英，因文化差异和时代变迁，往往具有共同且差异的职业素养。新时代商科人才应具备哪些职业素养，商科生是否及如何具备商界精英的核心素养，是否及如何吸收传统商业文化精华，是否及如何传承、宣扬、融合传统和当代商业文化，是否及如何得到商界精英的智慧启迪，如何培养核心素养。商科院校及其公共外语教学部门在商科生职业素养的培养提升过程中，应当和可以发挥哪些作用，是值得商科院校及其公共外语教学部门关注和思考的问题。

2 职业素养概念分类与商科生培养

职业素养一般指职业的内在规范和要求，可理解为用人单位和职业人士均希望具有并能在职业过程中表现出的综合品质，包含职业道德、职业技能、职业行为、职业作风和职业意识等。职业素养的可量化指标是职商，其英文表述为 career quotient，简称 CQ。针对成功商界精英的相关研究表明，真正决定个人成败的不在于能力、学识，甚至也不是理想，而是职商。能力和专业知识很重要，然而，工作顺利和事业成功的关键，并非在于能力与专业知识，而在于职业素养，取决于职商，甚至一生成败看职商。

根据“素质冰山”理论，可将商科生的职业素养看成水中漂浮的冰山，浮在水面以上的部分只占冰山的 1/8，表现为人的形象、资质、知识、职业行为和职业技能，是看得见的显性职业素养，可通过系统学习来掌握，通过各种学历证书、职业证书来证明，或通过专业考试来验证。而隐藏在水面以下的部分占冰山整体的 7/8，它代表商科生的职业意识、职业道德、职业作风和职业态度等，是看不见的隐性职业素养。7/8 的隐性职业素养决定并支撑着商科生的显性职业素养。一般而言，知识、职业行为和职业技能等显性职业素养容易得到商科院校重视和培养，商科院校事实上也不乏相关必修课和选修课的开设。而职业意识、职业道德、职业态度等隐性职业素养，受商科院校本身行业认知、具有职业经验的专业师资及其他教学资源的局限，不易得到重视，较难得以实现。因此，商科生职业素养的培养，应着眼于整座“冰山”，并以培养隐性职业素养为重点，实现学校、学生、社会三方资源有效整合下的协同培养。

职业意识、职业道德、职业态度等构成的隐性职业素养中，了解古今中国文化和商业智慧，逐步形成发现并设法满足海内外市场需求的意识行为，锻炼职业素养相关的意识能力，则更为必要。

3 传统文化和商业智慧

中国博大精深的传统文化，造就了特色商业价值观，形成了特色商业智慧。“重义轻利”“利缘义取”“财自道生”“君子爱财，取之有道”等传统义利观，“和气生财”“勤俭诚信”“舍小取大”等商业智慧，成为经商之道，深入人心。古代的儒家、法家、道家思想，常用来经商治企，培养高尚的商业道德。比如法家治企、儒家待人，大胸怀和高修为的“达则兼济天下”。儒家经典《大学》中“欲明明德于天下者”要经历的格物、致知、诚意、正心、修身、齐家、治国、平天下八环节中格物、致知、诚意、正心、修身所体现的外发事业完成、止于至善所需具备的内在德智修养。湖南山民采蜜时给山上蜂箱留一定蜂蜜的做法，体现欲取先舍、天人合一的朴素哲学。李嘉诚舍利取义，舍小取大，成全他人，不见利忘义，照顾别人利益等经营之道，深得人心，堪为商界达人的金科玉律。

我国十大商帮的经商之道，无不体现传统文化和商业智慧，是新商科人才和商科生应当具备的职业素养。晋商讲究以义制利，义利结合，重商立业，信义至上，勤俭守朴，同舟共济，创新图强。徽商儒风独茂，贾而好儒，酷爱读书，以儒家诚、信为商道根本。闽商内外贸结合，开展海陆两栖贸易，大无畏开拓海外市场。粤商冒险开拓，独立进取，以快制胜，灵活变通，对国际商贸开放包容，不排外，不独食，有效融合传统文化与近代商业文化。宁波商帮后来居上，以传统行业安身立命，以支柱行业为依托，新兴行业为方向，多种经营，互为补充，因时制宜，开拓地域，商旅遍天下。山东商帮重信守信，经营规范，童叟无欺，大柔至刚。龙游商帮稳中求进，日积月累，海纳百川，心态开放，投资敢为天下先，与外地商帮相处友善。洞庭商帮审时度势，把握时机，扬长避短，稳中求胜，以变求存，银行实业兼营。江西商帮，小贾众多，讲究贾德，注重诚信，为人质朴，做事认真，善于揣摩消费者心理，迎合不同主顾需求，多点开发，分散投资。

4 古今爱国名商的爱国情怀

若论中华民族根植最深、影响最大的精神品质，必定是爱国情怀。在中华民族几千年绵延发展的历史长河中，爱国主义始终是把中华民族团结在一起的精神力量，激励着一代又一代中华儿女为祖国发展繁荣而不懈奋斗。商之大者，为国为民。爱国情怀当为职业素养之核、商科人才之魂。中华上下五千年，不断涌现出满怀强烈爱国情怀、以各种感人方式报国的爱国名商。有早期载入史册的春秋时期凭智慧胆识使郑国免于秦军偷袭、黎民百姓免于涂炭的爱国商人弦高，有近代史上为中国民族工业发展作出突出贡献的从事重工业的爱国实业家张之洞，有从事纺织工业和大兴教育的爱国商人教育家张謇，有从事交通运输业的爱国实业家卢作孚，有被尊为中国民族化学工业之父的爱国实业家范旭东，有爱国商人胡雪岩，有支持孙中山先生革命事业的爱国实业家吴锦堂和张静江，有民族工业巨擘荣毅仁、爱国华侨陈嘉庚，也有爱国人士霍英东、邵逸夫。要让新商科人才、未来商界精英充满爱国感恩之心、报效祖国之情，在商科院校开展爱国情怀教育，应当成为隐性职业素养教育的重中之重。

5 海内外市场规划政策变化及动态需求

现代服务业突破了消费性服务业领域，形成了新的生产性服务业、智力（知识）型服务业和公共服务业的新领域，其与新商科是近亲，具有服务的高技术含量、高文化品位和高增值，人力资源的高素质、高智力以及消费服务的高感情体验和高精神享受等特征，包含四大类。第一类是通信服务和信息服务等基础服务，第二类是金融、物流、批发、电子商务、农业支撑服务以及中介和咨询等专业服务，第三类是住宿、餐饮、文化娱乐、旅游、房地产、医疗保健、商品零售等个人消费服务，第四类是公共管理服务、基础教育、公共卫生、医疗以及公益性信息服务等公共服务。为了提升隐性职业素养，可常态化关注上述现代服务业各领域的最新动态，可从“十四五”规划和2035年远景目标中了解国际消费中心城市、区域商贸中心城市等任务和重点工作，解读相关商机，从十五国签署的RCEP思考货物贸易、服务贸易、投资、人员流动、知识产权、电子商务、贸易救济、竞争、政府采购等领域规则的隐含的商机和可能的问题，在围绕商业逻辑、商业模式、商业思维、商业价值等进行训练的同时，锻炼数据挖掘分析能力、商业决策能力、解决问题能力，培养角色意识、责任意识、团队意识、规则意识、学习意识、竞争意识、效率意识、成本意识、问题意识、创新意识。

6 文学对商业素养的塑造提升

文学是人类价值建构和精神生长的过程记录，是人类生存意义的自我确证。文学最基本、最伟大的功能就是给予意义，即对人类的生存赋予意义。以它对世界的感悟保障人类的精神永远有理想这个支点。不管精神迷茫，还是情绪晦暗，或者迷狂激动，文学总会给予人们可靠的心灵指引，无微不至地帮人建立起自己的价值系统。

商科院校开设高品质文学作品课，使商科生丰富精神世界，发现生活真善美，塑造强化乐观、积极、执着、认真、自信、奉献、敬业等职业素养，感受存在意义和工作乐趣，体现人生价值，了解并能满足市场消费者对美好生活的向往追求。

7 公共外语的新作为

在新文科、新商科建设的新时代，公共外语教学部门作为新时代、新商科人才培养不可或缺的组成部分，可充分发挥英语等外语的语言、文化教学优势，主动传播中国传统文化和当代商业智慧，传授职业素养中外文语言转化和文化相通之道，助力商科生隐性职业素养的培养提升。

7.1 丰富教学内容，将职业素养纳入商科院校公外课堂

作为新文科建设的创新之策，可将商科生的职商，尤其是隐性核心职业素养的培养和古今中外商业文化精粹的导读，与公外教学相融合，将其纳入公共外语的第一课堂和第二课堂教学，丰富商科院校公共外语课堂教学内容，提升公共外语教学的吸引力、靶向性和实效性。

作为第二课堂教学内容，可利用师生同在的班级微信群，鼓励学生收集并尝试英译引领我国新时代商业新发展的中国特色社会主义理论、商界精英的爱国情怀、现代服务业新商机和新商科人才需求，感悟我国传统当代商业文化、商界巨子营商智慧、创业故事、职场经验、职商提升之道，收集尝试中译国外商业文化的主要流派、不同国家不同种族不同文化的经营之道、海外商业巨子的创业故事、职业素养的培养提升之策等。鼓励学生将观察到的中外商界的最新动态和海内外市场的新问题、新需求，以及新感悟、新作为，作为课堂内容，用英文写作演讲。学生可在公外教师指导下，阅读中外文学名著和创业故事，塑造爱岗、敬业、忠诚、奉献、正面、乐观、用心、开放、合作和坚持的良好职业意识、

正面积极的职业心态和正确的价值观等职业素养。

鼓励外语教师收集商界精英的爱国故事以及相关职商，尤其是隐性职业素养方面的中英文案例，作为讲义、课外读物，第二课堂群发学生。作为第一课堂辅助内容，可鼓励学生采用演示文稿、视频、虚拟现实、增强现实等技术手段，以发言、对话、短剧或其他形式，以英语等外语作为交流工具，当堂表演互动，展示第二课堂语言实践成果，彰显商业文化、职业素养、语言文学的价值引领和浸润暗示作用。外语教师可当堂点评打分。作为配套，富有刚性的外语教学计划可做弹性改动，减少教师必讲的教材部分，增加学生自学、教师指导的教材、教辅部分，期末考卷可增加相关职商的听说读写译内容。

对通过相关资料收集和外语演练，爱国、爱岗、敬业、忠诚、奉献、正面、乐观、用心、开放、合作和坚持的良好职业意识、正面积极的职业心态和正确的职业价值观等核心素养得到显著提升的商科学生，尤其值得公外教师不吝赞赏，高分奖励。

7.2 完善公共外语评价体系，对师生职业素养相关课堂表现予以打分

作为职业素养培养进商科院校公外课堂的配套，可推出针对师生的相应评价体系和激励政策。针对专业型硕士生等在校生，规定一定比例的分数，对学生第一课堂、第二课堂课下实践和课堂互动展示效果给予打分评价，作为公外课总体表现和总成绩的构成部分。针对教师，根据职业素养相关的第一课堂、第二课堂设计、开展的活跃度、丰富度和满意度，给予一定比例的教学分加分奖励，作为评优表彰依据的构成部分。

7.3 创建公外课堂和融合协同机制

基于互利双赢，利用社会资源，创建产学合作、校企互动机制，双师互进，优势互补，资源共享。可将公外教师任教过的优秀企业家、社会精英、专业人士请回母校，请上讲台，请进直播间，提供实践知识，分享职场经验，宣传企业文化，拓宽师生视野，创造真正潜心实习的条件机会，增加师生了解商业现实、满足商业需求、抓住商机、提升商科学生创就业成功率的机会。同时，商科院校和合作企业联合为在校生提供职业素养拓展训练。商科院校为参加相关教学实践活动的学生提供差异化学分，为实习本土外企、海外中企、开展跨境投资海外贸易的本土企业的在校生给予更高学分，为积极牵线搭桥的公外教师予以课时减免或奖励，予以正向评价鼓励。

参考文献

[1] 吴甘霖 . 一生成就看职商：一流员工的职业素养 [M]. 北京：机械工业出版社，2006.

[2] 中国十大商帮 [EB/OL].[2021-04-15]http：//ex.cssn.cn/zt/zt_zh/zhgshdshb/.

大学英语“金课”内涵探究①

■ 王忆云
■ 天津商业大学 300134

摘要 本文从“金课”的“两性一度”评价标准入手，探讨大学英语课程如何进行教学设计以期符合其高阶性、创新性和挑战度的要求。

关键词 **金课；大学英语课程**

教育部于2018年召开的“新时代全国高等学校本科教育工作会议”是改革开放以来第一次全国性的高校本科教育工作会议，该会议主旨明确，认真落实习近平总书记在北京大学师生座谈会上提出的“回归常识、回归本分、回归初心、回归梦想”，为建设高质量教育体系及培养社会主义建设者和接班人指明方向，具有重大意义。会议上，教育部部长陈宝生首次提出“金课”概念，强调本科教育要整顿教学秩序，要把“水课”转变成“金课”。同年，教育部印发《关于狠抓新时代全国高等学校本科教育工作会议精神落实的通知》，该通知要求各高校全面梳理各门课程的教学内容，淘汰“水课”，打造“金课”，从而切实提高课程教学质量。同年11月，教育部高教司司长吴岩在第11届“中国大学教学论坛”上以“建设中国金课”为主题进行演讲，他指出所谓“金课”即一流的优质课程，其评价标准是“两性一度”，具体是指“高阶性、创新性、挑战度”。“高阶性”是指高校培养学生解决复杂问题的综合能力及高级思维；“创新性”是指高校开设的课程内容必须能够反映出该学科发展的前沿性及时代性，教学形式呈现先进性及互动性，学习结果体现探究性及个性化，培养学生探究精神，发挥学生的个性特点；“挑战度”则是指高校开设的课程须具备一定难度，对教师和学生双方均有较高要求。

结合教育部大学外语教学指导委员会于2017年发布的新版《大学英语教学指南》，大学英语课程作为高等学校人文教育的一部分，兼具工具性和人文性两个属性，即大学英语课程需要实现工具性与人文性二者的融合贯通，同时着力培养学生的跨文化交际能力，以期让学生在日常交流中，能够用英语较为流畅地表达所思所感，让语言履行传情达意的功能，以期达到顺畅沟通交流的目的。大学公共英语课程的未来发展道路，当以“金课”的“两性一度”标准为指路明灯，来进行大学公共英语教学未来发展走向的长远规划，以期助力达成天津商业大学培养“具有高度社会责任感、深厚商学素养的复合型、应用型创新创业人才”的目标。

从专业学科的角度来说，大学英语属于语言类课程，语言的功能如许国璋教授所归纳

① 本论文为天津商业大学首批金课建设项目“大学英语3（新视野教程）”的阶段性成果，项目号是19JKJS01020；天津商业大学一流课程培育项目“大学英语4（新视野教程）”的阶段性成果，项目号是20ZXJXZX0136；2019年天津商业大学专业“金课”建设项目“大学英语3（新视野教程）”的阶段性成果，项目号是19JKJS01020；2020年天津商业大学线上及混合课程建设项目“大学英语4（新视野教程）”的阶段性成果，项目号是20ZXJXZX0136；2020年天津商业大学“课程思政”改革课程建设项目“新视野大学英语”的阶段性成果，项目号是TJCUKCSZ202001。

的，是“人与人交流感情和传输信息的中介、人认知世界和描写世界的工具、文化信息的载体和储存文化的容器”。语言作为交流工具，是人际交流沟通时使用的基本工具，英语则是当今世界通行的国际化交流语言，教授学生使用英语进行日常生活中以及在专业层面的交流，毫无疑问是大学英语打造“金课”最为基本的要求。学生先进行语言知识的大量输入，之后吸收转化为个体的知识储备，最后使用英语顺畅地完成有效的思想输出，这种吸收反刍从而进行反馈的过程，使得英语语言学习得到完整充分的体现，促成学生完成语言功能性的探索及掌握。

除了交流工具功能的同时，语言兼具作为文化载体的功能。“语言是文化的一部分，文化是语言的一部分，两者有机编织在一起。一旦将两者分开，它们就失去了各自的意义。习得第二种语言就是习得第二种文化。”借由英语这扇窗，学生可以打开通往世界其他文化的门。在学习语言的过程中，学生可了解并欣赏其他国家与民族创造的辉煌的历史与斑斓多彩的文明，提升对西方世界的跨文化理解程度，从而兼收并蓄，取长补短，更加全面立体地塑造、完善世界观。

英语语言学习能够丰富学生的思维角度，使之维度更宽广、更多元，站得高自然看得远，进一步促成学生在思维能力方面的拓展。大学英语“金课”教会学生跳出旧天地，尝试使用母语之外的另一门语言进行思考，将英语思维内化，从而融合中西两种不同思维方式的优势，优化认知世界的角度，使学生成为优秀的创造中国美好未来的可造之材。

此外，除了充分发挥英语作为人文学科的本质特点之外，教师亦可以大胆走出方寸天地，进行跨界、跨领域、跨学科等各方面的合作，与学生所学专业进行不同层面的混搭融合，从而使传统公共英语学科焕发出全新的魅力。

建设大学英语“金课”的教学内容需在建设新文科的基础上，多融合不同学科的内容，以提高学生语言知识、能力、综合素养等诸多方面为目标进行具体内容的遴选。选择教学内容时一方面需要符合时代走向、国家未来发展，以便为国家战略需求输送人才。另一方面需要为学生未来的职业发展规划服务，培养其使用英语进行跨文化交流的能力，且充分考虑学生对专业领域英语语言的需求，进行跨学科的合作教学。同时，选择教学内容上还需充分考虑课程的思政元素，加入中国国情、世界局势等时政新闻内容，引导学生形成正确的价值观、世界观。

大学英语“金课”在实践教学活动中，可尝试放弃过往传统的以纸质教材为中心内容的教学方式，整合线上丰富资源，如慕课等，以“两性一度”为标准有选择性地设计线上学习内容、自主学习材料，组织辅导学生进行线上自主学习，通过线上丰富的音频、视频、文字资料等多模态的形式进行语言的有效输入。线下的课堂学习以引导学生进行具有一定交际价值的语言输出，即“让学生学习用英语做事，更为重要的是提高学生独立获得必要的输入从而完成输出的能力”，实现语言输入与有效输出的有机结合，形成线上线下混合式教学。

当代美国知名教育家、心理学家布卢姆曾提出过六个教育目标维度：知识、理解、运用、分析、综合与评价。若是以布卢姆的这六个教育目标维度作为衡量标准，理想的外语教学是使学生能够分析复杂性问题从而解决问题，并且具备把所习得的知识充分应用到日常的学习、工作和生活中的能力，同时在此过程中逐渐养成正确的价值取向和判定能力。作为大学英语课程的教师，在思考如何进行“金课”建设以及在此过程中融入本校培养人才的目标和要求时，可以充分借鉴布卢姆的上述六个教育目标维度，将其有效地融合在日常的教学活动中，使得大学英语教学既符合高阶性和创新性的标准，又能在教学过程中提升学生的语言能力及综合素养。

参考文献

[1] 王守仁.《大学英语教学指南》要点解读 [J]. 外语界，2016（3）：2–10.

[2] 许国璋. 论语言和语言学 [M]. 北京：商务印书馆，1997.

[3] 文秋芳. 输出驱动—输入促成假设：构建大学外语课堂教学理论的尝试 [J]. 中国外语教育，2014（2）：3–12，98.

教育信息化背景下对大学英语教学现状及前景的思考①

■ 赵 渝
■ 天津商业大学 300134

摘要 本文从当前教育信息化背景出发，对大学英语教学的现状进行分析并对未来大学英语教学的前景提出思考。

关键词 **教育信息化；大学英语；现状；前景**

随着经济全球化的进一步深入，英语越来越成为人们交流、沟通、往来的必备工具，也越来越受到各行各业人们的重视和关注。因此，学生覆盖面极广的大学英语课程在大学教学中的地位也进一步提高，相比于传统课程评价里对于大学英语卷面分的重视，越来越多的人开始关注学生通过大学英语课程学习后实际英语运用能力是否得到提高。网络信息技术的进一步发展在给我们生活带来极大便利的同时，也对我们传统的课堂英语教学带来了不小的冲击。网络信息技术融入课堂已成为近几年备受关注并努力实践应用的一个重大教学变革。

无论是 2014 年 2 月，习近平总书记在中央网络安全和信息化领导小组第一次会议上就强调“没有信息化就没有现代化”；还是 2015 年 3 月李克强总理在第十二届全国人民代表大会第三次会议上提出的“互联网”行动计划；再到后来李克强总理 2019 年在两会政府报告里强调要发展“互联网 + 教育”，促进优质资源共享，无一不说明近年来，在党中央、国务院的高度重视下，信息化已被提升到了一个前所未有的高度，作为教育现代化的基本内涵和显著特征，教育信息化在教育改革发展全局中的战略地位也得以确立。

2019 年底，我国突然面临严重的新冠肺炎疫情。由于正值 2020 年春节之际，新冠肺炎在打破我们以往的生活秩序的同时，也对我国的教育事业带来了严峻挑战。2020 年 1 月 27 日，教育部发布各类学校推迟开学通知；29 日，又紧急发出“停课不停学”的倡议；2 月 5 日，教育部又发布《疫情防控期间做好高校在线教学组织与管理工作》的通知，要求各高校充分利用线上资源积极开展线上教学，让琅琅读书声不因疫情而停止。至此，大学英语的教学信息化再一次以如此急迫的方式呈现在了我们面前，也让我们对当前高校大学英语教学有了更多的思考。

1 当前高校大学英语教学现状及存在的问题

高校大学英语课程，是针对广大非英语专业学生开设的大学必修课。2007 年由教育

① 本论文为 2019 年天津商业大学专业“金课”建设项目“大学英语 3（新视野教程）”的阶段性成果，项目号是 19JKJS01020；2020 年天津商业大学线上及混合课程建设项目“大学英语 4（新视野教程）”的阶段性成果，项目号是 20ZXJXZX0136。

部高等教育司编著、上海外语教育出版社出版的《大学英语课程教学要求》中明确指出大学英语，作为我国高等教育的一个有机组成部分，其教学目标是培养学生的英语综合应用能力，特别是听说能力，使他们在今后学习、工作和社会交往中能用英语有效地进行交际，同时增强其自主学习能力，提高综合文化素养，以适应我国社会发展和国际交流的需要。当前，大多数高校对于大学英语重视程度较高，非英语专业同学普遍需要在大学前两年学习英语课程，且课时较多，覆盖面广，但就其当前教学现状而言，也仍然存在一些问题。

1.1 教学对象被动学习地位仍未改变，学习积极性不高

大学英语课程，作为非英语专业同学大一、大二的必修课，学生仍大多处于被动学习的地位。培养大学新生对英语的学习兴趣是大学英语课程能否在两年教学里取得成果的首要前提。受应试教育影响，刚刚走过高考“独木桥”的大一新生们，很多已经习惯于被动地接受，被动地去听老师讲解、去记笔记、去机械地背单词，缺乏主动学习的动力，甚至还有同学认为自己不是英语专业学生，对英语课所抱的期望更是能过即可，很多学校也取消了学位证与大学英语四、六级考试成绩挂钩的规定。于是，最终一些大学英语课堂里呈现出来的情景是班级总能找出迟到早退或不带书甚至上课玩手机游戏、戴耳机的同学，其他能保证出勤的同学中也不乏“身在课堂心在外”、玩手机发呆的情况，最终大学英语课堂变成老师心累而学生也毫无活力的消极状态。此外，英语是一门非常强调自主学习的学科，一旦同学们只寄希望于课上被动听课，课下不积极主动进行自主学习，便很难提高自己的英语能力。

1.2 当前教学方法和模式仍普遍老旧

当前，大多数高校对于大学英语教学的成效距离社会经济发展需要仍有差距。大学英语教学的评价体系仍然难逃变革，一些同学甚至老师都将注意力放在期末考试的卷面或学期总评上，对于英语的实际运用能力究竟是否得到提高的关注度不够。此外，很多新生原本可能怀揣对英语课的憧憬，有的同学从小便对英语尤其感兴趣，这些同学原本寄希望于通过大学英语课程能实现自己和外国人侃侃而谈的愿望。然而现实情况是，两年的大学英语课教学计划里涵盖的教学任务多，教学班人数众多，一些英语教师课时量多，时间紧任务重，往往急于完成教学任务而难以实现和每个同学互动或兼顾到每个同学的英语水平，最后导致的结果就是大学英语课堂上仍在讲解单词、句型等语法内容。久而久之，学生们会觉得英语课和之前高中时的并无区别从而丧失兴趣。以教师为中心，一味侧重“教师讲学生听”的传统教学模式显然是制约当前大学英语课堂展现生机活力的因素之一。此外，虽然很多高校能努力适应科学技术发展潮流，将多媒体等信息技术融入大学英语课堂，但是一些上了年纪的教师对信息技术的接受度不高，仍习惯于拿着书本和粉笔讲课，而年轻教师，虽通过学习培训能基本掌握简单的多媒体软件使用，但大多数的大学英语课堂里，教育信息化的体现仍停留在放映演示文稿、播放音视频软件、用 Word 进行板书等最基本的层面上，并未形成课上课下立体式的信息化教学层面。

1.3 教师自身也存在制约大学英语课程发展的因素

当前就职于各高校的大学英语教师普遍毕业于国内外英语专业，虽在本学科上具有较高的专业能力去满足课堂教学所需，但是对于来自不同专业的教学对象很难做到充分了解，尤其很多承担大学英语课程的教师同时教授的是不同专业的学生，更让他们在授课时难免会出现错位的情况。此外，除专业背景受限外，广大承担大学英语课程的教师们相比于专业课教师们，普遍面临基础课时高、排课时间零散、工作量大等实际困难，加之在高校发展对于学历及职称提升的要求越来越高，能用于研究大学英语课程改革的时间和精力更是少之又少，从而导致教师缺乏对信息化技术的研究热情，甘愿维系原本教学模式不去作出教学技术上的更新。对教师的相关培训不够及时、不够深入也是当前大学英语教学存在的问题之一。

2 教育信息化背景下大学英语教学的发展前景

2.1 教学内容和教学材料进一步丰富

众所周知，教学材料是任何一个学科教学中不可忽视的一个环节。传统大学英语教学时，教师只能依托于手头的教材或是多年来积累的纸质版教学材料来进行备课，范围相对狭窄，也很难满足语言学习需要与时俱进紧跟时代潮流的需求。相比于传统教学而言，教育信息化大背景下的大学英语教学在丰富教学内容和资料上显然有着非常明显的优势。互联网为广大英语教师在备课时提供了丰富的备课资源，英语视频、英语原版材料等通过互联网就可以获得，极大地拓宽了获取多样教学补充材料的渠道，增加了大学英语教学趣味性。同时，教育信息化背景还为学生自己搜集整理材料提供了可能，改变了传统教学里学生一味被动地学习英语的不利地位，帮助学生化被动为主动，培养了学生的材料搜集及英语自学能力。

2.2 教学评价实现了由单一向多元化的转变

传统大学英语教学的教学评价多依托考试和作业来进行，相对单一，很难形成立体全面多元化的教学评价。大学英语课程更是如此，相比于其他专业性学科，接受大学英语教学的同学基本是从初中乃至小学就开始进行英语学习，通过多年积累每个学生的英语基础也各不相同。传统教学评价只能呈现学生英语水平的差异，却无法记录学习过程里学生对于该学科作出的努力，而教育信息化背景下的教学评价则可实现全程性的教学监控，更加客观地给出教学评价。

2.3 教学形式更为多样

传统大学英语教学多为在课堂进行的“人对人”讲授，上课地点和时间固定，上完课教学就基本结束了，无法回看也无法重演，但教育信息化背景下的教学则不是如此，学生可以回看。学生有了更多灵活学习的可能，碎片化时间也得以充分利用，丰富了教学形式。

3 对未来大学英语教学的思考

3.1 教师自身观念转变及能力提升

教育信息化必然对传统大学英语教学产生冲击，广大教师要及时转变教育观念，充分适应师生在教学中地位的转变，给予学生更多的学习自主权。此外，随着学生可获取的资源越来越多，教师也要不断提升自己专业能力及对其他专业领域知识的跨学科应用能力，并不断丰富课堂内容和趣味性，在“互联网 +”时代吸引学生注意力。再者，提升自己制作互联网教学资源的能力以及对于互联网及各网上教学平台的运用能力也势在必行。

3.2 教学方式及教学模式转变

教育信息化背景下的教学方式和教学模式需紧随时代需求进行转变，充分开展线上线下混合教学模式。针对线上教学，教师要充分交流经验及想法，不断丰富和完善线上教学资源，充分利用好慕课、微课等资源，提升学生学习的灵活性及主动性。针对线下教学，更要注重学生能力的培养，通过师生交流及小组讨论来弥补线上教学的不足。

4 结语

当前大学英语教学在肩负培养学生实际英语能力的同时也存在问题，当前教育信息化背景给大学英语教学带来了机遇也带来了挑战。作为大学英语教师，要不断提升自己，在“变”中求出路，以便更好履行教书育人的职责。

参考文献

[1] 教育部：利用网络平台，“停课不停学”[EB/OL].[2020-02-12] http：//www.moe.gov.cn/srcsite/A06/s3321/202002/ t20200212_420435.html.

[2] 陈立丽 .“ 互联网 +”时代大学英语教学面临的机遇与挑战 [J]. 现代交际，2018（4）：48-49.

“金课”背景下混合式教学在大学英语中的应用①

■ 赵 渝
■ 天津商业大学 300134

摘要 本文从当前“金课”建设背景出发，探讨了线下线上混合式教学模式在大学英语教学中的应用。

关键词 **金课；大学英语；线上线下；混合教学**

2018年6月21日，全国高等学校本科教育工作会议在位于成都的四川大学召开，其会议主题为坚持“以本为本”，推进“四个回归”，加快建设高水平本科教育，全面提高人才培养能力。本次会议被誉为改革开放以来第一次新时代的教育会议，会上教育部党组书记、部长陈宝生提出人才培养是大学的本质职能，本科教育是大学的根和本。此外，他还提出就大学课堂的挑战性而言，我国和美国高校相比还有差距，我国高校还存在一些内容陈旧、轻松易过的“水课”，应当改变传统观念，给大学生合理“增负”，提升大学生的学业挑战度，合理增加课程难度、拓展课程深度、扩大课程的可选择性，激发学生的学习动力和专业志趣，将“水课”消灭掉，让有深度、有难度、有挑战度的“金课”成为高等学校教育的主流课程。至此，“金课”这个词第一次正式出现在教育部文件中，并受到全国各高校的广泛关注，“水课”和“金课”一时间成为热词，“淘汰水课、打造金课”也为当前高校课程的改革和建设指明了方向。

1 何为“金课”

课程是人才培养的核心要素。学生从大学里受益的最直接、最核心、最显效的是课程。高校大学英语课程，是针对广大非英语专业学生开设的大学必修课，一直具有任务重、覆盖面广的特点。要打造大学英语“金课”是全国各高校大学英语教学亟待面临的一个重要问题。

教育部高等教育司司长吴岩曾在第十一届“中国大学教学论坛”上做了关于“建设中国金课”的报告。吴司长指出相对于“水课”指的是低阶性、陈旧性的课，是教师不用心上的课，“金课”则可以归结为“两性一度”：即高阶性、创新性和挑战度。其中高阶性强调知识、能力、素质有机融合，培养学生解决复杂问题的综合能力和高级思维；创新性则体现在课程内容的前沿性和时代性、教学形式的先进性和互动性、教学结果的探究性和个性化上，最后一个挑战度是指课程设置不能特别简单，要有一定难度，需要师生双方付出努力方可实现，从教师角度需在备课及讲课环节花时间、花精力，从学生角度需在课上课

① 本论文为2019年天津商业大学专业“金课”建设项目“大学英语3（新视野教程）”的阶段性成果，项目号是19JKJS01020；2020年天津商业大学线上及混合课程建设项目“大学英语4（新视野教程）”的阶段性成果，项目号是20ZXJXZX0136。

后付出较多的学习时间和思考。

2 金课背景下的混合式教学模式

“金课”包括五大类型，分别是线下“金课”、线上“金课”、线上线下混合式“金课”、虚拟仿真“金课”和社会实践“金课”。相比于单一的线上“金课”和线下“金课”，笔者所在学校主要采用的还是线上线下混合式“金课”，下文将从混合式教学的概述、在大学英语教学中的应用以及其优势这三个方面来探究金课背景下大学英语课程混合式教学模式。

2.1 线上线下混合式教学的概述

随着科技的发展，尤其是教育信息化的发展，为传统线下课堂教学和新时代背景下的网络化学习结合在一起提供了可能。“线上 + 线下”的混合教学模式适应历史发展的潮流，两者本身就具有各自无法取代的优势，强强联合形成的优势互补可以更好地适应当前大学生不同的学习需求，更加灵活多变，是新时代背景下大学英语教学的必由之路。

2.2 线上线下混合式教学在大学英语教学中的应用

就整个课程设计而言，课程设计包括课前、课中及课后三个部分，线上线下的混合式教学则贯穿于课前、课中及课后三个阶段。

第一，线上课前自主预习。

在大学英语教学中的课前部分主要体现在学生线上预习上，作为教师，要提前根据本班学情和教材内容将本单元涉及的学习目标、学习重难点、学习内容、学习计划等通过网络平台共享给学生，以便学生提前了解即将进行自主预习的学习安排。此外，教师或负责搜集该单元主题相关背景的小组同学还需提前通过网络学习平台将课前预习内容、视频或微课等共享给其他即将进行本单元学习的同学，引导学生在线上完成该单元的预习内容，具体包括单词、背景知识、话题讨论等，充分利用好课堂外的时间，教师除做好及时的线上答疑工作外，还可根据学生们课前学习提出的问题有针对性地及时调整线下课堂需重点讲解的内容。

第二，线下课中面授学习。

课中的学习内容则主要依托于线下进行，以线下教学为主，由教师通过内容讲授、组织小组活动、安排课上表演及讨论等，充分发挥学生在教学过程中的主体地位，师生共同解决线上自主学习中遇到的无法解决的问题。具体可从以下三方面入手，首先要根据课前学生线上预习活动里反映出的问题进行集中讲解和分析；其次要充分利用面授时能用到的教室多媒体设备来创设符合单元主题和学生自身学习水平的学习情境，从而丰富课堂教学内容并弥补单纯线上教学的不足；再次要进一步提出利于同学们锻炼自主思考和进行小组活动的讨论问题，鼓励同学们告别哑巴式英语，在做中学，充分提高对英语这门语言的听说能力，从而完成单元学习内容。

第三，线上线下相结合课后巩固复习。

课后部分则同时依托线上、线下两部分进行，实现线下线上互补，充分利用各种教学平台，如雨课堂、学习通、腾讯 QQ 群、微信群、WE Learn、Unipus 等网络平台来完成课后练习，从而进一步帮助同学们做好课后知识巩固和扩展，同学们课后遇到问题可以及时在线上向教师求助，教师通过作业批改也可以发现本班学生主要的问题所在，然后可根据批改作业情况进行线下的统一讲解讨论，及时帮助同学们查漏补缺，学生还可以根据本组同学课后作业完成情况及时在线上共享本小组学习或知识扩展成果，以便其他组同学借鉴，从而形成良性循环，进一步深化学习内容和成果，终而提高学生的自主学习能力，帮助同学们形成终身学习的习惯。

2.3 线上线下混合式教学的优势

现代化的信息技术推动大学课程教学改革的同时也进一步优化了大学英语课程教学的教学模式。相比于传统课堂教学，金课背景下的线上线下的混合式教学有着不可忽视的优势，符合历史发展的潮流。

第一，教学内容更加丰富多样。

相比于传统课堂教学，互联网的发展和教育信息化的进步为教学内容的进一步丰富提供了充分的可能。以线上“金课”为例，自 2017 年以来，国家提供了 1200 多门国家级精品在线开放课程，目前的线上慕课（MOOC）课程更是近万门，学习覆盖面早已突破 1.4 亿人次，教学内容也打破了传统教学内容的局限，无论是教师还是学生，均可获取更加丰富多样的教学学习资源，这对于不同知识、不同学科的进一步融合提供了极大的便利，也为师生双方实现知识的进一步扩展创造了条件。此外，学生们除了充分利用丰富的线上资源以外，还可以根据自身学习情况有针对性地查漏补缺，选择去线上寻求更加适合自己的学习内容，提高学习的自主性和趣味性。

第二，教与学打破了时间和空间的禁锢，更加灵活。

传统教学有固定的时间及空间要求，学生需要在指定的时间去课表上安排好的教室进行学习，一旦错过教室课堂教学就很难弥补本节课学习内容的缺失，而线下线上混合式的教学则大不相同。作为混合教学模式的一部分，线上教学只要有手机、网络、电脑就可以实现随时随地的学习，有助于学生充分利用碎片化时间，形成更高的学习效率，也便于学生们及时进行复习巩固。

第三，评价方式更为合理，有利于激发学生自主学习的积极性。

教学评价是课程教学的重要环节之一，根据评价在教学活动中发挥作用的不同，可把教学评价分为诊断性评价、形成性评价和总结性评价三种类型。相比于传统教学模式而言，“金课”背景下的线上线下混合教学模式可是更加准确系统地记录下学生学习的全过程，从而形成更为科学、更加准确的形成性评价，这一点对于自身英语基础较差但始终努力学习的学生尤为适用，线上线下混合教学模式可以清晰地记录学生学习的时间及师生互动、学习反馈所作出的努力，因此即使该学生最后期末考试成绩不理想，也可以对平时成绩作出合理的评价，有助于鼓励基础不好的学生继续奋斗。

3 结语

线上线下的混合教学模式是“金课”建设背景下的必然产物，是新时代背景下应时代而生并且促进大学英语课程教学发展的推动器。线上线下的混合教学模式在大学英语教学中的应用有助于解决传统课堂教学的弊端，打破长久以来存在的瓶颈制约，进一步提高大学英语教学的灵活性，提高大学英语教学质量。作为大学英语教师，要顺应历史发展的趋势，及时转变思想，转变教学理念，提高教学技术水平，丰富教学内容，进一步激发学生的学习热情，做好“金课”建设中的组织者和参与者，认真组织好课前—课中—课后三个环节，并积极做好教学反思总结，最终推动新形势下高校大学英语课程改革和创新。

参考文献

[1] 陈宝生．坚持“以本为本”，推进“四个回归”，建设中国特色、世界水平的一流本科教育 [J]. 时事报告（党委中心组学习），2018（5）：18–30.
[2] 樊元元．大学英语教学混合模式可行性思考 [J]. 教育教学论坛，2019（22）：228–229.

探索大学公共英语课程思政新模式①

■ 王忆云
■ 天津商业大学 300134

摘要 本文从课程思政的发展及其内容着手，明确大学公共英语课程中可结合的思政教育元素，确认课堂内外的思政功能，探究如何在实践教学活动中践行课程思政的理念。

关键词 **思政元素；大学公共英语**

在2016年12月召开的全国高校思想政治工作会议上，习近平总书记提出“要用好课堂教学这个主渠道，思想政治理论课要坚持在改进中加强，提升思想政治教育亲和力和针对性，满足学生成长发展需求和期待，其他各门课都要守好一段渠、种好责任田，使各类课程与思想政治理论课同向同行，形成协同效应”，“把思想政治工作贯穿教育教学全过程，实现全程育人”。全国高校思想政治工作会议对于新时代高校思想政治工作该如何开展提出了新的要求、指明了方向，即课程思政这个新概念、新课题。会议强调高校在进行思想政治工作的过程中要充分利用好课堂教学这个环节，此课堂不再仅局限于思想政治理论课程的课堂。各门课程应与思想政治理论课程协同合作，教师应深挖每门课程所蕴含的德育理念，从而在课堂实际教学过程中融入思政理念，潜移默化地对学生进行德育教育及思想道德建设。在2019年召开的学校思想政治理论课教师座谈会上，习总书记再次强调需进一步完善课程体系，解决好各类课程和思政课相互配合的问题。

在课程思政的大潮之下，在大学公共英语课程当中融入思政元素，其现实意义及必要性毋庸置疑。英语教学过程无疑也是接触和了解英语这门作为文化、思想的载体形式而存在的语言所承载的价值观、意识形态的过程。对于大学英语的传道授业者及学习者两个群体而言，需要具备完善且正确的甄别能力，从批判性角度进行中西方文化的对比，取长补短，从而形成兼备中西世界观、价值观优点的理想信念、价值导向以及正确的政治信仰。大学公共英语课程作为外语科目，旨在培养学生的国际视野，这一点和课程思政的要求是契合的，如果能够有选择性地挑选进而吸纳大学英语课程中的国际化要素，学习者既可以培养出需要的国际化思维，亦可具备国际化视野，兼具家国情怀、跨文化沟通能力等，从而为我国未来经济、政治、文化各个领域的全面发展充当中流砥柱的角色。

长久以来，因为缺乏对课程思政的深入全面了解及相应重视程度不足，大学公共英语课程中教学模式、目标及内容等诸多方面均存在一定欠缺。传统课堂教学内容的重点多是词汇、篇章、句式，而少有培育学生思想品格的内容。再加之课程思政这一理念出炉时间

① 本论文为2019年天津商业大学专业“金课”建设项目“大学英语3（新视野教程）”的阶段性成果，项目号是19JKJS01020；2020年天津商业大学线上及混合课程建设项目“大学英语4（新视野教程）”的阶段性成果，项目号是20ZXJXZX0136；2020年天津商业大学“课程思政”改革课程建设项目“新视野大学英语”的阶段性成果，项目号是TJCUKCSZ202001。

仍不算长，导致某些大学公共英语课程教师对此认识仍不足够深入。如何将课程思政这一概念内化，这一任务毫无疑问是大学公共英语教师急需正面对待并解决的问题。笔者从思政内容等诸多方面尝试探讨摸索大学公共英语课程融入思政元素之后的全新教学模式。

首先，教师作为教学活动的引导者，需要从观念上将立德树人这一理念内化为对本职工作的职业认知，深刻理解大学公共英语实施课程思政的重要性以及必要性，平素应当积极参与各类与课程思政有关的研讨会及培训班等活动，丰富自身对课程思政的认知。在具体教学活动中努力尝试加入思政元素，润物细无声地向学生传递社会主义核心价值观，提升大学生的文化自信以及对家国、民族、社会的使命感和责任感，增强育德与育才的实际效应。

其次，过去的课程体系多以培养学生的技能为中心，重点放在学生对新知识的获得或者熟练掌握某种实际能力，其目的主要是为学生未来生活工作进行必要的技能准备，然而却欠缺与课程思政的关联。融入思政教育的新模式下的课程体系需要突出课程思政育人的必要性，将德育及综合素质培养作为要求及发展方向。作为高度概括了育人目标与任务的课程目标，应当突出思政育人，更新思政元素在大学公共英语课程中的位置，形成完整的大学公共英语课程思政体系。在课程设置、教学内容、教学方法等诸多方面融入思政元素，寻求将大学英语与思想政治内容相融合的课程方案，打造大学公共英语与高校思政相结合的课程体系，开启不同于传统教学模式的全新课程思政模式。

再次，在具体教学实践中，我们应确立学生的最终知识产出为目标，确认大学公共英语课程中的思政教育元素的预定目标，将课堂之上所使用的教材与课外其他资源进行整理组合，设计出可实现学生知识产出最大化、最优化的具体教学活动，使学生得以通过自主学习达成预期效果；深挖大学公共英语教学的课程思政元素，拿准思政元素与大学公共英语相融合的点，同时有针对性地遴选课程思政资料库的资源，创造出多样化的能激发学生思考价值观、人生观、世界观的思政教育步骤，使思政教育具有了立体丰富的体验性，引导学生形成正确的价值观，将课程育人的功能性发挥到最大。

最后，当代与网络时代共同成长起来的00后大学生，对于网络学习这种新兴方式的接受度相对较高，因此，大学公共英语课程除了线下面对面的课堂之外不妨引入线上课堂，提炼出中华优秀文化、社会主义核心价值观等思政元素，将课程思政教育从课堂内延伸至课堂外，将思政教育资源与英语教学资源整合为一体，线上线下两不误。通过精心设计的教学活动，教师可以组织学生在线上完成一定程度的自主、合作式学习，这样既可以激发学生对于所学知识的兴趣，鼓励学生自主完成相应的一部分学习任务，又可以启发学生自主深入挖掘所学内容蕴藏的与中华文化相关的元素，从而达成潜移默化的思政教育的效用。

在此过程中，我们需要克服长期以来思想政治教育的种种弊病，摒弃过时的教育理念，突破固化的教学范式，努力构建新式的教育载体，并且明确思想政治理论课与其他课程所承担的不同功能，划分好各自的定位，实现大学公共英语课程思政与其他各门课程的同心同力、协同发展。学校教育应具备类似“大熔炉”的全方位德育功能，在课堂教学过程中，进行传播知识的同时引领价值导向，把显性教育与隐性教育融于一体，实现思政教育的全员参与。

参考文献

[1] 张烁 . 把思想政治工作贯穿教育教学全过程开创我国高等教育事业发展新局面 [N]. 人民日报，2016-12-09（001）.

新形势下大学英语教学能力提升策略分析

■ 刘沛林

■ 天津商业大学　300134

摘要 本文深刻领会了新时代高等学校教育的新思想、新理念，结合课程思政以及教学实践，对大学英语教学能力进行了实证研究，通过调查问卷的结果，分析了当下高等学校大学英语教学的现存问题，并针对当下高等学校大学英语教学的现存问题提出相应的策略，以期为我国培养综合素养高尚、德智体美劳全面发展的大学生提供借鉴。

关键词 **新时代；课程思政；英语教学；教学能力；策略**

1　引言

一个国家的发展水平以及发展潜力取决于高等学校的教育发展水平。课程思政就是指以构建全员、全程、全课程育人格局的形式，将各类专业课程与思想政治理论课同时开展进行，形成协同效应，始终秉持“立德树人”理念的一种综合教育理念。思想政治教育在本质上，就是思想政治教育实践活动与思想政治教育主客体之间的特殊矛盾运动，就是教师与学生之间的活动，旨在推动并促进人的全面发展。将思想政治教育融入大学英语教学过程中，是当下新时代教育发展的必然要求，也是培养应用型大学合格人才的关键。

2　高等学校大学英语教学能力的实证研究

2.1　大学英语教学能力的调研方案设计

为了确保大学英语教学能力研究的真实性、客观性和有效性，通过发放调查问卷进行调查分析，确定了被调查者对大学英语教学能力各个评价指标的评价，并依据调查问卷的结果，对大学英语教学能力中存在的问题进行分析，分析出大学英语教学能力方面存在的不足。在此次调查过程中，目标对象为天津商业大学的在校大学生，通过问卷星向天津商业大学的学生发放调查问卷，并通过微信转发本专业或其他专业同学相互填写作答。

2.2　大学英语教学能力问卷调查的样本选取

我们发放了大学英语教学能力调查问卷共 300 份，均采用网上微信填写作答的形式，基于大学生使用微信比较普遍，所以采用微信填答问卷星具有一定的代表性和广泛性。笔者采用问卷星的调查对象为天津商业大学的学生，考虑到整体调查一个班级不具有普遍性，便针对不同的专业由各班班长随机分享给本班同学作答。根据调查统计，问卷总共回收 300 份，经过逐步的筛选分析，有 30 份问卷对于大学英语教学能力的调查不具有代表性，所以有效问卷为 270 份，此次调查问卷的有效率为 90.0%。

回收率 =（实际完成调查的个案数 / 计划完成的样本总个案数）× 100%；有效回收率 =（实际完成调查的有效个案数 / 计划完成的样本总个案数）× 100%。此次问卷是微信网上作答，对回收的300份进行了审查，分析样本的有效回收率。即有效回收率 =（实际完成调查的有效个案数/计划完成的样本总个案数）×100%=（300–30）/300×100%=90.0%。

3 基于问卷调查结果对大学英语教学能力的评价

通过实地调查和问卷对大学英语教学能力的结果分析，发现目前高校大学英语教师的英语教学能力存在的问题有以下几个方面。

3.1 学习积极性下降

学习积极性是促进学生学习的一种动力，对于指引大学生进行英语学习具有关键作用，可以激发学生的浓厚兴趣，促进学生英语学习的进步与发展。

高等学校中的部分学生的学习目的不明确、自制力比较差，上课注意力不集中，在课堂上分心做一些无关乎学习的事情，从而导致学习退步。与此同时，一些学生从小受到家庭环境的影响，不能适应学校的集体环境，长此以往会导致比较孤僻，学习上就更不愿与人交流了。

3.2 大学英语教学评价机制尚不完善

高校普遍采用终结性的评价方式，在期中考试或期末考试结束后对教师进行相应的评价。大多数学生只注重自己的书面考试成绩，忽视英语实际应用的重要性，教师也会有所懈怠，从而使英语教学工作大打折扣，降低了学生的英语实际运用能力，削减了学生学习的积极性和兴趣。

3.3 教学方式单一，缺乏创新

我国高校传统上多是采用“教师讲课、学生听讲”的模式，从小学至中学再到大学，学生一直处于这种模式下进行学习，方式比较固定，难免会使学生感到乏味、单调和枯燥。大学生的英语水平因人而异，有的同学英语基础比较好，有的同学英语基础则相对薄弱。面对学生的这种情况，一些高校在英语的实际教学中并没有进行教学方式方法的创新，没有充分考虑到学生之间的差异，未做到因材施教，而是千篇一律。教学方式单一，缺乏相应的创新，不利于学生对于英语课程的学习。

3.4 教师与学生之间缺乏交流互动

随着高校人数的扩招，学生人数大大增加，致使教师更难对每一个学生有针对性地进行言传身教。英语恰是一个融合听、说、读、写四位一体的学科，教师更是难以针对每一个学生的个性来进行教学，难以开展有特色的英语教学活动。教师一味地照本宣科，在讲解教材内容完毕后与学生没有及时沟通交流，与学生产生一定的距离，严重影响到学生的学习积极性。

3.5 英语课程思政理念有待进一步落实

在大学英语教学过程中，课程思政的实施仍需进一步完善，在教学过程开展时，部分教师仍然存在一些问题，例如：政治教育观念较弱、政治意识不强等问题。正是由于这些问题的存在，思政教育没有和英语教学很好地融合到一起，有些只是生搬硬套，没有充分考虑到学生的真实情况，更无法融入学生的内心。

4 高等学校大学英语教学与学习能力提升策略

4.1 培养学习兴趣，提高学习积极性和主动性

兴趣是推动学生进行学习的内在动力，是影响学生学习自觉性和积极性的直接原因。大学生要建立起学习英语的浓厚兴趣，明确自己的目标，制订好自己的英语学习计划，增强自制力，多与教师、同学进行沟通交流，提高学习的积极性和主动性。

4.2 构建大学英语教学评价体系

注重教学管理理念，充分认识当前大学英语的实际情况和社会发展需求，注重英语实际应用能力。在构建评价体系的过程中，评价者要同学生一起共同参与到实践中去，在参与的过程中加强与学生的沟通交流，形成阶段性评价方式和终结性评级方式相结合的评价体系，防止教学评价体系的片面性，确保教学评价体系的全面性、多样性和综合性。

4.3 转变角色，创新教学方法

教师要调整好自己的角色，改变原有传统的教育方式。教师应当因地制宜，按照每一个学生的英语状况，帮助学生制定适合学生自己的学习目标，指导学生养成良好的生活和学习习惯。另外，教师应积极创设丰富的教学环境，激发学生的学习动机，培养学生的学习兴趣，为学生提供各种便利，为学生的学习提供相应的服务。

教师在实际教学中要与学生分享自己的想法，在教学中注重相互交流和探讨，发现存在问题与不足时，及时完善教学内容和方式。教师还应把课堂还给学生，让更多的学生参与到课堂的学习当中来，体会学习的乐趣。因此，我们必须要转变一下自己的角色地位，把更多的时间留给学生去思考和分享，更要创新教学方法，更新教学理念和教学形式，提高英语教学的质量。

4.4 加强教师与学生之间的沟通交流

教师应多站在学生的角度看问题，以学生的眼光去看问题，以学生的心态去推理一切。教师更应该积极主动与学生接触，始终保持一颗真诚的心，用自己的人格魅力去感染学生，真切地站在关心学生全身心发展的角度去工作，去同学生交流，去谋求途径和方法帮助他们解决困难。师生之间可以倾心交谈，让学生感觉到教师的诚心，增进感情上的沟通与交流。

4.5 在英语教学中深化思政教育，提升学生学习能力

深化课程思政教育，有助于引导学生形成正确的世界观、人生观、价值观，形成健康的专业伦理和科学的信仰以及良好的行为习惯。

第一，要科学地认识思政教育与大学英语教育两者之间的关系。大学英语教学离不开思想政治理论的指导和引领，思想政治教育更需要在日常英语的开展过程中进一步拓展和深化，以不断提升其教育效果。

第二，深度挖掘英语教材的隐形教育功能，不断促进学生成才发展。英语教师应密切关注学生的日常学习状态，以学生的英语水平和能力为依托，在英语课程教学中穿插思政

教育，结合当下时政热点以及十九大内容等，特别是结合习近平新时代中国特色社会主义进行英语教学。如：进行英语翻译时，多注重相应的新时代中国特色社会主义相关内容；进行英语写作时，积极结合科技强国、科技创新、“一带一路”以及乡村振兴等热点前沿，引导学生们的发散思维以及创新能力，并及时与学生进行沟通交流，将思政教育在大学英语教学中进一步深化，渗透到学生的心中，促进学生的发展。

5 结语

作为新时代的教育工作者，我们不仅仅是学生知识的传播者，更是他们思想上的领路人。我们要充分地认识到目前英语教学工作的不足，深刻领悟思政教育的重要性和必要性，将大学英语教学与“立德树人”相融合，认真贯彻执行全国教育大会精神，改变传统的教学模式、丰富教学活动，使学生学以致用，努力培养出综合素养高尚、德智体美劳全面发展的大学生。

参考文献

[1] 张烁．把思想政治工作贯穿教育教学全过程开创我国高等教育事业发展新局面报 [N]. 人民日报，2016-12-09（001）.

[2] 何芳，都宁．思想政治教育融入城市型、应用型大学英语教学的有效路径探析 [J]. 北京联合大学学报，2018，32（2）：6-10.

[3] 颜碧宇．高职英语课程思政教学改革与反思 [J]. 中国报业，2018（12）：98-100.

[4] 李影．大学英语教学质量管理——评《大学英语教学评价研究》[J]. 高教发展与评估，2018，34（4）：4.

[5] 陆道坤．课程思政推行中若干核心问题及解决思路——基于专业课程思政的探讨 [J]. 思想理论教育，2018（3）：64-69.

[6] 吴旭．促进大学生德智体美劳全面发展的内涵与路径——基于马克思主义人学的视角 [J]. 高校辅导员，2018（12）：6.

英汉歧义句对比与英语歧义句的树形图分析

■ 李　杨
■ 天津商业大学　300134

摘要　歧义句（ambiguous sentence）存在于各种语言中，汉语和英语在日常交流及书面语中都有出现。对于歧义句的理解取决于语境和上下文。本文旨在通过对英语结构歧义句的分析，浅析歧义现象对语言本身的影响。通过树形图的方式可以弱化歧义对句义的影响，从而使读者准确理解句子的意思。
关键词　**歧义；树形图；修饰；结构**

歧义句在英语和汉语中普遍存在，它指的是同一个句子由两个或两个以上的意义解释，不同的人面对同一句话会产生多种不同的理解，从而使句子的意思变得模棱两可。许多语言学家都已对这一现象进行了广泛而深入的研究。

1　汉语歧义句的类型

汉语的歧义句可以分为多音歧义（例如：我还欠款 1000 元。）；多义词和多义短语歧义（例如：我去年买的电脑已经报销了。）；多种词性产生歧义（例如：我的自行车没锁。）；实施者不明产生歧义（例如：这个人连老张都不认识。）以上只是汉语歧义句的几种常见情况。其中以多义词造成的歧义最为常见，以下具体分析由多义词造成歧义的几种不同情况以及有效化解歧义的方法。

1.1　结构关系不同

例如：没有通知。（“通知”为名词或者动词：可以理解为没有接到通知或者没有执行通知这个动作。）

例如：想起来。（述补词组或者述宾词组：可以理解为突然想起某件事或者想从床上或地上起来。）

1.2　意义不同

例如：烦人。（可以指托托人、走关系，或者理解为招人烦、使人讨厌。）

1.3　语义结构不同

例如：鸡不吃了。（可以理解为不想吃鸡了或者鸡不吃饲料了。）

1.4　层次划分不同

例如：两个学校的老师。（第一种理解为两位老师来自同一所学校；第二种理解为两所不同学校的老师。）

例如：表扬我的老师。（可以理解为赞美老师或者老师表扬我。）

汉语中的歧义句很丰富，有些句子在生活中很常见，但是在语法和结构层面不容易被归类，例如以下一些句子。

北京和天津的部分地区，明天会有暴雨。（可以理解为北京的部分地区和天津的部分地区或者北京全境和天津部分地区。）

我说不好。（可以理解为我不确定、没把握或者由我来说不合适、不恰当。）

开刀的是他父亲。（可以理解为他父亲是病人或者他父亲是主刀的医生。）

当他把钱还给小明时，他对他笑了笑。（不确定是谁对谁笑。）

有些作品里写年轻的妻子死了丈夫发誓再不结婚。（可以通过断句有两种理解：年轻的妻子死了/丈夫发誓再不结婚；年轻的妻子死了丈夫/发誓再不结婚。）

发现了敌人的巡逻队。（可以理解为巡逻队发现了敌人或者敌人的巡逻队被发现。）

2 排除汉语歧义的方法

排除歧义的方法也多种多样，在口语中可以通过重音的不同以及手势表情的变化帮助听者化解歧义和误会，在书面语中可以依靠上下文的语境和调整语序、改换和增加词语，解释语言内容等方法来排除歧义的发生，以下论述书面语中化解歧义的方法。

2.1 依靠语境

根据语境提供的信息和上下文所反映出的语言状态，使多义词或词组意义单一化，从而排除歧义的产生是最基本的化解歧义的方法。

例如：骑了三年的自行车。（可以理解为自行车买了三年或者骑自行车的动作持续时间为三年。）

放到上下文的语境中：骑了三年的自行车，终于换成了汽车。有效化解歧义。

2.2 调整语序

例如：这位先生谁都不认识。

语序调整为：谁都不认识这位先生。

语义自然明了。

2.3 改换或增加词语

例如：考研究生。

增加词语：参加研究生考试；出题目考研究生。

增词之后则无歧义问题。

3 英语歧义句的类型

英语歧义句的类型分为语音歧义、词汇歧义、结构歧义和语境歧义等几个方面。语音歧义多由同音词引起，在口语中可以通过重音、手势或表情等肢体语言加以解释；词汇歧义及语境歧义可根据上下文及说话者的表达习惯加以区分。本文重点讨论结构歧义并利用语言学中层次分析法的树形图结构对一些句法歧义的句子进行分析，力图使其结构更加清晰明了并且进一步化解其所产生的歧义。

3.1 由于介词短语的修饰成分不确定而引起的歧义

如：Mary saw Tom in the house.

in the house 这一介词短语既可理解为修饰 Mary，也可理解为修饰 Tom。

两种情况用树形图表示如下。

①修饰 Tom。(玛丽看到，汤姆当时是在房子里。)

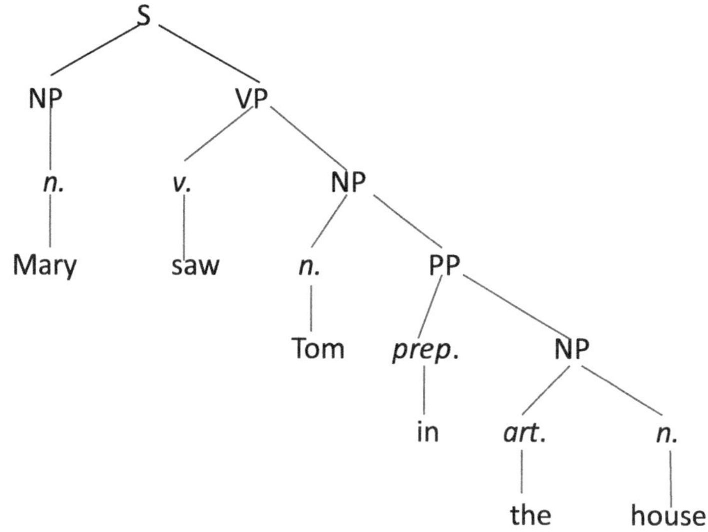

②修饰 Mary。(玛丽是在房子里看到的汤姆。)

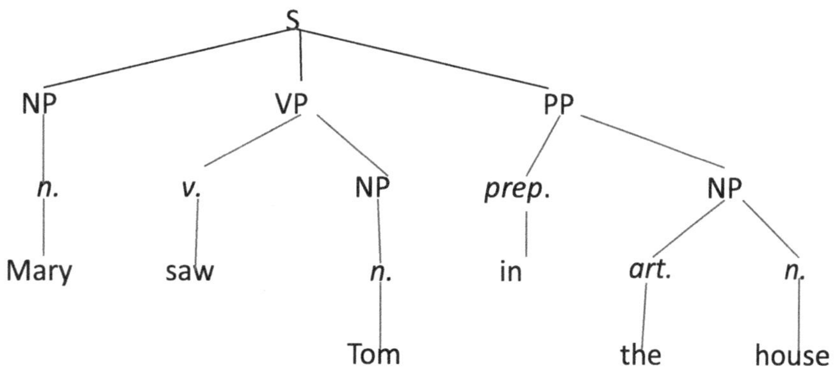

3.2　由于形容词修饰成分不确定而引起的歧义

如：They need more convincing evidence.

他们需要更多有力证据。more　既可以看作 convincing 这个形容词的比较级符号，也可以看作名词修饰语同 convincing 一起修饰名词 evidence，相当于 additional。

① more 充当比较级符号。(目前的证据力度不足。)

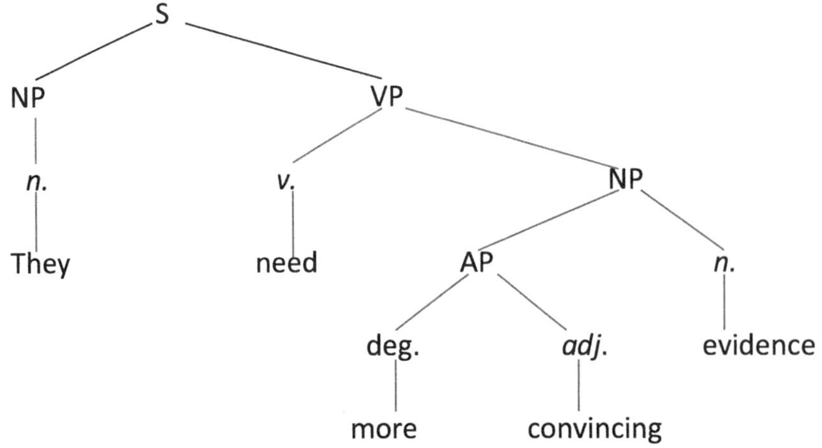

②more 同 convincing 一起修饰 evidence：(目前的证据数量不够)。

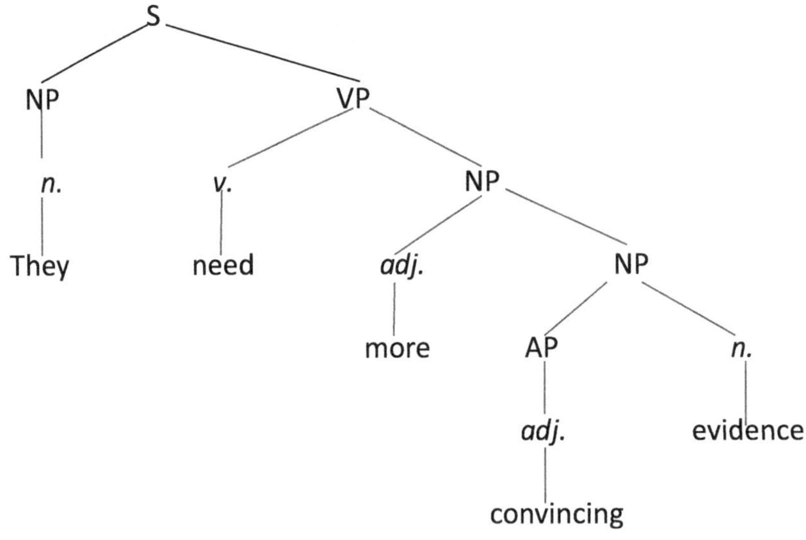

又如：You can take the one upstairs.

这句话中 upstairs 由于语法功能不同导致其词性出现差异，从而造成歧义。当 upstairs 做 the one 的后置定语时是形容词，而当 upstairs 做 take 的补语时则为副词，从而造成了句子意思的双重性。

①upstairs 做形容词。(你可以拿楼上的那件东西。)

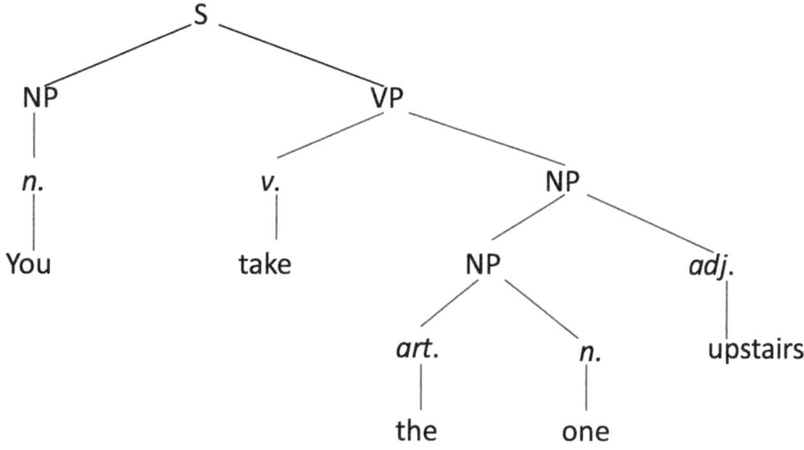

② upstairs 做副词。(你可以把东西拿到楼上去。)

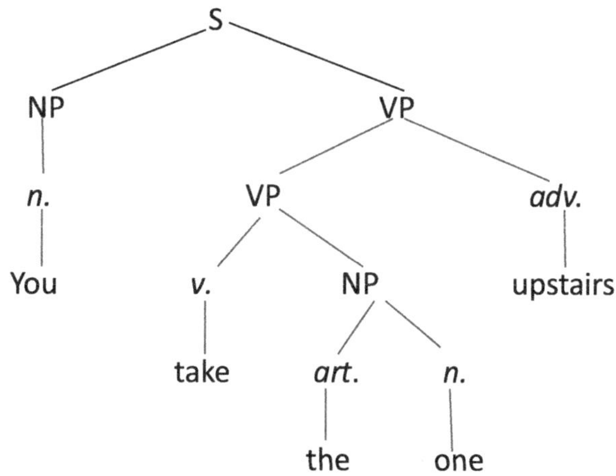

3.3 由于副词修饰成分不确定而引起的歧义

和第二类情况类似，副词在句中由于修饰成分不确定会引起歧义。

如：Tom presented his talk naturally.

①句子的意思：Tom 理应进行演讲。

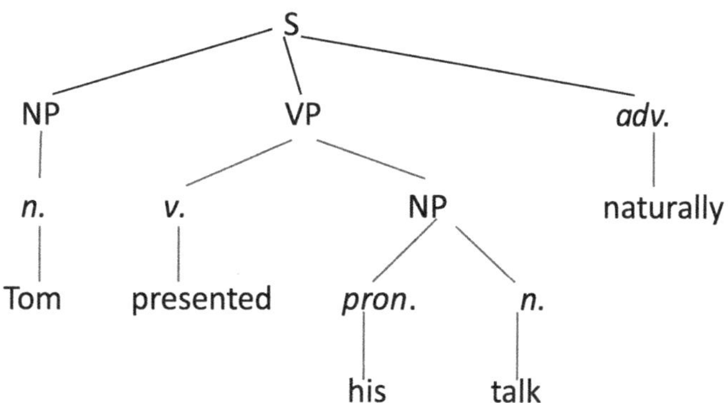

②句子的意思亦可理解为：Tom 的演讲很自然。

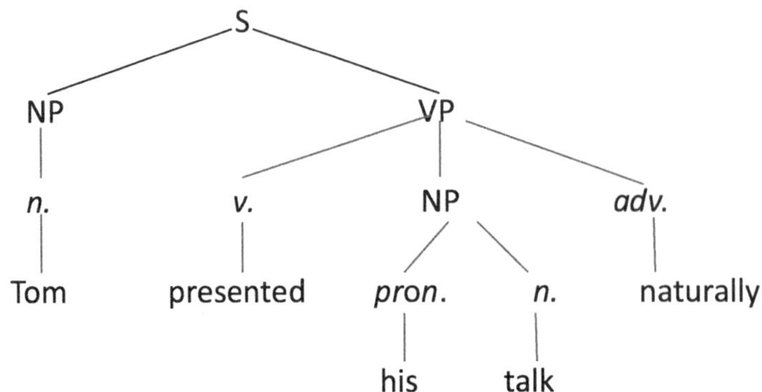

当副词位于两个动词之间时，由于其修饰的动词不确定同样会造成歧义。

如：The girl who is dancing madly love English.

① madly 修饰动词 dance。(那个沉浸在舞蹈中的女孩喜欢英语。)

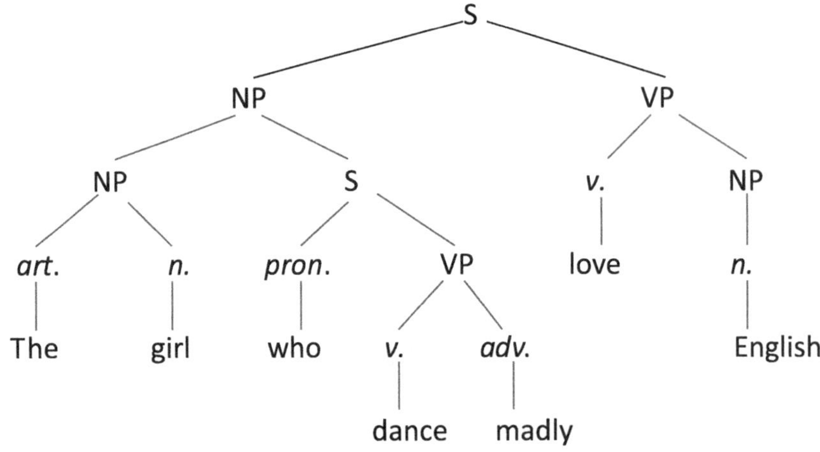

② madly 修饰动词 love。(那个跳舞的女孩超级喜欢英语。)

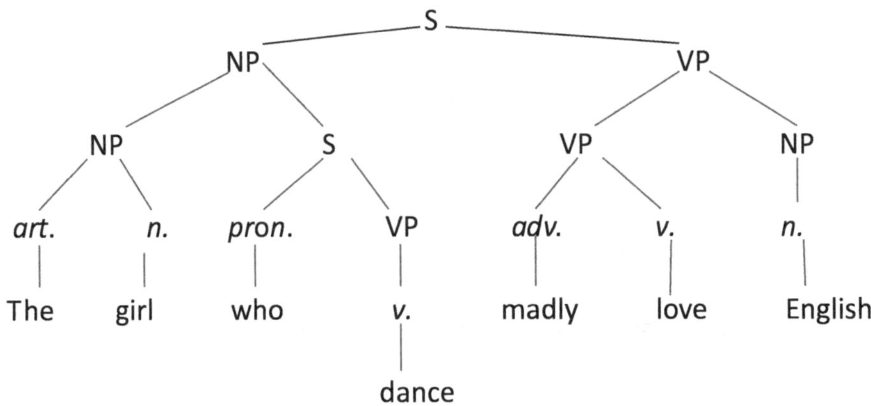

3.4 由于否定中心的不明确而引起的歧义

如：Mary didn't dance to please her boyfriend.

该句可以有以下两种理解方式。

① In order to please her boyfriend Mary didn't dance.

为了取悦她的男朋友，女孩放弃跳舞。

② Mary danced but not because she wanted to please her boyfriend.

女孩跳舞不是为了取悦男朋友。

3.5 由于从句修饰成分不确定而引起的歧义

如：Ask the dean who will teach our English.

①理解为"Who will teach our English？" Ask the dean this question.（问问系主任，谁教我们英语。）

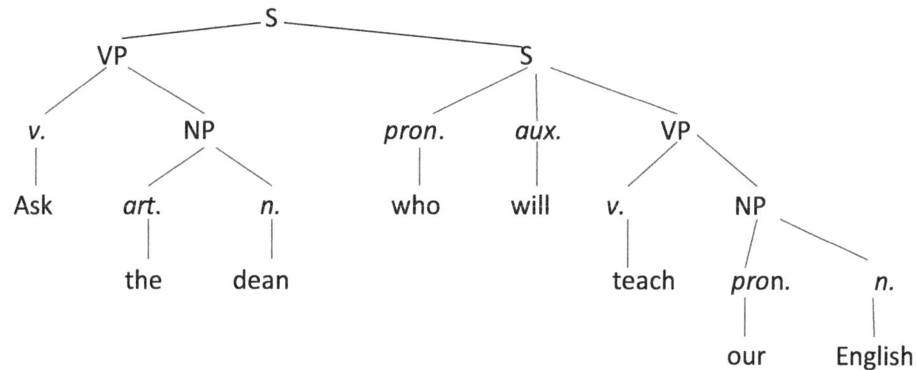

②可以理解为 who 引导英语从句修饰 dean。（问问那位即将教我们英语的系主任。）

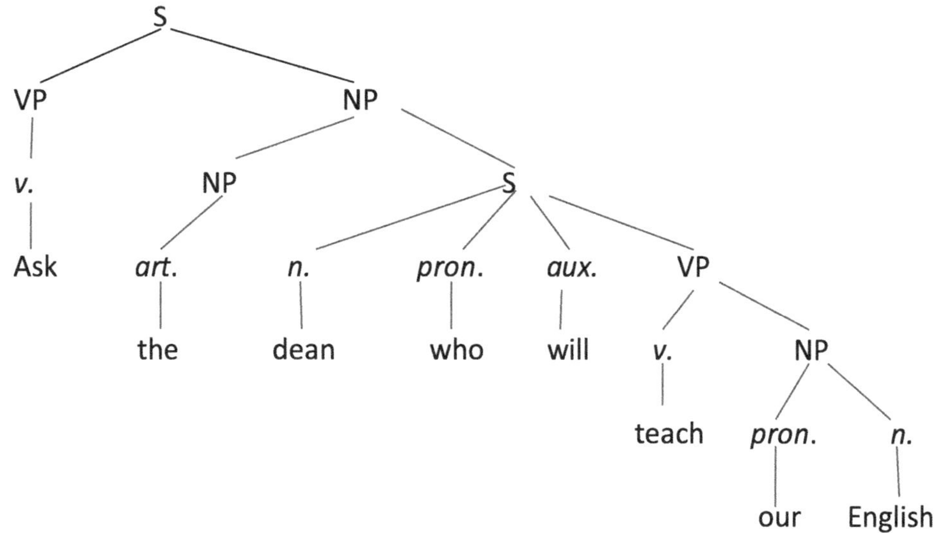

歧义的产生是由于多种原因，但大多数的歧义都可以由其存在的语境而化解，不会给交流的双方带来误解，因此在生活中歧义并不是很大的问题，但要想彻底解决歧义的问题也不是很容易，我们可以从语音、词汇、语境及本文涉及的句法结构等多方面进行分析，从而系统解决歧义问题。

参考文献

[1] 胡壮麟 . 语言学教程 [M]. 北京 : 北京大学出版社，2001.
[2] 邢公畹 . 现代汉语教程 [M]. 天津 : 南开大学出版社，1994.

素质教育在《新视野大学英语读写教程》中的体现和贯穿

■ 李　杨
■ 天津商业大学　300134

摘要　《新视野大学英语读写教程》中的文章多姿多彩，蕴含各方面的主题和内容，对于大学生的素质教育有着良好的辅助作用。语言学习的同时加上教师的正确引导，可以起到对大学生进行素质教育的作用。

关键词　**新视野大学英语；素质教育**

于2015年正式出版发行的《新视野大学英语读写教程》第三版（以下简称“新视野”）是在前两版的基础上对教学理念、教学目标和教学指导思想的一次全面提升和完善。其教材编写理念先进，内容涉及面广，除了涵盖了四、六级考试要求的语言点，还把对学生的人文观念的培养以及素质教育的任务放在首位，充分体现了大学英语教学中的素质教育。本文以“新视野”第二册为例，分门别类地论述其中包含的人文元素和素质教育意义。

1　励志教育

刚刚步入大学校门的大学生们正处于认识自我、认识社会、形成人生观和价值观的关键时期。此时的学生易受各方面因素的左右和影响，如果对其进行系统性的思想教育，给予他们积极正确的引导则可以带给其正面的启迪。第三单元的A课文《奥德赛岁月之旅》就是这样的一篇励志教育的文章。文章客观地将人生分成五个阶段：婴儿期、儿童期、青春期、成年期、老年期。文章所围绕展开的“奥德赛年”处于高中毕业到成家立业之间的这几年：高中毕业之后，贯穿整个大学生涯，一直到之后的成家立业，延续了大学及大学毕业到生活安定下来的整个时期，这一时期少则五六年多则十年二十年。通过对比，当代的一些年轻人所经历的这一时期的时间明显延长：某些年轻人会推迟结婚、生育，甚至把工作的时间也向后推迟。同时他们在这一阶段所面临的困难也十分明显：父母所给予的殷切期待和希望以及家人的梦想。而面对压力和困难，他们的反应则是：反叛，高傲的态度和行为；逃避困惑；通过网络游戏麻醉自己。对于大一新生也正在经历这样一个迷茫的阶段。文章恰到好处地指出了在这一阶段中会遇到的困难以及克服困难所需的心理准备和需要具备的素质。学生们读到这篇文章有感而发畅所欲言，抒发对目前生活的想法以及对未来的打算。尽早让学生了解人生的艰辛，可以让他们有充分的思想准备，尽可能丰富自身的技能和知识储备，为以后走上社会做充分的准备。文章的最后用一段励志的话进行总结，其中提到：能成功度过“奥德赛年”的人往往不是想立刻实现目标的那些急于求成的人，而是清楚知道自己需要坚强、能力和忍耐渡过难关的人。

2 价值观教育

第五单元的《花钱还是存钱，学生进退维谷》是一篇培养学生价值观的文章。经济问题看似离大学生很遥远，其实就在眼前，伴随最近曝光的校园贷陷阱，这篇文章的出现恰到好处。文章的开头指出政府和银行对于刺激消费和鼓励存款有着诸多自相矛盾的言论：政府声称想要度过经济危机就要消费。同时又有另一种声音：不存钱是一种极度危险的行为。类似的言论导致我们每天都在接触自相矛盾的悖论，所以每天面对物欲横流的社会，花钱还是存钱，也成了学生必须清醒面对的问题。当今社会各种消费渠道和方式方便快捷，动动手指就能完成消费。大学生是一个特殊的群体，大部分学生无法做到完全自食其力，仍然依靠父母养活和交学费，所以树立正确的价值观和消费观对学生来说更加重要。文章提到消费的目的是满足人的欲望，我们在物欲中得到满足，在自我犒劳中得到快乐。同时传统价值观又教育我们：延迟消费，不要陷入债务危机。让学生意识到节制消费欲望在现阶段非常重要，理性的消费观作为大学生应该时刻牢记。坚决抵制过度消费，提倡勤俭节约。文章的最后提到如果学生遇到消费陷阱和过度消费应该采取哪些措施：向学校和社区机构寻求帮助或者咨询有相应资质的专业人员和个人，最后也是最有效的方法是向父母求助。

老师可以结合实时的各种金融骗局提醒学生理性消费的重要性。

3 人生观教育

除了上述的两方面，其中的文章不乏对人生观的探讨和总结。第六单元《少即是多》就是很好的讨论人生选择的一篇文章。文章以项羽“破釜沉舟”的故事作为引入，以学生耳熟能详的古代经典故事作为开头，既能吸引学生的兴趣也可以使学生产生共鸣，进而进一步对文章做深入探讨。文章以战争中将领沉其船、砸其锅作为对士兵要同敌人决一死战的告诫，映射了现代社会做年轻人面对纷繁复杂的选择应该保持头脑清醒，明确人生目标，不被周遭的诱惑所左右，埋头努力踏实勤奋，在人生的黄金年代不负韶华，汲取知识掌握技能，最终实现人生目标和个人价值。文章的后半部分通过一个学术实验进一步阐述了在生活中追求的东西越繁杂相应付出的代价越大。年轻人应该从集中的精力和注意力中获得喜悦和满足，而不应该停留在急功近利、面面俱到的表象，浪费生命和青春。文章的末尾提出了两个值得深思的问题：我们面对这些纷繁复杂的选择是如何应对的？在希望首尾兼顾的抉择中我们得到的多还是失去的多？这些同样是值得学生深思的问题。

4 爱的教育

初入大学校门的青少年对感情仍处于懵懂无知又热切渴望的阶段，关于爱和感情的教育相比较各种具体而枯燥的知识，对于他们而言更加适时而重要。这时《大学情侣》这篇文章出现了。文章自始至终以一位母亲自述的口吻，把自己曾经的恋爱经历讲述给两个女儿。通篇没有华丽的辞藻，也不存在偶像剧般的恋爱场景和甜言蜜语，只有最为朴实的相识和相知，却依然让我们感受到曾经的相濡以沫和“和我在一起就要把你变成更好的人”的执着和不离不弃。当看到男孩因为课程不及格即将接受被学校开除的命运时，女孩勇敢地向学校提出复议，最终得到批准。两个人最终携手通过了各门考试，男孩选择了学习法律。文章展现出来的就是校园情感该有的阳光健康、乐观向上的样子。没有花前月下的卿卿我我，也没有为了所谓的爱情奋不顾身荒废学业。这种健康的爱情观可以很好地指导学生在感情和学业面前做好平衡。

除了上述的几篇典型的文章以外，“新视野”教材中的文章还涉及亲情、友情、大学生活、环保、灾后自救等各个方面。有的是向学生传达“自强不息，厚德载物”的理念；有的是展现了“天行健，君子当自强不息”的人文精神。无论的议论文、记叙文还是说明文都在传达充分的英语语言点与语法点的同时，帮助学生树立了正确的世界观、人生观和价值观。让学生学习的英语的同时也受到了心灵的洗涤和思想的教育。

参考文献

[1] 教育部高等教育司. 大学英语课程教学要求 [M]. 上海：上海外语教育出版社，2004.

疫情防控背景下“停课不停学”的高校英语教学——基于天津商业大学公共英语教学实践的思考

■ 张芝花
■ 天津商业大学 300134

摘要 外语教学部的教师们采用了由网络在线课程、网络直播教学和学生自主学习三种形式融合而成的英语教学模式，本文对这几种教学形式分别提出了有针对性的建议，最后指出，疫情下的高校英语教学，采用多维的评价体系是不错的选择。

关键词 **高中英语；大学英语；教学衔接；听力教学**

1 背景

2019 年末，突然袭来的一场新冠肺炎疫情给教育界带来了严峻的挑战。2020 年 1 月 27 日，教育部发出各类学校推迟开学时间的通知。1 月 29 日，又发出“停课不停学”的倡议。2 月 5 日，教育部专门发布了《疫情防控期间做好高校在线教学组织与管理工作》的通知，要求各高校充分利用已上线的慕课、优质在线课程资源及平台，积极开展线上教学，并面向全国高校开放近 2.4 万余门免费的在线课程，保证线上教学与线下教学实质等效。

在新冠肺炎疫情的大背景下，开展“停课不停学”在线教学，面临着诸多的挑战，也迎来了难得的机遇。天津商业大学的全体教师，认真学习了习近平总书记的重要指示精神，坚持“生命重于泰山，疫情就是命令，防控就是责任”，积极响应“停课不停教，停课不停学”，全面启动线上教学并制定了实施方案。

2 教学

2.1 教学模式的选择

天津商业大学大学外语教学部的教师们，依据学校发布的根据课程情况选择合适的在线教学平台以及合适的线上教学方式的方案，采用了由网络在线课程、网络直播教学以及学生自主学习三种形式融合而成的教学模式。教师们所使用的在线教学平台主要以雨课堂为主，也有教师使用了智慧树、超星学习通、中国大学慕课等，线上的教学方式主要包括“演示文稿 + 语音”、腾讯 QQ 群或微信群授课，还有教师使用了腾讯课堂、雨课堂等进行适当地直播教学，同时建立学生答疑群，辅助课程开设。外教社的 WE Learn 平台用于学生的听力练习，外研社的 Unipus 平台即 U 校园则开放给学生们自主学习使用。网络在线课程、直播教学和学生自主学习，这三种教学模式融合使用，取长补短，即灵活又便捷，具有教学方法多样化、教学资源丰富等特点。当然，也显示出了一些问题，比如有时因网络拥塞而造成的卡顿等，会导致一些学生无所适从。

2.2 对融合式教学模式中几种教学形式的建议

2.2.1 网络在线课程

对于基于一定课程资源基础的网络在线课程来说，应注意以下几点。①提前设计好学习任务。作为一种异步在线教学，在网络在线课程的教学过程中，教师应当事先设计一些带有时间节点的学习任务，敦促学生去完成，并适时检验学习效果，而不应当只是让学生看课程视频、阅读材料等。②做好学生社群的运营。活跃的社群能够为师生分散各地、异步在线学习的学生们营造出一些“在场感”，教师可通过每天固定时间发布当日的学习任务、在每次开课前进行一个简单的开课仪式等策略来营造良好的在线学习氛围。③做好学习支持服务。教师可以选一名学生代表，来负责管理班级群的纪律，及时搜集整理学生们提出的各种问题，在必要的时候可以安排一次直播，以便能为学生们集中答疑解惑。

2.2.2 网络直播教学

研究表明，作为一种直接、便捷、高效的教学方式，网络直播教学能够提高在线课程的师生交互水平和学习绩效，它对基于网络课程的在线教学有着较好的支撑作用。网络直播教学具有灵活新颖的教学方式，师生互动水平较高、临场感强，但对教师的掌控能力也有更高的要求，需要教师使用语音或视频，直接通过网络对学生现场组织教与学。做好网络直播教学，需要注意以下几点。①事先熟悉好所使用的直播平台并进行测试，对可能要出现的卡顿、掉线等各种突发情况做好充分的准备。②开始时先跟学生做好听课界面的介绍与功能的引导，说明课程的结构与用时，与此同时，为了保持观众感和现场感，在正式直播讲课之前，可以先跟学生做一些轻松地互动，除此之外，在直播的过程中也要通过提问、检测等手段跟学生进行互动，需要询问学生的理解情况时，还可以暂停下来。③对表现较好、积极参与的学生，要及时地给他们以评价与鼓励。④选派一名学生代表，负责管理班级纪律，帮助搜集整理学生们提出的问题或者在讨论区与其他学生互动等。

2.2.3 学生自主学习

新冠疫情背景下“停课不停学”的在线教学，对于学生是一次全新的挑战。在这种师生异地分布的状态下，天津商业大学和其他许多高校一样，采用了让学生在家利用网络资源和数字教材教辅自主学习的方案。以学生为中心的自主学习，成本较低、落实较快、灵活性高，但对学生自制力的要求较高，且互动感弱，学习氛围差。如何在学生的自主学习期间，让学生能够做到充分发挥自己的主观能动性，积极参与在线教学，以下是几点建议：①教师要合理规划学生的学习任务，做到有监督、有反馈；②教师应适当地给学生传授一些自主学习的方法，比如告诉学生要学会管理好时间，每天设定好自己的目标，对所学内容要适时地进行回顾等；③设计学习任务时，应对任务的内容、形式、目标、产出、评价等都作出明确的说明和安排，采用任务驱动的方法激发学生的内在动力；④教师设置的学习任务，应尽可能地与学生的生活实际相联系，把疫情危机转化成生动的教育资源，引导学生关注社会问题，促进他们能够有更深层次的思考和成长。

3 评价

新冠疫情背景下，对高校英语教学中所采用的融合式教学模式的评价应该采用多维的评价体系，它可以全面考查学生的英语综合应用能力。多维评价分为宏观多维评价和微观多维评价。宏观多维评价注重的是形成性评价和终结性评价的融合、质性评价与量化评价的融合以及评价来源的融合。评价来源又可以分为网络评价、小组评价、学生自我评价和教师综合评价。微观多维评价，可以依据宏观评价的细化所得的微观数据进行，具体的占比情况如下：预习成效占 10%，课堂表现占 40%，测试成绩占 30%，课后作业占 10%，课堂出勤率占 10%。其中，占比最大的课堂表现，可以包括学生在课堂上的主动发言情况、发言内容的准确性及创新性的情况、与教师和其他同学互动合作的情况、记笔记的情况等等。

4 结束语

疫情当下，“停课不停学”在线教学仍在进行中，尽管许多学校有了更多的应对方案，但目前仍存在诸多的问题和挑战。高校应当把这一不得已而为之的举措和面临的挑战，转变为提升教师信息素养和信息化教学能力的契机，进一步深化学校课堂教学改革，提升教学质量和水平，推动学校的教育信息化健康发展。

参考文献

[1] 教育部关于 2020 春季学期延迟开学的通知 [EB/OL].[2020-01-27]http：//www.moe.gov.cn/jyb_xwfb/gzdt_gzdt/s5987/202001/t20200127_416672.

[2] 教育部利用网络平台，“停课不停学”[EB/OL].[2020-01-29]http：//www.moe.gov.cn/jyb_xwfb/gzdt_ gzdt/s5987 /202001 /t20200129_416993.

[3] 疫情防控期间做好高校在线教学组织与管理工作 [EB/OL].[2020-02-05]http：//www.moe.gov.cn/jyb_xwfb/xw_zt/moe_357/jyzt_2020n/2020_zt03 /zydt/zydt_jyb/202002 /t20200205_418131.html.

[4] 崔裕静，马宗兵，马凡 . 网络直播作为慕课学习支持服务的模式及应用 [J]. 现代教育技术，2019，29（12）：110-115.

[5] 杨启亮 . 为教学的评价与为评价的教学 [J]. 教育研究，2012，33（7）：98-103.

[6] 刘佳 .“直播 + 教育”：“互联网 +”学习的新形式与价值探究 [J]. 远程教育杂志，2017，35（1）：52-59.

[7] 腾艳杨 . 社会临场感研究综述 [J]. 现代教育技术，2013，23（3）：64-70.

英语词汇背后的故事

■ 车玉荣
■ 天津商业大学 300134

摘要 本文以构建大学英语一流课程为目标，从词汇及其短语出发，挖掘词汇及短语背后的故事，以此来帮助学生扩大词汇量并正确理解与词汇相关的文化背景，从而达到提高学生英语阅读能力的目的。

关键词 **大学英语教学；一流课程；词汇学习**

1 引言

书籍是人类传授知识的重要工具、保存知识的宝库，人类要了解知识就离不开书籍和阅读，而阅读是和文字打交道的，因为文字是记录语言的，每种语言都有其本身的成语和典故，它们是人们经过长期的运用而积累下来的语言精华，自然要想创建大学英语一流课程，词汇的教学一直都是一个重点，因为阅读中就离不开它们，而且词汇往往也是影响阅读速度的主要障碍，词汇量的多少对学习英语起着关键性的作用，特别是目前我国实施走出去的战略，无论是“一带一路”还是“双一流”建设都离不开大学英语教学，在这种背景下，大学英语的一流课程建设就迫在眉睫了，因为传统的英语教学模式已经不适应当前的形势了，那么要想构建大学英语一流课程关键在于词汇教学，由此看来词汇教学在大学英语教学中就显得格外重要了。

但对于学英语的人来说记单词、理解典故和成语是一件晦涩艰深又枯燥无味的事情。实际上，如果我们从语言学发展的角度来看，只要我们了解了语言发展规律，即语言是随着社会的发展而发展的，那么记录语言的词汇、典故和成语更是如此，了解了词汇及由词汇组成的典故和成语的“复杂经历”和“坎坷身世”，自然就会对词汇、典故和成语有深刻印象了，进而达到提高阅读速度的目的。

2 英语词汇背后的故事

2.1 词汇与颜色

环顾我们周围，大千世界，五彩缤纷，赤橙黄绿青蓝紫，色彩无处不在。人们对颜色的认知有许多共通之处，但因环境的差异、传统文化习俗的不同、价值观念的不同、宗教信仰的不同等，中西方对颜色的解读是不同的。从语义学上来讲，有些事物之间在功能、性质、形状、动作等方面有相似的地方，单词可以从一种事物名称转指另外一种事物名称，这就使得表示颜色的词极其短语会失去其“本色”，改变了本身的意义。

比如，green 表示“绿”的意思，但它的词义不仅局限于“绿”，a green Christmas

表示温暖无雪的圣诞节，a girl green from school 表示刚出学校的女孩，a green old age 表示精力旺盛的老年，green fruit 表示未熟的果实，a green hand 没有经验的人，由于 green 的中心词义是“绿”，于是围绕着这个意义有了许多延伸，产生了若干比喻的意义。比如绿色的植物是鲜活的，有绿色植物的季节是温暖不冷的，绿色的植物是旺盛的，而正在生长的旺盛的植物一般是未熟的，因此绿的又可以指没有经验的、生疏的。除此之外，green 还有一些习语，比如 Do you see any green in my eye？翻译为汉语的意思为你以为我是幼稚可欺的？ black 本意是黑色的意思，但 blacksheep 表示“害群之马”“败家子”的意思。在英国有这样一个传说，古代英国人认为养黑羊是一件倒霉的事。因为黑色羊毛值不了多少钱，所以黑羊毛（blacksheep）就被当成无用之物。要是一个家庭或某个团体出了一个破坏名声的害群之马、不肖分子，就可以称之为 blacksheep。

2.2 词汇与希腊神话

大家都知道 as shy as Daphne 是羞羞答答的意思，那么这一意义是怎么来的呢？这还与一段希腊神话中的爱情故事有关。希腊神话中讲到有一天爱神丘比特突发奇想，开了个玩笑，他对着太阳神阿波罗射了一只爱情神箭，对露水神黛芬妮（Daphne）射了一只拒绝爱情的铅箭，于是当阿波罗看到黛芬妮时就展开了热烈的追求，但由于黛芬妮中了丘比特的拒绝爱情的铅箭，所以她一见到丘比特就跑开，然而越是这样，阿波罗就越想追到她向她表明心意，就在阿波罗快要追到黛芬妮的一刹那，黛芬妮突然变成了一棵月桂树！太阳神阿波罗对露水神黛芬妮的苦恋最终成为催人泪下的爱情悲剧。

3 结束语

每种语言都有其特有的典故和成语，他们是这种语言经过漫长的运用和发展积累下来的精华部分，有很强的表达力和隐喻力。在构建大学英语一流课程的过程中，我们有很多的事情要做，其中会有教师发展的建设、教学手段和教学方法的改革、测试方法的改革及培养效果的改革等，而教学内容的改革应该成为其中必不可少的一个环节。在这一环节中，词汇的教学应该是重中之重，与词汇密切相关的典故和成语的教学就显得尤为重要。只有这样，学生才能在与西方人的交流中不会产生隔阂，不会引起误解与纠纷。而作为大学英语教师的我们应该承担起时代赋予我们的这份沉甸甸的责任。

参考文献

[1] 叶弦，林佩芳．英语词汇背后的故事 [M]. 海口：南海出版社，2005.

大学英语自主学习能力的培养
——构建大学英语一流课程

■ 车玉荣
■ 天津商业大学 300134

摘要 本文从教育教学的目标入手，以构建大学英语一流课程为方向，从培养大学生英语自主学习能力的角度出发，分析了大学英语的教学现状以及培养大学生自主学习能力的必要性，在此基础上阐述了培养学生自主学习能力的策略及方法。
关键词 **一流课程；自主学习；大学英语；网络环境；能力培养**

1 引言

多年以来大学英语教学现状基本遵循“以教师为主”的原则，把教师课前准备是否充分、信息量是否足够大，课上阐述是否简练、重点是否突出、是否具有逻辑性等作为考察教师教学的一个重要指标，因此，教师在大学英语的教学过程中成为课上的主角，也就是说，课上的绝大部分时间都被教师用于讲解课文了，而学生参与课堂互动的时间则较少，这样就造成学生课上锻炼的机会较少，从而使学生成为学习英语的被动接受者，而不是主动学习者。近年来，随着教育现代化的发展，虽然这种状况有所改善，但并没有从根本上解决学生自主学习能力提高的问题，特别是目前在全球化和信息化的大背景下，为了跟上时代的步伐，大学英语的教学也在不断地变化。由于教育教学的大背景正在经历着从应试教育向素质教育的转变，目前的大学英语教学模式存在着不适应社会发展需要的部分，这既不利于培养学生的自主学习能力，也不利于培养学生自我更新知识的能力，因此，培养学生自主学习能力是大学英语教师面临的亟待解决的问题，那么，怎样在大数据时代培养大学生的英语自主学习能力呢？这是大学英语教师在构建一流课程的过程中必须面对的一个重要问题。

2 大学生英语自主学习能力培养的重要性

大学英语教学目标之一就是学生自主学习能力的培养。2007年《大学英语课程教学要求（试行）》指出，大学英语要以英语语言知识与应用技能、跨文化交际和学习策略为主要内容，在培养学生英语综合应用能力的同时，增强学生的自主学习能力。教学目标是培养学生英语综合应用能力，增强其自主学习能力，提高综合文化素养，使他们在今后的工作及社会交往中能用英语有效地进行口头和书面的信息交流。因此，培养大学生自主学习能力是学校教育的目标，也是语言教学的目标，更是教师构建一流课程的目标。

目前，大学生自主学习能力有待提高，这体现在许多方面。许多学生学习没有计划性，学到哪儿是哪儿，即便有计划的同学，也不能保证按计划实施；学生自我评估能力较差，即使有自我评估检查，也只停留在知识的检查，很少学生会对学习方法、学习计划进行评估；课前自己按教师要求预习的不够，课堂利用率较低，通过询问上课开小差的同学占一定比例；此外，学生不能多渠道地学习英语。学生的学习成绩自然难以提高。

大学英语教学中学生自主能力的培养是打造大学英语一流课程的任务之一，教师应该充分利用各种教学手段培养学生自主学习能力。那么，什么是自主学习？自主学习是一种全新的学习模式和教学理念，是学生在学习过程中表现出的一种综合能力，是一种学生指导和控制自己的能力，是学生能根据自身情况来确立学习目标及内容，制订学习计划，选择学习方法并能自我监控自己整个学习过程实施的能力，是学生最后进行自我评估的能力。换句话说，学生可在总的教学目标的调控下，在老师的指导下，根据自身的具体情况来制订并完成学习目标的模式。具有自主学习能力的学生一般具有强烈的求知欲，善于利用科学的方法，合理安排自己的学习时间。

3 自主学习能力的培养

3.1 课前教师指导下的学生主动听、主动读

众所周知，英语的学习离不开听、说、读、写，而听、说、读、写又是相互关联的。首先，人们通过听和读来获取信息，特别是语言知识方面的信息，其目的是打好语言基础，因此学生要想学好英语，第一步就要大量地读和听，只有这样学生才能在听和读的过程中来提高自己的语言学习能力，并为后续的语言实践——说和写，打下坚实的基础。也就是说学生只有积累了大量的语言素材才能更好地完成说和写。而英语中的许多活动应该是学生课下自己完成的，也就是说，由于大学生来自全国各地，有的来自农村，有的来自大城市，他们的英语基础肯定不同，他们之间的语言能力也会千差万别，在学习英语的过程中，老师布置的作业——一些阅读和听力材料，学生在课下自主学习过程中所采用的学习方法会不同，完成的速度也有可能不同，所以老师在课堂教学中也不应该采取一刀切的教学方法，不能在课堂教学活动中统一来进行听力和阅读这样的活动。而应在教师指导下，把听力和阅读设计成为合理的、可行的学生自主学习的活动。在这种情况下，学生的学习由被动转为主动，学习英语的积极性会被充分调动起来，表现在课堂上就是学生不会像以往统一上课一样对学英语有厌倦感，有些学生甚至对学英语产生抵触情绪。相反，他们会主动学习英语。教师在教学过程中，采用课下自主学习英语的方式后，学生上课会更加自信、更加积极，教师上课会更有动力，会尽可能地鼓励、帮助、指导和督促学生完成学习任务。

3.2 信息化背景下学生自主能力的培养

现代社会的网络信息技术高速发展，随着信息化的迅速普及，各行各业都因此产生了巨大的变化和发展，人类社会已经进入了一个全新的大数据时代。大数据不仅意味着更多的信息，它更是改变了人们的行为方式，甚至思维方式，教育则可以说是受网络和其他信息传播新技术影响最大的一个领域，人们的教育理念发生了根本性的转变。网络已经使英

语教学进入了一个全新的时代，学生的学习路径和方式正在发生根本性的变革。

2010 年，国务院颁发《国家中长期教育改革和发展规划纲要》，使我国的高等教育进入了发展的关键时期。此后教育部颁发了《教育信息化十年发展规划（2011—2020年）》。根据要求，大学英语教学改革也在不断推进和深化之中。该要求明确指出促进信息技术与教育教学深度融合的核心理念，鼓励教师利用大数据创新教学模式，形成了面对面的传统教学与基于网络的在线教学相结合的混合式教学。这种基于课上课下、线上线下的教学非常有利于大学英语教学效果的提高和学生自主学习能力的培养。因为网络上的各种教学平台要求学生由传统教学模式下的被动接受者转变为主动的学习者——学习的主体，那么在信息化环境下如何培养学生的自主学习能力呢？第一，教师要加强对学生自主学习方法的指导。很显然，在信息化背景下，学生在网络上找到大量的学习资料，但这些信息的可信度和适用性需要教师来把关，告诉学生哪些是他们可以选择的，在这个过程中，教师不是仅仅具体告诉学生找什么，而是教他们辨别内容的方法。第二，教师根据学生的具体情况调整教学内容的比重，布置教学任务，以便学生课下查资料，学生可以根据自己的需要利用网上资源来弥补课堂上输入有限的不足。另外，学生课下可以形成网际之间的协作，即学生可以通过网络进行交流、讨论、共同完成教师布置的学习任务。第三，课堂上，学生可以把课下自主学习内容和课堂活动紧密结合，教师在课堂上主要检查学生课后完成作业的情况、围绕课文组织小组讨论，教师也可以课前布置题目，给学生预留时间上网查资料，使他们准备更充分，对自己更有信心，以此来提高他们的表达能力。第四，课后的合作学习。课后学习可以说是课堂学习的延伸，它既可以培养学生的合作精神，又提升了学生的自主学习能力。

3.3 信息化背景下教师能力的提高

大数据背景下，要想提高大学生自主学习英语的能力，教师应该首先适应这种现代教育理念，因为学生英语自主学习能力的培养是离不开学生课内课外的大量实践活动的，因此教师应充分调动学生参与教学活动的积极性。在这一过程中，教师不再仅仅是知识的传授者，而更多地是各种教学活动的指导者、组织者和参与者，所以教师要充分利用网络资源来丰富课堂教学，利用各种渠道与学生沟通交流，从而达到学生可以自主有效地学习英语的目的。基于这一点教师应该多参加必要的培训与学习，因为新型的教学组织需要培养教师新的能力。

4 结束语

构建一流大学英语教学，提升学生自主学习能力是培养学生综合运用能力的关键。这种“课堂教学 + 自主学习”的混合式教学模式能帮助学生树立自主学习英语的信心，进一步增强学生主动学习英语的动力，进而达到促进学生在学习过程中优化并改进自己的学习方法，从而提高学生的学习效率，学生学习的积极性和主动性有了质的飞跃，这样即培养了学生的自主学习能力，又提高了学生的综合运用能力。同时在与同学共同完成作业的合作中，培养了学生的合作精神。教师也在这一过程中完成了构建大学英语一流课程的关键一步——大学英语自主学习能力的培养。

参考文献

[1] 教育部高等教育司 . 大学英语课程教学要求 [Z]. 北京：外语教学与研究出版社，2007.

[2] 王海啸 . 大数据时代的大学英语写作教学改革 [J]. 现代远程教育研究，2014（3）：66-72+86.

浅述完善大学英语课程建设的六点思路

■ 窦曼方
■ 天津商业大学　300134

摘要　本文从“实用”“思政”“活动”“在线”等方面，浅谈在新时代大背景下，提升完善大学英语课程建设的思考与思路。

关键词　**大学英语；课程建设；思政教育；在线教学**

高校大学英语课程旨在提升学生英语语言水平、提升对外语言交流能力，其设置与小学英语课程、中学英语课程一脉相承，在促进提高英语使用水平方面，确实发挥了重要作用。就笔者多年所从事的大学英语教学为例，使用的核心教材为《全新版大学英语综合教程》1 至 4 册（以下简称《全新版》），教学对象为大学一、二年级学生，以精讲精学精练每个单元的 A 课文为主，通过两年的课程学习，学生能在英语的听、说、读、写、译各方面全面巩固并提高。由于《全新版》教程中的语篇教材选材地道、精良，不仅是地道的英语学习素材，且涉及多方面的西方人文等社会文化知识，所以通过课程学习，学生也能加深对西方文化的了解。

然而，随着这些年英语教学的普遍普及，以及家长学生对英语学习的普遍重视，高校大一入校新生的英语往往就已达到较高水平，另外加之互联网发展迅速，英语学习资源丰富，学生普遍视野开阔，以致传统大学英语课程已不能完全满足高校学生的英语学习需求。为完善大学英语课程建设，进一步提高课程服务水平，笔者认为，可从六点着手，加强建设。以下逐条浅述提升完善的六点思路。

1　以实用为导向

现今的高校大学生普遍见多识广，对英语学习也更是讲求效率，注重结果。传统课文语篇加课后练习的英语教学形式与内容，似乎已经很难再满足整体时代的现实要求。高校学生学习英语，有切实就业的需要，有切实应考的需要，也有切实口语交流的需要。为此，以实用为导向，可从三方面完善大学英语课程建设。

1.1　实用英语

当代社会，学习英语的主要目标是为了掌握好这门语言。对英语的娴熟使用，能使我们更好地与世界交流，更好地为生产生活服务。所以，职场英语很重要，新闻英语也很重要。对学生而言，要想熟练掌握使用职场英语，要想无障碍地了解英语新闻并从中获取价值信息，有针对性地学习与训练是非常必要与必须的。所以在《全新版》教程的基础上，可以适当补充商务英语、职场英语、新闻英语、英语商务写作等教学内容。既能保证英语语言基础层面的稳固学习，也能切实提升高校学生的未来职场英语能力，切实满足学生学习英语的实际实用需求。

1.2 考试英语

就当下笔者所在高校大学英语课程内容设置而言，完整化、系统化的全面高校英语考试辅导体系还尚未形成。虽然英语教学的唯一终极目的是为了熟练使用这一语言，但从目前来看，相应测试评估考试也是大学生必须要通过的“一道坎”或“几道坎”，进而来证明自己的英语学习水平。所以顺利通过大学英语四六级考试、研究生考研英语考试以及剑桥商务英语考试等，对高校学子，无论是升学还是求职来说，都依然如“敲门砖”一样，还是非常必要和重要的。据了解，很多学生，在课外花额外学费，报名参加此类专题考试培训课程，此类学习需求之大可见一斑。由此可见，在保证《全新版》教程基本语篇语言文化教学的基础上，补充并健全完善大学英语四六级、考研英语及剑桥商务英语等考试专题辅导系列教学内容，应该会受到学生的广泛欢迎，也应该会解决学生的切实备考问题。

1.3 日常英语

现今社会，我国各地一般从小学就开设英语课程，所以进入高校的学生一般都具有10 年左右的英语接触与学习时间。然而，在真正与外国人交流时，即使是对于最基本的简单英语对话，很多同学依然不能流畅表达，有的同学甚至因害羞，干脆闭口不语。这种情况是笔者通过多年在入校新生反馈调查中发现的。比如，有的同学在假期超市短期兼职，帮助外国客人后，对方感谢致谢“Thank you”，此同学竟无言以对，怎么也想不出该说哪句英文来表达“不客气”。10 年左右的英语学习，高考成绩也是不错的，怎么还会出现这种状况呢？答案其实也很简单，就是一贯英语学习中忽略缺乏对日常口语的针对性训练。所以，大学英语课程应该切实重视提高学生的英语基本交流能力，加强强化学生的日常英语口语专项训练。此外，还可以补充英语演讲等英语口语教学内容。

2 以精彩为导向

当今时代，由于互联网发展迅速，信息繁荣，学生普遍见识广博，英语学习资源丰富。很多高校学生青睐欧美影视，追剧的同时，也在学习英语。由于题材内容大多生动精彩，不可否认欧美影视文化对学生有着很强的吸引力。此外，当下各种英语学习应用与英语学习公众号盛行，每日推出的英语学习内容也大多与时俱进，丰富多彩。在这种各种精彩英语素材唾手可得的时代大背景下，学生对英语课本教材的兴趣显得明显不足。就此情况，以精彩为导向的大学英语课程内容建设，就显得尤为必要。由此，在《全新版》教程基础上，补充精选奥斯卡、迪士尼、英国广播公司纪录片等英美原声影视作品，补充精选与时俱进的、最新的优秀欧美时政、经济、人文、文化、科技等英语信息素材，作为大学英语课程内容的有益延伸与补充，应该是符合学生需求的，也应该是符合大学英语课程内容建设精良精彩发展需求的。

3 以思政为导向

大学教育要紧跟时代，大学英语教育教学也要紧跟时代。把握时代脉搏，紧贴时代精神，落实以思政为导向的大学英语课程建设，是每个英语教育工作者义不容辞的责任与使命。思政教育与大学英语课程的完美结合，能够使教育工作者永远清醒明确“立德树人”的教育根本任务，引导当代青年大学生坚定理想信念、厚植家国情怀、全面德才发展、培养奋斗精神。由此，在《全新版》教程基础上，补充祖国时政新闻英语版、祖国政治方针英语版以及祖国优秀传统文化与优良传统美德英语版等英语教学内容与素材，加强大学生文化自信的同时，也是为祖国对外政治文化宣传做好大学群体中的语言及语料准备，切实使大学英语学习变得更有成就感，更有家国感，更有自豪感。

4 以翻转课堂为补充

大学英语课程的教学方式通常是以教师精讲为主、以学生回答问题等互动为辅的课程教学方式。然而，近些年来，在英语学习方面，随着受教育程度的普遍提升，大学英语传统课本课文教材对学生而言有略显“平淡”与“易学”的趋势。由此，为了提升学习兴趣，促进学习效果，可在传统教学方式的基础上适量引入翻转课堂式教学模式，即学生提前自主完成课文知识的相关学习，并自主完成相关知识点与文化点的演示文稿制作，进而通过在课堂对知识运用的展示分享以及师生间和同学间答疑解惑等互动，从而完成并加深对课本知识的学习，达到更好的教育学习效果。

此外，对于丰富的课外英语资源的学习也可采取翻转课堂这种教辅方式。学生根据个人兴趣及爱好，提前自主选择自己喜欢的主题话题进行英语学习，进而通过在课堂和老师与同学们的分享展示，完成由学到教的升华。既能加深学习印象，也能提高学习乐趣，同时还能活化课堂。

5 以体验活动为补充

大学英语课程的课型通常是以精讲精练课本教材为核心的传统课堂教学模式。然而，随着社会经济的大发展，社会教育资金与教育资源也愈发充足与富足，完全可以满足教育教学中开展丰富多彩的体验活动的需求。由此，在继续踏实践行课堂课本教学外，大学英语课程可以适当地引入体验活动为补充的教学组织形式。比如，组织学生参加精品优质的“咖啡沙龙”“节日派对”“出国游学”等体验活动，切实感受西方文化；也可组织学生参加“国学茶艺”、端午中秋等“传统节日”活动。通过体验活动，学生可以感受中西文化对比体验学习的乐趣与魅力，既能拓宽国际视野，也能深植文化自信。

6 以在线教育为补充

在线教育作为教育行业的发展趋势，是教育方式的前进，更是互联网应用在所有学校的一大迈进。具备网课功能与评估功能的在线教育软件也成为在线教育必不可少的装备。网课系统实现了“学生在上面学、教师在上面讲”。其中包括各种听课和讲课功能，比如直播、视频、资料下载等。考试系统是考核学生的听课成效，教师进而了解存在的问题。其中包括在线考试、教师批卷、试卷管理以及学生需要的章节练习、在线练习等功能。据权威发布，爱课程（中国大学慕课）、学堂在线、智慧树、腾讯会议、腾讯课堂等，都是实力强、基础好的在线课程平台与技术平台。

就教学方式而言，可选用在线课程资源，使用开放慕课资源；也可选用线上平台组织教学，直播、录播并辅以多媒体课件等。作为大学英语课程传统课堂授课方式的有益补充，在线教育教学方式，可应用于大班教学辅导课、大英四六级等专题备考辅导课中，视频回放功能有助于学生反复观看并学习。

7 结语

在信息时代与教学技术皆高速发展的大背景下，大学英语课程应实现由传统单一的课本课文英语教学向丰富精彩的实用、在线英语教学的迈进。此外，以深化德育，厚植家国情怀的思政教育为出发点和立足点，结合翻转课堂与体验活动，大学英语课程建设一定会焕发新的蓬勃生机，取得前所未有的提升与完善。

参考文献

[1] 教育行业的发展趋势——在线教育需要的软件 [EB/OL].[2020-07-04]https：//m.sohu.com/a/405738809_120759143.

高中与大学英语听力教学比较研究

■ 孔维斌
■ 天津商业大学 300134

摘要 本文旨在通过对比高中与大学英语的课程设置与教学要求，指出高中英语与大学英语在听力教学方面的异同，探讨学生在进入大学英语学习阶段在听力学习方面存在的问题及相应的对策，为大学生顺利完成大学阶段的英语学习提供帮助。

关键词 **高中英语；大学英语；教学衔接；听力教学**

近年来，随着基础教育阶段教育教学改革的深入开展，高中英语教学有了突飞猛进的发展，从高考英语成绩的不断提高可以反映出学生的英语能力也在不断增强，这在大学英语教学活动中也能够得到体现。但进入大学阶段的英语学习后，很多学生由于所在地区对英语听力的要求有较大差异，在大学英语听力教学过程中存在着各种问题，影响学生的听力学习，进而影响大学英语四、六级考试中的听力得分。本文将从整体探讨高中与大学英语听力教学的差异，进而为大学英语听力教学提供参考依据。

1 听力教学的主要任务

在语言教学过程中，听力与阅读教学属于语言输入的教学过程。通过大量的语言输入训练使学习者充分掌握语言学习的规律，积攒建构语言使用所需要的词汇储备、语法规则，为语言输出（通过写作、口语表达思想内容）做好语言使用的准备。在语言输入教学过程中，与阅读教学学习词汇、熟悉语法规则、掌握语篇结构的目的相比，听力教学的主要任务更加多元。听力教学不仅要达到阅读教学的主要目标，还要提高学生的语言敏感度，能够在短时间内、不可重复地获取信息。因此，听力教学的主要任务不仅仅是学习词汇、语法等语言的基本知识，而应当训练学习者根据所听到的信息快速复构听力材料的语篇内容。

2 高中与大学英语听力教学的比较

基础教育阶段的英语教学重点在于传授基本的语言知识，培养学生的基本语言应用技能，考试的指挥棒左右着教学各个环节。大学英语分为一般要求、较高要求和更高要求，其课程体系设置更为丰富、合理，其中的基础语言综合类课程（EGP）、语言技能类课程（ESP）、语言专业类课程（EOP）为学生提供完整的语言学习、运用、提高的过程。在此基础之上，还会提供语言文化通识类课程。尽管基础教育阶段的英语教学与大学英语教学目标和内容存在着明显的差异，但只要解决好两者间的衔接问题，就可以帮助学生顺利完成大学英语教学阶段的学习任务。限于各地条件不同，英语教学衔接中，听力教学始终是其中的难点。

2.1 高中英语听力教学

高中英语课标提出了七、八、九三个不同的要求标准，从能听懂正常语速听力材料中对人和物的描写、情节发展及结果，能听懂一般场合的信息广播的基本要求，到能听懂国内外一般的英语新闻广播的优秀标准。这其中的要求与大学英语对听力的要求差距在缩小，反映出高中英语的听力要求目标较高。

其次，高中教学内容虽然强调要培养学生的听、说、读、写综合能力，但由于受到高考的影响，教师普遍重视学生的读、写能力的培养，听、说能力的培养只是纸上谈兵，导致高中学生的听力水平较弱。甚至在某些地区听力并不列入高考总成绩，或者只是作为参考成绩，这直接影响高中英语教学的开展。

2.2 大学英语听力教学

大学英语教师对于听力教学非常重视。受到大学英语四、六级考试的影响，大学英语基础课程专门开设听说课程，并使用专门的听说教材，甚至是视听说教材。听说教材通常还与读写教材相配套，通过共享相同的主题，帮助教师利用主题型教学方式完成教学任务。在读写课程中，教师也在教学组织环节中设置听说任务，全方面地锻炼学生的听说能力。

大学英语在教学评估方面也非常重视听力方面的测试。无论是大学英语四、六级考试，还是学期末的考试，有关听力方面的题目大约占总成绩的 20%~25%。学生再也不可能像高中英语学习那样，放弃英语听力学习，教师也会增加听力教学的时间和内容。

3 高中英语与大学英语在听力教学方面的衔接问题

新入学的大学生，由于受到高考指挥棒的影响，听力水平明显滞后于读写水平，这就直接导致大学英语课堂教学任务难以正常进行。教师用英语授课时，部分学生听不懂；课堂讨论环节，学生不敢、不会、不能用英语进行有效沟通与交流。高中阶段的应试教育是造成这一现象的重要原因。

大学英语课堂教学由于受到学生听力水平的影响（有些学生所在地区没有听力考试要求）导致课堂教学活动无法顺利进行，无论是英语授课还是课堂讨论，学生都难以运用所学到的语言进行有效沟通与交流。尽管《普通高中英语课程标准》提及要在课堂教学活动中积极使用任务教学法，但在大学英语课堂教学中学生还是重读写、轻听说。在《大学英语课程要求》中，提出要推广基于网络技术的线上与线下相混合的教学模式，这就要求学生具备自主学习能力，特别是听说能力，在熟悉线上教学资源的基础上，利用所学的语言知识积极参与线下的课堂教学活动。

4 总结

高中英语与大学英语在教学内容、教学方法等方面存在着显著差异，这就要求教师在教学过程中关注学生的学习适应问题。这其中，听力训练可以说是两个学段英语学习的主要鸿沟。来自不同地区、听力水平有差异的学生应在教师的指导下，利用好新媒体技术和丰富的教学资源，尽快适应大学英语教学。教师也要分级分类采取措施帮助学生跨越好学习的差异，缩短学生不适应的时间，改变学生对英语学习的态度，提升学生的学习兴趣。

参考文献

[1] 任大玲 . 高中、大学英语听力教学中的衔接问题及其对策 [J]. 外国语文，2012（7）：206–208.

[2] 郑锐宁 . 对高中与大学英语教学衔接的探讨 [J]. 教育探索，2014（12）：35–36.

大、中、小学英语课程思政教学衔接研究

■ 孔维斌
■ 天津商业大学 300134

摘要 本文通过比较大、中、小学英语教学现状，分析在教学内容、教学方式、教学评价等方面如何开展英语课程思政，探讨不同学段英语课程思政的衔接问题。

关键词 **英语课程思政；教学衔接**

2017 年，教育部印发了《高校思想政治工作质量提升工程实施纲要》，提出要“大力推动以‘课程思政’为目标的课堂教学改革，优化课程设置，修订专业教材，完善教学设计，加强教学管理，梳理各门专业课程所蕴含的思想政治教育元素和所承载的思想政治教育功能，融入课堂教学各环节，实现思想政治教育与知识体系教育的有机统一”。英语课程贯穿大、中、小三个学段，是学生学习期间接受教育时间最长的课程之一，对学生的人格培养发挥了至关重要的作用。

1 英语课程思政教学目标的衔接

立德树人是教育之本，也是我国教育事业的长期目标。英语课程思政建设也要以此为最核心的教学目标，这与《大学英语课程要求》《义务教育英语课程标准》《普通高中英语课程标准》中对英语教学的要求也是一致的。如在 2007 年教育部颁发的《大学英语课程教学要求》提出大学英语教学“以英语语言知识与应用技能、跨文化交际和学习策略为主要内容”；初中英语教学大纲也明确指出英语教学的目的除了要“使学生获得英语基础知识和为交际初步引用英语的能力”以外，还要“使学生受到思想品德、爱国主义和社会主义等方面的教育”。因此，学习语言不仅要让学生打下扎实的语言基础和实际语言运用能力，更应该将语言技能的训练与思想、文化教育相结合，发挥英语课程的育人功能，实现课程思政的教学目标。在语言教学，特别是外语教学活动中融入思政元素，将帮助学生正确对待文化之间的差异，在学习西方文化的同时，能够做到增强文化自信，形成正确的价值判断，从而为其他学科的学习打下基础。

大、中、小英语教学在思政元素进入教学的目标虽然是一致的，但由于不同的学段的学习具有各自不同的教学特点，因地制宜地设置符合不同年龄阶段学生特点的具体教学目标就极为重要。根据年龄逐渐增长、思维更加丰富的年龄变化特点，教学目标的建立方面从简单的遵守规则、关爱他人、学会培养良好的行为习惯逐渐过渡到培养良好的思想、道德品质，最终帮助学生进入成年后能够使用英语在进行对外交往中树立正确的人生观。

2 英语课程思政教学内容的衔接

只有挖掘大、中、小学英语课程思政教学内容，才能从源头上实现立德树人的教学目标。小学阶段的教材很多内容是基于小学生的认知水平和生活经历，教师可以根据教学大纲的水平，并结合小学生的学习特点，适当补充有中国元素的英文绘本，如中国传统故事、中国名人等英文故事书，积累相应的词汇和表达方式，为中学深入的学习打下扎实的基础。

中学阶段的教材内容更加丰富，难度也大幅提升。教师一方面从教材中挖掘思政元素，如涉及中国的故事或人物；另一方面，根据学生的水平适当补充有关中国时事的新闻报道，有关中国传统文化的节目，并将其改编为相应的练习。

大学阶段英语教学继续延续语言基础知识的培养以外，还可以开设英语的公共必修课，拓展学生的文化视野。如用中英文双语讲授“中国文化概况”“中西文化比较”“跨文化交际”等课程，培养大学生的文化自觉与自信。

3 英语课程思政教学模式的衔接

在校学习英语期间，学生通过阅读英文材料、收听或收看英文影视作品，了解西方文化，感悟西方的语言和思想。这就需要教师进行正确的指导，进行批判性的解读，防止学生受到不良倾向的影响。因此，教师应根据不同的学段采取不同的教学模式，同时不同学段之间应进行必要的衔接，以利于学生学习英语技能的连续性，同时保证英语课程思政的有效性。

小学阶段的英语课程思政主要体现在培养学生良好的行为习惯和是非观念，根据教材内容主要以对话交际为主的特点，设计出小学生听得懂、看得会、学得来的教学活动，鼓励学生用英语大胆表达。教师可以采用多人对话、情景戏剧等符合小学生心智特点的形式，将课文学到的英语“表演”出来，调动学生的学习积极性和创造性。教学内容既包含课本的知识，也可以根据“小学道德与法治”等思政类课程内容，进行有针对性的补充，使学生的英语课程思政更加丰富。

中学阶段的英语课程思政教学模式随着学生年龄的增长也应做相应的调整，以满足学生思维能力的变化。中学教材内容除了故事以外，还增加了很多说明性、议论性的文章，多种文体的出现丰富了教学内容，也要求教师应根据不同文体的特点调整使用不同的教学模式。如故事类的文章可以分角色表演，议论性的文章可以就其中的观点撰写读后感，根据自己了解的情况进行论述。同时，教师也可以适当采用中、英文对比的方式，补充与话题相关的资料，就教材的内容进行讲解，并鼓励学生之间进行互动讨论，在教学中渗透思政教育。

进入大学阶段的英语学习后，学生主要采用线上线下混合式的学习方式进行自主学习。因此，教师在教学中要精心设计教学活动，合理安排线上资源的有效学习。在课堂教学活动中，应就教材内容做有目的、有针对性的引申和拓展。除了就教材内容的讨论以外，教师也可以鼓励学生阅读《中国日报》，收听、收看中央媒体的新闻节目和英文纪录片，丰富学生的知识储备。通过参加英语阅读、写作和演讲比赛，锻炼学生英语表达能力的同时，也能帮助学生多角度、辩证地看待问题，从而对中国的发展、变化有更为深刻的认知。

4 总结

大、中小学英语课程思政研究还涉及教学评估等问题，这就要求在今后的英语测试中应逐步加大中国元素的比例，如翻译题、阅读题等题型要有相应比例的有关中国的英文文章，使学生能够用英语流利、通畅、自信地讲好中国故事。

参考文献

[1] 刘晓阳．大学英语“课程思政”的实施路径研究 [J]. 吉林工商学院学报，2018（10）：126–128.

[2] 王海花．思想政治一体化教育中“课程思政”的探索与实践 [J]. 现代交际，2018（18）：132–133.

高中与大学英语阅读教材对比研究

■ 焦颖婕
■ 天津商业大学 300134

摘要 本文旨在对比高中与大学英语教学要求中阅读的教学目标和教学方法的差异，以高中和大学英语阅读教材为例，探讨学生在进入大学英语学习阶段后，在阅读学习方面存在的问题及相应的对策，为大学英语阅读教学提供借鉴。

关键词 **高中英语；大学英语；教学衔接；阅读教材**

英语作为外语，在我国的基础教育阶段和大学学习期间都是重要的基础课程之一。在十几年的中国学生学习英语的过程中，阅读作为学习语言基础知识、提高语言运用能力的基础方式，受到教师和学生的高度关注。同时，阅读作为语言学习的重要信息输入手段，在英语教学中占据了重要的地位，是语言教学中的重点内容。

1 高中与大学英语阅读教学比较

高中英语与大学英语阅读无论是在教学目标、教学方法、教材编写、练习设置等方面都存在着较大差异，很多学生从高中进入到大学阶段的学习后，对于英语阅读教学反映出不适应的情况。本文将依据《高中英语课程标准》和《大学英语教学指南》，通过选取教材中的实例，进行比较讲解，指出两者之间的差别，帮助学生更好地适应大学英语阅读学习，并打下良好的学习基础。

2 高中英语与大学英语阅读教学实例

本文将选取高中和大学英语教材中的文章，举例说明二者之间的差异，对于学生掌握大学英语阅读方法提供借鉴。

2.1 高中英语阅读示例

人教版普通高中英语必修教材（5）第五单元文章，题目为“Heroic Teenager Receives Award”(《英雄青年获奖记》)，文章第一部分内容如下。

Seventeen-year-old teenager, John Janson, was honoured at the Lifesaver Awards last night in Rivertown for giving lifesaving first aid on his neighbour after a shocking knife attack.

John was presented with his award at a ceremony which recognized the bravery of ten people who had saved the life of another.

John was studying in his room when he heard screaming. …

从文章中学生可以读到一个故事，讲述了一个十几岁的孩子见义勇为帮助邻居制服歹徒，因此受到表彰的英勇事迹。在文章的开头用一句话简单进行描述，指出故事发生的时间、地点、主要人物和事情梗概以及故事发生的场景和受到表彰的结果。文章第二段具体介绍小男孩出席表彰会的内容，从第三段开始作者展开描写小男孩的英勇行为。通过分析文章，我们可以发现教材内容本身难度不大，主要是有些句型比较复杂，如第一段虽然只有一句话，但故事所要求的具备的要素完全表达清楚，涉及被动语态、介词用法、状语使用等语法现象，而且这些语法现象并存于一个句子之内，增加了阅读的难度。第二段也是一句话，同样也涉及被动语态、介词用法、定语从句等语法现象，甚至于出现两次定语从句的用法。文章的难度主要体现在句式的复杂，体现于长句的分析。文章的练习包括内容的理解、基本事实的认定和语言使用的方式等。如下所示。

A. Read the newspaper article and then put these events in the order that happened. then in pairs，retell the story in your own words.

B. What first aid did John perform on Anne？

C. What adjectives would you use to describe John’s actions？ Give at least three.

2.2 大学英语阅读示例

大学英语阅读教学侧重点在于对文章内容和作者写作思路的理解，下文将以《新视野大学英语读写教程》第三版第四册第一单元 A 课文为例，讲述大学英语阅读的主要思路。

A 课文的题目是“Love and Logic：The Story of a Fallacy”(《爱情与逻辑：谬误的故事》)，讲述的是一个男孩用皮夹克换室友的女朋友，试图教她逻辑来辅助自己成功，却遭到戏弄的故事。作为故事，文章在第一段也是提出故事的要素，包括时间、地点、主要人物、故事梗概、故事发生的场景。

I had my first date with Polly after I made the trade with my roommate Rob. That year every guy on campus had a leather jacket，and Rob couldn’t stand the idea of being the only football player who didn’t，so he made a pact that he’d give me his girl in exchange for my jacket. He wasn’t the brightest guy. Polly wasn’t too shrewd，either.

文章第一句就简单指出了故事要素：我作为叙述者第一次与波利（Polly）约会，通过“after”引导的从句指出约会是在与室友交易后完成的。第一句里面我做了两件事，却产生了两大疑问，一是为何要与 Polly 约会，第二是与室友作何交易，交易与约会有何关系？文章开始的第一句表面是讲了一件事，但却留下了两个问题吸引读者继续思考，这与高中教材文章中直截了当讲出事实截然不同。紧接着，文章第二句利用三段论的逻辑论证方式详细解释了这两个问题，首先大前提是当时校园里所有男孩都有一件皮夹克，小前提是我的室友没有，而且还不能忍受这一点，所以结论就是要拿女朋友和我交换皮夹克。虽然第二句话很长，但逻辑清晰，条理分明，通过 and 和 so 两个词将两个问题全部解释清楚，我约会的 Polly 是室友的女朋友，而交易就是用皮夹克换女友，这之间的关系也很清晰明确。在这段的最后，我还要对这件事进行评价，认为他们两个都不聪明，在这件事情上我是赢家。同时，这段最后提到 Polly 也不精明，又留下一个疑问，那就是既然如此为何要选她做女朋友呢？这其实是为下文介绍 Polly 埋下伏笔。

But she was pretty, well-off, didn't dye her hair strange colors or wear too much makeup. She had the right background to be the girlfriend of a dogged, brilliant lawyer. If I could show the elite law firms I applied to that I had a radiant, well-spoken counter-part by my side, I just might edge past the competition.

文章第二段用 but 将前后文衔接，用一句话简单描绘 Polly 是一个漂亮、有钱、但很低调的女孩（不染怪颜色的头发、不化浓妆）。但话锋一转，提到她只是我雄心勃勃计划中一部分，她所有的这些不过是成为我女朋友所应具备的恰当条件而已。第三句具体指出将来应聘时，她只是我压到竞争者的一个得力助手。

"Radiant" she was already. I could dispense her enough pearls of wisdom to make her "well-spoken".

文章第三段对 Polly，做了一个总结，认为她已经具备了外在的魅力，但言谈举止还要我的培养。这段虽短，但起到了过渡的作用，为下文我教授她如何运用逻辑谈吐得体埋下伏笔。

此三段构成了文章的第一部分，作为故事的导入部分，作者将一个简单的情节阐释得跌宕起伏，吸引读者的注意力和好奇心，为故事的正式展开和具有讽刺意味的结局做了成功的铺垫。在掌握文章内容和结构框架的基础上，学生就可以更加容易地学习相关语言知识，包括词汇、语法等，如第一段的两个生词 pact 与 trade、shrewd 与 bright 意思接近。

3 总结

通过对比高中和大学英语教材中的阅读文章，可以清楚地看到高中英语与大学英语在阅读教学方面存在着一定的差异，这不仅表现在词汇量、语法点、文章长度等语言表面现象，更体现在文章语篇和逻辑思维方面。因此，大学英语阅读教学不应是高中英语阅读教学的简单延续，更应从语篇宏观的角度对词汇、语法等语言知识做整体规划，并在此基础上提高学生的其他语言实际运用能力，更好地适应大学英语学习。

参考文献

[1] 李静．大学衔接教学的多位思考 [J]. 广西民族大学学报，2015（9）：181-184.

[2] 郑锐宁．对高中与大学英语教学衔接的探讨 [J]. 教育探索，2014（12）：35-36.

高中英语与大学英语教学模式比较研究

■ 焦颖婕
■ 天津商业大学 300134

摘要 本文通过比较高中与大学英语在教学方式、方法等层面的异同，以高中和大学英语教材为例，探讨这两个学段之间在教学方面的衔接问题，帮助学生在进入大学英语学习阶段后，能够尽快适应大学英语学习，达到大学英语学习的要求，顺利完成大学阶段的英语学习。

关键词 **高中英语；大学英语；教学模式；比较**

在关于高中英语与大学英语衔接方面的研究中，有观点认为英语教学并不存在对接与协调的问题，大学英语只是高中英语的延续；另有观点认为大学英语与高中英语关联度不大，是一门新的课程，因此，这方面的研究相对关注较少。

实际上，有关英语教学“一体化”的相关研究已持续开展多年，其中基础教育各学段的英语教育衔接较为合理和完善，这与基础教育阶段各学段自身对接较为完整不无关系。但高中英语却始终与大学英语在教学目标、教学方法、教学内容等方面进行有效衔接，特别是教学模式的差异导致学生在英语学习方面面临着极大的困难。

高中英语作为基础阶段教学的终点，尽管《高中英语课程标准》载明高中英语的教学任务，在听、说、读、写等方面也有具体的教学目标，但受到高考的影响，其教学方法主要是采用以词汇、语法讲解为主要形式，以熟悉考试题型、应试为主要目标。这种教学模式使得学生的自主学习能力不能得到充分发挥，语言的应用能力未能得到有效提高。高中英语教学模式与大学英语教学模式存在着巨大的差异，导致学生进入大学阶段后的英语学习产生不适应的现象。因此，有关高中英语与大学英语教学模式的衔接研究迫在眉睫。

1 高中英语教学的主要模式

高中英语教学受到高考的影响，其教学方法相对一致，教学模式比较单一，多以词汇、语法学习为主。教材的编写也是侧重于语言基础知识的训练，课堂教学的评价也多以卷面考试为主，教师多采用题海战术，训练学生的做题能力。

这种教学模式在面对数量较多的学生时，可以高效率地提升学生的做题能力。但受限于语言输入量的不足，很难培养学生语言的综合运用能力，特别是用英语思维、用英语表达、用英语有效获取信息的能力。同时，高中课堂教学主要以教师讲授为主，学生被动接受语言知识，这很容易造成学生语言学习的学科化，而不是将语言知识在实践中加以运用。长此以往，也会造成学生失去学习语言的兴趣，难以主动、批判性地学习语言知识。

2 大学英语教学的主要模式

与基础教育阶段的英语教学重点侧重于基础语言知识训练的模式不同，大学英语主要利用现代网络教育技术，以学生自主学习为主、教师指导为辅的教学模式。进入大学英语学习阶段，学生无论是语言基础还是思维能力都较之中学有了很大提升，以交际为主要目的的学习语言方式应逐渐转移至培养学生学术英语能力上来，从而满足国家在国际交往日益频繁的背景下对英语人才的需求。

大学英语教学目标是要培养学生具备较强的学术英语能力，能够利用英语就广泛的话题开展深入的讨论，这就需要获取信息（听、读能力）、分析信息、加工、并产出信息（说、写能力）。相应地，大学英语教学模式也要从中学的教师全程讲授转向教师指导下的学生自主学习的教学模式。

具体而言，大学英语随着教育技术和手段的不断提升和完善，其教学模式是利用线上线下混合的模式，将以往中学里面教师传授的语言基础知识转换为线上资源，有学生在课堂教学前自主学习，形成个性化学习，满足学生的学习需求。线下课堂教学活动中，教师在学生充分学习的基础上安排相应的活动，对学生的学习情况进行测评或指导。课后，学生根据课堂教学反馈结果，再进行学习反思和总结。

3 高中英语与大学英语教学模式的衔接

通过以上论述，可以清楚地看出中学和大学英语教学的巨大差异。这些差异不仅是教学内容的变化、教学难度的增加，更是由于大学新生的学习模式与大学英语教学模式存在的差异造成的。学生在中学英语学习过程中养成的听讲、记笔记、做练习、应试的学习模式，在进入大学英语学习阶段时会出现不适应的情况，这就需要教师和学生一起关注两个学段教学模式的衔接问题。

3.1 注重学生自主学习能力的培养

中学英语教学要求教师精讲每一个语言知识点，并通过大量练习帮助学生理解、巩固基础知识。大学英语受限于课时，且教学内容和深度有很大幅度的提高，教师不可能在课堂教学活动中将所有的知识点传授给学生，这就要求学生积极培养自主学习能力；在课堂活动中积极参与，培养自己的合作学习能力；在教师布置的教学任务中，积极探索、用于创新，锻炼探究学习能力。

3.2 加大培养学生的读写能力

中学培养学生一般的交际能力或听说读写的综合能力在大学教学阶段是远远不够的，要想真正提高学生的竞争力，要着力培养学生的学术读写能力，也就是要将语言学习与学生所学专业结合起来，积累专业的英语词汇、熟悉规范的学术英语语言结构，能够读懂英文的专业文献，写出符合规范的英语文章，适应未来的学习和工作。

4 总结

中学英语与大学英语存在着诸多差异，解决两个学段的教学衔接问题最为关键。一方面，要求中学与大学从事英语教学的教师应加强联系，特别是大学英语教师应对中学教学状况有深入的了解，弄清学生的真实水平和学习状况，在教学中有针对性地加以调整和改进；另一方面，学生也要主动适应教学模式的转变，主动、积极地培养自主学习能力。

参考文献

[1] 赵淑梅 . 大学与高中教育衔接研究的概况与展望 [J]. 江苏高教，2014（2）：110–112.

[2] 郑锐宁 . 对高中与大学英语教学衔接的探讨 [J]. 教育探索，2014（12）：35–36.

[3] 中华人民共和国教育部 . 普通高中英语课程标准 [M]. 北京：人民教育出版社，2017.

研究生公共英语课程思政教学实践
——以《新视角研究生英语读说写》为例

■ 门智芳
■ 天津商业大学 300134

摘要 本文从课程思政的角度，对研究生公共英语课程的教学实践进行展示，将课文与思政点的结合、引入和思政教育过程与大家分享，希望能够得到大家宝贵的建议和意见。
关键词 **研究生英语；公共英语；课程思政；教学实践**

1 前言

2020年5月8日，教育部印发了《高等学校课程思政建设指导纲要》。其中提出课程思政建设的主要内容就是“坚定学生理想信念，以爱党、爱国、爱社会主义、爱人民、爱集体为主线，围绕政治认同、家国情怀、文化素养、宪法法治意识、道德修养等重点优化课程思政内容供给，系统进行中国特色社会主义和中国梦教育、社会主义核心价值观教育、法治教育、劳动教育、心理健康教育、中华优秀传统文化教育”。这是一个立体、多角度的人才培养方案，需要一线教师在为学生传授知识的同时，在加强品德修养、增长见识、厚植爱国主义情怀、培养奋斗精神和增强综合素质方面多下功夫，做好新时代青年人才的培养工作。

2 课程介绍

本课程采用高等教育出版社在2007年出版的《新视角研究生英语读说写》作为精读教材。经过数年教学实践，老师们积累了充足的教学材料和资源。课本中所选具体课程也经过反复的评价，最终筛选出对培养学生爱国、励志、求真、力行等品质有良好塑造作用的几篇精品课文。在新冠疫情期间，出于线上授课的需要，我们对课件进行了统一，为该课程的进一步建设奠定了基础。

本课程的课程目标是全面贯彻党的教育方针，为培养德才兼备的高层次人才服务，为提高学生的创新能力服务，使学生在增强英文语言运用能力和跨文化交际技能力的同时，树立正确的人生观和价值观，坚定社会主义理想信念，培育爱国情怀和奋斗精神。同时，使学生通过本课程的学习能读懂地道英文报纸杂志上的文章，从而更快捷地了解和掌握英文专业资料，并能用英语和他人较顺畅地进行交流。

3 思政实践

示例课文取自《新视角研究生英语读说写》第一册第六单元的文章，标题为《失败的权利》。这篇课文是美国著名记者、作家威廉·津瑟的作品。在本文中，威廉质疑美国社会的成功哲学，并鼓励年轻人不要受其他人的干扰，独立生活，尽情享受失败的权利。

本篇课文的思政教学目标有两个：第一，针对研究生在科研方面容易有畏惧心理，让学生能够客观地看待失败，树立正确的得失观，勇于奋斗；第二，针对就业形势严峻的情况，说明正确人生观在个人发展中的重要地位，让学生正确看待就业。

3.1 课前预热部分第一题

本题是图片描述题（图 1）。

"son, of course there's more to life than just money — it's power."

图 1

要求学生通过观察漫画中表现父亲的人生哲学，并说明是否同意这位父亲的观点，理由是什么。学生可以通过观察漫画中父亲的细节，包括父亲的着装、神态、手中的物品、桌子旁边的钱袋以及孩子惊讶的面部表情和大张的手掌判断两代人的不同人生观——父亲追求金钱和权力，孩子则对此并不赞同。从图片中父亲的着装、手握印章、傲慢的神情以及桌旁的钱袋可以判断父亲的工作拥有一定权力，结合他的人生观提问学生：这样的官员在中国有没有特殊的称呼？从而引出“老虎”和“苍蝇”的概念。再通过另一幅漫画（图 2）引出我国的“反腐”介绍。

图 2

师生共同学习习近平总书记在十八届中央纪委二次全会上发表重要讲话的一段内容。通过双语对照的形式，让大家先阅读英文版本，理解文章意思，然后通过学习重点单词，如：uphold（坚持）、law-breaking cases（违法案件）、unhealthy tendencies（不正之风）、corruption problems（腐败问题）和 with no leniency（决不姑息）等让学生熟悉时政热词，扩展词汇量。

3.2 课前预热部分第二题

本题需要学生将邓稼先、韩寒、马丁·路德·金、特蕾莎修女和比尔·盖茨这五位名人按照个人所理解的成功程度排序，"1"代表最成功，"5"代表最不成功，并给出解释。学生们的排序结果不尽相同，也各有理由。通过讨论发现是学生们的人生观和价值观导致排序差异，从而发现人生观或价值观对一个人的影响很大，特别是在价值判断方面。由此引出习近平总书记在 2014 年"五四"青年节时与北京大学师生交流中对于青年人生观的一段论述。通过学习这段双语论述，学生们能够认识到人生观在人的生存和发展中起着重要的导向作用，如果存在偏差则人生的目标、选取的道路乃至奋斗的方式和方法都会受到影响。所以，人生观就像衬衫的"第一粒扣子"，在个人发展中的重要性不言而喻，要树立正确的社会主义人生观。

随后跟进另一篇对"扣子论"进行分析的双语文章。还建议年轻人要根据自己的个性特点和人生目标选取合适的职业和正确的奋斗途径。

3.3 课文第四段结尾句

句中提到："在变化无常的年轻时代，青年人找到适合自己的正确道路的唯一方法就是先走一百次弯路，探索各个方向，蹒跚，后退然后重新踏上征程。"引导学生通过自己的人生经历来解释这句话的含意，体会我们的人生总是会遇到失败和挫折。随后通过观看威尔·史密斯的视频，分享他在视频中的感受，得出失败与成功的关系——"失败是成功之母"。最后，落脚在研究生的科学研究方面——引出习近平总书记在纪念五四运动 100 周年大会上的讲话："奋斗的道路不会一帆风顺，往往荆棘丛生、充满坎坷。强者，总是从挫折中不断奋起、永不气馁。"鼓励大家做人生的强者，在科研奋斗的道路上要不畏波折，勇于奋斗，挥洒青春。

4 结语

按照习近平总书记关于研究生教育工作的重要指示精神以及李克强总理的重要批示，本课程以"立德树人"总目标为指引，在正确的人生观和价值观的引领以及科学态度和高尚情操的培育等方面，将新时代中国特色社会主义思想、中国优秀传统文化和法律意识融入教学设计、进入课堂讲解，期望能够渗入学生的头脑。虽然已经作出了尝试，但在思政点的挖掘上还有待开发，在文章与思政点的融合方面有待进一步优化，因此，恳请各位老师不吝赐教。

参考文献

[1] 高等院校研究生外语教学研究会. 新视角研究生英语读说写 [M]. 北京：高等教育出版社，2007.

[2] 教育部关于印发《高等学校课程思政建设指导纲要》的通知 [EB/OL].[2020-05-28]http：//www.moe.gov.cn/srcsite/A08/s7056/202006/t20200603_462437.html.

[3] 教育部国家发展改革委财政部关于加快新时代研究生教育改革发展的意见 [EB/OL].[2020-09-21] http：//www.moe.gov.cn/srcsite/A22/s7065/202009/t20200921_489271.html.

试论大学英语自主性学习①

■ 庞　莹
■ 天津商业大学　300134

摘要　自主性教学将学生的自主学习作为教学活动的中心。本文探讨了自主性学习的内涵与意义，研究了自主性学习对大学英语学习的重要性，并简要探讨了当前大学英语自主学习的问题和现状。

关键词　**自主性学习；大学英语**

有别于传统的课堂封闭式教学，自主性教学以学生的自主学习作为教学活动的中心。新版《大学英语教学指南（2020 版）》中，发展学生的自主学习能力被明确列入大学英语课程的教学目标。为了实现这一教学目标，大学英语课程应该尽快完成从“以教师为中心”向“以学生为中心”的转变，改变学生被动学习的地位，实现真正的自主性教学。

1　自主性学习的内涵与意义

基于建构主义的自主性学习理论与传统的教学观有着根本的区别。建构主义理论将学习过程视为一种建构知识的过程，学生的主体性在这一过程中要得到充分发挥。知识是学习者利用学习资料，在他人的帮助之下，通过建构来得到的。建构主义认为教学活动的中心是学生而非教师，学生是信息的加工者和意义的建构者，学习效果取决于学生的自觉性、主动性和创造性。在建构主义看来，教师应该作为学生学习的学术顾问和辅导者，引导学生利用已有知识对新知识进行分析、检查、批判并进行自己的建构。

亨利·郝莱克（Henri Holec）的著作《自主性与外语学习》最早将自主性学习的概念带入外语教学领域。自主性学习指学习者在学习过程中管理自己的学习行为，对自己的学习行为负责，对学习方面的各个问题进行决策。具体地说，自主性学习要求学习者能够按照自身情况，制定学习目标、学习内容并制订计划，选用个性化的学习方式方法，监控学习的过程，评估并达到学习目标。这种学习模式要求学生对自身学习进行决策，与传统的以教师为主导的外语教学方式相对立，一经提出，便引起了广泛的关注。

自主学习的能力是一种源自个体内心的自我驱动自觉意识能力。不同于以往的被动式、机械式的他主学习，自主性学习更注重内在学习素养的形成。在这种素养的促发下，学习者主动去观察、接触、发现并评估自己的学习过程。

2　自主性学习对大学英语学习至关重要

新版《大学英语教学指南（2020 版）》中明确了，大学英语课程的教学目标不仅在于

---

①　本论文为 2020 年天津商业大学“课程思政”改革课程建设项目“新视野大学英语”的阶段性成果，项目号是 TJCUKCSZ202001Z。

培养大学生的英语应用能力，增强其跨文化交际意识和交际能力，还包括发展学生的自主学习能力，提高其综合文化素养，使大学生能够有效地运用英语于学习、生活、社交和工作的实践中，满足社会、国家、学校和个人发展的要求。指南对教学方法作出了新的要求，即教学手段与方法要满足四个特点：相对性、针对性、综合性和多样性。大学英语的教学方法是在教学过程中教师和学生采取的用以实现教学目标，完成教学任务的办法、方式和途径。教学方法包括教和学两方面的方法及二者的协调统一。教学方法强调的不仅是教授者教学的方式和活动，更强调学习者的学习方式和活动。基于新的教学目标，指南鼓励教师在英语教学中使用现代信息技术，采用“线上 + 线下”的混合式教学模式，实现以学生为学习主体、教师为学习主导者的教学方式。新模式对课上课下、线上线下的教学活动和学习活动提出了更高的要求，不仅要求教师引导启发监控教学过程，更要求学生具备更强的主动性、积极性与创造性，成为更自觉有效地自主学习者。

自主学习能力在大学英语学习中是必不可少、至关重要的。传统的英语教学以语言知识作为教学中心，课程设置和课程内容都是以教师为主导，课堂教学以教师的语言传授作为主要模式。这种教师主宰的“一言堂”里，学生是被动的接受者，是教学过程的客体。学生在课堂上使用外语进行表达的机会非常有限，他们逐渐失去了运用英语的渴望，越来越消极地对待课本和课堂教学，最终失去了学习英语的兴趣和独立思考的能力，只能被动地依赖教师的灌输。

3 大学英语自主性学习的现状

自主性学习要求学生对学习全过程可以自主地设定。这在现有的教学模式中是难以实现的。一方面，当前的大学英语教学仍以教师课堂教学为主，学生自主学习为辅，采用的是课堂教学与课外自主学习相结合的教学手段。就课堂教学而言，逐年扩招的大学，日益增加的课堂人数使英语课在许多学校由小班教学变成了大班教学，学生上课发言的机会都难以保证，更谈不上个性化、自主化学习。

另一方面，硬件的不足也是一个重要的制约因素。目前，除了极少数可以实现一人一机独立学习的学校之外，大多数院校大学英语课仍然使用多媒体大屏幕投影方式集中授课，这就使得课堂自主化学习成为一种奢望，学生只能跟随老师的内容和节奏被动地学习。此外，虽然大学生手机普及率很高，但在有限的允许学生使用手机的课堂上，手机的课堂参与也是非常有限的。多数情况下，手机只是作为统计考勤的工具。目前，部分学习平台提供基于手机的互动功能，但是学生也只是使用手机对教师的提问进行回答，或者被动地参与课堂测试。互动形式相对简单、单一，采取的多是如选择题、判断正误题，或者填空题之类的题型。如果要进行比较深入的互动，则需要在软硬件甚至课堂时间上大量的投入。因此，由于软硬件所限，大学英语课堂还远不是有效的自主学习的场所，无法形成学生进行自主学习的合适教学策略，执行的仍然是教师为主导的学生相对被动学习的教学模式。

此外，课堂之外学生的自主学习也远远无法达到真正自主学习的要求。自主性学习要求学习者按照自身情况，制定学习目标、内容并制订计划，能够选用个性化的学习方式方法，监控学习的过程，评估并达到学习目标。而现有教学模式下的课外自主学习仅仅作为课堂的辅助，学习内容多是诸如预习、复习、测验等课堂内容的补充，学生鲜少制定或者参与制定个性化的学习目标和学习计划。由于学生只是机械性地完成教师的课外学习任务，因此也就谈不上监控学习的过程、评估学习目标的实现。

综上所述，虽然自主性学习在现有大学英语教学中还存在方方面面的问题，但其在大学英语学习中又是不可或缺的。自主学习在学习空间和学习时间上的灵活度使这种学习模式更能够应对各种意外状况和突发事件，保证了学习活动的持续稳定进行。大学英语应该尽快地完成从“以教师为中心”向“以学生为中心”的转变，实现真正的自主性教学。

参考文献

[1] HOLEC H. Autonomy and foreign language learning[M].Oxford：Pergamon，1981.
[2] 陈冬纯 . 试论自主学习在我国大学英语教学中的定位 [J]. 外语界，2006（3）：32–37.

基于产出导向法的翻转课堂在大学英语教学中的应用[①]

■ 张雅文

■ 天津商业大学　300134

摘要　在信息化飞速发展的时代，大学英语教学模式受到了一定的冲击，也为教师带来不小的挑战。本文从翻转课堂的角度入手，结合产出导向法，尝试探索在产出导向法指导下的翻转课堂教学模式。

关键词　**产出导向法；翻转课堂；大学英语教学**

在“互联网 +”的背景下，慕课、微课、私播课、翻转课堂等各种新的教学模式和手段为大学英语传统的课堂教学模式带来了冲击，同时也为广大高校教师带来了不小的挑战。要充分发挥网络在教学中的优势作用，教师必须根据教学目标和教学对象选取合适的教学模式，并以理论为指导，设计有效的教学环节，使传统课堂学习与在线学习有机融合，提高学生的学习兴趣和学习效果。本文从翻转课堂的定义出发，阐述翻转课堂的重要意义，比较翻转课堂与传统课堂的优势与劣势，并以产出导向法为理论指导，尝试探索翻转课堂在大学英语教学中的有效应用。

1　翻转课堂的定义及重要性

“翻转课堂”最初起源于美国科罗拉多州洛基山林地公园高中。2007 年，学生因客观原因影响而不能到校上课的情况时有发生，导致学生无法跟上正常教学进度。为解决这一问题，该所学校的化学教师乔纳森・伯尔曼与亚伦・萨姆斯通过计算机设备，利用录屏软件对教师的授课声音和电子课件的同步操作界面进行视频录制，并将成品上传至网络，从而使学生能够在家完成规定时间段内的学习任务。

国内学者真正开始关注翻转课堂，则源于 2011 年由可汗学院（Khan Academy）发起人萨尔曼・可汗在 TED 演讲大会（TED，Technology Entertainment Design）上做的一次演讲，该演讲题为“用视频重塑教育”。演讲中提到，许多中学生在家通过网络学习可汗学院的数学教学视频，转天在教室里完成教师布置的作业和任务，在学习过程中遇到问题则在教室里向教师和同学请教。这样的教学模式被称为“翻转课堂”（the Flipped Class-room）。

《国家中长期教育改革和发展规划纲要（2010—2020 年）》（以下简称《纲要》）中指出，教师在教学过程中要注意学思结合，为学生营造独立思考、主动探究的学习环境，并注重因材施教，探索高等学校培养拔尖学生的模式。《纲要》还指出，要强化信息技术的

① 本论文为 2019 年天津商业大学专业“金课”建设项目“大学英语 3（新视野教程）”的阶段性成果，项目号是 19JKJS01020；2020 年天津商业大学线上及混合课程建设项目“大学英语 4（新视野教程）”的阶段性成果，项目号是 20ZXJXZX0136。

应用。教师应不断地提高信息技术水平，并鼓励、引导学生利用信息技术手段来进行自主学习，提高遇到问题时运用信息手段来分析问题、解决问题的能力。在翻转课堂的教学模式中，学生在课前进行自主学习，在课中就所学知识进行提问，并与同学合作完成教师布置的产出任务。因此，翻转课堂的教学模式符合目前教学改革的要求，也是高校英语课堂教学改革的必经之路。

2 产出导向法的概念

“产出导向法”（Production-Oriented Approach，以下简称为 POA）是由北京外国语大学的文秋芳教授所提出的，用以对英语专业技能课程进行改革，其原型为“输出驱动假设”。POA 理论体系涵盖三个方面，即教学理念、教学假说以及教学流程。POA 教学遵循三个理念，分别为“学习中心说”“学用一体说”和“全人教育说”。其教学假设由“输出驱动”“输入促成”“选择学习”和“以评促学”四个部分构成。教学流程分为“驱动”“促成”“评价”三个阶段，而教师在各学习阶段中起主导作用。在“驱动”阶段，教师需根据学生的未来发展设计出相关的交际场景并呈现给学生，让学生在尝试进行交际活动时发现自己在语言能力上的欠缺，并产生学习输入的驱动力。“促成”阶段中，教师需要引导学生对输入材料进行内容、语言形式方面的选择性学习，并指导学生循序渐进地进行产出练习。最后，在“评价”阶段，教师可采取即时评价或者延时评价两种评价手段对学生的产出进行反馈评价。

3 以产出导向法为指导的大学英语翻转课堂教学模式

在翻转课堂的教学模式中，学生要在课前通过网络自主完成在线视频学习，将难以消化的知识点记录下来；课堂中教师作为引导者，为学生答疑解惑，引导学生进行探究学习、个性化学习以及合作学习。这种教学模式的教学目的与 POA 的教学理念和教学假说基本相符合。笔者认为，POA 理论可以有效地指导翻转课堂的课程设计，使学生在课前、课中、课后的学习更加高效。

首先，翻转课堂要求学生在课堂中有较高的学习参与度，学生需要不断和教师、同学进行交流，以达到提升英语语言应用能力的目的。POA 主张“学习中心说”，即一切课堂教学的活动都是为了有效学习的发生而服务的。因此，教师在设计教学任务或教学环节时，需要考虑学生的学习需求和学习产出。同时，POA 还提倡“学用一体说”，即“边学边用，学中用，用中学，学用结合”。学习的输入和产出是紧密结合，相互促进的。在这两点上，二者是非常契合的。

其次，在翻转课堂中，学生的语言运用能力不仅仅是学习的唯一目标。在完成教师布置的产出任务时，学生的独立学习能力、合作学习能力、批判性思维能力等都会得到不同程度的锻炼和提升。这一点与 POA 理念的全人教育说十分吻合。POA 认为，外语课程在达成语言的工具性的基础上，还要实现其人文性，例如提高学生的批判性思维能力、自主学习能力以及综合语言文化素养等。

另外，POA 的教学假设中，输出驱动假设、输入促成假设和以评促学假设对翻转课堂的设计和运用具有极大的指导意义。

输出驱动假设认为，产出驱动语言学习，同时又是语言学习的目标。相对于输入性学习，产出更能调动学生的学习兴趣和积极性，学习效果更好。将产出任务设置在单元初，学生在尝试进行产出的过程中，能够意识到所学知识在未来生活中有实际的价值，同时发现自己语言能力的不足，从而产生语言学习的压力和动力。因此，在翻转课堂的课前学习中，教师应根据本单元的学习内容和学生未来的需求，选择恰当的语言输入材料。在设置产出任务时，教师应结合学生的专业和未来发展，选择合适的交际情景作为产出任务。

输入促成假设指出，在输出驱动的前提下，与不提供输入相比，在适当的时候提供能够促成学生产出的恰当输入能够提高学生的产出质量。也就是说，在课中各教学环节内，在进行产出任务的过程中，如果教师能够适时地提供切合任务产出需求的输入性材料，那么就能够帮助学生拓展、完善现有的知识体系，使学生的产出达到更高的质量。

以评促学假设主张将学习和评价紧密结合在一起，使评价过程作为学习的深入强化阶段。在翻转课堂中，每个子任务完成后，教师可以引导学生给出彼此任务产出的评价，教师适时给出评价意见。在评价的过程中，学生能够相互学习、相互促进。

相较于英语专业的学习者来说，大学英语的学习者本身的语言基础可能比较薄弱。因此，在驱动阶段需要教师给予更多语言知识方面的指导，帮助学生建立自信。在理解概念的基础之上，笔者根据大学英语学习者的学习特点，尝试设计出基于产出导向法的翻转课堂教学模式概念图（图 1）。

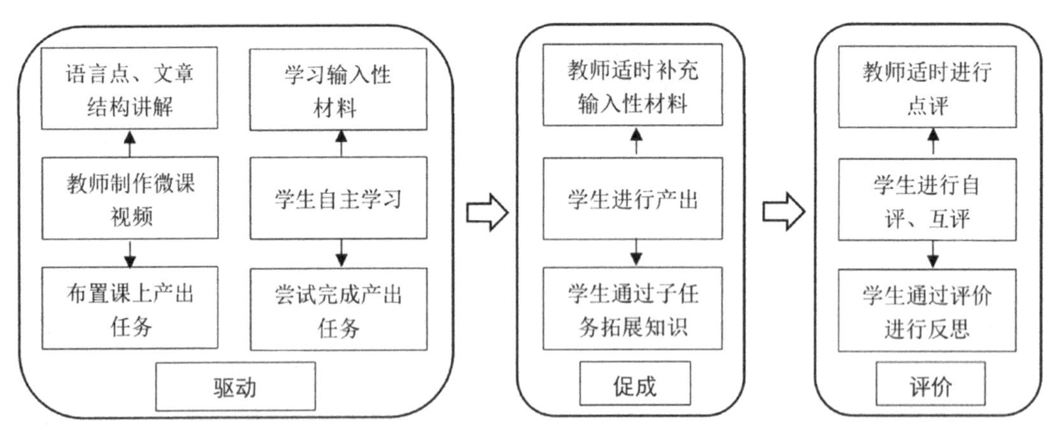

图 1 翻转课堂教学模式概念图

4 以产出导向法为指导的翻转课堂的优势

一方面，相较于传统课堂而言，该教学模式下学生对目标语言的使用率大大提高了。在传统大学英语教学课堂中，教师往往以课本为中心，学生对目标语言的学习仅仅停留在被动输入和少量的产出。虽然也有教师坚持以学生为中心，让学生成为学习的主人。但过分强调学生的地位，可能受学生能力水平所限而导致不能保证教师的教学质量和学生的学习效率。而在以产出导向法为指导的翻转课堂模式中，教师可以将语言点、文章结构梳理等内容以视频形式在课前让学生自主学习。而在课堂上，教师根据学生的情况，设计相关的语言情境，再引导学生尝试完成难度更高的产出任务。通过输出驱动和输入促成，不仅调动了学生的学习主动性，还实现了语言的工具性目标。

另一方面，在该教学模式下，学生有更多的时间进行自主学习、合作学习与评价学习。在这个过程中，学生需要进行独立思考，主动将输入吸收转化为产出。在与他人的合作学习和评价学习中，学生需要运用所学知识进行实际的操作和评价，同时也能够通过同辈评价来反思自己的优点和不足之处，在这些环节中，学生的思辨能力、独立思考能力、协作能力均能得到一定程度的提升，从而实现了语言的人文性目标。

5 结语

综上所述，翻转课堂作为新的课堂教学模式，具有学习自主性高、语言产出性强的特点，这与产出导向法的“学习中心说”“全人教育说”的理念是一致的。在产出导向法的指导下，学生能够在驱动阶段中产生学习输入材料的动力并尝试进行产出，在产出阶段中强化、提高产出的质量，并在促成阶段中进一步学习、反思，从而达到语言能力的不断提升。由于大学英语的学习者语言基础可能相对薄弱，在学习驱动阶段，教师应给予学生较多的指导，并帮助学生建立自信，以完成后续的产出性学习任务。

参考文献

[1] 卢海燕 . 基于微课的“翻转课堂”模式在大学英语教学中应用的可行性分析 [J]. 外语电化教学，2014（4）: 33–36.

[2] 张跃国，张渝江 . 透视“翻转课堂”[J]. 中小学信息技术教育，2012（3）: 9–10.

[3] 文秋芳 . 构建“产出导向法”理论体系 [J]. 外语教学与研究，2015，47（4）: 547–558，640.

[4] 文秋芳 .“产出导向法”的中国特色 [J]. 现代外语，2017，40（3）: 348–358，438.

[5] 张自玲 . 基于“产出导向法”的大学英语微课与翻转课堂新思 [J]. 新余学院学报，2019，24（4）: 152–156.

浅析大学英语听力学习的难点及课堂活动设计[①]

■ 张昌英
■ 天津商业大学 300134

摘要 听力是大学英语教学中的重要一环，也是学生在英语学习过程中的一个巨大挑战。大学英语听力较高中英语听力来说，难度上有巨大的飞跃，主要体现在大学英语听力中所包含的语言信息量很大，听力朗读的速度更快，而且学生需要掌握一定的背景知识。很多同学在学习的过程中会出现畏难情绪，这就要求教师在课堂教学中尤其要注意调动学生的积极性和对语言学习的热情，教师需要采取诸多的课堂活动，让学生充分地参与课堂，本文旨在分析大学英语听力学习的难点，并且提出课堂活动设计的若干思路。

关键词 **大学英语听力；难点；课堂活动设计**

近些年来，随着国际交往的日益频繁和“一带一路”倡议的落地实施，越来越多的大学生开始走出国门留学、工作或旅行，对于很多人来说，英语依然是同来自不同国家和地区的人们交流时的首选语言。“听、说、读、写、译”是英语学习中的重要组成部分，“听”居其首，却是很多学生在英语学习中的短板。

1 大学英语听力学习中的难点

在基础教育阶段，很多老师对听力教育不太重视，认为“得阅读者得天下”，英语教学的大部分时间主要是围绕语法、阅读、写作等展开，学生的自主练习也忽视了对听说技能的培养。学生到了大学，英语听说能力成为不少同学的短板，学生在大学英语四六级考试中听力部分得分率普遍偏低。大学英语听力学习存在诸多难点，这些难点会导致学生对英语听力产生畏难甚至放弃的心理，很不利于课堂教学。

1.1 语篇包含的信息量较大

到了高等教育阶段，听力的素材选材更广，单个素材的长度增加，中高阶词汇变多，甚至出现了复杂的语法结构。从客观因素来说，大学英语听力的词句难度较高中阶段有很大的提升，但是，学生对话题的熟悉程度不够，对文本的类型掌握不全面，对复杂的词汇和句式的理解力和应用力不强。大学英语听力练习中所用的语篇音频长度大多在 2~5 分钟，学生需要一边听一边处理源源不断输入的信息，而很多学生的水平只能处理有限的输入量，当语篇输入量大于处理量时，学生的注意力就会过载，产生疲惫感和挫败感。大学英语听力素材长度和难度的提升会给学生的学习带来巨大的挑战。

1.2 语篇朗读速度较快

高考英语听力语速大约在 80 词 / 分钟，四级英语听力考试的语速大约为 130~150 词 / 分钟，大学阶段的英语听力从语速上来说有了非常大的变化。语速的变化对于英语听力教

① 本论文为 2020 年天津商业大学“课程思政”改革课程建设项目研究成果，项目号是 TJCUKCSZ202002。

学来说是一个非常大的障碍，学生进入大学进行英语听力练习时普遍反映听力语速的提升对他们的学习造成了很大的困难，因而在学习过程中很容易陷入畏难情绪。学生想要适应大学英语听力素材的语速，往往需要大量的练习，然而目前在一些高校中，大学英语课时被压缩，学生在课堂中接受听力训练的时间很少，而且课外所用于练习听力的时长也得不到保证，导致学生很难适应大学英语听力材料的速度。

1.3 语篇所映射的背景知识较多

语言是一个社会文化的载体，语言和文化是分不开的，语言反映了一个社会政治、经济、文化、思想等诸多方面的变迁，所以说语言是一种复杂的综合体。大学英语听力中所使用的素材来源广、范围多，不少素材会涉及英语这门语言背后的背景知识，对于学生来说，可能听力材料中的某些情景和语境是非常难以理解的。例如，近些年四级听力中的新题型新闻听力就要求学生对于国际新闻有基本的了解，对于新闻相关的常见词汇保持相当的敏感度。不仅如此，英语口语中还包含大量的俚语、俗语等非正式用语，更增加了学生理解的难度，例如“a green hand”表示“新手”，而非“一只绿手”；“get the axe”表示“被裁员”，而非“拿到一把斧头”；“over the moon”表示“兴高采烈”，而非“在月亮上”。学生需要具备充足的背景知识，才能更好地理解语篇。

2 大学英语听力课堂活动设计

在设计课堂教学的过程中，教师需要安排灵活、有效的课堂活动，帮助学生更深刻地理解授课内容，掌握所学的新的知识和技能，保持学习兴趣和注意力。一个好的课堂既应是逻辑清晰、前后呼应的，也应是学习和活动有机结合的。

2.1 小组听写

小组听写指的是将学生分成若干个小组，组员间相互协作完成一个听力任务。小组听写的形式可以是多种多样的。形式 1：四人一组，将一段听力材料分为四个部分，每个组员听材料中的一个部分，组员之间在听的过程中不能相互交流，听完之后，小组成员展开协作，复述各自听到的内容，将信息重新组装，形成完整的组装文本，将组装好的文本与原文对照，组员们自主分析任务完成度。形式 2：五人到八人一组，第一个人听录音，然后将录音内容低声复述给第二个人听，第二个人复述给第三个人听，以此类推，最后一个成员大声说出自己听到的内容，看看与听力原始的内容有何差别，信息是否在传递的过程中出现了扭曲，并且找到失误的所在。形式 3：教师准备好若干张听力材料纸质版贴到黑板上，将班里同学分为两人一组，一人听写，一人负责到讲台上看听力内容，并且尽可能准确地记住更多的信息，然后迅速返回，将所看到的内容复述给听写的同学，如果记不清楚可多次往返，两人配合，看最后哪个小组的听写任务完成得又快又好。小组听写的好处是可以充分调动学生课堂参与的热情，增强学生之间的沟通和配合。而且，将一个大的听力任务细分，缩短听力的篇幅，可以降低听力的难度，特别适合用作学生学习疲惫时的缓冲和调节。

2.2 戏剧演绎

戏剧演绎指的是选取经典的英语影视作品或戏剧作品作为课堂教学素材，引导学生依照素材完成布置的任务。课堂中最常见的是角色扮演法，也就是把剧本和视频给学生，学生对照角色进行模仿排练，最后在课堂上呈现。除了这种传统的活动手法，教师也可以设计其他的活动形式。形式 1 猜哑谜：播放视频片段，遮住字幕，将声音设置到静音模式，学生只看画面，猜测故事情节和角色的对话内容，并且编写对话，最后播放有声视频，引导学生看自己写作的对话和视频原声有没有相似度。形式 2 写后续：播放视频片段，到剧情转折点暂停，鼓励学生猜测后续发生的故事，并且进行续写，最后播放原视频，学生可以将自己续写的故事和原剧情对比，直观地感受到戏剧的魅力。形式 3 趣配音：播放视频片段，将声音设置到静音模式，请学生完成视频的配音，教师对学生的语音语调和情绪表达进行点评。将戏剧引入课堂，可以丰富课堂的试听素材，充分调动学生的主观能动性，使学生将听、说、读、写有机地结合起来。

2.3 教具使用

教师在课堂授课的过程中，可以配合不同的听力素材选用恰当的教具。在教学过程中使用恰当的教具，可以帮学生强化记忆，激起联想。教具的选用是灵活多样的。教师可以准备照片，例如在听关于著名景观方面的听力材料时，教师可以提前准备好相应图片，同时激活学生的听觉和视觉。教师也可以恰当地准备一些实物教具，例如在教授旅行英语听力时，教师可以准备地图、旅游宣传册、机票等实物，帮助学生更好地理解主题。教具的使用，可以帮助教师突出教学的重点，优化课堂设计结构，活跃课堂氛围，提升教学质量。

3 结语

作为大学英语教师，我们要充分地认识到听力教学任务的艰巨性，了解学生在听力学习过程中遭遇的难点和痛点，在课堂教学中要注意培养起学生对于英语听力学习的自信心和热情，通过多种多样的课堂活动设计，使每个学生参与到课堂教学中来。

参考文献

[1] 董艳，马晓梅，孟亚茹．英语听力认知诊断测评模型优化研究 [J]. 现代外语，2020（3）：389–401.

[2] 林勇．基于网络学习的英语听力研究现状分析综述 [J]. 外国语文，2017（5）：150–155.

[3] 肖云，南罗娟．大学英语分级测试听力理解认知诊断研究 [J]. 湖南大学学报（社会科学版），2019（1）：113–118.

大学英语混合式教学模式初探①

■ 张　翌
■ 天津商业大学　300134

摘要　本文概述了混合式教学模式的理论基础及其在大学英语教学中的实践应用，并简要介绍混合式教学实践的体会和感受。

关键词　**混合式教学模式；理论；实践**

随着高等教育的不断发展和教育目标的不断提升，高等教育改革的尝试和探索一直在进行中，而信息化时代的到来，更加速了教学模式和学生学习模式的多样化和效率。目前，混合式教学模式、翻转课堂、PBL（以问题为导向的教学方法）、OBE（基于学习产出的教育模式）等新型教学模式层出不穷，为教师的"教"和学生的"学"提供了多种选择，同时推动高等教育改革的尝试和探索不断向前发展。

大学英语是必修课，学生必须要学习这门他们认为很"乏味"的课程。之所以"乏味"，是因为大学英语的教学模式通常是以课堂讲授为主，课堂上老师为主导，讲授课文、语法、篇章等，并提出问题，即所谓的"填灌式"教学，而学生只是被动地听讲、回答问题。英语课程主要为实践性内容，而学生的参与度不高，就造成学生逐渐对课程失去了兴趣，每次上课开始时可能会认真听讲，而时间一长，学生的专注度就会下降。这就要求教师开拓新的教学模式来增加学生的学习兴趣，提高课堂上的学习专注度。因此，2020 年，我们在大学英语课程中尝试使用线上线下的混合式教学模式。

1　混合式教学模式的理论基础

混合式教学，是指以教学目标为导向，根据学习内容、学习者及教师自身条件，混合"面对面教学"、网络学习和实践来实施教学的一种策略。

混合式教学模式是舶来品。国内最早倡导混合式教学模式的是北京师范大学的何克抗教授，他认为，混合式教学模式把传统教学方式的优势和网络化教学的优势结合起来，既发挥教师引导、启发、监控教学过程的主导作用，又充分体现学生作为学习过程主体的主动性、积极性和创造性。

广义的混合式教学模式，不仅仅指两种或两种以上的教学形式的混合，如讲授式、讨论式、在线学习、翻转课堂等，随着时代的发展和技术的进步，混合式教学模式也会有不同的内涵。

混合式教学模式将传统教学和网络学习进行有机结合，综合两者的优点，同时有效地避免了他们各自的缺陷，是较为适合大学英语课程的教学模式。

①　本论文为 2020 年天津商业大学线上及混合课程建设项目"大学英语 4（新视野教程）"的阶段性成果，项目号是 20ZXJXZX0136。

2 混合式教学模式实践

2020 年，我们利用超星平台，在大学英语课程中进行了混合式教学模式的尝试和实践。

3 教学目标

知识目标：利用《英语畅谈中国》慕课视频，让学生了解并掌握如何用英语来表达中国传统文化。

能力目标：通过观看视频、教师讲授指导、展示作业等方式，培养学生英语的听、说、读、写、译各方面能力。

情感目标：让学生从不同视角来深入了解中国传统文化，培养学生的文化意识和素养，增强学生的文化自豪感。

4 教学结构

线上：学生按照要求观看并学习《英语畅谈中国》慕课视频。《英语畅谈中国》分为不同章节，每个章节集中介绍一个文化主题，而每个章节有 5~6 个慕课视频，最后有测试，内容由浅到深、由概况到具体，最后对本章节内容做测试，符合学生的学习和认知规律。

线下：在线下的面授教学中，教师会对学生的问题作出解答，组织学生对感兴趣的问题进行讨论，并批改分析学生的作业。

5 教学设计

在混合教学模式中，学生是认知的主体，是知识的主动建构者，而教师发挥主导作用，学生自主学习过程离不开教师的指导和监督。教师可以说是整个教学过程的主导者、控制者和监督者，其主导作用体现在对课前进行教学设计、提出问题和任务、监控学生学习情况等方面。

我们在教学设计中，充分体现出教师的主导作用。教师根据课程内容把控学习的过程，通过课前、课中、课后的任务，引导学生一步步完成学习过程。在上课前，会给学生发放“章节任务单”，在任务单中列出学习中需要回答的问题、重点词汇、重点语句，以及学习后需要完成的作业等，让学生知道并了解观看视频前、观看过程中、观看后都需要做些什么、重点是什么，学习的目标明确。在设计问题时，既考虑问题的难度与学生语言表达能力基本相符，同时考虑学生对问题的认可度，要让学生感兴趣并有解决问题的意愿。作业是和学生观看过程中的内容息息相关的，学生要拍照并晒出他们观看视频过程中所做的笔记，并熟读其中语句录音并上传音频。教师在线下对学生的作业作出评价和分析。

学生是学习的主体。学生在课前线上了解学习目标，了解学习中需要解决的问题并思考解决的方法；课堂中通过教师导入的知识，以及小组间的互动与讨论，在掌握知识的同时，提高听、说、读等各方面的能力；课后按照任务单要求完成作业，巩固、提升、内化和拓展所学的知识。

6 学习模式

在混合教学模式下，学生有更大的自由进行自主学习。学生按照"任务单"的要求，根据自己的实际情况，在线观看《英语畅谈中国》进行学习，不受时间、地点或次数的限制，充分满足学生的个体需求。

7 混合式教学模式实践的体会

混合式教学并不是将传统课堂教学和网络教学简单地叠加在一起，也不是简单地增加上课的花样、把课上得热闹，而是要将二者有机地结合起来，从而有效地提升学生学习的深度。在传统课堂教学中，媒体仅仅是辅助教师教学的演示工具，起到帮助教师更好地呈现教学内容的作用，而混合式教学模式下，媒体不只是工具，更多地是信息获取的渠道。

混合式教学模式对教师提出了更高的要求。它要求教师结合课程特点，根据教学目标和教学对象，对课程重新进行科学合理的组织设计，把线上和线下贯通起来。也就是说，教师由知识的传授者转变成了教学过程的组织者、指导者。教师"备课"与以往也有所不同，混合式教学内容并不都在课本上，对于线上的教学内容、学生的问题、感兴趣的话题等，教师都要有充分的预判和准备，同时要兼顾线下课堂的指导与评价，这都对教师的专业知识、教学经验和能力、甚至网络知识能力提出了更高要求。

线下的课堂活动要与线上学习相辅相成、融会贯通，能够检验、巩固、转化线上的学习。学生可以通过线上学习掌握基本知识点，在线下，教师要通过精心设计课堂教学活动，组织学生巩固并应用所学到的知识。

混合式教学模式拓展了传统教学的时间和空间，使"教"和"学"不一定都要在同一时间、同一地点发生，重构了传统课堂教学模式，在大学英语教学中会有广阔的发展空间。

混合式教学模式下，教学形式和手段、学习模式都发生改变，变得更加多样化，以前的教学评价方式显然已经不再适用，因此探索更加有效的教学评价方式和评价系统显得非常重要，也是我们要不断研究探索的目标之一。

参考文献

[1] 何克抗 . 从 Blending Learning 看教育技术理论的新发展（上）[J]. 电化教育研究，2004（3）：1–6.

[2] 章木林 . 信息技术环境下的 ESP+EGP 混合教学模式探讨 [J]. 西安外国语大学学报，2013，21（1）：78–81.

[3] 王安进 . 混合式教学模式初探 [J]. 大众科学（上旬），2019（2）.

[4] 贺光辉，王堂华 . 基于 Unipus 的大学英语混合式教学模式研究 [J]. 校园英语，2019（2）：8–9.

大学英语高效能教学的方法

■ 甘 端

■ 天津商业大学 300134

摘要 在全社会越来越重视教育教学质量和现代教育技术不断发展的背景下，本文探讨了如何提升大学英语教学效能的具体方法。

关键词 **大学英语；高效能教学；教学方法**

"淘汰水课，打造金课"已经成为社会热议的话题和广大教师努力的目标。如何打造"金课"已经正式提上了日程。长期以来，大学英语教学的"费时低效"已饱受诟病。因此，提高大学英语教学的效能，就成了打造大学英语金课的研究重点。

1 为什么要提高大学英语教学的效能

随着教学改革的不断深入，大学英语教学的面貌已经发生了很大的转变，但仍然无法满足社会、家长和学生的个性化需求。教学的投入与学生语言运用能力之间存在很大的反差，学生和老师都投入了很多的时间和精力，但实际收效却不大，尤其是学生在语言输出方面很薄弱，口语和写作能力差。传统的大学英语授课模式仍然很强大、很普遍。课堂上主要以教师讲授为主，即便有讨论，真正参与的学生也不多，被动听课导致学生学习积极性不高，甚至厌学，使得以学生为中心的教学理念成为一个口号。传统讲授式教学法在帮助学生培养技能，批判性和创造性思维，解决问题，考察自身的价值观等方面显得无能为力。另外，应试教学的负面影响也不可忽视。要扭转这个局面，大学英语教学改革仍然任重道远。

2 大学英语高效能教学的措施

2.1 更新教学理念

大学英语课程的教学任务不仅仅集中在知识传授上，它还要发展学生实际运用英语的能力，培养学生分析问题、解决问题的能力，与人合作沟通的能力，决策能力，批判性和创造性思维能力和跨文化交际的能力。因此，大学英语课也是一门综合素质课。在教学形式上，教师的主导地位和学生的主体地位相结合，可采用线上自主学习加线下面授辅导的混合式教学。在教学手段上，尝试教师讲授与现代教育技术相结合。教学评价采用形成性评价和终结性评价结合的原则，逐步提高形成性评价的比重，将同伴互评和课堂参与度计入平时成绩。

2.2 定义学习目标

高效教学的方案层出不穷，教师首先要做的就是确定学习目标，即学生需要学什么，我要教什么，然后才是选择用什么样的教学方法。布鲁姆的《教育目标分类学》为教师的实践提供了理论工具。很多人运用认知过程（识记、领会、应用、分析、评价和创造）来设计自己的教学，这样的教学就不仅仅局限于知识传授了。在课程教学中，既要重视认知，尤其是高级心理过程，如分析、评价、创造等，更要强调技能培养、态度塑造和学习策略的掌握。教师还要考虑学生的先备知识，对自己有什么认识，对与他人交流合作持何种态度，教师希望学生的兴趣和价值观发生什么变化等。

2.3 强化注意力

教师讲课时第一个任务就是要引起学生的注意，它是后续学习的基础。在这个电子产品和移动设备流行的时代中，教师想要抓住学生的注意力就变得更困难了。有一些教师尝试将这些技术运用到讲课中，比如让学生使用微信、腾讯 QQ 进行交流讨论，使用百度搜索信息等，都会对学生的注意力产生很大的影响。如果有学生课上玩手机游戏时，其他同学也无法集中注意力，那么教师要果断要求学生关机。另外，教师精心设计的有竞争和激励措施的活动，更容易让学生保持专注，比如闯关游戏、角色扮演、微信群抢答等，还可以提升学生学习的积极性。教学过程中还可以加入教师的见闻、经历和感受，使得课堂生动，也可以拉近与学生的距离。

2.4 差异化教学

布鲁姆认为，学生入学时在天资、能力和学习动力上差异很大。教师不可对全体学生一视同仁，进行同质化教学，学生需要的是差异化教学。如今，利用网络为基础的应用可以进行持续的评价和反馈，当学生在线学习时进行个别化教学。多媒体语言学习系统，网络外语学习体系，英语学习课件等层出不穷。比如清华大学开发的“雨课堂”，可以使学生反复的练习，直到学会为止。它还提供即时的、个性化的反馈。可以为教师节约大量的时间和精力，还可以为学生找到适当的学习动力。大学英语教师需要评价、选择并充分利用多媒体网络，发挥其信息量大、效率高、反馈及时、交互灵活、非定时等优点，找到个性化教学与群体教学的最佳方式。

2.5 鼓励合作学习

与他人合作，并对团队作出贡献，是社会对大学生的基本预期。教师要采取适当措施，让合作学习发挥作用。比如将全班合理分组，每组男女生比例适当；每组选出一名责任心强的同学，担任组长，负责协调和沟通工作；布置明确的任务；监控任务进展情况；对活动结果进行解释等。教师还可以运用现代技术，让学生进行虚拟协作。小组成员可以创建在线文件，软件会保存实时更新记录，教师随时了解何人何时贡献了何种内容。腾讯文档和金山文档都有在线协作编辑的功能，而且简单易学。

2.6 创设良好的学习氛围

高效能教学不仅包括有价值的内容、有意义的问题，还包括有没有鼓励并激发学生交流观点的氛围。教师要创造一个宽松良好的环境，让学生愿意表达观点，不必担心说错话被批评或被嘲笑，让学生感觉到自己的观点是受到尊重的。比如学生完成课堂展示后，教师可以提出一个低级，甚至有点愚蠢的问题。学生看到老师也不过如此，也就可以放心大胆提问发言了。还可以要求学生将发言内容写在纸上，也会减少他们的紧张情绪。教师认真听取不同角度的发言，努力发现其中有价值的内容，并及时给予肯定和鼓励，都会产生积极的学习效果。

2.7 鼓励独立学习

学生独立地分析、探索、实践、质疑、创造是实现学习目标的基础，是培养自主学习能力的关键。因此，学生要掌握一定的学习方法和策略，知道如何提高学习效率，对学习过程作出客观正确的评价，对于出现的问题及时作出调整和补救，并且对自己的行为进行自我激励，自我控制。使学生学会学习，并成为终身学习者是每一位教育工作者追求的目标，也是教育的本质所在。大学英语教师应该了解诊断学生的学习方法问题和需求，进行个性化的策略教学。

3 结语

任何一种教学方法都有自身的优点和不足，大学英语教师应取长补短，合理使用，发挥他们的最大效用，实现课程培养学生英语综合应用能力的目标，才能建立适合自身情况的综合性教学模式，进而提升教学效能。

参考文献

[1] 张文霞，罗立胜．关于大学英语教学现状及其发展的几点思考 [J]. 外语界，2004（3）：2–7，39.

[2] 邵丹．以打造“金课”为目标的民办高校大学英语视听说课堂教学改革探索 [J]. 湖北开放职业学院学报，2019，32（10）：171–172，185.

[3] 张波．打造中国文化输出的大学英语“金课”教学研究 [J]. 智库时代，2019（36）：225–226.

从通用英语到学术英语的大学英语改革方向研究——以本校经济学院调查问卷为例①

■ 张 阳
■ 天津商业大学 300134

摘要 通过对国际贸易专业、经济专业和金融专业部分学生现有英语水平和学习需求的调查分析，本文提出由通用英语过渡到学术英语是大学英语较高阶段改革的必然趋势。
关键词 **抽样调查；学术英语；大学英语改革方向**

在最新发布的《大学英语教学指南（2020 版）》中明确提到：大学英语的教学目标分为基础、提高、发展 3 个级别；大学英语课程设置，应包括通用英语、专门用途英语、跨文化交际三大类课程。而目前学校大学英语课程设置仍仅停留在通用英语即基础英语阶段，在大学二年级，面对有更多同学已通过四级甚至是六级，这样的课程设置显然并不能满足这部分同学的英语学习需求。为更好地解决这一矛盾，基于以往教学经验以及教改经验（在 2009 年，全新版教学团队在经贸学院和法学院 18 个班试行分级教学，教改涉及 740 名学生，教改方向主要针对大学英语四级和六级考试），此次抽样调查问卷面向经济学院同学展开，调查内容分为从英语水平、学生英语学动机、应对四六级考试的最薄弱环节、影响英语学习提高的主客观因素等几个方面。综合问卷调查结果，本文提出由通用英语过渡到学术英语是大学英语较高阶段改革的必然趋势。

1 调查问卷

本次抽样问卷选取了大学二年级（2019 级学生）国际贸易专业、经济专业和金融专业部分同学，通过问卷调查了解学生现有英语水平和学习需求。

1.1 英语水平

从两个标准化考试成绩来看，即 2020—2021 年度大二第一学期英语期末成绩（详见表 1）和 2020 年 12 月四六级考试成绩（详见表 2），抽样选取的国贸 1904 班，有 65% 的同学尚未通过四级或还未报考四级，只有 3 人通过六级，而期末考试一半以上同学（57%）集中在 60 到 80 分之间；经济 1901 班，有 28% 的同学尚未通过四级或还未报考四级，8 人（19%）通过六级，期末考试大部分同学（68%）集中在 80 到 100 分数段；金融 1904 班成绩最好，全班 42 人只有三位同学尚未通过四级或还未报考四级，10 人已过六级；期末考试 90% 的同学集中在 80 到 100 分数段。

① 本论文为 2019 年天津商业大学专业“金课”建设项目“大学英语 1（全新版教程）”的阶段性成果，项目号是 19JKJS01022。

表 1　2020—2021 年度第一学期英语期末成绩分布（人）

分数段	国贸 1904 班	经济 1901 班	金融 1904 班
100~90 分	0	3	10
90~80 分	12	27	28
80~60 分	22	14	3
60 分以下	4	0	1

表 2　2020 年 12 月四六级考试成绩分布（人）

分数段	国贸 1904 班	经济 1901 班	金融 1904 班
已通过六级	3	8	10
已通过四级未过六级	10	23	29
尚未过四级	18	8	2
未考四级	7	4	1

1.2　英语学动机和学习中的薄弱环节

在谈到为什么要学英语时，通过大学英语四六级考试、考研和在找工作中更有竞争力在抽样调查中占到了前三位。三个专业的同学在回答面对四六级考试，英语学习最薄弱的环节时，六级中的听力考试同学们普遍反映很吃力，而对于尚未通过四级或还未报考四级的同学而言，听说读写译、词汇量以及语法无一不是挑战。

1.3　影响英语学习提高的主客观因素

学生普遍认为自我监控能力、时间管理策略、学习方法和英语基础是影响学生英语学习有效提高最主要的因素；而学生们谈到影响课上英语有效提高的主要环境因素时，面对不同英语水平学习者课堂讲授缺乏针对性，教材内容无趣且实用性不强，以及教学环节安排和授课方式等都是学生希望改进的方面。

2　从通用英语到学术英语的大学英语改革必然趋势

通用英语（GE，General English）和专门用途英语（ESP，English for Specific Purposes）构成了外语教学的两大类。ESP 又派生为学术用途英语（EAP，English for Academic Purposes）和职场用途英语（EOP，English for Occupational Purposes）。但是，“从历史角度看来，绝大部分时期 ESP 由 EAP 主导，并且将会继续在国际上占主导地位”，因此 ESP 和 EAP 往往互用，尤其是高校层面。

了解了通用英语和学术英语的区别，基于问卷调查不难看出对于尚未通过英语四级的同学而言，英语基础的夯实非常有必要，目前的大学英语课程设置属于通用英语范畴，强调语言听说读写译技能的提高，对这部分同学英语学习应该非常有帮助，但由于缺少分级教学，学生成绩的两极分化，根据克拉申（Krashen）的“i+1”理论（输入假设的重要内容是可理解性输入，即“i+1”模式。“i”代表学习者目前的语言知识水平，“ 1”代表学习者目前语言知识状态与下一阶段的差距。克拉申认为语言信息的输入既不能等同于其现有水平即“i”又有不能远远超出学习者现有的水平），缺少有针对性的教学安排，对于英语基础差的同学依然收效甚微。

对备考六级和已经通过六级考试的同学（问卷调查显示金融和经济专业同学占了相当高的比例），无论是六级中的讲座听力，还是考研中阅读文章的选材对学生的学术素养都提出了更高的要求。对比六级考试，考研英语特别是研一英语，在阅读能力方面要求学生能读懂选自各类文献资料、技术说明、产品介绍和报刊等不同类型的材料（生词量不超过所读材料总词汇量的 3%）。而毕业后无论是继续攻读研究生，还是在工作更有竞争力，扎实的信息素养和学术素养，以及用英语有效汲取各自领域的国际前沿信息和交流科研成果，都有助于培养适应国家新时代发展需求的优质人才。很遗憾的是目前的课程设置并不能满足学生这方面的需求，学术英语替代通用英语是大学英语较高阶段改革的必然趋势。

综上所述，一个多元完备的大学英语课程设置体系，应基于学生的英语学习基础和能力，分层次、有针对性地满足不同学习者的学习需求，从通用英语逐渐过渡到学术英语是大学英语改革的必然趋势。

参考文献

[1] 蔡基刚．再论我国大学英语教学发展方向：通用英语和学术英语 [J]. 浙江大学学报（人文社会科学版），2015，45（4）：83-93.

大学英语线上线下混合式“金课”教学研究①

■ 李 志
■ 天津商业大学 300134

摘要 在“互联网+”背景下，国家提出建设“金课”的要求与目标。本研究以打造线上线下混合式金课为目标，结合商科类大学的人才培养体系，以《大学英语教学指南》为指导，确定了大学英语“金课”教学改革的目标与定位，开展课程建设和课程评价的改革实践，聚焦学生的英语应用能力、跨文化交流意识与交际能力的培养。

关键词 **大学英语；金课；线上线下混合式教学**

2018年教育部提出打造五类“金课”的理念，到2022年将建设国家和省级两万门“金课”的目标。全国高校结合各自的特点，努力打造一批充满高阶性、创新性和挑战度的各类金课。

《大学英语教学指南》是新时期大学英语开展课程建设和课程评价的指导性依据，强调了大学英语工具性和人文性相结合的特点，突出了培养英语应用能力、增强跨文化交际意识和交际能力的重要性，同时指出各学校大学英语课程的定位应该基于学校的办学目标框架，兼顾各院系人才培养的目标以及学生个性化发展的契合度。

关于大学英语“金课”建设许多学者从不同角度进行了论述，王守仁、王海啸（2019）强调了大学外语教学应该走内涵式发展的道路，陈冬纯、武敏（2019）探讨了大学英语“金课”的质量标准与评估体系，提出了“金课”体现了国家对高质量、高规格课程的教学要求和顶层设计，而各高校应该根据实际情况建立各自的分层、分类的质量标准体系。

本“金课”团队组基于本校的“培养具有高度社会责任感和深厚商学素养的复合型、应用型创新创业人才”的办学定位，和“意识、知识、能力、实践”四位一体的创新创业教育体系的大框架下，从课程目标、课程内容、教学方法、学习评价和教学效果几个层面设计了商学类线上线下混合式“金课”教学模式。本文聚焦的是“金课”准备阶段的课程目标定位、课程内容整合与师资团队的建设。

1 制定教学目标

本课程建设团队以培养学生的英语应用能力、综合素养和思辨能力为宗旨，根据学校学生的具体情况，制定了本课程的教学目标。课程总体目标是培养学生的国际视野和跨文化交际意识，做国际化人才；培养学生的创新性与批判性思维，做思考型人才；促进英语与各学科的结合，充分体现英语在专业领域的工具性和实用性，做探索型人才；最终服务于学校的培养具有高度社会责任感和深厚商学素养的复合型、应用型创新创业人才的培养

① 本论文为天津商业大学“金课”建设项目“大学英语（2）”的阶段性成果，项目号是19JKJS01021。

目标。

本团队遵循 OBE（基于学习产出）的教育理念，结合《大学英语教学指南》对通用英语的基础、提高和发展三个级别的具体要求，对大学英语（1 至 4）每一级别进行了总体成果设定；聚焦英语的工具性、实用性与社会性与人文性，从语言、文化、思政与思辨四个维度对教材进行挖掘，最终实现培养出具有较强的英语应用能力、国际视野和跨文化交际意识的复合型人才。

2 整合教学内容

在“互联网 +”和教育高速融合的时代，课程资源一成不变势必是行不通的，吴岩（2020）提出课程应该具有“内容的前沿性”，陈冬纯（2019）提出应该“把教学内容的活跃度作为检验课程资源更新发展的标准”。当下大学英语课程教材，具有相对的稳定性，内容更新相对较慢，前沿性和时代性体现不明显。如果不对现有教材的语料进行深度整合，其文章内容、主题和语言势必难以达到“两性一度”的标准要求。

针对这个问题，本“金课”项目的做法是通过内涵建设与外延建设相结合，使现有的教材“立体化”与“动态化”。内涵建设就是从教材出发，立足于教材，从以下四个方面深入挖掘，进行延展。①语言元素。包括传统教学中的单词讲解、词语辨析与搭配；语法，句法与篇章理解等。②文化元素。③思政元素。文化元素和思政元素属于课本向外延展部分，根据文章的内容和题材，搭配东西方文化元素以及相关的思政元素。由于内容比较丰富，涉及的时间和空间跨度都较大，既有利于提升学生的文化素养又与我们的生活息息相关，具有很强的时代性，是在时间轴上定义了我们所来之处，我们所处之时，以展望我们所归之途，适合培养学生的“分析”“评价”和“创造”这类高级热认知能力，所以这一部分成为课堂教学的主体之一。④思辨元素。抓住文章内容、主题和思想，找出其历史沿革线，利用网络搜索该作者的后续相关文章和论述；或者搜索当代的相关主题、话题和文献，把文章由过去引领到现在，实现教材与时代的无缝对接，实现教材的时代性。

外延建设就是寻找已有课程资源。中国大学慕课网提供的精品慕课作为补充，有各种时事新闻短片，脱口秀节目做调剂，更有被誉为“超级大脑 SPA”的 TED 演讲做引领。TED 演讲其特点是短小精悍，种类繁多，角度新奇，看法新颖；TED 的演讲者是站在时代前沿领域的佼佼者，新兴领域的开创人，或是给社会带来改观创举的社会活动家。他们的演讲信息量大，观点超前，具有前沿性与时代性，能够激发学生的兴趣，从而生成可供学生思考与辩论的焦点问题，供学生课上课下活动使用。

这样的教材已经不再是静止在时间轴上的语言材料，而是增加了时间的延展性、空间的立体性，从过去走到了现在，形成了一个有机的连续体和多维度的立方体，实现其内容的前沿性与当代性，并具有很强的活跃度。同时教材（过去）、师生（现在）与面向未来的 TED 各领域专家的思想在这里交汇与碰撞，为教学活动增加了令人惊喜的不确定性，师生人文的活动赋予教材以动态的维度。

3 进行学情分析

在实施线上线下混合式“金课”模式之前，项目组进行学情分析。开课之初，首先利用“金数据”平台设计调查问卷，了解学生的个人基本情况、学习习惯、学习目标、学习动力、学习基础以及对线上线下混合式教学模式的认知程度等；然后进行改革动员，向学生介绍课程将要采取的教学理念与教学模式、学习平台及使用方法、学期期末成绩构成及比例等，让学生了解本课程的“两性一度”的特点，以及探究式学习、问题探究和小组合作的学习方式将成为新常态，为教学改革做好心理准备和心理预期。

4 小结

本金课团队实施的线上线下混合式大学英语教学历时两个学期，经历了两个阶段，即初期试点阶段与后期全面实施阶段。团队使用的教材是“新视野大学英语系列”，初期试点阶段面对的是大一新生，团队教师每人选择一个自然班进行线上线下混合式金课教学实践；第二阶段是团队全面实施阶段，团队教师承担教学任务的 27 个自然班都参与到线上线下混合式“金课”实践中来。

以上是本“金课”团队在打造线上线下混合式大学英语“金课”的阶段性成果。团队在课程建设层面上的课前、课中、课后三个环节的处理，教师与学生相同内容但梯次递增的课件的制作以及课堂教学的具体实施方面的心得会在以后陆续与同人们分享。

参考文献

[1] 王守仁，王海啸. 守正出新，推动大学外语教学内涵式发展——2013—2017 年大学外语教指委工作总结与思考 [J]. 外语界，2019(2)：7–13.

[2] 陈冬纯，武敏. 试论大学英语“金课”的质量标准与评估体系 [J]. 外语电化教学，2019(189)：27–32.

[3] 吴岩. 以学习革命推动质量革命——在高等学校在线教学国际平台上线仪式暨“爱课程”国际平台发布会上的讲话 [EB/OL].[2020-04-30]https：//cau.buu.edu.cn/art/2020/4/30/art_33208_600040.html.

[4] 陈冬纯. 识别“金课”双重含义，打造联通生态环境 [N]. 中国社会科学报，2019-08-22.

大学英语“金课”中的思辨能力培养与实践①

■ 李 志
■ 天津商业大学 300134

摘要 本研究借鉴文秋芳等人的外语教学思辨力培养成果，将思辨力培养融合到大学英语“金课”教学实践中；以思辨力分项技能为核心，设计教学活动的各个环节，以学生为中心，以语言能力和思维能力为落脚点，激活学生的潜力与动力，使学生成为善于思考与提出质疑的主动学习者，从而实现能力与素质的全面提升。

关键词 **大学英语；“金课”；思辨能力**

“思辨能力”（Critical Thinking）也译作“批判性思维”。目前对高校外语教学中思辨能力培养的研究主要集中在外语专业领域，而对大学英语教学中思辨能力的研究相对较少，把思辨能力纳入大学英语课堂的实践更是寥寥无几。大学英语教学作为一门基础课，其涉及面更广、受益面更大，大学英语思辨能力培养的研究与实践是提升人才素质的不可或缺的一环。语言作为思维的载体，语言教学当仁不让地应该承当起培养学生思维能力的任务。笔者的教学团队承担大学英语“金课”的建设项目，尝试着把思辨能力的培养融入线上线下混合式教学模式之中。

1 理论根据与课程建设目标

团队根据布鲁姆教育目标分类法总体设计教学活动的课前、课中与课后三个环节，同时挖掘教材内涵，从语言元素、文化元素、思政元素与思辨元素四个维度对教材内容进行立体化整合与提升，同时融入思辨力培养的理论与实践，形成了一个以思辨融合式教学为主要特色的“金课”教学模式。

思辨能力的培养在实际教学中分为分离式和融合式两种（文秋芳等，2015），分离式通常为显性式，就某项思辨能力单独进行教学与演练；融合式则通常为隐性式，即把某项思辨能力融入具体教学任务之中，通过完成任务来操练该项技能。

本团队根据文秋芳的思辨力培养模式打造思辨融合式大学英语“金课”，强调“一个中心，两个基本点”，即以学生为中心，以语言能力和思维能力为基本点，激活学生的潜力与动力，使学生成为善于思考与质疑的主动学习者；更多聚焦表达自己的思想，倾听或反驳别人的观点，突出了英语语言作为思维载体的工具性、实用性和媒介作用。

① 本论文为天津商业大学“金课”建设项目“大学英语（2）”的阶段性成果，项目号是19JKJS01021。

2 思辨融合教学实践

2.1 设计多维度的教学环节

本团队根据布鲁姆教育目标分类法，对课前、课中与课后三个环节进行了多维度的蓝图设计（见表 1）。

表 1 教学活动设计分配图

<table>
<tr><th>教材立体化</th><th>教学环节</th><th>布鲁姆教育目标分类</th><th>认知层级</th><th>思辨力核心技能</th><th>思辨分项技能</th></tr>
<tr><td rowspan="3">思辨元素
文化元素
思政元素</td><td rowspan="3">课中 / 课后</td><td>创造（Create）</td><td rowspan="3">高级认知</td><td>推理能力</td><td>组织理据；设想多种可选方案；形成结论；解释</td></tr>
<tr><td>评价（Evaluate）</td><td>评价能力</td><td>检验论证过程；自我调节</td></tr>
<tr><td>分析（Analyze）</td><td>分析能力</td><td>阐释；归类；比较；识别与分析论证</td></tr>
<tr><td rowspan="3">语言元素</td><td rowspan="3">课前</td><td>应用（Apply）</td><td rowspan="3">初级认知</td><td colspan="2" rowspan="3">—</td></tr>
<tr><td>理解（Understand）</td></tr>
<tr><td>记忆（Remember）</td></tr>
</table>

团队根据这一总体蓝图进行了各单元的教学设计。笔者认为线上线下教学混合式“金课”成功与否的一个关键是明确线上线下任务的梯次。属于初级认知层次的任务，譬如单词的记忆，课文的理解等在传统教学中课堂重点讲解的部分设置成课前的线上预习活动；而思辨力核心技能以及其分项技能隶属高级认知范畴（孙旻，2014），是教师主导的课堂活动的聚焦点；课后环节是对前两个环节所学的内化和提升过程，所以在设计学生的课后环节上，学生的任务应该具有一定的挑战度。课前、课中与课后三个环节环环相扣，形成一个上升的螺旋式。笔者认为只有明确了任务的梯次，才能使学生有动力持续地进行线上学习，同时对有挑战性的课堂活动充满期待，热情参与，拥有获得感和成就感。

2.2 教材的立体化

目前课程的教材具有相对稳定性，其弊端就是前沿性和时代性不明显。本“金课”团队从教材的语言元素、文化元素、思政元素和思辨元素四个维度对教材进行了立体的整合，搜集并整理了大量文字、音频和视频材料，制作了适合线上线下混合式金课的学生预习课件、教学课件以及学生自测课件，在雨课堂平台上发布和使用。

语言元素包括传统教学中的单词讲解，词语辨析与搭配；语法，句法与篇章理解等，这一部分在传统的课堂教学中属于教学的焦点部分，由于其在布鲁姆教育目标分类中属于初级认知能力的“记忆”和“理解”部分，本研究将这一部分制作成学生的预习课件，由以前的课中任务翻转到课前任务，由学生课前自主完成。

文化元素和思政元素属于课本向外延展部分，根据文章的内容和题材，搭配东西方文化元素以及相关的思政元素。由于内容比较丰富，涉及的时间和空间跨度都较大，既有利于提升学生的文化素养又与我们的生活息息相关，具有很强的时代性，是在时间轴上定义了我们所来之处、我们所处之时，以展望我们所归之徒，适合培养学生的“分析”“评价”和“创造”这类高级认知能力，所以这一部分成为课堂教学的主体之一。

“大学英语”课程中的思辨元素是课堂教学的另一个焦点。大体分为以文本为中心与以主题为中心的思辨活动两大类。以文本为中心的思辨活动聚焦与教材本身，通过提问与质疑来培养学生的批判性思维的能力。以主题为中心的思辨活动是，寻找相关中外新闻报道以及 TED 演讲，这样能比较清晰地呈现课文文章所讲述问题的历史沿革线，实现教材与时代的无缝对接；TED 演讲短小精悍，角度新颖，信息量大，具有前沿性与时代性，能够激发学生的兴趣，引起学生共鸣，从而生成可供学生思考与辩论的焦点问题，可供学生课上课下活动使用。

2.3 梳理思辨问题

现在以《新视野大学英语读写教程》第三版第四册第四单元为例，具体阐述思辨融合式教学活动的实施。第四单元主题是一个跟人与自然有关系的问题，单元的标题是《自然：去征服还是去崇拜》。一般情况下学生都愿意被动地接受教材的权威性，这个单元特别适合可以引领学生质疑与挑战权威。我们设计了本单元的思辨问题导图，引领学生进行独立思考：根据课文提供的线索去判断和推理文章的写作时间，探讨文章的标题是否切题，文章所述观点是否符合当代的环保理念等（见表 2）。

表 2　思辨问题导览

第四单元思辨问题及相应思辨核心技能		
单元主题 自然：崇拜还是征服	单元的标题的含义什么？（理解）	这个标题是全面的还是片面的？（分析） 是中立的还是极端的？（分析）
课文 A：实现可持续的环保主义 课文 B：自然在向你倾诉着什么	两篇课文与单元主题是什么关系？（分析）	是否课文 A 代表着“征服”派而课文 B 代表着“崇拜”派？为什么是或不是？（分析）

续表

第四单元思辨问题及相应思辨核心技能			
课文 A	标题	标题是否与文字内容相符？（评价）	这个标题恰当吗？ 为什么？（评价）
	结构	文章的结构是什么？（理解）	所有的部分是否紧密相关？（评价）
	内容	可信服吗？（评价） 有没有其他的可能性？（推理）	如果我不同意文章的观点呢？（推理） 我的观点是什么？理由是什么？
	逻辑	文章的逻辑严密吗？（评价）	我认为文章逻辑上并不严密，理由是……（评价、推理）
	时间	猜猜文章写作的时间（推理） 根据是什么？（推理）	文章的观点是否已过时？（分析、评价、推理） 为什么？当今的环保理念是什么？

2.4 课件制作与课堂活动

相同内容的课件制作成为学生预习课件与教师课堂讲解课件，学生预习课件在课前通过平台发布给学生，预习课件穿插着难以不等的自测题目；教师课件，我们称其为“Teacher’s Guide”，顾名思义，就是把学生预习课件的内容进行提炼和总结，并增加学生预习中反映出的新难点。学生课前与教师上课的课件不重复，确保课堂教学活动是学生认知的一个螺旋上升的过程，同时使课堂更具有针对性，增加课堂的新鲜感和学生的获得感。

课件的制作可以 5~10 分钟为一分块，中间穿插与学生的简单互动，了解学生的消化与理解程度，掌控教学节奏；一个小目标的教学活动完成后，辅以相应的学生活动，应用并内化所学。活动方式多样化，或小组活动或个人展示；小组活动也是灵活多样，或固定小组，或两个人一组，或多人一组，或横排一组，或纵列一组，不拘一格的小组为小组活动增加了新鲜感与不确定性，也增进了学生之间的交流与了解，使课堂活动一直惊喜不断。

3 小结

思辨能力的融合式教学问题设计绝非给出一个简单的题目就大功告成，而应该理清一个问题的发展演变的时间线，启发学生找到问题发展的节点，如本文所设计的环保理念从 20 世纪 90 年代到 21 世纪 20 年代的发展与演变；或者针对一个问题设计出一组题目，以便使学生对这一问题有比较全面的理解。

思辨性问题通常是要求学生提供理由的问题，这种陈述理由的问题可分为封闭式和开放式两类。封闭式问题通常只有一个答案，而开放式问题允许有多种答案。思辨融合式课堂在预热阶段多采用封闭式问题，提出问题尽量多，让尽量多的学生参与进来，回答问题，调动学生的积极性，活跃课堂气氛；而学生讨论、演讲或辩论时，一般采用开放式题目，旨在使学生进行比较深度的思考、交流、讨论和争辩。

思辨能力作为一项核心竞争力，是当代优秀人才必备重要素质。而以培养人才为目标的大学理应将思辨能力作为其最具价值的教育目标之一。大学英语作为一门语言类基础更应该承担起对学生思辨能力培养的责任。大学英语思辨融合式教学有助于学生思辨能力的培养和综合素质的提升，还可为如何将思辨能力训练纳入其他课程的教学过程提供参考与借鉴。

参考文献

[1] 文秋芳，孙旻．评述高校外语教学中思辨力培养存在的问题 [J]．外语教学理论与实践，2015（3）：6–12.

[2] 孙旻．中国高校英语演讲学习者思辨能力发展个案研究 [D]. 北京：北京外国语大学，2014.

课程思政指导下的大学生英语学习观念之改变策略

■ 姜 宁
■ 天津商业大学 300134

摘要 本文从课程思政的角度入手，探讨目前大学生英语学习观念上存在的问题以及如何建立良好的学习策略。

关键词 **思政；自主学习；课堂教学**

培养什么样的人、如何培养人以及为谁培养人，是高等教育的根本问题。党的十九大报告明确提出“落实立德树人根本任务”。习近平总书记在全国高校思想政治工作会议上强调，“高校立身之本在于立德树人”，“要坚持把立德树人作为中心环节，把思想政治工作贯穿教育教学全过程，实现全程育人、全方位育人”。这不仅在理论上回答了高等教育的人才培养目标，更在实践层面上为高等教育的课程与教学改革提供了行动指南。课程思政的探索，不能仅依托思想政治理论课，最重要的利器是课程建设和开发课程资源，最终践行于课堂教学。这既要求思政理论课以马克思主义理论和中国特色社会主义理论为指导，在课程改革中优化教学体系，创新话语体系，拓展实践教学体系，充分发挥教学思政课程的价值引领作用。

在学习方法和学习态度上，大学英语的学习和高中英语的学习有很大区别，因此大学生必须要作出调整。英语课是一门语言学习，大学英语学习侧重的是自学能力的培养，同时要建立良好的学习习惯。语言学习策略就是让学习者成为促进其对第二语言的理解和使用所采用的方法。通俗的解释就是：良好的学习策略有助于学生提高、巩固学习成果，并在学习实践中有目的有针对性地加以运用和解决。

1 目前学生自主学习的现状

现在很多大学生存在学习积极性不足的情况。其缺乏积极性主要表现在：无明确目的的学习计划和学习目的，对学习不感兴趣，把学习当成苦差事，把精力放在了与学习无关的诸多事情上。学习的主观能动性较差，虽然学生学习英语的目的很明确，但缺乏可持续的学习计划和有针对性的学习策略。

高校的多媒体英语学习系统和匹配的网络教室，可以让学生充分地利用音视频学习系统配套的材料。这种耳目一新的英语学习模式，给英语教学改革带来了机遇与挑战。首先，教师必须有着较高的多媒体操控水准，为了达到满意的教学效果，学生也需要配合教师更快地去适应新的教学模式。

2 大学生英语学习中存在的问题

2.1 自主学习意识不足

进入大学后有些学生们放松了学习心态，之前以高考为目的的学习目标在进入大学后消失殆尽，一些学生失去了明确的学习目的，偏离了正确学习态度的航线。大学的课程量相比较高中明显减少，有些学生面对充足的课余时间不知道如何安排，上课之余很多时间都用在了消遣娱乐上。学习缺乏主动性，以应对考试为目的。对自身学习要求不高，没有把知识的储备和提升自我价值甚至今后的职业发展联系起来。

2.2 缺乏自我约束、自我管理

有别于高中时代，大学生有充分的时间和机会接触社会，受一些不良社会风气的影响，一些学生出现了眼高手低、意志力薄弱等问题。具体表现在对自己的学习缺乏信心，意志力不坚定；对未来、对人生缺乏思考和规划；学习上投机取巧，上课不专心听讲，做与学习无关的事情，课后不认真完成作业，相互抄袭，考试投机取巧，甚至作弊现象常有发生。

与此同时，面对新鲜的网络环境学生在利用网络平台的学习过程中缺乏基本的管理意识。部分学生出现了学习认知偏差，缺少自控性和有目的计划性的学习。

3 新时代、新环境下如何建立良好的学习策略

相同的外部环境下，个体学习策略差异对个人成绩取得有着至关重要的影响。主观能动性会主动调控个人的学习计划，不成功的人往往缺乏有意识的调控。首先，从认知心理学的角度讲，“认知能力”就是人脑加工、储存和提取信息的能力，是人们成功地完成活动最重要的心理条件。有别于单一的知识传授，学习策略是可以经过系统性的训练获得的。这需要通过行之有效的内容来反复训练，让学生能主动有意识地投入，并把所学到的策略方法用于相关的学习任务中，通过渐进式训练逐渐达到熟练的程度。丰富多彩的教学内容和教学手段的多样性是多媒体教学一大显著优势。这种交互式的教学能激发学生强烈的学习动机和兴趣。正是因为这一特点多媒体教学是改变传统教学模式的一个重要方式。凭借多媒体课堂的优势，学生能更积极地参与到课堂，并实现创造性反思的环境进而形成全新的认知结构。突破传统教学的视觉限制，学生在多媒体课堂能实现多角度、多维度观察，更有助于知识的理解和方法的掌握，从而全方位地调动了学生的多感官参与学习。多媒体教学旨在激发学生学习热情和学习兴趣，能够让学生在轻松愉悦的体验中自然地进入积极的思维状态。基于认知学习理论，人的认识不是外部刺激直接给予的，而是外部刺激和内部心理活动相互作用共同产生的。交互式学习环境促进了学生主动积极地有效认知，从而使学生的学习由“被动接受型”向“主动汲取型”转化。多媒体教学的引入，课堂教学以教师精湛讲解为主体，又辅以现代教学手段的适时、适量参与，给学生提供了讨论、参与、践行、反馈的机会，改变了传统教学教师单一讲解的状态，注重师生双方的共同参

与。丰富多彩的教学信息传输渠道，适应了学生感受信息方面的差异，能够较好地满足不同学生的学习需要。因此，多媒体教学集中体现了以学生为主体的现代教育思想。

教师在课堂教学中使用多媒体教学应注意以下几点。其一，依据教学目标以及教学内容的要求制作多媒体课件，不仅要求课件的内容具有丰富性、科学性的特点，而且在制作课件时应考虑学生的认知规律。教师在进行多媒体教学的设计时应当充分考虑学生的心理特点，通过多媒体教学的实施，以调动学生的学习积极性，增强学生参与教学活动的意识为目的，做到真正体现以学生为主体的教育理念。其二，教师在课堂上运用多媒体进行教学时，应树立正确科学的媒体观念，合情合理地看待多媒体在教学活动中的作用。多媒体作为一种现代教育手段，与其他媒体一样，它在教学中的作用是有条件的。尽管它集中了各种媒体的优势，但并不能以此断定多媒体教学一定优于其他教学形式。另外，多媒体教学仅仅是以多媒体辅助教学，它并不能代替教师的主导角色。利用多媒体进行教学的目的是让教师教得更好，学生学得更加积极，真正做到教学相长。

4 思政指导下的自主学习

课程思政指导下的大学英语教学不仅要教给学生基本知识和技能，更要注重培养学生的学习品质和自主学习能力。自主学习品质的培养是学生良好学习习惯的养成，迎合了学生自身的全面发展，培养了学生独立看待问题、分析问题、解决问题的能力。良好的习惯是取得优异成绩的必备条件，也为学生的终身学习奠定了基础。

参考文献

[1] 翁雨淋 . 大学英语教学法探索与教学实践研究 [M]. 北京：中国纺织出版社，2018.
[2] 张耀灿 . 思想政治教育学科建设研究 [M]. 北京：中国人民大学出版社，2017.

“以教师为中心”的传统大学英语教学模式中存在的问题探究①

■ 耿 珣
■ 天津商业大学 300134

摘要 本文旨在通过对天津商业大学 2017 级法学院及经济学院四个班的问卷调查结果进行分析，探究当前“以教师为中心”的传统大学英语教学模式在评价方法、管理手段及授课时间三方面存在的问题，以期为后续的大学英语教学改革提供目标与方向。

关键词 **“以教师为中心”；传统大学英语教学模式；存在问题**

2019 年 7 月笔者在天津商业大学法学院及经济学院 2017 级的四个班中，就“以教师为中心传统大学英语教学模式的弊端”进行了问卷调查。问卷具体题目如下：“请大家根据两年来大学英语学习的体会，从教学内容、教学方法、教学手段、评价方法、管理手段及授课时间等方面，分析当前大学英语教学模式中的弊端。”本文集中探讨传统大学英语教学模式在评价方法、管理手段及授课时间三方面存在的问题。

1 问卷结果

笔者就学生在评价方法、管理手段及授课时间三方面反映的具体问题进行了汇总，详情如下。

1.1 评价方法

✧ 学生应试，英语学习不能贯穿整个四年。

✧ 考试测验不能体现学生水平。

✧ 期末 + 平时，难以体现学生真正的英语水平。

✧ 平时测验太少，不能激发学生学习英语的主动性。

✧ 提高平时分比例，没有平时分依旧不及格。

✧ 学生只求考试通过，缺少紧张的学习状态。

✧ 不能感受到自己的学习进步，对过程没有评估，无法使学生体会到收获感及满意感。

✧ 只看重结果，不看重成长过程，不能激发学生内在动力，学习缺乏长期动力。

✧ 不能分析出学生努力程度。

✧ 考试过于单一。

✧ 加强平时监测、加强口语等方面检测。

① 本论文为 2019 年天津商业大学专业“金课”建设项目“大学英语 1（全新版教程）”的阶段性成果，项目号是 19JKJS01022。

✧ 考核方式题目固定，方式简单，学生学习压力较小，不能尽心尽力，只为了完成任务。

✧ 以考试成绩作为衡量教师教学效果和学生学习的依据，出现了怎么考就怎么教，怎么考就怎么学的现象，忽视学生学习的主动性、主体性。创造性、针对性测验再多些。

✧ 多维度评价：朗读英文诗歌、阅读英文名著、编排英文戏剧、为外国人做导游，辩论、演讲、配音、访谈、脱口秀、演剧、写诗、拍微电影。

✧ 增加口语、听读方面的考核。

✧ 考试只占一方面，可加入实践，听、说、读、写。

✧ 更注重实用性方面的评价，不能单纯测验死记硬背的内容。

✧ 每堂课后没有及时反馈，不清楚课堂是否达到预期目标。

✧ 考试分数可以多次取最好成绩，一次成绩不具有代表性。

✧ 结合题目难度，调整占分比例。

✧ 教师如果总拿成绩威胁学生，那么学生会有很强的抵触情绪。

✧ 学生投票不客观。

1.2 管理手段

✧ 缺少有计划、有组织的管理。

✧ 对学生要求低，导致对英语学习态度变得散漫。

✧ 管理比较松散，管理活动较少。

✧ 进行分组教学，分组管理，提高学生集体性、自律性。

✧ 小组长的管理方式。

✧ 与科技、电子等联系。

✧ 使用手机软件，签到、游戏、抽查、资料分享、完成作业。

✧ 使用手机软件对学生进行统一管理。

✧ 希望有约束、有监督、适当布置任务。

✧ 管理主要在课上，课后没有太多管制，平时作业和练习不多。

✧ 仅是课前点名，课上练习题，缺少口语练习、创新性思考。

✧ 提前布置预习。

✧ 讲完课文之后，习题较少。

✧ 课后留作业：写作文、配音作业、听写四六级词汇、短语，主题演示文稿，读短文，配音。

✧ 强制听写单词，分析句型。

✧ 英语学习课外打卡，加强课外学习的监督。

✧ 抽选同学回答问题，每个同学都有机会。

✧ 需要监督学生完成必要的准备和复习。

✧ 课下投入英语学习时间少。

✧ 课下学习缺少方向感。

✧ 管理是必要的，但要考虑学生的参与性与积极性，而并非一味高压管理。

✧ 不繁重，但有趣味，针对性强。

✧ 最好能调动学生内在英语学习兴趣，不是为了完成任务而学习。

✧ 应培养学生的自主学习能力和自我控制能力，不应替学生安排学习计划。

✧ 松、严结合，不一定保持一种风格。

1.3 授课时间

✧ 高中就已设立外教课，大学英语课堂未设外教课程，且一周平均只有 1.5 次课程。

✧ 课程安排不合理、偏少、时间跨度大。下节上课时忘了之前学习的内容，破坏了知识的连贯性。

2 总结

2.1 评价方法：以终结性考试为主，缺乏过程性评估，重结果轻过程

✧ 平时测验数量太少，对过程没有评估，平时不能感受到进步，不能激发学生学习英语的主动性。

✧ 平时测验形式过于单一，方式简单，缺少多维度及有针对性的评价，学生学习压力较小。

✧ 每堂课后没有及时反馈，不清楚课堂是否达到预期目标。

✧ 如何充分发挥评价作用，帮助学生查找学习过程中的不足并给予有针对性的指导，提升学生的获得感与满意度。

✧ 如何确保打分的公平性。

2.2 管理手段："以课堂为中心"，重课上轻课下

✧ 缺少有计划、有组织的管理。

✧ 管理主要在课上，课后没有太多管制，进而导致课下投入英语学习时间少，课下学习缺少方向感。

✧ 如何安排课后学习活动，不繁重、有趣味、针对性强、充分激发学生的英语学习兴趣与积极性。

✧ 如何对学生的课后学习进行有效监督，让学生体会到进步?

✧ 如何帮助、指导学生根据个人需求制定学习计划、提升自主学习能力与自控能力?

✧ 课下除对课本的预习与巩固，还应加入课外知识的积累，注重教师指导与个人兴趣相结合。

2.3 授课时间

✧ 课时过少，一周 1.5 次。

✧ 授课时间跨度大，下节上课时忘了之前学习的内容，破坏了知识的连贯性。

3 结语

本文通过对 2017 级法学院及经济学院四个班的问卷调查结果进行分析，从评价方法、管理手段及授课时间三个方面探究了当前“以教师为中心”传统大学英语教学模式中存在的问题。本文旨在为后续的大学英语教学改革提供目标与方向。此外，本文可帮助我们进一步深刻体会吴岩司长（2018）提出的“两性一度”金课标准的重要意义。“两性一度”即高阶性、创新性、挑战度。所谓“高阶性”，就是知识能力素质的有机融合，是要培养学生解决复杂问题的综合能力和高级思维。所谓“创新性”，是课程内容反映前沿性和时代性，教学形式呈现先进性和互动性，学习结果具有探究性和个性化。所谓“挑战度”，是指课程有一定难度，需要跳一跳才能够得着，对老师备课和学生课下均有较高的要求。希望我们能够依据“两性一度”的金课标准转变教学理念、修正教学实践、探索教学改革的途径与方法，进一步提升教学效果，为国家培养合格人才贡献力量。

参考文献

[1] 吴岩 . 建设中国“金课”[J]. 中国大学教学，2018（12）：4-9.

试论“两法一评”乃大学英语“金课堂”建设的有效手段①

■ 韩 嵬
■ 天津商业大学 300134

摘要 本文在校本经验的基础上，参考了相关文献总结出任务型教学法是解决“金课”标准的“高阶性”的有效方法；翻转课堂是解决“创新性”的有效方法；以形成性评价为主的多元评估体系是实现“挑战度”的保证。

关键词 **大学英语；金课堂；任务型教学法；翻转课堂；形成性评价**

1 引言

“金课”可以认为是优质课程和优秀课堂的简称。这一概念自2018年诞生以来，受到了各级各类高校的高度重视，也掀起了我国高等教育改革的又一轮高潮。教育部提出的“金课”标准“两性一度”适用于所有专业，但各专业、各课程又有实施的具体特点。大学英语业内已有学者提出了“金课”的质量标准与评估体系，构建了相应的模型，进行了理论探索。一线教师在明确“金课”标准和本专业质量标准的同时，应积极提高改善自己的教学方法，努力打造“金课”。教师的教学改革实践是“金课”建设成功的关键。根据笔者所在校本教学改革团队的经验，认为大学英语“金课”宜采用任务型教学法，翻转课堂和形成性评价为主的多元评估体系，以对应实现“两性一度”。

2 文献综述

对“金课”概念和标准最权威的解读是由教育部高教司吴岩司长提出的。“金课”可以归结为“两性一度”：高阶性、创新性和挑战度。其中最关键的一些信息包括：高阶性就是培养学生解决复杂问题的综合能力和高级思维。创新性主要体现在教学形式，体现先进性和互动性和学习结果具有探究性和个性化。挑战度主要指课程一定要有一定难度。“金课”概念标准提出后，大学英语业界内很多学者开始尝试对接本专业的标准。文秋芳从课程论视角利用泰勒（Tyler）原理（1949）的课程四要素框架，认为“高阶性”对应课程论中的教学目标，“创新性”对应教学内容、教学组织和评测体系，“挑战度”对应教学目标也包括教学内容和评测体系。同样从课程论视角，陈冬纯等认为，大学英语“金课”质量标准要落实到课程和课堂的教学目标、教学对象、教学内容以及教学模式的“融合度”“适应度”和“饱满度”以及结果的“有效性”基本要求上。李芳媛等则尝试构建了大学英语“金课”建设质量评估体系模型。课程目标、课程内容、课程设计3个静态指

① 本论文为2019年天津商业大学专业“金课”建设项目“大学英语1（全新版教程）”的阶段性成果，项目号是19JKJS01022。

标用于评估“金课程”建设；教学过程、教学方法、教学管理3个动态指标用于评估“金课堂”建设。虽然不少一线教师也参与课程设计，但大部分教师主要负责课程的实施即课堂教学。所以本文紧紧围绕“两性一度”对教学过程、教学方法和测评体系进行探讨。

3 “两法一评”，大学英语“金课堂”建设的有效手段

3.1 任务型教学法对标高阶性

任务型教学法自西方诞生以来发展仍方兴未艾，传入中国后受到了很多英语教师的欢迎。任务型教学法弥补了传统教学法，尤其是师生互动方面的很多不足。任务型教学法有效对接了“两性一度”中的高阶性，通过做任务学生可以有效提高学科知识、语言能力、组织能力，锻炼思维技能。任务型教学法的核心是“以学习者为中心”和“以人为本”，其哲学心理学的依据是“建构主义”。任务型教学法步骤包括任务前（pre-task）的准备，任务实施与引导（during-task）和任务后（post-task）的反思。笔者依据校本“金课”教改团队的经验对任务型教学法对标高阶性进行举例说明。笔者所在的校本大学英语“金课”教改团队共分4组，分属两个年级、两套教材。笔者所在的是大一新视野大学英语教材“金课”组。“新视野大学英语系列教程”第三版每个单元的精华所在是单元最后的“单元项目”（unit project）。每个单元项目基于本单元主题设计一个综合性语言任务。通过前期调研、讨论，以课堂口头报告、演讲或辩论等多样的形式展示，培养学生的创新思维、调查研究能力和沟通合作意识，提高学生的语言应用能力和综合素质。在单元伊始教师即开始布置单元项目的任务。学生开始做任务前的准备，原则上在任务实施前学生应该掌握了本单元的语言知识和相关学科知识。一个教学单元一般持续两周时间，在两周内学生应该完成任务相关的小组工作。一个小组一般有四个人，分为小组领导、书写员、课上展示的代表或演讲者等。小组领导负责组织任务相关活动。书写员负责撰写相应的书写任务，比如报告、演讲稿、调查结果等。其他小组成员负责材料的收集，贡献想法（idea）和其他辅助工作。如此的任务分配，每个小组成员都会积极地参与到任务活动中去。任务前阶段是学生增长知识，提高能力，培养素质最主要和最关键的阶段。每一个小组成员都能得到不同程度的提高。任务实施阶段主要在课上进行。小组代表在台上以报告等口语形式进行展示。展示结束后代表还要回答教师和其他学生的问题。此阶段主要培养学生的口语能力和应变思维等能力。任务后的评估主要以两种形式进行。首先全班同学对各小组的展示进行打分，主要分准备工作、流利度和说服力等几个得分项。教师在收集学生打分的数据后和学生一起评出最佳小组。其他小组会以最佳小组为榜样，在后续的任务中不断改进自己的工作。第二种形式是课后教师在线上发布对本次任务活动的反思，指出几个代表性小组的优点和不足，也欢迎学生在线上发表自己的反思。如此一个典型的任务就形成一个良性循环。

3.2 翻转课堂对标创新性

近10年来，在现代教育技术和网络技术普及的背景下，翻转课堂应运而生，自在美国诞生以来，受到了全世界各级教育工作者的欢迎。翻转课堂与传统课堂最大的不同之处

在于翻转课堂把学习过程中“吸收内化”这一重要的过程而不是“信息传递”放在课堂时间，顺应了教育发展的历史趋势。翻转课堂具有四个主要特征：一是教师由传统课堂上知识传授者变成了学习的促进者和指导者。二是学生由之前的知识消费者转变成为知识生产者。三是在课堂中教师减少讲授时间，留给学生更多的学习活动时间。四是翻转课堂大大提升了师生间以及生生间在课堂上的互动。翻转课堂的四个主要特征基本对标了“两性一度”创新性的三个主要方面，即课程内容的时代性，教学形式的互动性和学生的探究性的个性化学习。笔者所在的大学英语“金课”教改团队，以Z老师的“金课”班最为典型。Z老师的一堂典型精读课是这样安排的。一个单元一般用时两周三次课，六课时，大体分为读前、读中、读后三个阶段。每一次课之前学生应完成本次课相应的任务。比如一个单元第一次课之前，学生应完成老师雨课堂平台推送的预习课件。预习任务包括本单元的主题理解、热身讨论题目、生词预览和课文熟读等要求。有时也包括U校园教学资源平台上的一些微课视频，主要用以了解课文相关的背景知识。在第一次课上，教师主要用口头提问和在线完成雨课堂试题的形式检查学生的课前预习准备情况。第二次课前学生分组分配任务。一个标准班级一般分为九组，其中三个组负责生词、语言点；四个组负责课文；另外两组负责课文结构理解与赏析。在读中课前准备阶段，学生要查找资料找出所负责材料的重点和难点。对于重点词汇，学生要找出典型用法和典型例句。对于课文内容，学生要深刻理解并尝试解决难句。如遇到特别难理解的地方，可以寻求教师的帮助或留到课堂内共同探讨。对于课文结构，学生要试图洞察作者的写作思路和框架，指导同学该如何进行相关题材的写作，同时挖掘课文中出现的一些写作特点，比如修辞方法。如遇到一些不懂之处也可留到课上共同讨论。小组任务按时轮换以期在不同的学习内容上都有体验。在读中课堂上，学生分组让事先选好的代表按顺序进行展示或讲解。每一组展示完后教师进行答疑或纠偏，把学生课下没有消化好的难点进行解析，纠正学生思维上的一些偏差。在第三次读后课前，学生除完成单元的语言知识练习外重点准备上面所述的“单元项目”任务活动。显而易见，这样安排的翻转课堂，学生课下必须进行大量的自主学习。课上主要是语言输出和讨论、知识消化吸收的过程，其有效学习效果要大大优于传统课堂。

3.3 形成性评价为主的多元评估体系对标挑战度

形成性评价为主的多元评估体系是保障“金课堂”建设成功的一项必要措施。目前国内很多高校的大学英语课仍有“水课”之嫌，其中一个原因是还没有形成以形成性评价为主的多元评估体系。由于扩招带来的大学生英语水平参差不齐和基于通过率等历史和现实的原因，很多高校的大学英语课程的终结性测试试题难度普遍不高。再加之以期末考试为核心的终结性测试在学生英语学业总评中占比过大（普遍占总评的七成），学生经过一段时间学习发现，即使不用刻苦学习，以自己现有的英语基础也能通过考试。只要能通过期末考试就能通过课程，平时的学习基本无用。这样会大大削弱学生学习大学英语的动力。如前所述，“挑战度”除了在课程教学目标和教学内容中提高要求，加大难度外，评测体系的改革也是十分必要的。《大学英语教学指南》指出：校本考试须重视教学过程中的形成性测试，测试内容紧密结合教学内容，并充分利用信息技术，跟踪和采集学生的学习行为等基本信息数据，构建学生个人学习档案，分析学生的学习行为特征，为不同类型的学生提供个性化的评价反馈。以笔者所在的大学英语“金课”教改团队小组为例，首先经和教务部门协商，参加“金课”教改的班级，形成性评价和终结性测试在学业总评中各占五成。开学后不久，教师即向学生公布形成性评价的组成，并在平时的教学中记录好学生的成绩。大数据时代充分利用线上教学平台，比如雨课堂课件和优校园微课的完成情况可以量化成数据，做到客观公正。线上平台的使用情况都可以转化成数据。上述的单元项目成绩采用教师打分和学生打分各占一定比例的方式处理。参加“金课”教改班级的学生在平时的课下时间比非教改的班级学习更加刻苦，投入了大量的时间和精力学习英语，有挑战但收获更大。有了数据，教师可以在平时的教学中对学生进行个性化反馈，鼓励学习认真的学生继续努力，提醒后进的学生要刻苦学习。加大挑战度，不光是对学生的要求，对教师也是一种督促。要重视学生的反馈，形成教与学的良性循环。

4 余论

上面重点阐述的“两法一评”即任务型教学法、翻转课堂、形成性评价是对标两性一度，建设大学英语“金课堂”的有效手段。但需要注意以下几点。首先，“金课”建设是一个系统，“两法一评”只涉及其中的几个因素，只改革这几个方面不足以保证“金课”建设的成功，需要其他方面同步改革跟进。其次，任务型教学法、翻转课堂是新兴的，优秀的教学方法，其适应性要因人因地而异，一定要考虑学生的个体差异与现有的英语水平和接受能力，不可整体一哄而上。应先采取小规模试点，取得成熟的经验之后再逐步推广。再次，教师是建设“金课堂”的主导。“金课”建设挑战度很高，需要教师认真花时间、花精力、花情感备课、讲课。大学英语教师要有危机意识，要有壮士断腕的勇气，打破自己多年习惯的教学模式，勇于接受新的教学理念和尝试新的教学方法，才能保证“金课”的落地和不流于形式。

参考文献

[1] 吴岩 . 建设中国“金课”[J]. 中国大学教学，2018（12）：4–9.

[2] 文秋芳 . 外语“金课”与“金牌外语教师团队”[J]. 外语教育研究前沿，2019，2（4）：3–10，90.

[3] 陈冬纯，武敏 . 试论大学英语“金课”的质量标准与评估体系 [J]. 外语电化教学，2019（5）：27–32.

[4] 李芳媛，杨蓉 . 大学英语“金课”建设质量评估体系模型构建 [J]. 外语界，2020（4）：71–79.

[5] 方文礼 . 外语任务型教学法纵横谈 [J]. 外语与外语教学，2003（9）：17–20.

[6] 卢海燕 . 基于微课的“翻转课堂”模式在大学英语教学中应用的可行性分析 [J]. 外语电化教学，2014（4）：33–36.

[7] 教育部高等学校大学外语教学指导委员会 . 大学英语教学指南（2020 版）[M]. 北京：高等教育出版社，2020.

大学英语翻译教学中个性化教学模式的实践与反思①

■ 李　馨
■ 天津商业大学　300134

摘要 本文从大学英语翻译教学的现状出发，剖析个性化翻译教学模式的必要性和重要性，进而探讨符合学生个性发展需求和职业诉求的、更为有效的、与时俱进的翻译教学方法，旨在为深化翻译教学改革寻求新路径。

关键词 **翻译；个性化；教学**

随着信息时代科技快速更迭，在新的教育理念指导下，大学英语教学改革已经由“粉笔＋黑板”的教学模式朝着多样性和个性化发展的方向发展。转变传统的教学观念，凸显学习者的主体和个性地位，创新课堂教学模式与教学方法，已成为大学英语教学的发展趋势。翻译是大学英语教学中的重要环节，翻译能力是非英语专业学生研修本专业英语时的必备能力。在学好本专业知识技能的同时，掌握好本专业英语和翻译技能对大学生的职业发展有着积极价值。随着大学英语教学改革的不断深入，如何体现并提高学生语言输出能力和翻译水平是教学中面临的挑战和改革的目标。

1　翻译教学中个性化教学模式的必要性和重要性

翻译教学一直是非英语专业教学中的难点。翻译能力对于大多数非英语专业的学生来说是短板。传统的翻译教学往往忽视学生的个性发展，以教师为中心，以“讲解翻译理论或技巧—学生实操—教师核对答案—分析点评”的模式展开教学活动，学生缺乏主体意识和参与意识，学生的英语交际实践能力未能得到充分锻炼。学生仅仅记住了几个著名的翻译理论，生搬硬套几个翻译技巧，学习效果不明显。由此，改变现状，以个性化教学模式对大学英语翻译教学进行改革显得十分必要。

个性是个体区别于他人，独有的、稳定的、本质的心理特征的总和。教育教学活动中经常被提及的“因材施教”即是尊重学习者个性的体现。《大学英语课程教学要求》中指出：新的教学模式应以现代信息技术为支撑，利用网络技术使英语教学朝着个性化学习、主动式学习的方向发展。改革以往的、单一的翻译教学模式，提高学生的翻译兴趣，培养高层次、高素质的非英语专业的翻译人才，全面提升学生的英语素质和综合素质。大学英语翻译教学中的个性化教学模式就是以尊重学生的主体及个性地位为前提，发挥学生学习的积极性和能动性，设计教学步骤，组织教学活动。在翻译教学中促进学生个性化发展，培养并提高语言输出能力与交际能力。大学英语面向的是非英语专业的学生，根据学生所

① 本论文为天津商业大学青年基金项目“大学英语翻译教学中的个性化教学模式研究”的研究成果，项目号是151116；2019年天津商业大学专业“金课”建设项目“大学英语1（全新版教程）”的阶段性成果，项目号是19JKJS01022。

学专业，个性化翻译教学以学习者为主体，以需求为导向，为学生学习翻译知识和技巧构建一个拓展能动性、开放的环境，目的在于全面培养学生语言能力。另一方面，参与教改的教师基于学生不同的专业需求和学习程度及水平，结合教师自身教学特点在翻译教学中采用的教学模式本身也具有个性化特征。因为教师在教学中所显示出的个性具有差异性、倾向性和独一无二的不可重复与替代性，对于教学风格鲜明的教师，这点尤为突出。因此，教师在个性化翻译教学模式中所表现出的差异性和个性化风格能积极有效地促进学生的个性化学习。

2 翻译教学中个性化教学模式实践的几点做法

2.1 内容上融入新内容

随着社会分工日益细化，国际交流日益频繁，各行各业对复合型翻译人才的需求日趋增大。笔者认为对非英语专业学生进行专业用途英语的培养（English for Specific Purpose，简称 ESP），把英语学习和翻译技能培养与学生的专业背景知识有机地结合起来，有针对性地进行英语翻译教学，将语言教学和翻译实践融于特定的知识中，这不仅能提高学生的专业知识和认知能力，还能提高其语言水平和翻译能力，是目前大学英语改革转型的可行性尝试。

当前大部分高校采用的大学英语教材中翻译内容乏善可陈，未能与时俱进，学生很少能在课本中学到与时代发展契合度高或与本专业相关的翻译素材与练习。那么增加上述内容即存在必要性。计算机英语、报刊英语、法律英语（如法律文书的翻译）、商务英语（如经济合同的翻译）等翻译实践都是很受学生欢迎的专题，与专业契合度高，学生获得感强。因此，除完成教师统一布置的翻译文本以外，学生可在资料库选择自己感兴趣的或与专业相关的内容进行自主学习。

语言是文化交流的重要载体，具有跨文化交际功能。教师在选择和整合英汉互译资料时，尊重学生个性差异，兼顾兴趣，结合学生的实际水平和不同的接受能力，提供分级学习和练习资料，给不同层次的学生以更多个性发展的空间。在对文本的英汉互译时，引导学生多层次、立体性地审视文本的立意、题材、结构和语言，形成符合译入语表达习惯的译文。除此之外，高校课程思政建设强调以马克思主义学科为引领，发挥各门学科和各类课程优势，全过程、全方位“立德树人”。将课程所蕴含的思政教育元素和承载的思政育人功能融入课堂教学实践，实现思想政治教育与综合素养课教育的有机统一。因此，教师在教授翻译知识与技巧的同时融入思政要点，增加中西文化知识，鼓励学生和教师一道搜集新闻时政、大政方针、社会发展等各方面的素材进行互译，扩充学习内容，增强文化自信，紧跟时代步伐。

2.2 形式上采用新模式

在翻译教学中采用个性化模式可增强学生的主动性。毫无疑问，混合式教学、翻转课堂等教学模式提升了教学效果，为学生自主学习提供了保障空间。建构主义理论认为，新知识的学习不是由外到内灌输而得，而是通过学生重组建构内部已有的知识得出的。因此，教育不应是传播式的，而应该是合作建构的。“合作互评”可以看作是“翻转课堂”的一种教学模式，以“合作互评”模式，激发学生的学习兴趣，提升学生交流合作意识，提高参与度与积极性。在小组合作的过程中，学生们就翻译练习中出现的问题或分歧进行讨论和交流；学生之间、小组之间通过相互批改译文，查错误，提出修改建议。找差距，互相借鉴，实现优势互补，进而改进译文质量。集思广益，共同探讨，开阔视野，在翻译实践中巩固和强化翻译知识和翻译理论，提高翻译水平，促进语言交际能力的提升。

此外，构建多元化评价体系也是实现个性化教学模式的重要组成部分。教师评阅，教育平台系统自动审阅，学生互评（包括组内评分和组间评分）相结合，教师能有效掌握学情，但不再是评判学生译文的唯一主体，这样能较好地完善评价体系，提高教学效率。

2.3 媒介上使用新平台

随着网络技术的不断进步，教学设备、教学平台和移动设备的广泛应用，教师可利用互联网、教学平台和多媒体设备等优势，对以往单一的教学模式和手段进行优化改进，推进翻译教学创新之路。受疫情影响，在线学习迅速落地，教师引导学生利用手机或电脑对翻译文本进行相应的处理，完成教学和学习任务。教师根据自身特点和学生需求，采用了多种在线课堂工具和智慧教育平台。慕课、雨课堂、云班课、超星学习通、小程序等网上智能软件的灵活运用，能协助教师处理好教、学、考、评之间的关系，满足不同学习程度和水平的学生的在线学习需求，提高学生协作学习和合作学习的参与度。

“互联网 +”视域下，新型教学平台的引入为学生提供更为灵活多样的学习路径，为自主学习和个性化需求提供了空间和机会。教师提供并整合丰富多元的翻译资源并布置任务，鼓励学生根据兴趣自行选择练习内容，践行翻译理论，探索与磨炼翻译技巧。作为一种新的外语教学范式，教师通过网络渠道或网络平台（包括手机软件等）及时指导学生，做到课上导学，课下促学。灵活性和即时性是网络教学模式的显著特征，具体到翻译教学中则体现在教师利用平台相应的功能上传资料、发布活动、布置作业、课堂测验，课下验收、批改点评、完成师生互动和及时反馈。教学形式的多样性（如直播、会议、投票、接龙、打卡等）满足学生对多样性和个性化的需求。学生可利用课上和课下、碎片时间学习与练习，提高学习效率。

3 结束语

通过两个学期学生学情比照，我们可发现，实验班英汉互译的成绩高于对比班。在师生角色、教学内容、教学模式、教学媒介和评价体系等方面，个性化的翻译教学模式与传统的翻译教学相比优势逐渐凸显。个性化模式催生多样化教学活动，促进了学生翻译理论和实践和专业知识的对接，调动了学生学习的积极性和自主性，学生亦能主动管理自己的学习行为，提高了课上课下参与度。学生通过开展小组任务和讨论等活动增强了合作意识，促进学习方式的协作性，共同进步，学习有成就感和获得感。

在大学英语翻译教学活动中实行个性化教学模式的实践，摒弃“以本为本”的做法，回归教育要“以人为本”的初衷。改变“单一”“统一”的教学模式，大胆尝试多种教学方式方法相结合的路径。教师的角色发生改变，成为组织教学的引导者和监督者。学生成为探究式学习的主体和中心。无论是大学英语四六级考试、各类英语中的翻译测试题，还是针对学生本专业的职业发展，个性化翻译教学模式均能较好地满足学生的需求，从而培养学生的英语综合应用能力，提高跨文化交际能力和综合文化素养。

参考文献

[1] 教育部高等教育司 . 大学英语课程教学要求（试行）[Z]. 上海：上海外语教育出版社，2004.

[2] 谢春林 . 大学英语教学中的个性化教学形式研究 [J]. 湖北函授大学学报，2008，21（3）：87-88.

[3] 蒋红红 . 翻译工作坊研究述评 [J]. 闽南师范大学学报（哲学社会科学版），2016（1）：92-96.

口语交际策略培训对口语交际策略使用情况的影响①

■ 耿 珣
■ 天津商业大学 300134

摘要 本文论述了对非英语专业大学生进行口语交际策略培训的实验研究情况，并采用定量研究的方式探讨了该培训模式对学生口语交际策略使用情况的影响。研究结果表明：口语交际策略培训通过教授学生口语交际过程中常用策略，可显著提高交际过程中学生交际策略的使用频率，进而在一定程度上提升学生口语交际的能力，优化交际过程，实现交际目的。

关键词 **非英语专业大学生；口语交际策略；口语交际策略培训**

1 引言

仿真情景对话是在角色扮演的基础上扩展出来的一种活动，与角色扮演不同的是，就语言和策略而言，仿真情景对话的结果是开放式的，以解决问题为目的，在两个表演者之间存在信息差（information gap），因此，表演者在决定说什么以前不得不努力地去思考（迪·皮特罗，1987）。由于仿真情景对话和人们实际生活中的谈话很接近，笔者认为它能有效地应用在培养学生的英语口语交际策略上，尤其是其中的成就策略。因为中国学生主要是在课堂上学习英语，而这种正规的课堂教学的重点往往是放在纠正学生在语言使用上的错误，为避免犯错误，学生很少使用交际策略（艾利斯，1985），尤其是成就策略，他们往往不愿冒险去用没有把握的词句，采取回避策略。而通过真实、自然的交际活动，可让学生有机会学习如何运用交际策略，增强交际能力，克服焦虑感。

2 研究方案

2.1 研究问题

本研究主要是探究口语交际策略培训对学生口语交际策略使用情况的影响。

2.2 研究对象

本研究的研究对象为天津商业大学2011级两个法学班，共119名学生。其中，男生35名，女生84名。班1为实验班，接受口语交际策略培训；班2为对照班，不接受培训，只接受训前及训后的口语交际策略问卷调查。两个班的英语课均由笔者承担，且两个班所使用的教学大纲与教材均保持一致。

2.3 研究工具

本研究选用口语交际策略调查问卷及培训后开放式问题作为数据收集工具。

①口语交际策略调查问卷：为了比较学生在口语交际策略使用上的差异，实验班和对

① 本论文为2019年天津商业大学专业“金课”建设项目“大学英语1（全新版教程）”的阶段性成果，项目号是19JKJS01022。

照班于培训前后均填写了同一份调查问卷。该问卷由两部分组成：个人情况简介，包括学生的班级、姓名及性别等；口语交际策略调查，包括五大类共 11 条策略。此外，该问卷采用了莱克特等级制（Likert rating scale）进行计分。

②开放式问题：为了进一步深入了解学生对此次口语交际策略培训的态度与建议，培训后笔者对实验班学生进行了开放式问题的调查。

2.4 实验过程描述

此次口语交际策略培训共计 12 周：由 2012—2013 年第二学期第五周开始至第十六周结束。策略培训的具体步骤如下：

步骤一：第五周，对实验班及对照班进行培训前问卷调查，并对实验班同学就即将进行的口语交际策略培训进行了简要介绍。

步骤二：第六周至第十五周，共 10 周，对实验班进行五项交际策略的培训，分别为：迂回、近义词、造词、拖延及求助。培训方式主要采取策略介绍与仿真情景对话相结合的方式。每项策略培训两次，一周一次。第一次进行策略介绍。策略介绍旨在帮助学生了解所学策略的概念、常用句型及适用情境。第二次进行仿真情景的对话练习。该练习则旨在帮助学生进一步深入理解所学策略，并通过逐渐减少对学生语言方面的支持、逐步开放对话的维度，帮助学生真正掌握所学策略并将其有效迁移于真实的交际情景中，从而提升学生的交际能力。与此同时，对照班则按常规教学法进行教学，不接受任何策略培训。

步骤三：第十六周，对实验班及对照班进行培训后问卷调查，并对实验班同学进行开放式问题的调查，以收集学生对此次培训的态度与建议。

以下笔者以迂回策略为例对策略培训的过程进行具体描述。

2.4.1 策略介绍

①策略的概念介绍：迂回（using a circumlocution）策略是指用解释或用近义词的办法来表达自己一时忘记或不会表达的词语。

②策略的常用句型介绍：

- It is similar to…
- It is like…
- It looks like…
- It is something that …
- It is a place where…
- What do you call something that is…
- What do you say something when it is…
- It's like …what's that called？
- That is to say…
- Let me put it this way…
- It is very much like…
- It is much the same as…in terms of…

• It's a kind of…
• It's a sort of…
• Well, I can explain it like this…
• It means to express something that …
• I'd say/express… in another way.
• It is likely to be…
• In other words…
• What I'm really saying is…
• Let me try that in another way…

③举例说明策略的具体应用。

一个法国学生到英国旅游，在一个餐馆用餐时，他想要杯茶和几个鸡蛋，可是当服务员问他“Can I help you, sir？（先生，你要点什么？）”时，他回答说，“A cup of tea and *”他记不起“鸡蛋”该怎么说，这时他看到邻桌上有本杂志，封面是一幅公鸡的图画，于是就有了下面的对话：

A：What's the English for this？

B：Cock, sir.

A：What do you call a cock's wife？

B：A hen, sir.

A：And what do you call a hen's children？

B：Chicks, sir.

A：And what do you call chicks before they're born？

④策略练习。

找出已知名词、未知名词、形容词、动词四组共 20 个英语词汇，每两人一组，每组分到一个单词，两位同学讨论后，一位同学到讲台用迂回方式对所分到的词汇进行表述，在座的其他同学进行猜测，如果同学们能够猜出原词，则描述成功。所使用的词汇如下：

Group 1（已知名词）：temple（寺庙）；cosmetic（化妆品）；badminton（羽毛球）；bill（账单）；stewardess（空姐）。

Group 2（未知名词）：cosmetic surgery or plastic surgery（整容手术）；yam（芋头）；Juice extractor（榨汁机）；public servant（公务员）；life-jackets（救生衣）。

Group 3（形容词）：punctual（准时的）；considerate（体贴的）；superstitious（迷信的）；allergic to（过敏的）；bilingual（讲两种语言的，双语的）。

Group 4（动词）：merge（合并）；growling（饿得咕咕叫）；plagiarize（剽窃）；assemble cars（组装汽车）；performing the formal wedding ceremony（拜堂）。

2.4.2 仿真情景对话

①情景活动：将迂回策略应用于求医问诊各个场景中，具体场景涉及挂号、求医、买药、复查、症状描述等。下面以挂号场景为例（空格处要求学生用迂回策略进行表述）。

At a Hospital Registration Desk

Clerk：Which department do you want to register with（挂号）?

Patient：I want to see a …er…________________（外科医生）.

Patient：How can I get to the ________________（诊疗室）?

Clerk：Go down this hall until you reach the pharmacy（药房）. Make a right turn and it's right there. Take a number and wait until the nurse calls you over（叫某人过来）.

在此练习结束后，教师总结以上场景中出现的典型句型及常用表达。

②半开放式场景对话：让学生根据较为详细的情景组织对话，要求学生就对话中不会表达的词汇使用迂回策略。

Role A（patient）：症状为感觉特别冷，即使裹着毯子都发抖。晚上总是咳嗽，而且呼吸的时候感到胸痛。

患病时间：一周，而且感觉越来越严重。

询问：病情是否严重，是否需要服药。

Role B（doctor）：询问症状，患病时间。

所需检查：量体温，X 光胸透。

诊断：肺炎，但不严重。

治疗：服药并输液。

可能需要迂回的词汇：肺炎、输液、胸痛、X 光胸透。

在此练习结束后，教师给出示范录音，让学生学习在此场景中地道的英文表达。

③开放式场景对话：只给出比较笼统的场景，给予学生更多自主权组织对话，要求学生在对话中使用迂回策略。

两人一组作对话，以下三种场景任选其一。

- At a Hospital Registration Desk
- Seeing a Doctor
- Re-examination

活动要求：在对话中要用到迂回策略。

3 研究结果

为了回答该研究的研究问题——口语交际策略培训对学生口语策略使用情况的影响，笔者对实验前后两次收集的策略调查问卷进行了比较和分析。

首先，笔者采用独立样本 T 检验对实验组及对照组实验前后迂回、近义词、造词、拖延及求助五项交际策略的使用情况进行了比较和分析。结果如表 1 所示，实验前，两组学生五项口语交际策略的使用频率均不存在显著差异：迂回策略（$t=-1.728$，$p=0.087>0.05$）、近义词策略（$t=-0.473$，$p=0.637>0.05$）、造词策略（$t=1.373$，$p=0.173>0.05$）、拖延策略（$t=0.713$，$p=0.477>0.05$）及求助策略（$t=-0.442$，$p=0.660>0.05$）。然而在对学生进行了为期 12 周的策略培训后，实验组口语交际策略的使用频率显著高于对照组：迂回策略（$t=-2.098$，$p=0.04<0.05$）、近义词策略（$t=-2.521$，$p=0.013<0.05$）、造词策略（$t=-2.663$，$p=0.009<0.05$）、拖延策略（$t=-2.715$，$p=0.008<0.05$）及求助策略（$t=-2.248$，$p=0.027<0.05$）

为了进一步看清实验前后两组口语交际策略使用频率上的不同变化，笔者又对两组分别进行了配对样本 T 检验。如表 1 所示，同实验前口语交际策略使用频率相比，实验后实验组除近义词策略外，其他四项策略的使用频率均出现显著提高：迂回策略（$t=-2.810$，$p=0.006<0.05$）、造词策略（$t=-4.079$，$p=0.000<0.05$）、拖延策略（$t=-3.423$，$p=0.001<0.05$）及求助策略（$t=-4.592$，$p=0.000<0.05$）。而实验后对照组五项口语策略使用频率均未发生显著差异：迂回策略（$t=-1.660$，$p=0.106>0.05$）、近义词策略（$t=0.937$，$p=0.355>0.05$）、造词策略（$t=1.140$，$p=0.262>0.05$）、拖延策略（$t=1.401$，$p=0.170>0.05$）及求助策略（$t=-1.369$，$p=0.180>0.05$）。

表 1　实验前后组间及组内口语交际策略使用情况比较

策略	组别	实验前		实验后		配对样本 T 检验		独立样本 T 检验 实验前		独立样本 T 检验 实验后	
		M	S D	M	S D	t	p	t	p	t	p
迂回	实验组	3.434 8	0.902 62	3.739 1	0.779 37	−2.810	0.006	−1.728	0.087	−2.098	0.040
	对照组	3.133 3	0.701 07	3.400 0	0.778 80	−1.660	0.106				
近义词	实验组	3.927 5	0.959 76	4.014 5	0.776 36	−0.637	0.526	−0.473	0.637	−2.521	0.013
	对照组	3.828 6	1.097 74	3.585 7	0.900 05	0.937	0.355				
造词	实验组	2.478 3	1.195 69	3.188 4	1.128 19	−4.079	0.000	1.373	0.173	−2.663	0.009
	对照组	2.828 6	1.294 46	2.542 9	1.244 82	1.140	0.262				
拖延	实验组	3.212 6	0.891 08	3.589 4	0.777 85	−3.423	0.001	0.713	0.477	−2.715	0.008
	对照组	3.342 9	0.857 44	3.142 9	0.820 83	1.401	0.170				
求助	实验组	2.913 0	1.209 51	3.623 2	0.971 68	−4.592	0.000	−0.442	0.660	−2.248	0.027
	对照组	2.800 0	1.278 79	3.142 9	1.136 11	−1.369	0.180				

4　结果讨论

由以上统计结果可见，培训前实验班与对照班五项口语交际策略的使用频率未现显著差异，然而在培训后实验班五项口语交际策略的使用频率显著高于对照班。同时，培训后实验班除近义词策略，其他四项交际策略迂回、造词、拖延及求助策略均显著提高，然而对照班培训前后五项策略使用频率均未出现显著差异。该统计结果与周可欣、盛敏、韩少杰（2006），孔京京（2004），王金安（2008），曾路、李超（2005）等人的研究结果相符。该研究结果表明，笔者将策略介绍与仿真情景对话相结合的口语交际策略培训模式可有效地提升学生口语交际策略的使用频率，进而提高学生口语交际的能力与效果。

此外，由本项调查可见，培训后实验班近义词策略使用频率有所提高从3.9275上升至4.0145，然而提升程度并未达到显著要求。这可能是由于针对近义词的培训虽可提升学生对该策略的使用意识，进而在一定程度上提升该策略使用频率，然而，由于近义词策略与学生英语词汇量有较高的相关度，而学生词汇量的增长则需要较长时间的积累，不是一个学期的培训所能解决的。而拖延、求助等策略更多使用的则是简单套语，便于学生在短时间内掌握，所以学生提升的速度较快，培训前后变化也较为明显。

5 结语

通过一个学期的实验、对比和分析，本研究得到了如下研究结果：对学生进行的“策略介绍与仿真情景对话相结合”的口语交际策略培训模式可显著提升学生口语交际策略的使用频率，进而在一定程度上提高学生的交际能力、优化交际过程、实现交际目的。

参考文献

[1] DIPIETRO R J. Strategic interaction：learning language through scenarios [M]. New York：Cambridge University Press，1987.

[2] ELLIS R. Understanding second language acquisition [M]. Oxford：Oxford University Press，1985.

新时代启发式教学的再思考 ①

■ 吴 睿
■ 天津商业大学 300134

摘要 启发式教学是具有悠久历史的教学理念，一直以来对后来的各种教学思想和模式有着深刻的影响。本文旨从启发式教学思想的源流着手分析阐述启发式教学的内涵和意义，说明新时代下启发式教学依然具有极强的生命力，是符合时代和历史潮流的教学思想，但应该对自身进行不断的丰富和更新，做到与时俱进。

关键词 **启发式教学；新时代；思考**

启发式教学作为一种教学理念源远流长，一直以来都在为人类的教育事业做着巨大的贡献，但是，近些年来随着西方教学理念的不断引进以及信息技术在教学中的不断应用，启发式教学正在不断淡出人们的视野。在我国 2010 年 7 月所颁布的《国家中长期教育改革和发展纲要（2010—2020 年）》中在谈到“创新人才培养模式”时提到要“注重学思结合。倡导启发式、探究式、讨论式、参与式教学，帮助学生学会学习”。可见，启发式教学作为一种重要的教学理念非但没有过时，相反正好契合我国新时代对于学生培养的要求。本文将就如何正确认识启发式教学，以及新时代如何将启发式教学现代化使之焕发出新的生命力进行探讨。

1 启发式教学的源流

启发式教学是历史最为悠久的教学理念。在我国“启发”一词来源于春秋时期教育家孔子的“不愤不启，不悱不发，举一隅不以三隅反，则不复也”（《论语·述而》）。宋代儒学大家朱熹对这句话的解释是“愤者，心求通而未得之意；悱者，口欲言而未能之貌；启，谓开其意；发，谓达其辞”。在西方，启发式教学理念则源自古希腊思想家苏格拉底的“产婆术”，即思想接生，旨在引导人们产生正确的思想，启发学生独立思考探求真理。苏格拉底在教学过程中自始至终是以师生问答的形式进行的，所以又叫“问答法”。在让学生获得某种概念时，苏格拉底并不会向学生直抒其意，而是先向学生提出问题，让学生回答，即使学生回答错了，也不会直接纠正，而是提出另外的问题，从而一步一步引导学生思考得出正确的结论。

将孔子和苏格拉底的教育理念相比较，会发现其间存在许多不同之处：孔子主张启发式教学应以学生为中心，演绎法是其运用的主要思维方式，师生间的对话主要以学生发问教师回答为主。反观苏格拉底的“产婆术”，则是以教师为中心，采用归纳的思维方式，师生对话也主要是老师发问学生回答为主。尽管两者存在着诸多的不同，但他们教育思想

① 本论文为 2019 年天津商业大学专业“金课”建设项目“大学英语 1（全新版教程）”的阶段性成果，项目号是 19JKJS01022。

的精髓和形式则是一致的——即都采用启发引导的方式来教学，其外在形式都是以问答为主。他们的思想为教育学的发展奠定了基础。

2 启发式教学的含义

人们往往将“启发式教学”视为与“注入式教学”相对的一个概念。那到底什么是启发式教学呢？启发式教学是指教师在教学过程中根据教学任务和学习的客观规律，从学生的实际出发，采用多种方式，以启发学生的思维为核心，调动学生的学习主动性和积极性，促使他们生动活泼地学习的一种教学指导思想。而《中国大百科全书·教育》对于启发式教学的定义是：启发式教学是教师在教学工作中，依据学习过程的客观规律，引导学生主动、积极、自觉地掌握知识的教学方法。《教育大辞典》中则将启发式教学定义为：是遵循教学规律，运用各种教学方法，充分调动学生学习主动性、积极性的一种教学类型。可见三个定义分别将启发式教学的落脚点分别放在“指导思想”“教学方法”和“教学类型”上。教育界的专家对于启发式教学的实质也有着不同的看法，但目前大多数的学者都趋向于认为启发式教学是一种教学原则和教学指导思想。

启发式教学法强调学生是学习的主体，教师是主导。学生的发展只有依赖其主观能动才能最终实现，外在因素的刺激也只有在转化为学生自身内在需要后才能得以实现。在教学环节中，教师要致力于促成学生迫切的学习心理，从而实现其对知识的自主思考、消化和吸收。启发式教学将学生视为认识活动的主体。在教学过程中，教师以引导为主，注重培养学生的思维，从而实现知识的获得与智能发展的统一。启发式教学不仅注重学生对知识的掌握，更注重培养学生的学习能力。在教学实践中，教师应坚持传授知识和传授方法相结合。

3 启发式教学面临的挑战

启发式教学是一种古老的教学理念，虽然具有旺盛的生命力，但是在新时代依然不可避免地要面临各种挑战。首先，随着新的教学模式的不断推陈出新，启发式教学越来越不受到人们的重视，有人甚至认为启发式教学是一种落后的思想。随着新一轮课程改革的开展，新的教学理念和模式不断地被引入，如“建构主义”“合作学习”“探究式学习”以及“范例教学法”“情境教学法”“暗示教学法”等，都在不断地挤压启发式教学。其次，从目前全国的教育状况来看，应试教育占据了绝对的主导地位，这就使得启发式教育难以找到用武之地。由于应试教育的普遍性，考试和分数成为评定学生和老师水平的唯一指标，在这样的现实面前，以培养学生能力、智力和完美人格为目的的启发式教学难以找到立足的空间。最后，部分教育工作者对于启发式教学的认识过于肤浅，流于形式，影响了启发式教学的实践效果。部分教育工作者将启发式教学简单地理解为一问一答，问题设计缺乏建设性，没有实现真正的启发式教学。

4 启发式教学的现代化

启发式教学是一种科学的、辩证地指导教学实践的思想和理念，并贯穿于不同的教学方法之中。启发式教学理念是符合顺应时代发展的教学指导思想，但是，我们也应该注意到启发式教学这一概念的发生可以追溯到两千年前的春秋时代，在中国现代教育史上启发式教学这一概念是毛泽东在 1929 年《中国共产党红军第四军第九次代表大会决议案》中首次明确提出。站在 21 世纪的今天，我们尽管发现启发式教育的精髓依然能够符合当今时代发展的需要，但在一些具体的实践中还有许多亟待更新的方面。

首先，传统的启发式教学更注重知识的传授，而现代的启发式教学应该将培养人的思维能力，实现人的全面发展作为其教学的目标。在教学实践中，启发式教学应该从强调传授知识转变为着重指导学生学会学习，促进学生在知识、能力和素质上的协调发展。

其次，坚持教师的主导作用与学生的主体作用相结合。教学实践过程中，要激发学生主动参与教学活动，在教学上努力营造一种平等、民主的新型师生关系。要重视学生的个体差异，调动每一个学生学习的主动性、积极性和创造性。始终体现教学以学生为主体的现代教学观念，从而更多地体现出学生在教学中的主体地位。

再次，启发式教学要在立足原有的教学模式之上，对自身进行不断的丰富和发展。随着国外的各种新的教学理念和方法的不断涌入，其中很多的教学模式都蕴含着启发式教学的思想。所以，在教学过程中，我们应当借鉴利用这些新的教学模式，努力挖掘启发式教学的潜力，对这一古老的教学思想进行不断的创新。

最后，教师应该从教学的实际出发，根据不同的教材、学生和教学的目标要求，灵活地对启发式教学的理念加以应用，如此才能使启发式教学在不断的丰富完善中得到创新，充分发挥出启发式教学的效能。

启发式教学作为一种精辟的教学理念应该得到不断的传承和发展。它符合时代的发展和需要，并不是落伍的教学思想。教育工作者们应该深刻理解启发式教学的内涵和意义，将其灵活地运用到教学活动之中，特别是在 21 世纪这个信息化时代，我们不能将启发式教学只停留在问和答上，要引入新的教学手段从而使启发式教学焕发出最大的能量。

参考文献

[1] 朱熹 . 四书章句集注 [M]. 北京：中华书局，2011.

[2] 朱智斌，杨伟东 . 孔子启发式教学与苏格拉底助产术之比较 [J]. 江苏师范大学学报（哲学社会科学版），2017（43）：143–148.

[3] 顾明远 . 教育大辞典 [M]. 上海：上海教育出版社，1990.

[4] 中国大百科全书总编辑委员会《教育》编辑委员会，中国大百科全书出版社编辑部编 . 中国大百科全书・教育 [M]. 北京：中国大百科全书出版社，1985.

[5] 袁振国 . 当代教育学 [M]. 北京：北京教育科学出版社，2004.

[6] 罗必新，付冬梅 . 对现代启发式教学的思考与展望 [J]. 科学教育，2008（6）：1–2.

[7] 第五红艳 . 启发式教学的优化与创新 [J]. 陕西师范大学学报（哲学社会科学版），2004（33）：317–319.

[8] 张忠华，周阳 . 对启发式教学几个问题的探索 [J]. 教育导刊，2009（2）：50–52.

线上线下混合教学模式下的大学英语口语教学探究

■ 张　韬
■ 天津商业大学　300134

摘要　长期以来，大学口语教学因为缺乏目的语环境及教材内容有限、单一等原因，已成为大学教学和学生语言能力的短板。线上线下教学这一新兴教学模式充分发挥网络教学与传统课堂教学的优势，为大学英语口语教学提供了广阔的发展空间。本文着重从教学语料建设、语言环境创建、课程评估体系的完善三个方面，探究在线上线下混合教学模式下如何有效地开展大学英语口语教学，全面提升学生的口语能力、自主学习能力，实现《大学英语课程教学要求》的教学目标，培养学生终身学习的能力。

关键词　**线上线下混合教学模式；口语教学；输入量；互动教学；过程性评估**

2007年，教育部高等教育司颁布的《大学英语课程教学要求》明确指出：大学英语的教学目标是培养学生的英语综合运用能力，特别是听说的能力，使他们在今后的工作中和社会交往中能用英语进行有效的口语和书面交流。其中针对口语表达能力的一般要求是："学生能在学习过程中用英语交流，就某一主题进行讨论，能就日常话题和英语国家的人士进行交流，能就熟悉的话题经准备后做简短的发言，表达比较清楚、语音、语调基本正确。能在交谈中使用基本的会话策略。"传统课堂口语教学由于教材、教学手段单一、中西文化缺失、评价体系不够完善等诸多原因，已成为大学英语教学和学生语言能力的短板。随着网络教育（E-learning）时代的到来，技术对于教育的渗透和变革已成为常态，两者的有机结合意味着学生将从以到教室上课为核心，变成了课堂和线上双重核心、双重平台的概念。线下线上混合式教学模式在扬弃了传统课堂教学和网络教学的优缺点后，必将成为今后教学的基本模式。这一新兴的教育模式也为大学英语口语教学提供了广阔的发展空间，在教学内容、教学形式和教学评估三方面都会产生深远的影响。借助线上众多成熟的英语听说平台，整合适合本校学生学情的优质资源，通过翻转课堂为学生创建线上虚拟语言输入环境与线下互动教学情境相结合的大语境平台，同时增加过程性评估环节，完善口语评估体系，是信息化时代提高大学英语口语教学的有效途径。

1　优化整合线上线下教学资源，加大语言输入量，丰富教学形式

语言学家克拉申（Krashen）指出"可理解性的语言输入"是语言习得的必要条件。传统课堂教学中只依赖课文有限资源、单一的语言输入是导致学生在口语教学中出现无话可说等语言输出困难的主要原因。

1.1　利用线上优质资源，改进现有教材，加大语言输入总量

大学英语口语教材质量良莠不齐，在编写过程中也不可能完全考虑到实际使用教材的学生的具体学情，因此，教师在具体的口语教学中不能盲目依赖教材，需根据每单元的教

学主题和重点、学生的语言水平实际情况，对现有教材中过时、拼凑、不适合实际语言交际规律的材料进行删改、调整。同时借助线上丰富的语料资源和相对成熟的英语手机软件平台，优选直接切合主题、体现时代感、时效性的视听材料，充实现有教材内容，加大语言输入量，使材料内容立体化、多元化、满足学生的差异化、个性化需求。同时，教师应整合线上、线下丰富的思政与文化资源，实现语言教学与思政，人文教学的不断融合。

1.2 利用线上资源，开展形式多样的口语教学活动，提升学生学习兴趣

随着网络技术与英语教育的不断相互渗透，各种形式的英语手机软件如雨后春笋般蓬勃发展并日益成熟，如综合版的可可英语、每日英语；与教材配套的优校园、学习通、学堂在线等。学生通过手机、电脑等移动客户端下载英语手机软件能够随时随地完成英语学习。这些英语学习平台提供了大量的英语视听材料，学生可以根据个人学习兴趣和学习需求选择相应的课程，开展个性化学习，实现知识学习的碎片化，满足学生线上随时随地学习的需求。同时，许多学习平台设计有多种生动有趣的学习活动，如语音模仿秀、单词闯关游戏等，这些寓教于乐、轻松有趣的英语游戏能够有效激发学生学习和练习口语的积极性，教师通过灵活运用这些英语手机软件能够丰富以往单一的教学形式、满足学生的个性化学习，提升学习兴趣和学习效果。

2 创建线上虚拟语言输入环境，实现口语课堂教学交际化

2.1 借助网络资源，创建线上多元、立体的目的语环境

目的语环境缺失是大学英语口语教学费事低效、出现哑巴英语现象的主要原因。线上线下混合式教学模式打破了“课堂 + 课本”的单一语境，借助慕课等信息技术，开发设计出目标语嵌入学习环境的虚拟学习社区，从而弥补了传统课堂教学中目的语环境缺失的大学英语口语教学现状。在信息化教学环境下开展的翻转课堂教学能提供视、听、说的多模态语言环境，更有利于学生将知识转化为技能，学以致用。

2.2 在教学不同阶段设计互动环节，实现口语课堂教学交际化

互动教学是教师、学生、教材、环境这些教学基本因素产生的交互作用，当因素之间产生信息差，就会促使交际主体间进行交流与互动，以填补信息差，促使学生将语言的“陈述知识”转化为“程序知识”，提升学生的语言综合应用能力。因此，互动教学应贯穿于教学的各个环节。例如，在课程导入环节中，教师通过设计话题导入、设疑导入、媒体、创境导入等形式多样的导入方式，在材料、教师、学生、语境中创建信息差，激发学生的学习兴趣和口语表达的强烈动机。在线下课堂口语教学环节中，教师可通过设计主题讨论、辩论、演讲、角色扮演等互动方式，通过师生、生生之间开展语言与信息的沟通、交流，创建真实目的语环境，实现口语课堂教学的交际化。学生之间的合作学习是翻转课堂模式的关键，教师可设计设置开放性问题、讨论等互动活动，组织学生开展思考—结对—分享三步骤的头脑风暴练习，交换、分享意见和看法，培养学生的口语表达能力及思辨能力和合作精神，真正做到“以教师为中心”向“以学生为中心”的模式转变。

3 加大过程性评估比重，完善口语评估体系

鲁南（Nunan）认为，教学大纲分为产品性大纲（product-oriented syllabus）和过程性大纲（process-oriented syllabus）两大类，前者强调教学目的，后者重视教学过程。基于大数据支持的线上教学平台能够成功记录每一个学生的学习时间、学习次数、交流时间、交流次数、作业错误率等情况，为“动态、个性化评价”的实现提供科学、客观的数据支持，教师可以充分了解并分析学生线上学习行为和内容掌握情况，为翻转课堂的教学内容和策略及时调整和顺利展开提供有效的数据支持。同时，线上平台也大大提升了学生的自主学习能力，从而实现教育的根本目标：使学生成为独立、自主、有效的学习者，具有终身学习的能力。

3.1 将过程性评估贯穿于课程内容及组织实施的各个阶段

在课程设计中丰富过程性评价方式与内容，提高过程性评估的比例。在每一个模块的教学设计中都需要教师给出适量、具体的学习任务，通过线上提交，提问答疑，借助雨课堂等数据跟踪、监督学生的学习过程，使学生学有所得，逐步养成自主学习的能力。首先，在课前设计阶段：教师就每一单元主题分组分模块收集、整合优质资源，结合本校学生的英语水平，制定教学目标、设计课前学习任务单，帮助学生在线上自主学习阶段对单元有整体的认知，明确学习目标。其次，在线上教学阶段：教师借助媒体资源，在雨课堂等教学平台上设置的课前预习、课后思政新闻阅读与讨论等线上教学模块中嵌入简单的随堂测试，监督学生的学习监督和学习效果，提高学生学习效率和自主学习能力。嵌入每一模块时长为 10~20 分钟，依据此单元的视频课程设置单元作业或单元考核，进行过程性评价。再次，线下教学阶段：教师对学生在平台上的疑问相应作出解答。开展多种形式的课堂教学活动，组织小组合作互动学习，教师灵活运用合作、探究、任务式等教学方法充分发挥学生的主体能动性，培养学生的创新英语思维与协同合作意识。最后，教师根据学生活动展示情况予以指导与评价，并做好本节课的知识总结，布置课后知识点复习巩固作业，发放下一个单元的课前预习任务单。

3.2 完善课程成绩评定方式

通过加大过程性评估的比例，混合教学模式可全面提升学生的独立思考和自主学习能力。“线上线下”的混合式教学模式的评价质量体系由线上教学平台、教师、学习者及其教学评价共同决定。“线上线下”大学英语课程成绩评定主要包括：线上网络学习记录（20%），课堂考勤（10%），课堂活动展示与评价（25%），作业、练习、测试（45%）。其将形成性评价、过程性评价、终结性评价贯穿于大学英语口语教学的全过程，终结性评价不再占据课程评估中的主要部分，其中课堂活动展示部分的评价采用学生自评、生生互评、教师评价三方评价机制。

4 结语

线上线下混合式教学模式为大学口语教学提供了新的机遇与挑战，对今后师资队伍的建设提出了更高的要求、指明了未来发展方向：全面提升师资质量，打造一支终身学习、不断进取，既懂技术又具扎实的语言功底、深厚的中西文化学养的教师队伍，整体提升师资质量，方能实现“以教师为主导、以学生为主体”的教学方式的转变，胜任线下课堂教学中以文化教学为权重、以批判、创新思维为目的的引领、指导的教师角色和作用。

参考文献

[1] NUNAN D. Syllabus design [M]. Oxford：Oxford University Press，1998.

[2] 教育部高等教育司 . 大学英语课程教学要求 [Z]. 上海：上海高等教育出版社，2007.

[3] 赵平 . 大学英语口语教学中的文化导入 [J]. 安徽农业大学学报（社会科学版），2003（5）：102–104.

大学英语远程网络教学模式初探[①]

■ 段　艳
■ 天津商业大学　300134

摘要　为应对突如其来的疫情，大学英语课程普遍采用远程网络教学的模式展开。缺少了传统教学环节的支持，纯粹的大学英语远程网络教学到底应该如何具体展开呢？教师和学生分别会面临什么样的挑战呢？在本文中，笔者从一线教学实践积累的教学经验出发，尝试对大学英语的网络教学模式进行初步探索。

关键词　**大学英语；网络教学；教学模式**

1　背景

2020 年新冠病毒全球肆虐，人类社会面临着前所未有的挑战。针对新型冠状病毒感染肺炎疫情对高校正常开学和课堂教学造成的影响，教育部印发《关于在疫情防控期间做好普通高等学校在线教学组织与管理工作的指导意见》（以下简称《指导意见》），要求采取政府主导、高校主体、社会参与的方式，共同实施并保障高校在疫情防控期间的在线教学，实现“停课不停教、停课不停学”。包括教育在内的社会各行各业都思考着如何在这场灾难中寻找发展的可能和机会。根据教育部印发《指导意见》，其要求高校在疫情防控期间开展在线教学，实现“停课不停教、停课不停学”。天津商业大学大学外语教学部积极作出响应，以教研室为单位发挥集体备课的优势，为开展线上英语教学做着充分的准备。以“全新版（4）”为例，每一个学习单元老师们都准备了三讲，每一讲都备好了演示文稿课件和相应的练习。

2　网络教学的开展

虽然备课的核心内容已经在团队合作的过程中产生，但是在实际教学中，一线教师到底该如何开展线上教学？如何整合备课材料呢？如何在线上教学环节弥补互动的缺失呢？线上教学应该以什么样的节奏进行呢？这些问题成为摆在每位开展线上教学的老师面前的实实在在的思考题。下面，笔者将结合自己的教学实践对远程网络教学模式进行探索。

笔者在教学进程中，使用的主要教学平台是：词达人、雨课堂、WE Learn（随行课堂）三大学习平台。教学手段包括录课和直播两种形式。教学环节主要由线上导学、自主学习、课堂答疑、课堂小结和线下促学五个环节构成。

2.1　问卷课前准备

在得知要正式开展网络英语教学的前一周，笔者设计了一份“疫情期间大学生在线学习背景调查”的问卷。主要目的有两个：①因为本学期带的是新班，确实对学生不了解，

① 本论文为 2019 年天津商业大学专业“金课”建设项目“大学英语 1（全新版教程）”的阶段性成果，项目号是 19JKJS01022。

这份问卷其中一个目的就是了解学生的英语基础、四六级通过率、学习需求和学习动机等基本情况；②另一个目的就是了解学生进行网络学习的硬件设备情况、网络情况和对学习平台的掌握情况。调查结果反映了在参加问卷的 127 位同学中，有 44.8% 的同学通过了四级；听力和写作是他们最想提高的能力；除了个别同学没有用过雨课堂，绝大部分同学都会使用雨课堂；96% 的同学使用手机进行英语网课学习，70% 的同学有电脑，21% 的同学有 ipad；72% 的同学网络比较流畅，27% 的同学有网但是网络状况不佳。所以，可以看出，这几个教学班基本具备进行网络教学的条件。另外，由于已经有部分同学通过了四级考试，甚至个别同学通过了六级考试，所以，在课堂设计活动时包括布置家庭作业时，教师要注意层次感，尽量设计不同的活动和要求能够满足不同层次和水平的学生的需求。

2.2 教学展开模式

第一个环节是线上导学，用时 20~30 分钟，采用雨课堂语音直播功能或者腾讯会议的形式。精读课分为三讲，每次指导的重点会有所不同：第一讲侧重背景资料和文章结构，第二讲侧重词汇句法和阅读技巧，第三讲侧重写作、口语和错题。听力课可以介绍一些背景资料和词汇拓展。导学环节的作用是帮助学生了解课文重点，为学生进入自主学习做好铺垫。例如，听力中有一则关于格陵兰岛的听力，笔者就请同学们结合图片介绍了一下格陵兰岛的地理位置、天气状况、地貌特征等。还有一则关于空难的听力，笔者就给他们拓展了有关灾难的相关词汇，第四册全新版第一课有很多战役的地名和行进路线，笔者就结合地图把两次战役的主要路线和策略都介绍了一下，便于学生对历史事件有个整体的把握。

第二个环节是自主学习阶段，用时 50~60 分钟，要求学生在雨课堂平台完成精读课、在 WE Learn 平台完成听力课学习或者词达人测试。在线学习会出现部分学生不在线的情况，根据不同情况，笔者会提出不同的要求：①提前完成任务的同学不强求在线打卡，可自行安排学习内容或开启下一阶段的学习；②没有按时参加课堂在线学习同时也没有提交作业的同学须私信老师并说明情况，格式如下：原因说明 + 计划完成的时间。从收集到的学生情况来看，缺勤的原因主要有以下几种：①没有电脑，所以答题速度慢，受影响；②网络不好，无法正常开展学习；③家里有突发状况的，例如有个学生奶奶生病，爸爸妈妈忙，需要她亲自照顾的；④还有就是个人原因，例如忘了或者考驾照去了。没有上课打卡的同学会有一些心理负担，觉得老师会不会指责，我会告诉他们只要说明原因并且计划好完成的时间，就一样算打卡了，这样有特殊情况的同学就会轻松些，也能敞开心扉地聊一聊自己的真实想法。

第三个环节是 10 分钟课堂答疑。如果是个别问题，可以通过雨课堂的学生反馈区进行回复或者微信回复。如果是普遍问题，可以通过雨课堂的语音进行录课发布或者录屏软件制成微视频，发布到微信群里。

第四阶段教师发布课堂小结：①表扬在课堂导入环节积极互动的学生，以点带面，树立榜样；②总结在线学习的完成情况，发截图督促未参加学习的同学说明原因并抓紧完成学习；③对于学生在疫情期间克服各种困难、坚持学习的精神表示肯定，鼓励他们再接再厉。

第五阶段是教师进行课下促学。笔者进行了以下工作。①及时批阅主观题，如口语录音、作文、翻译等。②阶段性反馈，通过问卷调查了解学生对现有教学的感受，及时了解存在的问题；关注学困生；提供教学反思，为今后教学调整提供依据。③除了正课外，鼓励学生每日利用碎片时间学习英语，并自愿把收获记录到“每日英语学习表”里，每周发布一次统计结果。对于坚持学习的同学期末给予奖励。在收集到的学生反馈中，笔者了解到：6%~7% 的学生觉得网络学习有难度，跟不上网络学习的节奏，其中有 2% 的同学觉得自己没有获得感，所以，对于这部分学习困难甚至要掉队的学生，教师应该特别关注，争取给他们提供更多的帮助，或者单独设定任务标准，减少其挫败感。另外，在列举的网络学习困难的原因中，37% 的同学认为自律性差是阻碍自己网络学习成功的原因，此外是不习惯网络学习的方式。所以，在今后的教学中，教师还要注意学生学习自主性的培养。在该学期笔者尝试用小程序设计了一个每日学习打卡表，学生只需根据自己的学习情况进行选择即可，这样每天打卡的学生也不会觉得太麻烦，又能记录自己的成长。每周笔者都会把表格发布到微信群，大家可以相互激励，彼此赶超。因为这是自愿进行的活动，为了鼓励同学们坚持下去，笔者会每天在发布表格的时候注意措辞，尽量让学生们有些新鲜感。在学期末，我再对那些持之以恒的同学给予奖励。

3 大学英语线上教学面临的挑战

经过这段时间的网络教学，笔者深感网课时代给师生们提出了巨大挑战：教师的角色发生了改变，越来越多地成为教学的设计者、指导者和管理者；同时，教师只有不断地更新信息技术和知识，才能促进自我成长，跟上时代的步伐。对学生来说，学生成为学习的主体，网课对学生的自我管理能力提出了较高的要求，其中，学困生和网络学习受限制的学生面临着来自主、客观的各种困难，所以他们需要任课老师的特别关注和关心。

4 结语

《礼记》中有这样一段话：虽有佳肴，弗食不知其旨也。虽有至道，弗学不知其善也。是故学然后知不足，教然后知困。知不足，然后能自反也；知困，然后能自强也。故曰：教学相长也。中国最早的教育论著《礼记·学记》就曾生动系统地解释了“教学相长”的道理，即教和学是相互促进的。在后疫情时代里，每一位教育者需要在教书育人的实践中，不断针对新时期出现的新问题，加强自身的理论学习，努力使自己成为终生学习者，抓住网络教育发展的机遇，重建自己的使命和责任，从而在“教学相长”的良性循环里实现自我成长，成为学生的领路人。

参考文献

[1] 李姗姗 . 基于“互联网 +”时代背景下大学英语教学改革浅议 [J]. 教育革新，2019（12）：80.

[2] 高蕊 . 混合教学模式下大学英语教师信息化素养能力探究 [J]. 中国校外教育，2019（21）：107–108.

重大突发公共卫生事件下大学生网络自主学习能力培养研究①

■ 唐福涛 陈宗博
■ 天津商业大学 300134

摘要 2019年12月，新型冠状病毒在武汉地区暴发，2020年1月底，世界卫生组织宣布，将新型冠状病毒疫情列为国际关注的突发公共卫生事件。按照教育部"停课不停学、学习不延期"的原则，全国所有学校春季延期开学，高校实行网上远程授课模式，这种缺少教师直接干预的远程模式对于大学生自主学习能力是一次考验。因此，在突发公共卫生事件特殊时期，教师要关注学生网络自主学习的特点，从重视新媒体网络应用能力、加强学生自主学习的自控能力、实施有效的学习评价三个方面加强对大学生网络自主学习能力的培养。

关键词 **新型冠状病毒；远程授课；网络自主学习能力**

1 引言

2020年的春天，注定是要被记入史册的一个春天。全世界都被卷入抗击"新冠病毒"疫情的战争中，受疫情的影响，各行各业都处于半歇业状态，高校学生也暂时不返校，课业实行全线上授课新模式，虽然在此期间教师的教学计划仍按原计划进行，但是毕竟和传统面对面交流方式有较大不同，如何在全线上情境下保证学生的学习效率，提高学生利用网络自主学习能力是高校教师亟须解决的问题。

根据教育部文件《关于深化本科教育教学改革，全面提高人才培养质量的意见》(教高〔2019〕6号)，大学生要有广博精深的知识储备，建立合理的知识结构，尤其要具备更新知识即自学或持续学习的终身学习能力。现在是一个网络信息发达的时代，学生可以通过各种手段通过网络资源进行学习，大学教育已经不仅仅在于向学生进行知识的灌输，更重要的是引导学生学会如何学习，培养终身学习的意识和能力。新型冠状病毒肺炎期间，网络是大学生获取各种资源信息的唯一渠道，利用网络资源进行自主学习能力的培养显得尤为重要。

2 疫情下大学生网络自主学习特点

2.1 网络共享极大丰富了学习资源

随着计算机的大众化和网络的普及，人们每天可接受的信息量呈几何倍数递增，百度、微信、微博、数字电视等新媒体技术不断涌现，为网络学习提供了便捷又充足的学习

① 本论文为天津商业大学校青年基金项目"地方本科高校转型中特色性问题及对策研究"的研究成果，项目号是161115。

资源。疫情期间，由于学生不能返校集体学习，各种远程学习办公软件大显身手，腾讯会议、企业微信、华为 WeLink、钉钉、飞书、雨课堂等各种平台在此期间都有不俗的表现，成为远程网络教学的主要工具软件。在疫情防控期间，一些知名的学术资源互联网平台也宣布免费开放平台的部分功能，维普资讯中文期刊和中国知网都表示，将向用户提供相应的免费服务，其中，维普资讯中文期刊的学术论文允许免费下载，而中国知网的"OKMS 汇智"平台也免费开放，极大地方便了师生进行学术资源的下载和学习。此外，一些网络优质公开课如慕课的开放共享，更为大学生在网络中学习优质的课程、接触优质的师资力量提供了渠道。

2.2 网络学习主要靠自觉

大学生教育和中学教育的目标和方式不同，中学教育属于应试教育，学生基本上所有的学习都受老师的指导，大学则侧重于能力和方法的培养。疫情期间，虽然有教师的远程授课及辅导，但是显然与面对面的指导效果还有差距，大学生的自觉学习的能力就显得尤为重要。课堂式的教学都会出现一些学生开小差、玩手机等违反课堂纪律的现象，线上教学教师对纪律的把控显得更为困难，老师们只能负责认真讲授，而学生是否在自觉听课老师是不得而知的，学生在网络学习过程中，很容易一边听课一边浏览网页其他内容而影响学习效率。人都有懒惰思想，大学生心智尚未完全成熟，尤其是在没有任何约束的情况下很容易出现"放飞自我"的状态，在此特殊时期还需要老师和家长的共同监督，使其思想认识上做到自律，真正地做到"宅家不停学"。

2.3 对线上学习结果评价的不确定性

学习的评估一般分为过程性评估和结果性评估，过程性评估是随时随地都发生的，包括课堂出勤率、积极性、作业完成情况，是教学过程中成长型的评价。结果性评价，就是我们比较熟悉的，期中及期末考试直观的分数评价。疫情下全线上的教学模式对于教师、学生都是第一次经历，线上教学模式也呈现出多元化的趋势，对于学习效果的评价也还没有统一标准，甚至对于学期是否能返校考试还都是未知数，所以，对线上学习结果评价的不确定也是影响大学生自主学习的因素之一。

3 培养大学生网络自主学习能力的策略

3.1 教师、学生要加强新媒体网络应用能力

当今网络上信息资源种类繁多、内容丰富，但是庞杂无序，质量良莠不齐，缺乏统一的分类标准，导致自主学习者无从选择。教师作为学生学业的指导者、管理者，应加强各种网络资源的应用能力，对资源进行有效分析与整合，满足各种学生的不同学习需求，尤其是在疫情期间，学生获取知识的范围受到一定的限制，网络几乎成了获取信息的唯一渠道，教师更应及时整合各种网络资源引导学生进行学习。面对突如其来的疫情，作为当代大学生，也应该保持理性的态度和平和的心态，服从学校的安排，尽量做到"宅家不误课，宅家不停学"，对繁杂的网络资源有一定的分析能力，运用正确的观点辨别是非，增强学习的主体性和能动性，发挥网络信息的积极性作用。

3.2 加强学生自主学习的自控能力

理想的自主学习者是围绕某个学习目标，通过多种手段和途径进行自行学习的活动。而我国的教育体系以应试教育为目的，传统的教学方式还是以满堂灌的填鸭式教学为主，学生自主学习能力普遍较差、独立思考的余地小。疫情期间授课形式改为了线上教学，大学生对学习的自我控制首先要从严格管理时间出发，每日的课表、作业都要做好合理时间规划；其次要高效地利用时间，疫情期间虽然有些实践环节无法进行，但是也给我们留出了思考社会现象、查阅文献、论文撰写和数据分析的时间，学生要抓好不同学习阶段的特点，高效利用时间。最后，加强思想品德和人文素养，疫情下的各种社会消息鱼龙混杂，大学生既要有对社会信息持学习思考的态度，又要明辨是非、去伪存真，树立符合大众的、历史潮流的价值取向。

3.3 实施有效的线上学习评价

传统课堂教师对学生学习的评价还是通过课堂出勤率和考试结果相结合的方式。而疫情期间的线上教学，教师对学生学习的评价可以拓展为线上多角度去衡量，主要从网络教学活动的参与情况、网络学习资源的利用情况、课堂作业及期末考试情况三个角度去评价，在这三个角度下，又可以细分出几个二级指标对学生线上学习进行更加全面的衡量以，如表 1，以更体现定性与定量的结合，体现过程性和结果性评价相结合。有效的学习评价还要随时将相关信息反馈学员，以促进学习者更有效地进行自主学习。

表 1　学生学习评价指标体系

一级指标	二级指标
网络教学活动的参与情况	课堂出勤率
	学习时长
	课堂互动情况
网络学习资源的利用情况	资源下载情况
	网络资源使用频率
	网络资源互动
课堂作业及期末考试	课后作业完成率
	期末考试分

4 总结

疫情之下，全新的线上学习提供了一种全新的学习模式，同时也是检验大学生自主学习能力的一次有益探索，教师要在教学过程中关注不同学生的反馈，关注学生出现的问题，引导学生进行自我管理与自主学习，培养数字化学习与终身学习的能力；大学生自身也要顺应网络时代新形势，适应在各种环境下学习的能力，加强自我管控、主动学习的意识，为将来服务社会做好准备。

参考文献

[1] 吴振雄．试析信息化条件下促进学生自主学习的创新教学模式的尝试与研究 [J]. 学周刊，2020（3）：136.

[2] 滕希峰，何琳．新型冠状病毒肺炎疫情下如何培养高校学生使用网络自主学习的能力 [J]. 科技与创新，2020（5）：83–84，86.

[3] 杨晓焱．现代远程网络教学有效性的评价策略 [J]. 高等继续教育学报，2017，30（6）：25–29.

[4] 王瑜．网络传播环境下大学生自主学习能力和创新能力的培养 [J]. 中国成人教育，2013（13）：29–31.

基于大学英语线上教学模式的实践与反思 ①

■ 段 艳
■ 天津商业大学 300134

摘要 信息技术就像是“强心剂”，为大学英语教学带来了无限生机和活力，使教育工作者的视野也不断得到扩展，教学手段得以延伸，学生的学习进入全新时代。作为大学基础课，传统教学模式下的大学英语课程具有人数多、分层教学困难、听说读写译五项基本技能无法在有限的课上时间实现的缺陷。在本文中，笔者将从自己的教学实践出发对大学英语线上教学模式进行反思，在文中尝试回答以上问题，希望能为大学英语教学的未来发展找到一些出路。

关键词 **大学英语；线上教学模式；信息技术**

当今社会信息技术迅速发展，教育产品日新月异，越来越多的教育者开始思索如何将先进的教学手段和教学平台应用到传统的大学英语教学中，从而为英语教学的未来寻找新的突破口。

1 研究背景

1.1 时代背景

与时俱进、适者生存的法则要求大学英语教育者要顺应历史发展和时代要求，在改革中求机遇，在变化中赢生机。大学生的学习需求变化已经远远超出了传统教学模式所能达到的目标。首先，以自然班为单位的教室教学无法因材施教，学生的个性化需求容易被忽视。其次，传统教学模式教学手段单一，无法吸引作为“网络原始居民”的大学生的眼球，导致学生注意力不够集中大大削弱了学习效果。最后，单纯的传统面授课程在有限的课时内无法做到英语学习内容的面面俱到，听说读写译技能的提高需要课下的大量练习，因此，如何激发学生的学习自主性，并做到对学生课下学习的监督和指导是摆在每个教育者面前的难题。

1.2 理论背景

建构主义理论指出学习不是单项的接收和死记硬背的过程。相反，学习是经过教师的引导和组织后，学习者协作探索，不断思考，在原有知识体系的基础上对所接收到的知识重新整合并逐渐吸收内化的过程。这就要求：①教师要因材施教。因为学生的私人经历和体验是迥然不同的，所以造就了学习个体的差异性。教师只有意识到个体学习特点的不同，才能有效地开展教学。②教师应运用探究式教学方法鼓励学生自主学习，通过丰富学

① 本论文为 2019 年天津商业大学专业“金课”建设项目“大学英语 1（全新版教程）”的阶段性成果，项目号是 19JKJS01022。

习者的学习体验帮助学生有效构建新的知识体系。③要努力创造友好愉悦的学习环境。学生不仅可以自由获取充足的学习资料，而且可以与同伴交流讨论，有疑问时可以得到来自同学和老师的帮助和解答。

2 线上教学实践

鉴于时代背景和教学改革的要求，笔者深深意识到大学英语线上教学是未来的必然发展趋势。2020 年新冠疫情的暴发更是将线上教学模式推到了前沿。笔者对线上教学模式的实践开始于 2016 年。在 2016 年至 2018 年期间，笔者在教学班中构建了以蓝墨云班课为基础的混合教学模式。自 2018 年至今，笔者一直在探索基于雨课堂的大学英语教学模式。下面是对这两次教学实践的回顾。

2.1 以蓝墨云班课为基础的混合教学模式

这种混合教学模式分成课前自学、课堂翻转和课后评估三个部分来开展，通过线上自学和线下协作学习实现学生的深度学习和有效学习。在课前自学层次，教师要完成以下相关工作。①制作授课视频，提前发布到蓝墨云课堂线上平台，要求学生完成观看学习。②把学生分成小组对线上平台发布的内容进行讨论，总结知识点，形成演示文稿报告和学习笔记。这些材料要求在线下翻转课堂上向全体同学做展示。在课堂教学阶段，主要采用翻转的形式完成知识点内化等高级认知活动。具体环节如下。①每个学习小组以演示文稿形式进行知识的回顾和梳理。②陈述完毕之后其他组提问，没有学会的同学可在老师和同学的帮助下再次学习相关概念和知识点。③设置一个层次更高的任务，学生分组讨论，共同找出解决问题的方案。④学生分组汇报讨论结果。⑤教师总结评价课堂效果，解答疑问。教师结合学生线上后台的数据和课堂学习的表现进行全面评估。

2.2 基于雨课堂的大学英语教学模式

这种教学模式分为两个阶段进行。在 2019 年，雨课堂的教学模式是融入每节课堂教学中的，是嵌入式的教学方式。作为对传统课堂模式的补充，雨课堂的弹幕、问卷和投屏功能大大增强了学生的参与感和课堂的互动性。另外，雨课堂的出题和阅卷功能使得教师可以获得后台数据，为教学提供参考。点名功能则节省了课堂点名的时间。2020 年新冠疫情暴发，基于雨课堂的教学模式在没有线下课堂教学的支撑下独当一面，并且得到大范围推广。笔者在开展线上教学时主要用到雨课堂的录课和直播两种教学手段。教学环节主要由线上导学、自主学习、课堂答疑、课堂小结和线下促学五个环节构成。线上导学，用时 20~30 分钟，通常采用雨课堂语音直播功能的形式。精读课分为三讲，每次指导的重点会有所不同：第一讲侧重背景资料和文章结构，第二讲侧重词汇句法和阅读技巧，第三讲侧重写作、口语和错题。听力课可以介绍一些背景资料和词汇拓展。导学环节的作用是帮助学生了解课文重点，为学生进入自主学习做好铺垫。随后，学生进入自主学习阶段，用时 50~60 分钟。学生在雨课堂平台完成精读课或者在 WE Learn 平台完成听力课学习或者词达人测试。接下来，笔者会用 10 分钟进行课堂答疑。个别问题：可以通过雨课堂的学生反馈区进行回复或者微信回复。如果是普遍问题：可以通过雨课堂的语音进行录课发布或者录屏软件制成微视频，发布到微信群里。下课后，笔者会进行三个方面的工作。①及时批阅主观题：口语录音、作文、翻译。②阶段性反馈：通过问卷调查了解学生感受及存在的问题；关注学困生；提供教学反思。③除了正课外，鼓励学生每日利用碎片时间学习英语，并自愿把收获记录到“每日英语学习表”里，每周发布一次统计结果。

3 线上教学反思

3.1 线上教学促进课堂学习主体的转变，可有效提升学习效果

首先，大学英语线上教学模式为学生提供了丰富的在线学习资源，不同水平的同学都能根据实际需要找到适合自己的学习材料，学生的获得感不断得到累积，学习更有动力。其次，线上教学模式使得学习形式更加自由灵活。学生利用手机就可以随时随地进行学习，遇到不懂的问题可以反复观看或者线上答疑随时寻求帮助。最后，线上教学模式倒逼学生主动规划学业，有效地调动了他们的参与感，让他们懂得为自己的学习“买单”。

3.2 线上教学对教师和学生提出了挑战，要求教学双方不断调动自身的主观能动性，突破自我，实现成长

线上教学模式要求教师不断更新自己的信息技术知识，能够熟练使用微课、雨课堂等平台开展教学活动。同时，教师要改变固有守旧思维模式，不追求绝对权威，要主动向课堂设计、学习指导和管理的角色转变。在实践的过程中，教师就可以获得专业的发展和自我的成长。学生作为学习的主体，会面临来自网络技术和缺乏自觉性所带来的困难。但是，如果学生能够在教师的帮助下转变观念，按部就班、有条不紊地开展线上活动，自我管理能力必将得到提升，其不仅能收获知识本身，而且能获得学习知识的途径和方法。

3.3 缺失了课堂教学环节的线上教学更加需要温度和温情，要求教师更加关注学生的精神世界和情感需求

线上教学需要配套的学习硬件，例如网络、电脑手机等设备。同时，学生的自律对于线上教学的顺利开展也是不可或缺的。所以，因为网络和能力问题而导致学习困难的同学，特别是家庭经济状况不好的同学需要得到教师的特别关爱。由此，教师要利用其他手段增强与学生的交流沟通，及时了解学习者的精神状态和心理健康，努力帮助他们克服学习上的困难。营造温馨的学习环境能够有效提升线上学习效果。

4 结语

信息技术的发展、数字化时代的到来让我们教育工作者必须要重新审视教学方法和手段，对传统教学方式进行补充、完善和革新。线上教学是顺应历史和社会的必然要求应运而生的。经过笔者的实践，线上教学可在一定程度上成为教室传统教学的延伸，是对课堂教学的有益补充。但同时，线上教学模式对教师和学生也提出了严峻的挑战，需要师生不

断加强学习，克服自身局限性才能突破自我，实现教学相长。总之，作为新的教学形式，线上教学还需要更多的教育工作者投身实践，不断摸索，才能早日形成比较完善的教学理论。

参考文献

[1] 束定芳 . 外语课堂教学中的问题与若干研究课题 [J]. 外语教学与研究，2014，46（3）：446-455.
[2] 陈金萍，高洁，代思师 . 浅谈教师素质与外语课堂教学 [J]. 大学教育，2013（24）：93-94，96.

关于大学英语线上线下教学的几点思考

■ 冯冬琳
■ 天津商业大学　300134

摘要　为响应国家发出的“停课不停教”“停课不停学”的号召，各个高校迅速作出反应，制定各种措施保证网课教学的顺利进行。线上教学具有以往传统线下教学无法比拟的优势，但是传统的课堂教学也有其不可替代性。将线上教学与线下教学充分融合到一起，将成为我们教学常态化的发展方向。

关键词　**线上教学；线下教学**

一场突如其来的疫情席卷了中华大地，新冠肺炎疫情发生以来，习近平总书记高度重视，亲自指挥、亲自部署，主持召开中央政治局常委会会议专题研究疫情防控工作，多次作出重要指示批示。各行各业积极响应党中央的号召，制订各种复工复产计划。对于高校来说，由于学生来自全国各地，防控形势异常严峻，因此，开学必须要等全国疫情基本结束后才能提上日程。基于此，国家发出“停课不停教”“停课不停学”的号召，各个高校也迅速跟进，纷纷制定了各种网上教学的措施并制订了教学计划。

在这样一个背景下，在线教学的推进迫在眉睫。教学无定法，对于网课教学同样如此。线下到线上课程的转变，对于从未有过网络授课经验的老师来讲，可谓一个不小的挑战。从教案的修改、授课内容的调整、授课形式的采用、授课平台的选择，到课堂的组织与实施、作业的布置与批改、学生评价与考核等问题，都需要进行深刻的思考、积极的探索和不断的实践。

1　线上教学的形式和内容

长期以来，在高校教学中，线上教学更多的是作为辅助手段存在，更多地还是依赖于教师的课堂讲授。2020 年伊始的这场疫情，打乱了我们原本生活的节奏，各行各业都不同程度地受到疫情的影响，教育行业的影响更是首当其冲。为了贯彻教育部《关于在疫情防控期间有针对性地做好教师工作若干事项的通知》，切实落实停课不停学，坚决执行新冠病毒疫情防控工作精神，全国高校从接到通知开始，就立即行动起来，投入到开展线上教学的准备工作中去。

由于大学生普遍拥有手机或电脑，教学的硬件设备总体上不成问题，因此，高校网课教学的当务之急就是将学生按照班级组建微信群或腾讯 QQ 群，以方便信息的发布以及教学平台的选择。网上教学平台多种多样，有各自的优势和特点，考虑到大学生学习的特点以及学生呈现全国性分散，所使用的网络稳定性或限制性等各种情况，高校在线上教学中使用雨课堂还是很普遍的。

雨课堂是由学堂在线和清华大学在线教育办公室共同研发的智能终端，其力争在课前—课上—课后的每一个环节都赋予学生全新的体验，最大限度地释放教与学的能量，推动教学改革。雨课堂通过将复杂的信息技术手段融入演示文稿和微信中去，在课外预习与课堂教学间建立了沟通桥梁。通过使用雨课堂，教师可以将带有慕课视频、习题、语音的课件推送到学生手机，同时还可提供个性化报表、自动任务提醒等功能，让教与学更加清晰明了。教师可充分利用雨课堂平台环境优势，将信息技术与教学深度融合，通过分组合作学习、任务驱动教学、网络学习、多元化考核等教学手段，创建智慧课堂，实现学生主动学习、合作学习和快乐学习。从学生角度来看，其可以借助微信平台提供的教学课件、语音提示、练习测试等功能来完成课前预习和课后复习，另外，平台中提供的课外资料还可进一步开阔学生的视野。教师通过微信平台提供的教学资源可以更好地进行备课，其可通过平台提供的统计功能，比如学生的练习测试情况、视频观看次数以及时长等反馈的结果，来获得学员知识掌握的总体情况，动态并有的放矢地调整教学内容。雨课堂这个平台的特点在于无须大规模修改授课方法与原有课件，可以通过在课件上增加部分功能，尤其可以充分利用微信这一学生最常见的社交网络工具，以一种“开放 + 反馈”的教学方式让学生真正参与到学习中去。该软件可以实现“课堂点名”，而且可以让所有学生同时参与课堂提问与回答，并现场给出每个学生的成绩；同时，学生也可以对课件中不明白的地方通过“弹幕”或“标记”的方式实时反馈，让教师进行现场强化或课后总结。

由于开学初网课平台出现过拥堵的情况，各个高校也都提出了合理安排上网时间、错峰教学的要求。因为每个学生的情况各不相同，对于平台使用熟练程度也存在着差异，加之全国各地的网络稳定状态也不尽相同，所以，高校网课教学所秉持的一个共同理念就是不是把老师变成“主播”，而是借助这次特殊时期线上教学开展的机会，在新媒体加持下，使其转变以往的教学理念和教学方法，由知识的传授者转变为学生学习的引导者、帮助者、监督者。同时，考虑到疫情期间学生的心理健康问题，也尽量不让他们在各种网课之间疲于奔命，使用雨课堂更多的是让学生根据自己的时间安排进行自主学习，因为大学生在自觉学习的主观能动性方面以及理解力方面肯定是总体上优于中小学生的。

作为雨课堂的有效补充，很多高校的教师也会同时借助于腾讯视频或钉钉等软件与学生做进一步的沟通与交流，让学生更多地参与到课堂当中去，让其更有身临其境之感。总之，通过各种新媒体手段的融合，让学生的学习不再单一而枯燥，力争使他们在家中的学习也可以取得和在学校学习一样的效果。

2 线上教学的优势与不足

在疫情的特殊时期，网络教学可以保证学生们停课不停学，体验新的教学方式，通过不同的渠道来获取新知识。每一门学科不同的特点决定了其网络教学也应该因地制宜，采取不同的方法，充分利用新媒体所开发的各种资源。

网络授课会受到诸如平台拥堵、承载能力不足等方面因素的干扰，对于大学英语教学来说，可采取教学课件 + 演示文稿 + 视频资源的方式，在演示文稿上设置考察点，要求学生们做好充分的自主学习才能提交作业。考虑到可能发生的网络拥堵问题，根据教学进度的安排，教师可以每周按照课表分批次发布教学内容，也可以建议学生错峰进行学习，对上课签到和提交作业的时间也可适当放宽。

英语学科是一门比较注重互动的学科，因此除了知识点的录播视频、课件、文字教案以及线上拓展视频资源链接之外，教师还要多增加互动环节，增加学生们的参与感，丰富网络英语学习的形式。教师可以要求学生进行线上配音、录音来加强口语训练，向其推荐语言正规、内容健康的电影来强化听力。对于一部分英语基础较好，有学习兴趣的同学，教师也可以向其推荐一些经典名著进行阅读，并引发其思考一些有深度的问题。同时，要组织学生进行定期的在线答疑，交流学习中遇到的问题，也要鼓励学生之间用英语进行交流，减少他们在线学习的枯燥感。

网络教学可以让我们非常便捷地随时随地获取知识，这一点充分满足了疫情期间尽量居家不外出的需求。学生们可以自己在网上获取自己想要的全球的各种教育资源，足不出户也可以接触到更多的优质课程。网络课程的回放功能也满足了有的同学在传统教学模式下没有听懂的困扰，可以自己回放多听几遍、多看几遍，对于不同基础的学生来说，弥补了传统教学“一刀切”的不足。

但是，任何一项新的技术给我们带来便利的同时，也存在着一些先天的不足。网络教学由于不能够做到真正的面对面互动，缺乏真实情感的注入，面授课程具有的趣味性大打折扣，容易引起学生的疲劳枯燥感，毕竟隔着机器与设备的交流与面对面的情感交流没有可比性。教师不能对学生进行现场监督，因此，网络教学对于那些学习自主程度比较高，自学能力比较强的学生来说，效果可能会更好一些。对于平时比较散漫的学生，网络学习可能会增加他们的惰性，使其不能真正利用好网络教学的平台，导致这段时期的学习裹足不前，甚至倒退。面授课程中教师比较容易把握每个学生的各种变化，可以进行一些个性化的指导，网络教学中学生有没有真正学会某些知识点也不是很容易评判出来。面授课程可以把学生组织起来，进行一些集体活动，但是在网络教学中，学生都是以独立的学习者身份出现的，教师很难去模拟一个真实的社交场合或场景让学生去参与、去实践。

网络教学不可能完全取代面授课程，只是目前特殊时期的权宜之计，其可以作为面授课程的辅助手段或有效补充。学生们在面对这样一种新的学习方式时，也应该主动调整心态、积极配合教学、确保学习效率，早日回到熟悉的课堂中去。

3 总结

这次疫情为我们提出了新的挑战，也为我们的网络教学提出了更高的要求。教师要及时转化思路，打破原有的思维定式，积极探索多种有效的网络教学手段，熟练掌握各个教学平台的使用方法，确保特殊时期学生停课不停学，让学生在体验新型教学模式的同时，使他们掌握应有的知识和技能。网络教学带给我们很多便利，也提供了各种优质课程供学生进行选择，但是由于缺乏面授课程面对面交流的感情注入，互动性不强，对学生的监督和个性化指导也比较弱化。我们要进一步积极探索，将网络教学与面授课程有机地结合起来，使网络教学真正成为传统授课模式的强力辅助和有效补充。

参考文献

[1] 冯鹏 . 基于雨课堂的新型课堂教学资源共享模式研究 [J] . 新课程研究，2019（1）：3-5.
[2] 王秀珍 . 基于雨课堂的智慧教学模式构建 [J] . 计算机教育，2018（4）：139-142.

浅谈疫情背景下的大学英语自主性学习 ①

■ 庞 莹
■ 天津商业大学 300134

摘要 本文从疫情防控期间的特殊条件出发，分析了疫情对于大学英语自主性学习的推动作用，简要探讨了全线上教学背景下大学英语自主性学习需要注意的问题，以期更好地应对突发事件下的大学英语教学，保证教学活动的顺利进行。

关键词 **疫情；自主性学习；大学英语**

自主性学习能力的培养越来越多地得到大学英语教育界的重视。然而，在当前的主流教学模式中，自主学习仅仅是课堂教学的辅助和补充，学生并没有真正参与整个学习过程的各个环节中，他们的主动性和自主性并没有机会发挥。在新冠疫情防控期间，在“停课不停学，停课不停教”的指导方针下，各高校进行了全网络授课，这种模式推动了自主学习的开展，促进了自主性学习模式的理论研究和实践探索。

1 疫情防控期间的特殊形势提供了自主性学习的外部条件

自主性学习要求学习者自主决定学习整个过程。但是由于软硬件条件的限制，高等院校的大学英语课堂尚不能成为有效地进行自主学习的场所。在这样的条件下，教学策略也不能完全满足学生自主学习的需要。课堂上执行的仍然是教师为主导的学生被动学习的教学模式。

在疫情防控期间，学生的被动地位和被动学习状况得到了改变。特殊形势下“停课不停学，停课不停教”的指导方针，使得包括大学英语在内的几乎所有课程都不得不采取“全线上”“云学习”的教学模式和学习模式。这就为学生的自主学习创造了外部条件。

首先，疫情期间的线上教学加速了从“以教师为中心”向“以学生为中心”的转变。疫情期间的居家学习打破了教室的界限，使得学生和教师、教师和教师之间的互动方式发生了转变。在常规的以课堂教学为主、课外自主学习为辅的教学模式中，教师是英语教学活动的中心。教师负责统一制定学习目标、学习内容和学习计划，负责选择教学方法，并负责监控学习过程以及评估学习目标的实现。这就很难体现个性化的需求，更何谈因材施教？而疫情期间，在实时互动方面，线上课堂无法达到线下课堂的效果，教师更无法实时监控学生的学习情况。这种局限性迫使教师转变教学理念，进行教学模式的改革，不再手把手地教；而学生也需要更为熟悉、接受并适应翻转式教学等“互联网 +”教学方式，学习在教师的指导下，对自己的学习活动发挥更强的自主性和自制力。

其次，疫情期间各种学术资源的免费开放使得学生得到了丰富的多元的自主学习资

---

① 本论文为 2020 年天津商业大学“课程思政”改革课程建设项目“新视野大学英语”的阶段性成果，项目号是 TJCUKCSZ202001。

源。学习资源指的是辅助学习者进行学习活动的内部和外部的条件，其对学生的自主性学习起到推动和辅助的功能。学习资源主要包括信息资源、人力资源和环境资源。其中，信息资源指的是教科书以外的各种学习参考书籍、辅导资料、学习媒体等，为学生自主学习提供新知识和新信息的补充。疫情防控期间，众多的网络教学资源和教学平台向教师和学生免费开放，如雨课堂、中国大学慕课、智慧树、超星学习通、WE Learn（随行课堂）、Unipus 平台等。这些教学资源无论在量上，还是在质上，都是对以往课堂教学资源的极大提升，拓展了课堂的深度和广度，使课前预习、课内学习、课后复习以及评估考察等学习活动的各个方面都有可以参考的多样化的丰富资源。对于教师而言，丰富的网络资源使教学素材和教学方式拥有了更多的可能性。对于学生而言，这些平台不仅提供了在线学习的海量教学资源，还可以进行课堂互动，参与测试评估。这些丰富的学习资料和学习方式有利于促进学生对学习资源的批判性选择和自主学习能力的提升，而这些能力的培养在信息资源快速更迭的时代背景下格外重要。

最后，全线上教学摆脱了硬性的课程时间地点安排，留给了学生足够的自主学习空间，为其带来了更多的自主性学习机会。

2 自主性学习应注意的问题

自主性学习要求以学生作为学习活动的中心，但这并不意味着放任学生自己学习。相反，教师在学习活动各个环节中仍然起着不可或缺的作用。较之于常规课堂教学，教师对学生的指导、帮助和监督需要更细心、更全面、更策略地进行，突出地表现在如下几个方面。

2.1 教师对学生的指导和帮助

首先，在制定学习目标、学习内容并制订学习计划的过程中，教师必须提供给学生必要的引导和帮助。学习目标的制定、学习内容的选取仍要以教学大纲为依据，并且结合不同学生的个性化特点，要考虑到不同学生的语言基础、性格特点、软硬件条件等。其次，在学习方式上，教师也应该为学生提供合理的建议，比如线上学习平台的选择、学习资料的取舍等。再次，针对学习方式的转变，教师也要改变评分方法。传统的课堂教学或混合式教学单一地以课堂表现和测试成绩为纲。在线上教学中，教学平台的稳定性、数据收集的延迟性甚至数据易被操纵和改变的特点都可能影响学习数据和测试成绩的准确性，因此，教师要灵活利用网络平台，建立多元化的机动的评价方式。最后，由于学生语言基础和能力不同，教师要为学困生提供适当的录播或直播课文串演，为全体学生安排答疑和互动。

2.2 教师要起到重要的督学作用

一方面，特殊时期的特殊形势使得学生被动地接受纯线上学习，但这并不意味着所有学生全部具备自主性学习的内在条件。学生突然地面对全线上教学，他们对于这种学习方式没有任何心理准备，大部分学生感到无所适从，部分学生居家学习自觉性和纪律性很差，惰性很强。而对于几乎所有学生而言，长时间面对屏幕学习，没有教师与学生、学生与学生的互动，疲惫感和倦怠情绪都是难以避免的。这就需要教师利用平台数据进行管理、监控和提醒。另一方面，硬件设备的局限、网络的卡顿不时造成学习的中断、学习数据的延后甚至缺失，增大了在线自主学习的难度，造成了学生的挫败感。这就需要教师灵活处理平台学习数据，并且利用即时通信设备，保持与学生的及时沟通，激励甚至开导学生。

总之，在疫情防控期间，自主性学习发挥了其不可替代的作用。随着经济社会的发展，全球往来的增多，各种突发状况可能会更加频繁地发生，这就更需要我们在理论和实践上研究自主性学习，以应对更加复杂的形势。

参考文献

[1] 庞维国 . 自主学习—学与教的原理和策略 [M]. 上海：华东师范大学出版社，2003.

基于 SPOC 的线上线下混合式教学模式探究①

■ 张雅文
■ 天津商业大学 300134

摘要 随着互联网技术的飞速发展，大学英语教学改革逐渐与信息技术手段融合，基于SPOC的线上线下混合式教学模式应运而生。本文从SPOC的发展出发，阐述该教学模式的理论指导和教学模式，分析线上线下学习相结合的优势及该模式存在的问题并尝试给出建议，为大学英语教学改革提出新思路。

关键词 **SPOC；线上线下混合式教学；互联网**

1 引言

在网络技术飞速发展的21世纪，“互联网+教育”的概念逐渐被引入大学英语课程改革之路。在2007年教育部发布的《大学英语课程教学要求》明确提出大学英语课程应与新信息技术不断融合，引导学生自主学习，促进学生的个性化发展。2018年，教育部颁布的《教育信息化2.0行动计划》中提出，要“构建网络化、数字化、智能化、个性化、终身化的教育体系，建设人人皆学、处处能学、时时可学的学习型社会”。

随着5G网络、智能终端的普及与发展，移动互联网已渗透到日常工作和生活之中，尤其在青年人群中备受青睐。语言学习的目的是交流，外语教育的重要环节是交互。传统课堂由于受时空所限，难以保证所有学生都实现交流互动。而移动互联网具有交互性、泛在性、即时性等特点，为外语教学打破课堂边界、将语言输入与输出贯穿整个学习过程创造了条件。因此，将信息手段引入大学英语教学改革，实现线上线下混合式教学模式，是教育改革与发展的必经之路。

2 SPOC 的发展与其理论基础

2.1 SPOC 的由来与发展

在高校外语教学信息化改革的道路上，翻转课堂、微课、慕课（Massive Open Online Courses，MOOC）、私播课（Small Private Online Courses，SPOC）等概念不断涌现。MOOC最早起源于西方国家，2012年引入国内后逐渐流行起来。MOOC平台提供大量来自名校的教学课程，在教学视频、课件、测试习题等学习资源的基础上，还提供该课程教师的线上辅导、讨论区、作业区等互动平台，使学习者能够随时随地与教师或其他学习者进行交流。然而，由于其内容及发布时间不能更改，有时难以将其与校内现有课程实现有机结合。由此，SPOC的教学模式应运而生。该模式最早由加州大学伯克利分校的阿曼

① 本论文为2019年天津商业大学校级“金课”建设项目“大学英语3（新视野教程）”的阶段性成果，项目号是19JKJS01020；2020年天津商业大学线上线下混合式课程建设项目“大学英语4（新视野教程）”的阶段性成果，项目号是20ZXJXZX0136。

多·福克斯教授提出并开展实践，后来引起国内教育学者的关注，并逐渐应用于高校校本课程的研发与提升中。SPOC 以 MOOC 为基础，由本校教师或教学团队根据教学对象学情和教学内容，对 MOOC 课程进行修改和再创造。同步 SPOC 可由本校教师根据需求对 MOOC 内容进行删除或增加。而异步 SPOC 则更为灵活，教师可以自主选择学习内容的发布时间，甚至在原教学视频、课件等教学资源内容基础上直接进行修改。

基于 SPOC 的线上线下混合式教学模式，以培养学生的自主学习、主动探索能力和引导其个性化发展为目的。该模式主要由建构主义理论和人本主义理论作为理论指导。

2.2 建构主义理论

建构主义理论由瑞士著名心理学家皮亚杰提出，而后越来越多的心理学家、教育学家在此基础上从更多层面对该理论的内容加以丰富。建构主义理论认为，知识不是通过教师传授获得，而是学习者借助必需的学习资料，在一定情境下通过意义建构的方式获得的。也就是说，学习者不是被动接受知识，而是主动发现、获取和建构知识。基于 SPOC 的线上线下混合式教学设计，目的就是培养学生主动学习、自主学习的能力，实现在教师的帮助和指导下，学生主动发现、习得知识的过程。

2.3 人本主义教育理论

大学英语的学习者自身水平存在差异，如果采用“一刀切”的方法，势必不能满足不同学习者的学习需求。而西方的人本主义教育思想及理论，可以为大学英语教学改革提供思路。20 世纪 50 年代末，以罗杰斯、马斯洛等为代表的人本主义流派在美国兴起，随后这些理论进入教育学领域，逐步发展成为人本主义教育教学观。其中，罗杰斯提到，教育的目的是“促进变化和学习”，在学习过程中，“人”的因素被强调。该理论重视人的存在价值和自我实现，认为适当的条件和环境能够激发学生的自我学习潜能，其人格也能得到充分的发展。基于 SPOC 的线上线下混合式教学模式赋予学生以广阔的自我发展空间，学生能够根据自己的能力水平，在教师指导下实现个性化学习，其学习能力、独立思考能力也能得到拓展。

3 线上线下混合式教学的优势

3.1 打破时间、空间的局限，将语言学习贯穿整个学习过程

在该模式下，学生可在课外随时随地通过网络进行碎片式、泛在性的学习，完成课前和课后的学习任务，使学习更加灵活，不再局限于特定时间和地点。由于网络具有即时反馈的特点，教师可以即时通过在线学习平台与学生进行反馈交流，将课堂互动延伸至课外，实现了全过程的语言教学及互动。

3.2 整合多重学习资源，实现学生的自主学习和个性化发展

教师根据学情整合不同平台的教学资源，并发布到 SPOC 平台上。学生在学习教师发布的 SPOC 视频、音频等学习材料时，可以根据自身情况调整学习节奏，实现了个性化教学。教师在设置在线学习任务时，根据学生水平发布难易程度不同的输入性材料和学习任务，引导学生根据自身能力、水平选择合适的学习材料和任务，从而实现分级教学，

满足不同水平学生的个性化发展。

3.3 增加形成性评价，调动学生的学习主动性和积极性

线上学习平台具有强大的数据分析功能，根据教师需求，能够将学生的在线学习数据进行分析、计算。教师不仅可以监督学生的学习情况，还能够将数据作为形成性评价结果，在每一个教学环节之后都设置不同难度、不同形式的评价过程，以测促学，调动学生的学习积极性。与终结性评价相比，形成性评价将整个学习过程纳入评价体系，评价指标不仅限于知识水平，还包括能力水平和情感态度，更贴合语言学习的目标和要求。

4 基于 SPOC 的线上线下混合式教学模式

基于 SPOC 的线上线下混合式教学模式，可划分为课前、课中、课后三个教学过程。课前，教师发布线上 SPOC 教学视频及学习资料，内容可以是本单元的主题讨论、背景知识介绍或者重、难点的讲授。教师还可以根据主题内容设置课前分组学习任务，学生利用线上平台进行协作学习，为线下课堂做准备。课中以线下翻转课堂为教学形式，以学生学习为主，教师起引导作用。课堂教学内容可以是学生根据教师发布的学习任务进行主动输出，包括在单元主题下的演讲、汇报、小组展示、讨论、辩论等形式，也可以是对重点、难点的进一步思考与探索。课后再回归到线上学习，学生通过在线学习平台，完成本单元的课下任务，与教师进行一对一的互动，达到个性化学习的目的。线上线下混合式教学模式将语言的学习贯穿学习的全过程，学生通过网络进行碎片式的泛在学习，课堂上，教师将学生习得的碎片性知识进行系统的整合，实现了线下传统教学与线上第二课堂的有机结合。

5 基于 SPOC 的线上线下混合式教学的问题与建议

线上教学的改革仍处于探索阶段，目前还存在着一些亟待解决的问题。

由于缺乏教师面对面的督促，在进行线上学习时，学生可能缺乏自制力而使学习变成休闲娱乐的附属品，从而使线上学习流于形式。教师应引导学生主动学习，选取适合学生年龄特点、符合学生兴趣需求的视频、音频等输入材料，调动学生的学习兴趣；还可以将线上任务设置为不同节点的子任务，使学生在完成每个子任务时获得成就感和满足感，从而激发其学习动力。

此外，互联网具有信息量大、搜索范围广的特点，因此，学生在进行自主线上学习时，可能会接触到过多的输入材料和资源，在各种材料和资源中进行选择的过程，可能会陷入迷茫和困惑。在进行线上教学活动时，教师不能放任自流，而应对学生输入性材料的选择给予适当的指导和帮助，引导学生选择适合自己水平的学习材料，从而达到个性化发展。

6 结语

传统的课堂教学模式局限于固定的时间和地点，教学内容往往停留在基础的语言知识

学习上，而用于学生语言能力培养和情感价值塑造的时间非常有限。线上线下混合式教学的模式打破了传统教学的时空局限性，将语言学习延伸至课堂以外，实现了师生和生生之间的全程交互。该教学模式将较为简单的语言输入性学习放在课前，而在课上进行语言输出性训练等能力培养和价值塑造，从而同步实现了语言的工具性和人文性教学。SPOC 的学习模式，更加适合校本化混合式课程的课程建设，符合学生的学习水平，满足了学生的个性化发展需求。然而，目前线上线下混合式教学尚不成熟，如何进一步完善线上线下混合式教学模式，是值得大学英语教师思考的问题。

参考文献

[1] 教育部高等教育司 . 大学英语课程教学要求 [M]. 北京：高等教育出版社，2007.

[2] 陈娅冰，赵志豪 . 线上线下混合教学的便捷模式探讨 [J]. 教育现代化，2018，5（20）：121–123，130.

[3] 刘芳 . 基于建构主义理论的大学英语“问题教学法”研究 [J]. 海外英语，2019（18）：113–114.

[4] 许辉 . 基于人本主义理论的大学英语分层教学实践探索 [J]. 教育评论，2018（9）：125–129.

[5] 周云 . 移动互联视域下的大学英语智慧教学模式研究 [J]. 现代教育技术，2016，26（12）：79–85.

[6] 苏涛涛 . 互联网背景下“线上线下”大学英语混合式教学模式探索 [J]. 中国多媒体与网络教学学报（上旬刊），2019（9）：176–177.

"以用促学"理念下的大学英语网络在线课堂活动

■ 高 存
■ 天津商业大学 300134

摘要 课堂活动设计一直是大学英语教学的核心课题之一。当前时期，大规模网络课程的开展，是一次对现实课堂的冲击。课程技术与手段的革新，呼唤课堂活动设计上的变革。本文便顺应这一趋势，积极挖掘网络虚拟课堂的优势，设计了既能充分发挥其打破时空限制的优势，又能激发学生主观能动性的"以用促学"的课堂活动。

关键词 **网络教学；大学英语；"以用促学"；课堂活动**

课堂活动设计一直是大学英语教学的核心课题之一。为最大限度地发挥学生的主观能动性与参与度，提升教学效果，有关课堂活动设计的研究与探讨从未停止。近年来，网络教学平台的兴起、慕课的推广，已经从实质上正面对传统课堂与教师角色发起了挑战。而当前大规模网络课程的开展，更是一次对现实课堂的直接冲击。对此，教育部高等教育司司长吴岩给出了明确的论断，"……在线教学已经成为中国高等教育和世界高等教育的重要发展方向"，"我们再也不可能、也不应该退回到疫情发生之前的教与学状态"。课程技术与手段的革新、课堂模式的转型、教师角色的转换，都呼唤课堂活动设计上的变革。本文便顺应这一趋势，以大学英语教学为阵地，以大学一年级非英语专业学生为研究对象，阐述了对网络在线教学课堂活动设计进行的一次尝试。

1 课堂活动设计理念的变革

在课堂活动设计理念上，笔者尝试了从传统课堂的"以教促学"到网络在线课堂的"以用促学"的变革。事实上，在传统课堂的教学中，学者们已经开始了关于这一理念变革的探讨。王雁冰（2013）针对课堂中师生互动不够的问题，提出重语言应用能力的课堂活动理念。微课、慕课形式的出现，进一步加速了从"以教促学"到"以用促学"的变革进程。翻转课堂中，学生输出活动的设计与增加便是力证。李京南、伍忠杰（2015）认为，翻转课堂带来的可观的读写量，为课堂有效输出提供了更多机会，促进了学生参与的积极性。胡杰辉（2017）通过对比研究得出语言输入学习只有在与语言输出互动协同时，才能最大程度发挥促学功能的结论。

但无论是完全意义上的传统课堂，还是适当引入了微课、慕课后的翻转课堂，均因受制于实体课堂面授的限制，而得不到真正的时间与空间上的延展。而这次涉及全国 1454 所高校、103 万教师、1226 万门次课程、合计 23 亿人次，被称为"世界高等教育史上前所未有的创举"的在线教学，因其规模大、范围广、程度深，才真正实现了由"以教促学"到"以用促学"的过渡与变革。

2 课堂活动实施手段的变革

课堂活动理念的变革是通过手段变革加以实现的。这次为应对疫情而开展的“全球范围内的首次实验”，之所以能在较短时间内，在全国高校几乎同步实现，主要依托于近年来网络专业学习平台的开发、实验与应用，以及慕课资源的不断建设与发展壮大。

大规模线上教学之前，超星学习通、智慧树、雨课堂等专业学习平台已经开始被尝试用于进行课堂辅助教学、翻转课堂及混合式教学。如汪静（2019）、王志丽（2018）基于超星学习通分别探讨了其在大学英语教学模式和《综合英语》混合式教学模式中的应用。胡瑞娟（2019）、吕原丽等（2019）则分别探讨了雨课堂在大学英语混合式教学、综合英语与专业英语教学中的应用。中国高校外语慕课（UMOOCs）也被在一定范围内应用于大学英语课堂（杨永林，2019；罗莎，2018；尚云鹤，2017）。

大规模线上课程开展后，除上述专业学习平台外，腾讯会议、钉钉、ZOOM、腾讯QQ 群课堂等即时通信软件也被用于课堂教学；北外网课、WE Learn 平台、U 校园等出版社自主学习平台免费开放；外研社 Unipus、WE 外语教学等外语教学类公众号被大面积推广。专业学习平台、直播平台、慕课、出版社资源平台、公众号等综合手段的运用，使“以用促学”的理念在网络环境下的课堂中变为现实。多个教学平台与多种手段的结合使用，使得大学英语课堂活动不仅实现了从“教什么”到“学什么”的转变，更重要的是，从“学什么”过渡到在输出与使用中学习、“以用促学”。

3 课堂活动内容的变革

教学理念的变革与教学手段的革新，主要通过课堂活动内容与设计的变革体现。笔者在此以大学英语课程为对象，以班级群互动平台为依托，介绍基于“以学促用”理念的课堂活动设计。

在网络环境中，教师可将班级群，特别是能实现实时点对点文字交流、语音互动、保留互动痕迹又兼具发送撤回功能的腾讯 QQ 群，视为组织课堂活动的主阵地。鉴于线上互动中，学生需要具有实时手机或电脑输入信息的承受力，以及参与的积极性与兴趣保持度，课堂活动时间以 30 分钟、更换 3 至 4 种为宜。可以在活动命名中选取能吸引学生注意力、激发学生兴趣的题目。笔者以下面 4 个活动为例，展示线上虚拟课堂互动的开展过程。

3.1 选择立场（Taking Sides）

Do you think college education should be seen as a means for economic betterment or a means for human betterment？ State your reasons briefly.

这个活动是让学生在掌握篇章主题与结构基础上，围绕篇章的核心问题，引导学生进行思考与发言。第一步是让全体学生选择立场，将最简化的表述以文字形式输入班群中。在此基础上，进入第二个步骤的准备过程，即鼓励学生根据篇章本身内容，或从阅读积累的语料中引用支持个人观点的材料，以最快的速度，简单写一至两个英文句子，避免学生发言时言之无物，减弱参与度。第三步，陈述并录音，以语音条形式发送至班群，教师在每位同学发言后即给出反馈。第四步，鼓励学生收听其他同学发言后，对与其个人立场相左的观点，进行针锋相对的反击，及时发送语音条。第五步，教师以语音形式给出总体点评。

与传统课堂相比，网络平台虚拟课堂的优势在于，允许多名学生同时以文字或语音形式表达立场，避免了真实课堂中需一一发言，时间空间上不能重叠的弊端。这一以篇章中具有争议的问题为发端，引导学生选择立场、发言并辩论的活动，可促使学生进行独立思考与思辨，并快速理解与吸收篇章内容，提取观点，从而达到“以用促学”的目的。

3.2 速读速测（Read and Check）

这个活动以外研社 Unipus 公众号中的热点词汇与新闻为依托。第一步，学生迅速浏览并记忆图片中的热点词汇；第二步，教师随机进行词汇层面与阅读理解层面的测试，包括英汉互译、回答问题与判断正误等，学生可选择输入文字或发送语音条，进行抢答，教师即时给予反馈和评价；第三步，教师评选出作答最快、最准确的学生，予以表扬。

学生在输入语言后，马上进行输出，在抢答规则的推动下，他们为了排名，会对热点词汇与新闻进行反复阅读与记忆。较之传统课堂，虚拟课堂有效地避免了面对面参与活动时的顾虑与胆怯的心理，以更加灵活新奇的方式激励学生积极参与，踊跃回答，调动了其主观能动性。

3.3 Read and Report（速读速报）

这项课堂活动选取的语料主要源于《中国日报》英文版、“BBC Learning English”以及“VOA Special English”中的英语新闻。第一步，将标题与开篇段落发送至班级群，要求学生速读并记忆信息，给出时间限定；第二步，撤回新闻，要求学生凭借记忆，以文字或语音形式汇报自己能记忆的所有信息；第三步，将原稿再次上传，学生获得第二次阅读机会，要求他们关注新信息；第四步，撤回新闻，学生只汇报获取的新信息。

发送并撤回新闻稿，这是网络独有而传统课堂无法实现的功能。在开展课堂活动的过程中，学生一致反映，这种形式非常新颖有趣，有效训练了他们快速阅读与提取信息的能力，因为文字稿转瞬即逝，学生为了达到输出与使用的目的，在新闻阅读中投入了更大的专注力，“以用促学”的理念得以实践。

4 结语

在高校开始全面线上授课之初，正如教师从开始的“一点紧张”甚至“一些抱怨”，到慢慢的“从容”与“兴奋”，电脑另一端的学生也正经历着非常相似的心路历程。本文积极挖掘网络虚拟课堂的优势，因势利导，设计了既能充分发挥网络打破时空限制的优势，又能激发学生主观能动性与积极性的虚拟课堂活动，打破了师生心理上的围墙，实现了在某种程度上超越传统课堂的教学效果。

参考文献

[1] 王雁冰 . 当前大学英语课堂教学存在的问题及对策 [J]. 教育探索，2013（5）：40–41.

[2] 李京南，伍忠杰 . 大学英语翻转课堂的实践与反思 [J]. 中国外语，2015（6）：4–9.

[3] 胡杰辉 . 外语翻转课堂促学效能差异的对比研究 [J]. 外语界，2017（6）：20–28.

[4] 汪静 . 基于泛雅平台和学习通的大学英语教学模式研究 [J]. 北京城市学院学报，2019（4）：28–32.

[5] 王志丽 . 基于超星学习通的《综合英语》混合式教学模式改革 [J]. 辽东学院学报（社会科学版），2018（3）：121–126.

[6] 胡瑞娟 . 基于蓝墨云班课和雨课堂的大学英语混合式学习研究 [J]. 湖北开放职业学院学报，2019（7）：156–157.

[7] 吕原丽，苏华，吴晅 . 雨课堂在专业英语教学中的应用 [J]. 教育教学论坛，2019（1）：168–169.

[8] 杨永林 . 大学英语在线课程及其建设 [J]. 外语教学，2019（1）：53–58.

[9] 罗莎 . 基于慕课的大学英语翻转课堂环境评价 [J]. 外语电化教学，2018（4）：16–22.

[10] 尚云鹤，大学英语教学中慕课资源的运用研究 [J]. 中国电化教育，2017（7）：125–130.

基于“腾讯会议+雨课堂”的线上教学实践
——以“Spend or save—The student’s dilemma”为例

■ 贾玉梅
■ 天津商业大学 300134

摘要 新冠肺炎疫情期间，各高校全面开展了多种形式的在线教学，高校教师在实践中探索了在线教学的新模式。本研究基于“腾讯会议”和“雨课堂”这两个平台相结合的线上教学形式，探究在线教学给大学英语教学带来的新变化。

关键词 **腾讯会议；雨课堂；线上教学；平台资源**

2020年伊始，一场突如其来的新型冠状病毒肺炎疫情打乱了国人正常的工作和生活，也打乱了全国各个高校既定的教学计划。2月下旬本应是大学生返回校园、开始新学期学习的时间，但为了遏制疫情蔓延，打赢疫情防控阻击战，教育部要求高等学校组织和实施在线教学。天津商业大学积极响应号召，充分利用优质在线课程教学资源，依托各类在线课程平台、校内网络学习空间等，积极开展线上授课和线上学习等在线教学活动，保证了疫情防控期间的教学进度和教学质量，实现了“停课不停教、停课不停学”。

大学英语课程是天津商业大学的必修公共基础课，大学外语教学部的老师们承担着全校各学院、各专业所有大一和大二年级学生的英语教学任务。因此，保证大学英语课程在线教学的顺利进行是全校教学工作的重中之重。如何在这种教师与学生空间分离，无法面对面交流互动的情形下，让教师的教学行为对学生的学习行为起到真正的促进作用是大学外语教学部所有教师共同面对的一道难题。老师们挖空心思、想尽各种办法重组教学资源，建立以班级为单位的英语学习微信群，为每个教学单元都制作了精美实用的演示文稿课件（其中包括音频、视频、动画等生动的教学资源），通过直播授课的方式与学生进行远程授课，保证教学的实效性。学生可以根据自己的实际情况反复观看课件内容，针对知识薄弱环节加以巩固。他们虽然不能当面向老师提问，但可以在班级群里随时与老师交流、沟通。这样的做法能激发学生的学习积极性和参与度，从而保证在线教学质量。

“雨课堂”是一个非常受欢迎的线上教学平台，“腾讯会议”是一个应用广泛的直播平台，将这两者结合起来，作为大学英语在线教学的辅助平台，能够充分发挥其各自的特色，做到优势互补。教师通过“雨课堂”提前把自己的教学设计上传给学生，学生打开手机“雨课堂”就可以进行课前预习、同步上课和课后复习。教师还可以通过“雨课堂”提供的实时数据，掌握学生预习、课上和复习的情况。“腾讯会议”则为师生营造出了一种在线下教室上课的氛围，教师通过共享屏幕功能将演示文稿课件传递给学生，同时进行实时同步讲解。学生进入“腾讯会议”后看共享屏幕，听老师讲解，有问题可以随时打开话筒向老师提问。

下面就以《新视野大学英语读写教程》第三版第二册第五单元课文 A 为例，说明如何利用“雨课堂”和“腾讯会议”进行在线教学。

1 第一阶段：课前

在正式开始课文讲授之前的一个星期，教师将课件通过“雨课堂”发布给学生，让学生提前对课文主要讲述的内容有一个大致的了解。课件中包括三个视频和一个演示文稿文档：视频内容主要涉及当今时代人们的消费观念以及广告如何激发人们的购买欲；演示文稿文档里面包括从孔子的《论语》、老子的《道德经》和诸葛亮的《诫子书》中节选的片段。学生预习全部课件内容，就可以体会到中国古代思想家无一例外地把崇尚节俭当作一种美德：孔子视富贵如浮云，节俭是老子的三大法宝之一，诸葛亮的“静以修身，俭以养德”更是耳熟能详的千古名句。而随着时代的发展，人们的消费观念也在悄然发生着变化，从几个视频中，学生能够看到越来越多的中国人已经接受了西方超前消费的理念，“花呗”“白条”等支付方式正在逐步走进人们的生活。

发布课件三天后，教师在手机“雨课堂”上查看学生的预习情况，然后在班级微信群里提醒还没有完成预习的学生。发布课件五天后，教师在班级微信群里给学生布置一道思考题：Do you prefer to spend or save？ Why？ 这道题紧扣课文标题，又与大学生的日常生活密切相关，学生对这个话题十分感兴趣。

2 第二阶段：课上

教师提前半小时在班级群里发布“腾讯会议号码”和“雨课堂”二维码，等待学生陆续进入会议和课堂的同时，监督学生的出勤情况。课上的第一个环节是让学生就思考题发表自己的看法，想要发言的学生直接在“腾讯会议”上解除静音，开启视频，逐个表述个人观点。有几个学生认为人生苦短，应及时行乐，并坦言自己属于 spend-all group（“月光族”）；也有一些学生为了个人和家庭的未来着想，认为应该多存点钱，以备不时之需。这种意见分歧恰恰是教师希望看到的结果，因为文章的作者正是通过对比 spend（花钱）和 save（存钱）这对矛盾体，来告诫大学生一定要学会平衡它们（spending 和 saving），才能在人生旅途中乘风破浪，勇往直前。

接下来是问卷调查环节，教师用“腾讯会议”的共享屏幕功能，与学生共享“雨课堂”演示文稿，然后通过“雨课堂”发送问卷题目，限定作答时间。这样做的目的一是统计问卷结果，给学生一个反馈；二是抽查班上的学生是否在跟着老师的课堂进度走，给那些走神、溜号的学生一个提醒。问卷一共有六道选择题：① What's the main source of your daily expenses？ ② How much are your monthly expenses？③ Do you spend money based on your budget？④ What costs most of your money as a college student？⑤ Suppose you run out of money，what would you do to maintain your life？⑥ If you have extra money，do you prefer to save or spend it immediately？

学生在选择答案的过程中，能够对自己的消费习惯有一个清晰的认知，另外，通过老师展示的全班同学的作答结果，同学们可以了解周围同龄人的消费特点，取长补短，最终形成良好的消费习惯，这将让他们受益终生。

以问卷第五题为例：Suppose you run out of money, what would you do to maintain your life？ 可供选择的四个选项如下。

A. Ask parents for more money

B. Do a part-time job

C. Get money from Campus Loan

D. Borrow money from other students

绝大多数学生都选了 A，少数学生选了 B 或者 D，这种结果完全在情理之中。只有一名学生选择了 C，虽然是个别现象，但是教师应该警觉起来，追问选了 C 的这名学生是否真正理解什么是 Campus Loan？学生的回答是学校提供的助学贷款，果然学生并不知道 Campus Loan 的含义。于是，教师可以就这个话题展开讲解，帮助学生认识 Student Loan（助学贷款）和 Campus Loan（校园贷）的区别，明确指出 Campus Loan 的巨大危害。

后面的课时里，教师继续在平台和课件的辅助下，针对文章结构，针对对比的写作手法以及重要的语言点作出讲解。

3 第三阶段：课后

学生需要完成书上的课后练习，另外，教师会在“雨课堂”发布与课文内容相关的测验题，主要包括选择、填空、翻译句子等题型。学生完成后，教师根据“雨课堂”提供的评分数据，分析学生的学习情况，掌握学生的薄弱环节，从而调整下一步的教学计划。

总之，“腾讯会议 + 雨课堂”的线上教学模式既能够实现实时同步课件展示和语音讲解，又能增加学生的课堂参与度，还能够让教师随时监督学生预习和完成作业的情况。在线教学给高校教师提出了新的挑战，我们要以此为契机，探索新的教学模式，运用各种信息技术平台，为学生打造丰富、灵活、便捷、智慧的互联网教学环境。

参考文献

[1] 王帅国．雨课堂：移动互联网与大数据背景下的智慧教学工具 [J]. 现代教育技术，2017（5）：26–32.

[2] 黄成龙．雨课堂让教学更轻松 [J]. 科教文汇，2016（12）：27–28.

[3] 高小磊．“互联网 +”时代的大学英语教学反思 [J]. 辽宁广播电视大学学报，2018（27）：57.

高校网络教学对英语教师的要求

■ 张　勍
■ 天津商业大学　300134

摘要　2019—2020 学年第二学期，全国高校开启了网络教学模式，这在大学英语教学的历史上是一次前所未有的巨大挑战，也是一次里程碑似的变革。中国传统课堂教学模式在师生中根深蒂固，新型教学模式势必存在着各种难以适应和亟待解决的问题，这就要求高校英语教师勇于承担新时代的新使命，迎难而上，不断进取，战胜难题。本文旨在从高校英语教学的发展、网络教学的优势和欠缺着手，探讨进入数字化教学时代英语教师应该具备的个人素质。

关键词　**大学英语；网络教学；现状；发展；要求**

随着全球经济一体化的发展和互联网的大面积普及，高等教育发生了翻天覆地的变化。教育是立国之本、强国之路，要顺应时代，跟上科技发展的步伐，利用现有信息渠道、网络为依托，切实改进教学水平，全面提高学生的学习能力，进而推动国家发展，早日实现中华民族的伟大复兴。

1　大学英语教学的分析

教育不仅是教书的过程，更是育人的过程，这个过程从婴儿出生就开始了，一直到生命终止才结束，所谓“活到老，学到老”。甚至于，有一种理念认为，教育从胚胎形成期就开始了，也就是我们所认知的“胎教”，给胎儿听音乐、讲故事，都是早期教育的雏形。生命之初，家长和家庭环境就是教育者，中国流传着一句老话“有其父必有其子”，就是这个道理，什么样的家庭环境和家长，就会教育出不同的孩子。随着年龄的增长，幼儿园、小学、中学、大学成为人一生中的各个接受教育的环境和场所。学生从学校毕业后，步入社会，生活变成了教育者。学生在不同阶段从教师那里接收到客观的理解，在自己的学习和生活实践中进行验证，最终形成自己独立的世界观、人生观和价值观。教育对人能够产生持久而又深刻的影响，并不能只停留在理论层面，它是一种综合性的具体的而且必须是一种实践活动，教育能提高学生的整体素质，受过教育的学生应该得到全面发展。

教学是教育的基本途径，是实现教育目的的重要手段。大学英语教学改革已开展多年，仍然存在着一些需要改进的地方：教学模式、教学方法、教学评价仍然没有达到预期的效果。传统的大学英语教学模式以阅读讲解为主，辅以听力、口语、写作。这种注重知识信息输入的教学模式，对学生听说能力的培养是个短板，学生写作能力的提高更是难上加难。信息时代的社会对学生听口能力的要求很高，包括翻译和写作的输出能力的培养也亟待提高，以满足高速发展的社会对新时代人才的需求。从教学方法的角度来说，传统的英语课堂教学注重知识的输入，教师在备课环节准备大量的单词讲解、词语搭配、句型结构，在课堂教学的过程中逐一向学生灌输。这种单一的教学方式不利于学生学习兴趣的提高和教学质量的整体改进。课堂氛围枯燥会造成学生心理上对英语学习的恐惧和压抑，以至于影响其学习兴趣和成绩。大学英语教师应该在教学模式和教学方法上作出大胆的变革，此外，对学生学习情况的反馈也应在传统书面考试的基础上加以调整。

2 网络教学与课堂教学相比的优势

2019—2020 学年第二学期，对于传统中国教育行业来说，注定是充满艰辛的不平凡的一个学期。全国甚至全球陷入了前所未有的教育危机。横扫全球的新冠疫情，突如其来，利用信息时代、利用网络作为媒介进行英语教学活动成为一种全新的模式。

网络教学打破了传统教室教学中教师占绝对主导地位的旧模式，真正实现了以学生为主体、不受时间和空间的限制、相对自由的教学理念。网络学习对学生学习自主性、学习时间规划能力都提出了很高的要求，有利于培养学生对知识的渴求度和探索能力。学生要获取知识，从传统的被动听取教师的讲解，转变为利用各种学习工具和资源，主动构建知识结构，寻找信息，这显然有利于其创新能力的提升。

学习内容变得丰富有趣，除传统的课本、黑板、多媒体之外，学生可以获取大量的网络资源，英文原版音、视频可调动学生的多种感官，使其共同参与学习过程，也有助于听力、阅读能力的练习，增强学习的趣味性和弹性。以网络技术作为支撑，学生可以调整自己的学习进度，有了充分的学习资源，使学生打造符合个人学习习惯和知识需求的学习计划成为可能。

3 网络教学的必要条件

根据教育部对阶段性网络教学的指导意见，大学英语网络教学可以采用直播、录播、在线慕课、课件讲解的方式中的某一种，或者混合进行。要顺利完成网络教学的过程，我们首先要保证网络畅通，杜绝安全隐患，在面临各种有可能出现的突发可能性的情况下，提前做好第二预案是必不可少的保证网络教学的条件。网络教学利用网络作为媒介是一种便捷有效的学习方法，但是与教室教学相比少了很多教师与学生之间、学生与学生之间面对面的有效沟通，这就有可能造成信息的损失，情感沟通的减少也会对学生心理、情绪有所损伤。长期面对没有感情色彩的计算机，对学生世界观、人生观的形成带来误区，也有可能导致学生机械性的思维模式。这对大学英语教师提出了新的要求，也是其不可推卸的责任。

高校英语教师在网络知识教学的过程中，更应该注重与学生进行情感的沟通，了解学生在语言学习中存在的问题和障碍。教师应做好学习资料的选择，及时减轻过度灌输和资源过剩对学生造成的心理压力。适当安排学生分析问题和口语表达的活动，避免学生长期接触网络引发孤独寂寞、情绪低落、抑郁不快。正向引导学生形成良好的学习习惯和健康的心理状态。多提醒多督促，完善学习评估方案，教师可用问卷调查的方式及时了解学生的学习和心理动向，随时反馈，尽快解决。

教师应该定期接受培训，以获取最新信息技术知识和技能，与此同时，不断更迭软件和硬件设备也是顺利进行网络教学的一项必备要求。在网络学习过程中，教师对于学生不要过分苛责，允许学生存在从传统学习向网络学习的过渡和缓冲期。教师应全方位开发网络学习的知识性、信息性的优势，增强网络教学的吸引力，同时发挥学生的潜能，使学生尽快适应网络学习的新模式，集中精神，增强认知动力，达到网络教学的效果和目的。

4 总结

顺应时代的发展，大学英语教师这个群体在高校教师队伍中占一定的比例，为培养出合格的英语语言工作者，对其的相关培训和要求不能松懈，应使其注重网络教学中各个容易出问题的环节，提高英语教学的全面性，进行网络教学的改进，加强师生交流的方式，利用网络的便利条件，及时进行教学评估和意见反馈，督促其做好提高、改进和完善工作，把网络教学打造成新教学模式的又一成就。

参考文献

[1] 潘凌云 . 关于大学英语教学现状及其发展的思考 [J]. 校园英语，2017（45）：71.

[3] 李影 . 大学英语教学质量管理——评《大学英语教学评价研究》[J]. 高教发展与评估，2018，34（4）：4.

利用翻转课堂将社会热点与传统文化融入教学——大学英语思政教育探索

■ 张晓娟
■ 天津商业大学　300134

摘要　大学英语是高等教育阶段一门开设广泛的基础课程，其承担着传授语言功能和技巧的基本任务，同时也肩负着教书育人的重要使命。在践行社会主义核心价值观的过程中，将社会热点与传统文化等思政教育潜移默化地融入大学英语教学是时代的召唤，也是历史的必然。但如何有效地将两者进行结合，还需要各个方面不断地协调与配合，才能探索出行之有效的途径，使其发挥切实的作用。利用翻转课堂，充分发挥学生的积极性和创造性，达到润物细无声的成效，这也许是大学英语课程与思政教育的有效结合点。

关键词　**翻转课堂；社会热点；传统文化**

习近平总书记曾经在全国高校思想政治工作会议上指出："要利用好课堂教学这个主渠道，思想政治理论课要坚持在改进中加强，提升思想政治教育亲和力和针对性，满足学生成长发展需求和期待，其他各门课都要守好一段渠、种好责任田，使各类课程与思想政治理论课同向同行，形成协同效应。"这是习总书记对课堂教学提出的新的任务和使命。思想政治教育不仅仅局限于思想政治课程。每门课程都可以也应该成为宣传正能量的一个阵地，大学英语也不例外。不仅如此，利用翻转课堂的方式，大学英语更容易讲好中国故事，更接近社会热点，使学生在英语学习的同时也能沐浴思政教育的阳光。

1　大学英语课程设置现状与翻转课堂的优势

1.1　课程设置现状

目前，多数高等院校每周安排了三到四课时的大学英语课程，听力课隔周进行一次。这样的课程设置可以用较为紧密来形容。这样的安排有利于巩固学生的知识点，强化语言的不间断性，能够较好地帮助学生回顾并掌握所学知识。值得我们注意的是，很多大学英语课程还是单纯停留在讲授语言与西方文化上，这是远远跟不上时代步伐的。当今国际形势风云变幻，英语课程绝不仅仅是语言文化传播的阵地、与世界沟通的桥梁，更应该成为培养学生民族自信心与自豪感的坚强堡垒。

必须承认，当前的大学英语课程经过多年的发展与改革，仍然存在一些不足。例如，课堂教学单纯注重语言能力本身，未能将当前中国乃至世界的热点现象及时融入教学内容当中。更有甚者，某些学校生硬地将教学成效与学生的四六级考试情况绑定在一起，唯成绩论的情况时有发生。这些情况使一些老师在不断思考，在大学英语教学中融入思政教育是不是切实可行呢？我们要发挥大学英语本身的优势，改变现有大学英语课程的不足，必须将翻转课堂切切实实地融入英语教学中。

1.2 翻转课堂的优势

翻转课堂是对传统课堂教学的升级和改进，它打破了传统课堂的以老师教授为主、学生倾听的教学模式。学生也成了课堂的主体，让学生充分参与到课堂活动中。教师与学生进行有效互动，老师在课堂上引导学生进行讨论，为学生解答部分难点，让学生学习如何将所学知识真正用于实践当中。

翻转课堂相对于传统课堂，有其自身的优势。首先，它增强了师生之间的互动，有利于促进学生之间、学生与教师的交流。英语教学是语言教学，其突出特点就是着眼于语言的应用。有效的互动是学习语言的必要途径。翻转课堂能够为学生的表达与输出提供更为广阔自由的空间。其次，翻转课堂能够发挥学生的主体地位，激发其积极性与创造性，并满足同学不同的需求。在翻转课堂中，学生成为课堂教学的主动参与者，他们可以充分发挥自身优势。而教师在制定学习任务时，也能够照顾到学生的不同特点，有针对性地布置任务并予以测评。

2 将社会热点与传统文化通过翻转课堂融入英语教学

2.1 必要性与重要性

目前，大学英语的教材对中国传统文化的介绍不足，因而没有形成一定的系统。如果仅仅依照课本，博大精深的传统文化在英语课堂中很难得以展现，更不用说让学生熟知了。同时，当前教学的重点仍然更多地放在了语言教学本身上，对社会热点事件不能及时更新。事实上，当代的大学生是极其敏锐并积极向上的，他们关注社会发生的各种热门事件。因而，如果能够抓住契机，联系社会热点事件向学生介绍传统文化，将能够起到事半功倍的成效。再者，传统的教学模式是老师主讲，学生聆听。这种教学模式从某种程度上也阻碍了学生发挥主观能动性，使其难以深入体会文章背后的思想政治意义。在这样的环境下，一些高等院校还对大学英语不够重视，没有认识到大学英语在思政教育方面所发挥的积极作用。因此，一些高等学府并没有为大学英语教师提供必要的支持与条件，甚至还单纯凭借学生的学业成绩对教师的教学进行评定，阻碍了大学英语教师发挥自身的主观能动性，创造性地引入思政教育。面对诸多挑战和困难，利用翻转课堂，并将社会热点与传统文化融入英语教学，就成为大学英语课程思政的迫切需求了。

2.2 方式与手段

具体而言，可采取如下方式，将课程思政全方位融入大学英语教学当中。

课前，挖掘思政元素，布置课前准备内容。在学生上课前一周，教师就可根据课本主要内容，充分思考思政元素，并鼓励学生根据自己的兴趣点和语言水平，准备相应的课堂内容。其形式可多种多样：录制视频、编写对话、准备演讲稿件和歌曲等。鼓励学生尽可能地将课本与实际相联系，搜寻相关的传统文化内容，并关注一些时事内容。

课中，践行翻转课堂，充分发挥学生主体地位。课堂仍然是学生汲取知识的重要场所。与传统课堂所不同的是，学生在翻转课堂中要全力融入课堂，成为课堂的主人。教师可以采用灵活多样的形式，帮助学生展示并交流自己的课前准备成果。例如，教师可以将学生根据准备内容的形式进行分组，让小组成员进行交流，调整自己的内容，形成小组一致性的展示成果。教师对整体情况进行把控，点评小组成果，并延展思政内容，拓展学生的知识层面。

课后，联系社会形势，将课堂延伸至日常生活。大学生是国家未来的栋梁与希望，他们绝不能两耳不闻窗外事，一心只读圣贤书。教师在日常教学中，也应该紧密联系国内外热点时事，深入挖掘思政点。当前，新型冠状病毒导致所有学校延期开学。高等院校也转而实施了网上教学。新型冠状病毒肆虐时期，典型人物的担当成为媒体报道的对象和人们颂扬的典范。教师在授课过程中可以将国家在防控疫情期间的有力领导、英雄的“逆行”担当、全民的理解与配合贯穿始终。此外，特殊时期，学生居家与家人长期相处，可能会产生一些心理变化，教师需要注意引导。

3 结语

教育的兴衰关系着国家未来的命运。社会所需要的不仅是拥有顶尖科学技能的各类知识人才，更是具有良好道德和较高政治素养的公民。大学英语教学不仅肩负着培养掌握英语语言技能的人才的责任，也承担着向学生传达正确道德价值观的使命。利用翻转课堂，将包括社会热点与传统文化在内的思政教育融入大学英语教学，是时代赋予大学英语教师的使命。

参考文献

[1] 把思想政治工作贯穿教育教学全过程开创我国高等教育事业发展新局面 [N]. 中国教育报，2016-12-09.

[2] 侯芳，“网络直播 + 翻转课堂”在高校思政教育中的创新应用研究 [J]. 教育教学论坛，2020（11）：66-67.

学习心理学在大学英语教学中的应用

■ 李　莉
■ 天津商业大学　300134

摘要　学习和实践学习心理学理论对增强当代大学生自信心和自我效能感，提高学生学习效率和在生活、工作环境中的灵活性及适应性具有重要意义。本文集中探讨将学习心理学的知识有机融合到大学英语教学实践的必要性和可行性。

关键词　**学习心理学；大学英语；终身学习**

了解当代大学生的心理特点是顺利开展大学英语教学的先决条件之一。教师在教学过程中应用学习心理学的相关观点对于学生吸收课堂知识、掌握英语技能具有不可替代的作用。大学英语教师有必要抽出时间系统了解学习心理学尤其是其中的行为主义理论、社会认知理论、认知主义、社会文化理论的相关知识，在教学过程中积极实践，并采用研讨会等方式探讨学习和实践心得。

1　可操作性强的学习心理学知识

1.1　行为主义理论

行为主义理论认为学习可能引起行为或心理表征及连接方式的改变。学生心理表征及其连接方式发生长期改变，学生的行为发生积极的改变，学生才能对书本里的知识和周围的世界进行有效的重构。另一个可以借鉴的理论是教学的极简原则：只有最简洁的理论才是有效的理论。教师需要用简练明确的语言开展精心设计的教学环节，精讲多练，实现功能最优化。

1.2　社会认知理论

社会认知理论研究环境因素和认知因素对个体学习行为的影响作用。其中一个重要的因子自我效能感对于个体学习的很多方面具有重要影响，如活动选择、目标设定、努力程度及坚持程度。而学习者的情感情绪尤其是老师传递的信息对学习者起到了很大的作用。教师一方面需要减少学生的压力水平，及时肯定学生的努力及进步，帮助学生建立自我效能感；另一方面要增加各个班级的集体效能感，通过在班内树立典型，利用榜样的力量，培养积极自信、良性竞争的班级氛围，整体提高学生学习水平。

1.3　认知主义

认知主义是研究和解释人类学习的主导理论观点，主要包括格式塔心理学和言语学习研究。格式塔心理学给我们的启示是整体大于部分。教学中，学生对于阅读听力材料的整体把握应该排在首位。填空、选择等题目设计固然能考查学生对内容细节的精准把握，但整体理解材料内容更为重要。

言语学习研究给我们的启示是在系列学习中，学生对前面几个项目和后面几个项目的识记比较容易，对中间项目的识记相对困难。教学中，教师应强化中间部分的内容的讲授，并提醒学生课下加强相关内容的学习和记忆，以便巩固教学效果。教师可以采取增强学生的卷入程度，增加讲授内容的意义程度、具体程度、可操作程度、易于组织程度等多种有效举措，支持和提升学生认知过程。

1.4 社会文化理论

人类的学习会在很大程度上受到所处环境的影响，体现在对学习者学习的促进或制约上。社会文化理论一个重要原则是合作学习。在合作学习中，同一小组的学生共同努力、互相影响，为达到共同目标而学习。学习者能够将能力强、积极努力的同学作为榜样，学生的知识水平和意志力在有意识的学习和无意识的模仿过程中得到提升。实践证明，经过精心设计和实施的小组学习能极大地提高学生的学习积极性、自我效能及学业成绩。

2 应用学习心理学的必要性

2.1 了解学生的身心发展水平及特征

想要提高教学水平，实现教学效果，教师需要在第一时间对学生进行深入了解。教师有必要了解学生的生理基础结构和心理特征，才能掌握这个年龄段的学生的共性，采取普适、高效的教学实践；同时，还要用辩证的视角看待学生的身心特点，把握学生的个体特殊性；学生不可能是一成不变的，用发展的观点看待学生也是必不可少的。

学生的学能水平各不相同。对于学能明显有别于平均水平的同学，教师需要为其制定不同的学习目标和学习内容，避免学生因为跟不上进度或者实现不了潜能而丧失动力及兴趣。对于听觉有损伤的同学也要更为关注，要根据其实际情况开展教学，加强听力应试技巧策略方面的指导。

学生的心智发展水平也不尽相同。有的同学比同龄人幼稚，没有掌握必要的学习生活能力。有的同学在成长过程中得到的心理及社会资源相对有限，性格较为内向，甚至孤僻。这都需要教师倾注更多耐心，为其量身打造学习计划并提供更多语言输出的机会。

2.2 为实现终身学习保驾护航

终身学习对于学生的生活和工作有着至关重要的作用。学生只有随时更新自己的知识体系才能在社会上生存。大学阶段的英语学习不但要教会学生听说读写译等方面的知识技能，更重要的是培养和保持学生的学习兴趣和学习自觉性，教授高效学习方法并且帮助学生建立终身学习的意识及能力。

教师需要重视培养学生的自我调节能力，使学生能够自主设定标准和目标，进行自我观察、自我评估、自我反应及自我反思。因为课上时间有限，学生备考大学英语四、六级考试需要利用课下的时间。教师需要布置任务，定期了解学生的进度。对于自律性较差及英语学能较低的同学，前期要加强监督，帮助调整学习计划，后期要鼓励学生自觉、自主完成学习任务，不能一味包办代替。

3 学习心理学在课内外的应用

3.1 语言教学实践中的社会文化要素

教师要意识到中国的学生乃至亚洲各国的学生受儒家文化的影响，存在着习惯于听讲，不习惯提问；听得少，说得更少；善于输入，输出困难；语法扎实，不会应用；认真听讲，不善批判思维等问题，他们急需加强泛读及泛听练习，可以利用无意识识记的理论，鼓励学生利用碎片时间和睡前的时间，通过看美剧、听热点新闻等方式更多地接触真实语料。

在教学中，教师可以更多加入中外文化要素和社会热点内容，使学生在提高翻译写作水平的同时了解国际动态，增强民族认同感和自信心，为日后顺利融入社会做好准备。

教师可提供更多合作学习的机会，帮助学生分成小组，共同完成诸如演讲、辩论等具体的任务。教师在意识到合作学习积极效应的同时，还要留心其潜在的缺陷。有的小组可能不具备自己探索的能力，可能会使用错误的策略方法；有的小组成员可能付出不够，学不到相应的知识，而且会使其他付出多的同学产生不满情绪。

教师需要关注各组的协同情况，尤其关注能力较弱、自觉性较差的小组。教师需要制定清晰具体的学习大纲，组建异质性的小组，小组成员不要超过六个人，使得小组活动能够顺利、有效开展。

3.2 教授实用的学习策略

学习策略对于学生的学业成就有着重要作用，但很多同学没能自主发展出有效的学习策略。教师有必要讲授诸如有意义学习、精细化、组织化、记笔记、辨别重要信息、知识迁移和记忆术等学习策略，并在课内外结合学习任务给学生更多机会实践和内化这些策略。

学生笔记的质与量与学习水平成正相关，学生的笔记有着很大不同。教师有必要教授记笔记的策略技巧，使学生意识到相对综合、包括主要观点和相应细节的笔记会对日后的信息提取更为有效。学生还需要在课后对之前的笔记进行整理和组织，对笔记进行意义的加工。教师可以将重点写在黑板上并反复提及，还可以展示内容的框架，帮助学生了解学习目的及教学目标，锻炼学生的组织归纳能力。

知识迁移能力也是学生需要具备的一项重要技能。老师可以通过教授诸如元认知、编码及提取的策略，让学生将一个情境中学到的知识技能运用到其他情景，解决各种具体问题，并在学生遇到前面学过的知识对后面的学习产生负面影响时及时给予指导纠正。

3.3 培养学生批判性思维

受学生人格特性及社会文化背景的影响，当代大学生普遍缺乏批判性思维。教师需要鼓励学生批判地看待学到的知识，同时也要提醒学生对权威保持应有的尊重，以保证学生能顺利融入社会，与他人和谐相处。英语课堂可以通过辩论等方式促进学生对知识点的深入思考，同时锻炼学生口语表达能力及逻辑思维能力。

3.4 课下为学生提供指导和帮助

课下，教师们除了要对学习有困难的同学提供指导之外，还应该抽出时间为有实际困难的同学提供帮助。比如提醒听力受损的同学及时就医，帮助心理调适能力差的同学更好地适应学校生活和学习规律。必要时，教师要为有实际困难的同学提供心理及社会资源，尽一切所能为顺利开展教学活动扫清障碍。

4 结论

学生的情绪、态度及学习能力对学习效果有着重要影响。大学英语教师有必要通过掌握学习心理学知识了解学生实际需求，帮助学生解决其在生活学习方面的问题；利用学习心理学知识开展丰富、高效的教学活动，教授实用的学习策略，培养学生的批判性思维，为学生适应社会、实现终身学习保驾护航。

参考文献

[1] 贺天庆 . 大学教育心理学理论与健康教育研究——评《大学生心理学》[J]. 中国学校卫生，2020，41（3）：316.

[2] 张晓春 . 心理学在学校教育的应用研究——评《学校教育心理学》[J]. 化学教育（中英文），2020，41（5）：113.

[3] 李佳 . 研究教育心理学与跨文化交际能力的培养 [J]. 心理月刊，2020，15（1）：25–26.

课程思政背景下中国优秀传统文化融入大学英语教学的研究①

■ 张丽丽
■ 天津商业大学　300134

摘要　本文在课程思政背景下，明确中国优秀传统文化教育在大学英语教学中的必要性，并针对中国优秀传统文化失语现状，分析背后的原因，探究将中国优秀传统文化有机融入大学英语教学的有效途径。

关键词　**课程思政；中国优秀传统文化；大学英语教学**

在课程思政大背景下，针对中国文化失语现象，将中国优秀传统文化这一课程思政的重要环节有机融入大学英语教学中，是与时俱进的时代需求、提高文化自信的必然要求和增强跨文化能力重要途径，因此，探究如何实现两者的有机融合有着极其重要的现实意义。

1　中国优秀传统文化融入大学英语教学的必要性

1.1　中国优秀传统文化融入大学英语教学是课程思政的重要环节

培养什么人、怎样培养人、为谁培养人是教育的根本问题，立德树人成效是检验高校一切工作的根本标准。2016 年 12 月，习近平总书记在全国高校思想政治工作会议上强调，要坚持把立德树人作为中心环节，把思想政治工作贯穿教育教学全过程。2017 年 2 月，中共中央、国务院印发《关于加强和改进新形势下高校思想政治工作的意见》，提出"三全育人"教育理念。2020 年 5 月，教育部印发《高等学校课程思政建设指导纲要》，强调把思想政治教育贯穿人才培养体系，全面推进高校课程思政建设，发挥好每门课程的育人作用。

2017 年颁布的《大学英语教学指南》指出大学英语作为"大多数非英语专业学生在本科教育阶段必修的公共基础课程，在人才培养方面具有不可替代的重要作用"，大学外语教学因其覆盖面广、受益群体大、课时量大、开课时间长、中外交融多、课堂互动多、注重价值引领等特点，在课程思政建设上具有举足轻重的地位。而中国优秀传统文化本身就蕴含着丰富的思想道德元素，绵延五千多年的中华文明成为中华儿女的立身处世之道，传承中国优秀传统文化也是每个人的历史使命。因此，充分挖掘和发挥中国优秀传统文化在德育上的良性作用，坚持立德树人，将其有机融入大学英语教学，对实现"三全育人"尤为重要。

① 本论文为 2020 年天津商业大学本科教学改革研究项目"《新视野大学英语》1、2 册中国文化思政语料研究与应用"的阶段性成果，项目号是 TJCUJG202002。

1.2 中国优秀传统文化融入大学英语教学是与时俱进的时代需要

中国优秀传统文化蕴含着的丰富思想道德教育资源，在当今社会具有十分重要的现实意义。习近平强调社会主义核心价值观必须“依托中国优秀传统文化”，要做到“进教材、进课堂、进头脑”。2017 年 1 月 25 日，中共中央办公厅、国务院办公厅印发了《关于实施中华优秀传统文化传承发展工程的意见》，对中国优秀传统文化的传承和发展做了全面阐述，提供了根本方向和重要遵循。习近平总书记也曾在十九大开幕式上指出，“要深入挖掘中华优秀传统文化蕴含的思想观念、人文精神、道德规范，结合时代要求继承创新，让中华文化展现出永久魅力和时代精神”。将中国优秀传统文化融入课堂教学，可以更好地构筑中国精神和中国价值，同时也可为世界问题提供中国方案和中国智慧，用实际行动诠释人类命运共同体，这是与时俱进的时代需要。

1.3 中国优秀传统文化融入大学英语教学是提高文化自信的必然要求

自十八大以来，习近平总书记多次提到文化自信，并在于 2016 年召开的中国共产党成立 95 周年大会上将文化自信特别阐释为更基础、更广泛、更深厚的自信。“文化是一个国家、一个民族的灵魂。一个民族如果没有强大的文化引领，就必然迷茫而失去方向；一个国家如果没有强大的文化支撑，就必然软弱而没有力量”。作为最深厚的文化软实力，中国优秀传统文化积淀着中华民族最深沉的精神追求和价值寄托。因此，将中国优秀传统文化融入大学英语教学中，不断增强学生的文化自信，提高学生用英语讲述中国故事的能力，培养中国文化的合格传播者，就成了提高文化自信的必然要求。

1.4 中国优秀传统文化融入大学英语教学是增强跨文化能力的重要途径

《大学英语教学指南》把大学英语课程定位为“工具性和人文性双重性质”，大学英语课程旨在提高学生的语言能力、人文素养和跨文化沟通能力，能有效传播中华传统文化，进而增强国家话语权和文化软实力。因此，正确定位跨文化能力，不仅要将西方文化介绍进来，更要将中国优秀传统文化介绍出去，充分挖掘课程中丰富的人文内涵，将社会主义核心价值观有机融入大学英语教学内容中，为社会主义培养合格的建设者和接班人，为世界培养优秀的文化传播使者。

因此，作为主要的课程思政阵地、与时俱进的时代需求、提高文化自信的必然要求和增强跨文化能力的重要途径，将中国优秀传统文化融入大学英语教学至关重要，其对提高学生的人文素养、文化自信和跨文化交际能力，对有效传播中国文化、讲好中国故事，乃至对增加国际话语权、提升国际地位等方面都起着重要作用。

2 中国优秀传统文化在大学英语教学中的失语现状

越来越多的学者也在呼吁确立中国优秀传统文化在大学英语教学中的重要地位。束定芳认为大学英语教学应该培养学生用英语介绍中国文化的能力。王海燕强调：“中国特色的英语教育只有在了解西方文化的基础上，对中国历史文化具有一定的认知水平，在充分认识到中西文化的差异性的同时，重视本土文化知识的语言输出，才能真正达到利用英语能力进行平等文化交流的最终目的。”

然而，中国优秀传统文化在大学英语教学中的失语现象仍客观存在，不容忽视。从丛于 2000 年在《光明日报》上首次提出中国文化失语，倡导增加英语教学中的文化含量，特别是中国文化的英语表达，以保持文化主体性和文化操守。中国文化失语凸显在课程设置、课堂教学内容安排、教师知识储备、教材编写和选材等多方面。以教材选编为例，通过搭建"十二五"规划教材语料库，刘艳红等发现英美文化主导教材内容，存在中国本土文化被边缘化现象；肖龙福等通过调查高等院校英语教育中的中国文化教学状况，发现中国高校英语教育中中国文化及其英文表达失语现象较为明显。文化失语背后原因众多，一是社会原因。近代中国向西方学习先进科学技术，"拿来主义"使得西方文化备受推崇，日益渗透的西方节日和西方文化元素在对外交流中也逐渐增多，致使在年轻一代中，中外文化传播失衡。二是教学定位不准。长期以来，囿于教师自身文化结构失衡、对跨文化交际和文化教学理解片面、选用教材中外文化失衡等局限，各阶段英语教学都侧重于对西方历史、文化、人文、习俗等方面的推介，过于强调目的语文化，而中国优秀传统文化占比严重不足，其在大学英语教学中呈现出越来越边缘化的状态。这也让本应是双向的跨文化交际转向单边，而良性的跨文化交际应该建立在同等了解并尊重双边文化的基础上，所以，这种文化失语也使得跨文化交流难以实现，在文化传播中导致"文化逆差"。因此，探索中国优秀传统文化融入大学英语教学的有效途径就成为学界迫切需要解决的问题。

3 中国优秀传统文化融入大学英语教学的有效途径

为解决当下中国优秀传统文化在大学英语教学中的失语问题，增强学生的文化感知力、跨文化交际能力、提高文化自信，落实立德树人的根本任务，依照《大学英语教学指南》中对大学英语教学的总体要求，中国优秀传统文化在融入大学英语教学时可进行以下五方面探索。

3.1 创新教学方法

大学英语教学应基于学生在语言能力和文化底蕴两方面的学情，注重因材施教，采用任务式、合作式、项目式、探究式等灵活多变的教学方法，从课前、课中、课后三个阶段优化教学设计，配合多元化、形成性评价体系，形成以教师适当引导、学生积极参与为主的"学为中心"的教学新常态，不断提高学生的自主学习能力，促进学生由被动学习向主动学习、自主学习和个性化学习方向转变。

3.2 多元化教学渠道

大学英语教学中的中国优秀传统文化教育不应仅局限于第一课堂，应努力扩宽教学渠道，形成立体化教学体系，做到全方位育人。我们可以通过增设中国文化相关的选修课，开展丰富多彩的第二课堂，尤其注意中国优秀传统文化元素的融入，如开设英语角、主题讲座、传统文化相关主题活动、用英语讲述中国故事等生动有趣的课外文化活动。由此，我们可以增强学生对中国优秀传统文化的兴趣；引导学生进行中外对比，使其批判性思维能力得到不断提高，用辩证发展的眼光看待中外文化；从中国优秀传统文化中汲取精神食粮，不断提高文化自信，传承和发扬中华民族尊老爱幼、艰苦朴素、谦虚谨慎等传统美德，成为社会主义合格的建设者和接班人。

3.3 优化教学手段

在教学手段上，教师应充分利用现代化信息技术，积极营造多元教学环境。通过翻转课堂、线上线下混合教学、网络慕课微课、在线学习平台等现代信息化教学手段，经由文本、图片、音频、视频等多模态数字资源，将抽象难懂的概念和理论形象化、具体化，变得易于理解，同时注重给予学生思想、情感、文化、人格、审美等多方面的感染，将中国优秀传统文化巧妙地融入大学英语教学中。同时，教师还可通过教学设计、课堂互动、教师辅导、学生练习、作业反馈、测试评估等环节的信息化，主动掌握新时代大学生的学习特点和学习方式，以效果为导向，助力学生实现个性化学习。

3.4 丰富教学资源

针对中国优秀传统文化在大学英语教学中的失语现象，丰富中国优秀传统文化相关的大学英语教学资源并逐步建成可推广、可共建、可共享的教学资源库，有着重要的实践意义。在充分挖掘教材文化内涵的基础上，我们应重点搭建中国优秀传统文化资源库，形成集资源搜索、处理、存储、管理、反馈于一体的数字化教学资源管理平台，打破各个教材教学素材挖掘选取的边界，实现资源共建共享，达到中国优秀传统文化融入大学英语教学的最大公约数。

3.5 提升教师能力

教师的素养、水平和能力是影响教学质量的关键因素，也是能否实现立德树人的重要决定性因素。这就需要不断提升教师自身的专业水平和教学能力，尤其需要强化中国优秀传统文化的底蕴积累和文化敏感性，使其成为合格的双向语言文化传播者。学校和教研部门要通过定期开展教学反思和课堂教研交流，不断强化教师自身文化教学的理念和水平；定期组织中国优秀传统文化相关讲座培训等，不断丰富中国传统文化相关知识储备；进行评价体系等方面的制度创新，鼓励教师积极开展文化相关领域的教学研究和实践探索，用科研反哺教学，不断探索出一条具有中国特色的大学英语教学理论和方法。

4 结语

作为重要的课程思政阵地，将中国优秀传统文化融入大学英语教学，既符合时代发展的要求，又是提高学生文化自信和跨文化能力的重要途径。针对长期以来中国文化在大学英语教学中的失语现状，本文通过分析其背后原因，结合课程总体要求，从创新教学方法、多元化教学渠道、优化教学手段、丰富教学资源、提升教师能力五方面入手，探究中国优秀传统文化融入大学英语教学的有效途径，力求实现“三全育人”。

参考文献

[1] 从丛．“中国文化失语”：我国英语教学的缺陷 [N]. 光明日报，2000.10.19.

[2] 刘艳红，等．基于国家级规划大学英语教材语料库的教材文化研究 [J]. 外语界，2015（6）：85–93.

[3] 《十九大精神十三讲》编写组．《十九大精神十三讲》：图解版 [M]. 北京：人民出版社，2017.

[4] 束定芳 . 对接国家发展战略，培养国际化人才 [J]. 外语学刊，2013（6）：90–96.

[5] 王海燕 . 大学英语教育的本土文化意识 [J]. 现代教育科学，2009（5）：23–25.

[6] 肖龙福，肖笛，李岚，宋伊雯 . 我国高校英语教育中的“中国文化失语”现状研究 [J]. 外语教学理论与实践，2010（1）：39–47.

大学英语教学与跨文化教学融合初探

■ 顾　楠
■ 天津商业大学　300134

摘要　为了培养国际交流人才，大学英语教学势必与跨文化教学相融合。英语语言教育和跨文化教育是相辅相成的，语言是文化的载体，而文化因素能为语言教学带来生机。但要将二者有效地结合起来，英语教师仍需要面对教师素质及教学理念、教材选择、学生学习意识三个方面的问题。大学英语教师应当勇于推进英语教学改革，更新教学理念，增加跨文化知识储备，并通过线上教学平台提高大学生的英语语言能力和文化素养，将学生培养成为能胜任跨文化交流并把中国文化向世界传播的新时代人才。

关键词　**大学英语教学；跨文化教学；英语教师**

1　综述

随着政治、经济和军事等国力的提升，我国的国际地位不断攀升，有了更多的能力和义务参与国际事务与交流。这种能够参与国际事务和交流的国际性人才，不仅需要丰富的专业知识和经验、博大的爱国情怀，还需要扎实的语言技能，且了解该语言背后蕴含的文化背景。语言与文化相辅相成，如果不能了解语言背后的文化，即使语言技能再高，也会因为语境的差异导致交流的失败。同时，这些人才在当代还肩负着更为重要的责任。当世界越来越关注中国，他们有责任把中国璀璨的文化介绍给世界，让外国人对中国有更清晰和正确的了解和认识，从而提升我国的软实力。为了能指导新时代交流人才对中西方文化的了解，跨文化教学成为必然。

2006 年，联合国教科文组织指出跨文化教育的理念应该融入学校的教育体制和各门课程的教学，尤其是外语教学，因为外语教学服务于社会发展和个人需要的一个重要表现就在于其将跨文化情感、态度、知识和能力培养确定为重要目标（张红玲，2012）。而大学英语教学作为高等教育的一个重要组成部分，应该肩负起将跨文化教育融入大学英语教育中的职责，将英语语言基础知识、英语语言能力应用、英语文化知识的扩展以及中英文化异同的认识有效结合，以达到提高学生跨文化国际交流能力的终极目标。

2　将跨文化教育融入大学英语教学的重要性

英语教学不能仅作为高中英语教学的延续，它应该不仅是提高学生英语能力的课堂，还应该是传授语言所承载的文化的课堂，更应该是比较中西方文化差异并反思中国文化精粹的课堂。因此，跨文化教育和大学英语教育不应该是割裂的，而应该是相辅相成的。

2.1　跨文化教育对于大学英语教育的促进作用

传统的大学英语教学模式是在巩固学生词汇、语法、课文结构等基础知识的基础上，提高大学生的英语听说读写译的能力，以便为其将来的工作打基础。但随着国际社会交流的日益频繁，大学生早已不能满足传统的教学方法，英语教师须顺应教学改革引入文化因素；在英语教学的过程中，教师应增加英语背后西方文化信息的介绍，引导学生进行文化理解和分析中西方文化的异同，并增强学生的文化意识，这样才能减少学生在复杂的语境下出现语用误解，确保顺畅的跨文化交际，最终达成大学英语教育的目标。

此外，单纯的英语知识和能力的讲解、练习难免会使学生感觉枯燥，产生厌学情绪，降低学习效率。如果英语教师能在适当的节点，恰当地插入多彩鲜活的文化知识，不仅能提高学生对英语语言本身的了解，更能激发学生的学习兴趣，提高学生的课堂参与度和课堂活动的积极性，从而提升教学质量。

2.2 大学英语教育对于跨文化教育的促进作用

西方文化的教学素材往往是以英语为载体的，所以，在大学英语课堂上，由英语教师辅助并指导学习是最便捷的方式。同时，我们也应意识到在跨文化交际中，我们不仅应该把西方文化引进来，更应该把中国文化传出去，这种双向交流才是真正的文化交流。在向世界传播中国文化的时候，国人往往发现将我们伟大却复杂的中国文化清晰地用英语表达和解释是极为困难的，这样就不免造成文化失语。所以，在英语教学中，教师以英语来介绍中国文化，指导学生用英语来分析和阐释中英文化的异同点，是避免文化失语的重要途径。

3 将跨文化教育融入大学英语教学的问题

虽然跨文化教学得到了教科文组织和中国教育部的足够重视，但在大学英语教学的实践中仍然困难重重，尚有多方面的问题亟待解决。笔者将从教师素质及教学理念、教材选择、学生学习意识三个方面阐述问题所在。

3.1 教师素质及教学理念

大学英语教师往往是英语专业出身，在其学习期间，中国英语教育还是以传统模式为主流，片面强调英语的基础知识和听说读写译的能力，并不会把跨文化教育融入其中。所以，在自己成为授课者时，教师会理所当然地延续自己老师的传统授课方式。虽然，教师也应该研修过英语文化相关的课程，但主观上会认为文化教育应该是一门独立的学科；在自己的教学中可以点缀文化元素，但是它不应该成为教学的重点之一。

此外，近期英语教学的课时普遍缩减，教师急于在有限的课时中完成固定的教学任务，很难抽时间加入相关的文化知识，更不可能组织太多的关于跨文化分析的讨论，所以也会造成学生跨文化知识的匮乏。

3.2 教材选择

在大学英语教学中，教材往往由学校指定，教学内容和考试也完全围绕着教材来安排，由此可见教材的重要性。但我们会发现，教材选择的关注点首先是语言，很少明确介绍英语文化知识，或将文化元素作为文章选择的依据。而教材中关于中国文化的英文篇章和关于中西文化对比分析的英文篇章则几乎没有。这样就直接导致了英语教师和学生对于跨文化知识的忽视和匮乏。即使学生有兴趣学习文化知识，因为从英语课文中只能习得西方文化，也会错失通过英语语言学习和阐释中国文化的机会。

3.3 学生学习意识

首先，大学生并不重视跨文化教育。大学生在英语课上普遍关注的是如何提高自己的英语听说读写译的能力，认为具备了这些能力就能通过大学英语四、六级考试，并有助于将来就业和事业的长期发展。既然各种英语考试并不涵盖文化知识，学生在学习当中也不会给予足够的关注。而且，学生们普遍认为，不论日常生活还是将来工作，应该都不会过多地和外国人接触，只要掌握英语语言本身就足够，没必要了解过多的西方文化。而对于中国文化，学生们觉得了解就可以，没有必要在英语课上通过英语来了解和解释自己的文化，更加意识不到自己有将中国文化传播到世界的使命。

4 将跨文化教育融入大学英语教学的尝试解决方式

跨文化教育的推广是时代的要求，势在必行。针对上文分析的问题，笔者尝试从以下两个方面提出解决方案。

4.1 教师素质和教学理念

大学英语教师应该树立正确的教学理念。语言和文化是无法割裂的，学生一味单纯地学习语言必然会在国际交流中造成语用错误和误解。因此，英语教师的责任不仅仅是提高学生的英语能力，还应该向学生阐明学习和研究文化的必要性，进而引导学生学习中西方文化，并对文化异同点进行分析和反思。这样才能使学生进行正确的国际交流，并使学生有足够的语言和文化能力履行中国文化传播的责任。

有了正确的教学理念后，教师还需要储备大量的中西方文化知识。在互联网时代，教师可通过多种途径丰富自己的文化知识，比如书籍、影视材料、微课、慕课等，而这些材料也能丰富自己的授课内容和方式。

4.2 教学资料筹备和课堂设计

4.2.1 教学资料筹备

在制定教学目标的过程中，英语教师首先要确定本单元涉及的跨文化教学内容并制定目标，而后结合该单元的语言点深挖人文内涵和文化背景，并做适当拓展。由于课堂时间极为有限，教师可以通过线上教学进行翻转课堂。例如，雨课堂是一款由清华大学在线教育办公室和学堂在线共同推出的线上教学软件，广受大学教师的推崇。在教授《全新版大学英语综合教程（2）》的第七单元“The Glorious Messiness of English”（《英语因杂乱而辉煌》）时， 教师可以提前作出新建手机课件，并在课件中插入关于英语和汉语的背景文化知识，以及教师需要的慕课视频，还可以编辑各种试题考查学生的自学情况，并可通过主观题和投票来发起学生的讨论。这样既节省了课堂时间，还能调动学生对跨文化学习的积极性和主动性。学生在课前按照自己的能力和进度学习完教师给的材料后，宝贵的课堂时间可以交由教师来指导，以进行更深层面的讨论和答疑。如果把全部教材都融入跨文化教育内容会是一个庞大工程，一位教师很难有精力和时间完成。教师们可以组成一个团队，共同完成这项工程，在合作中互相学习与激励。

4.2.2 课堂设计

在课堂教学中，教师不仅是教学资料的提供者更是指导者，其应联系语言教学，引导学生发掘深层的文化内涵。随后，再通过各种活动来激励学生自主学习。教师可以让学生在课前寻找关于该文化知识的文本、图片和视频，并以小组为单位在课上做报告；也可以在课上组织讨论或辩论；最后由教师引导学生从浅层的文化知识渗透到中西文化的抽象价值观和思维方式等领域，达成英语语言教学和跨文化教学最终目标的统一。

5 总结

为了适应当代社会对于国际交流人才的需要，与跨文化教学融合是大学英语教学的必然趋势。英语语言教育和跨文化教育是相辅相成的，但如何将二者有效地结合起来，仍是英语教师需要面对的问题。大学英语教师应该勇于推进教学改革，更新教学理念，增加跨文化知识储备，并通过线上教学平台提高大学生的英语语言能力和文化素养。跨文化教育和大学英语教育的融合之路还很漫长，需要更多的大学英语教师不断地投入研究和实践。

参考文献

[1] 张红玲．以跨文化教育为导向的外语教学：历史、现状与未来 [J]. 外语界，2012（2）：2-7.

[2] 邓永平．大学英语课堂教学中跨文化教学理念融入初探 [J]. 戏剧之家，2020（3）：143-144.

[3] 杨倩，郭泽辉，郭卫华．高校外语教学中的中国传统文化缺失与对策分析 [J]. 国际公关，2020（3）：122.

[4] 贺军梅． 外语教师的跨文化语用能力与教学意识研究 [J]. 江西电力职业技术学院学报，2019（8）：119-120.

[5] 张宁．高校外语教学导入中国传统文化的必要性及策略研究 [J]. 课程教育研究，2020（6）：108-109.

[6] 常晓梅，赵玉珊．提高学生跨文化意识的大学英语教学行动研究 [J]. 外语界，2012（2）：27-34.

[7] 刘春富，徐艳艳．大学外语专业教学中跨文化教育融合研究 [J]. 黑龙江教育（理论与实践），2020（1）：79-82.

[8] 谷吉敏．大学外语教师的跨文化能力培养 [J]. 产业与科技论坛，2020（3）：275-276.

从跨文化交际学研究视角探索大学英语教学的新路径——以《新视野大学英语读写教程》为例

■ 王 慧
■ 天津商业大学 300134

摘要 本文旨在论证跨文化交际学研究方法对大学英语教学改革所产生的不可忽视的影响。不仅从日常教学和大学英语四六级考试的角度，而且从培养全方位、高水平的英语人才的角度，这种影响都是有目共睹的。同时，英语教师亦能从中提升自我，培养复合型技能。

关键词 **跨文化；交际；研究；文化差异**

从20世纪70年代到80年代，大学英语教学都在强调个人表达、意义协调等个体自主性的交际法。当时学习英语的目的是着眼于英语带来的经济、就业的机会，但它并不一定适用文化或意识形态意义。到了20世纪90年代，英语教学开始注重以比较和实证范式的跨文化心理学为主导，文化成为核心词。

1 跨文化交际学研究与大学英语教材设计

“文化”的含义比较广泛，笔者采用如下的定义：“文化是参与某一享有共同社会空间和历史以及共同想象的话语社区的资格。即使离开了社区，其成员都可以保留感知、凭信、评价和行动的标准体系，这些标准通常被称为他们的‘文化’。”

“交际”是两人及以上通过语言进行交流情感、信息的过程。我们以此来建立、发展、保持、终结某一种社会关系。陌生人之间的相互引荐、讨价还价等都是一种交际，它与人的成长、事业学业成就密切相关。交际是实现人生价值的主要活动过程。

跨文化交际学关注不同文化背景下的交际行为以及其背后的思想观念，研究目的是为得体并有效的跨文化交际理论提供支撑和指导。

20世纪90年代以来，全球化的资本、人员流动呈爆炸式的增长，线上线下的人际交往也日益多样化，语言与文化间的关系愈加密切。英语再也不是人们可以随时拿来用的工具，而是代表着“美国梦”、好莱坞流行文化的语言，作为和盎格鲁－撒克逊文化相联系的语言，是体现多元文化的现代性、进步性的交际语言。但是，我国的大学英语教学长期受传统结构主义语言学的影响，注重纯语言能力培养，轻视文化教育、跨文化交际能力的塑造，使得我们的学生常常是即使看懂每个单词，也无法全面理解整个句子或篇章。

因此，教育部2007年颁布的《大学英语课程教学要求》指出：“大学英语是以外语教学理论为指导，以英语语言知识与应用技能、跨文化交际和学习策略为主要内容的教学体系。同时，还应增强学生学习自主能力，提高综合文化素养，以适应我国国际交流的需要。”根据这一指导原则，笔者正在使用的《新视野大学英语读写教程》第三版在设计与编写中遵循“工具性与人文性的有机结合：通过学习材料和活动设计培养学生的人文素养与综合素质，使学生在认识世界、了解社会、发现自我的过程中，树立正确的价值观，增进文化理解力，从而实现工具性和人文性的有机统一”。

由此可见，大学英语教材在编写方面自觉地采用了跨文化交际的视角，为教师的跨文化教学准备了条件。

2 跨文化交际学在大学英语教学中的应用方法

2.1 注释法

“新视野大学英语”教材不仅语言知识丰富全面，符合日常教学与大学英语四六级考试的要求，而且文化信息也贯穿于文章中的每一部分。令人印象深刻的是，该教材即使课后练习部分，都成系列地介绍中西文化的历史渊源，学生可在学习之后同时收获字词信息和文化知识。这也对教师提出更高的要求，即正确处理好文化内容的共时性和历时性之间的关系。教师应在学习共识文化的基础上引入一些历时性的内容，以利于学生了解某些文化习俗、传统的渊源，尽可能选取一些最新最热门的学习材料，吸引学生紧跟社会发展。此外，在课文“Time-consciousness Americans”（《时间观念强的美国人》）中，学生们会读到一系列与东方截然不同的文化现象：美国人在日常生活中时刻体现出来的行为特征无不印证其时间价值观。此时，教师应该给学生解释其现象的深层次原因——美国人的个人主义价值观及追逐成功的理念使美国成为一个“车轮上的国家”。在描绘了基本的文化轮廓后，教师就可以要求学生在阅读过程中寻找与“美国梦”相关的语句，如：“If you are not moving ahead，you can falling behind. This attitude results in a nation of people committed to researching，experimenting and exploring.”正是这种奋勇争先、勇于探索的时间观、思维方式诞生了如比尔·盖茨、乔布斯等科技大咖，他们也是大学英语四六级考试的“常客”，借此督促学生多阅读关于他们的资料。

2.2 引导法

跨文化交际学研究揭示，教师理念与跨文化能力的培养密不可分，教师在课堂教学内容的判断上居于核心地位，决定着学生跨文化能力培养的方向。一个合格的跨文化学教授者应该具备：①尊重世界文化多样性，具有跨文化同理心和批判性文化视角，理性地判断自己与他人的文化；②熟悉所学语言国家的历史与现状，洞察中外文化的特点及异同。只有在此基础之上，教师才能高效地帮助学生在中西文化之间自由地“穿越”。

课文“Speaking Chinese in America”（《在美国说中文》）中提到华人在一般美国人心中的“刻板印象”——“唐人街玩具店里只会微笑点头的娃娃形象”。现代关于“刻板印象”的研究集中于两点：①“刻板印象”为一个特定的文化群体所共享；②刻板印象是个体的思维产品，帮助人们认知世界。在跨文化传播过程中，刻板印象难以避免。由于刻板印象被人们作为理解不同文化为数不多的方法之一，人们对自己和他人所处的文化语境的认知容易存在偏见，易引起移民的不适感，严重时会生发出跨文化冲突。刻板印象的负面特征一旦上升到行为层面，就会导致种族歧视的出现。按照这个脉络，学生很自然地理解到是因为西方文化对儒家文化的误解而导致了刻板印象的发生。

3 跨文化交际学对大学英语教学的影响

3.1 跨文化交际学对学生的影响

语言教学关注他人及其语言文化，更关注学习者自身。跨文化交际法帮助学生们掌握文化信息、控制交流过程、实现个人理想，总之，使其能够细腻准确地体会他人的情感，建立和谐的人际关系。学生最终将学会做事、求知、共处。

3.2 跨文化交际学对教师的影响

文化不仅具有动机和自主性，还由制约个体自主性的制度、实践和物质互动构成。语言教师面临讲解语言形式和语言实际意义的双重重担，其要传授词语的认知、情感意义，引导学生对社会现象形成正确的观点，可谓重任在肩。在当前的中国语境下，要求我们立足中国文化，并以多元、包容的态度吸收西方和传统文化的精华，解析当下的问题。

4 结语

今天的英语语种是话语、身份、记忆和想象的传播媒介。课堂教授的英语是穿越于全球语境与地方话语间、多民族历史阐释间的一种社会学符号系统。总而言之，英语教师需要掌握全面的历史知识，具备对话语的敏感度及敏锐的反思能力。

参考文献

[1] KRAMSCH C. Language and culture[M]. Oxford：Oxford University Press，1998.

[2] 教育部高等教育司．大学英语课程教学要求 [M]. 上海：上海外语教育出版社，2007.

[3] MCGARTY C，YZERBYT V Y，SPEARS R. Stereotypes as explanations：the formation of meaningful beliefs about social groups[M]. Cambridge：Cambridge University Press，2002.

[4] BLOCK D. The structure and agency：dilemma in identity and intercultural communication research[J]. Language and intercultural communication，2013（2）：126.

论社交礼仪与大学英语课程

■ 李 莉
■ 天津商业大学 300134

摘要 培养当代大学生的社会交往能力以及社交礼仪素养对于学生的个人发展和社会的进步起到了重要作用。社交礼仪作为社会文化的一部分，在高校教育中应该得到更多的呈现，本文将着重探讨社交礼仪在大学英语课程中的有效呈现方式。

关键词 **社交礼仪；大学英语；全面发展**

从古至今，从个人到国家，礼仪无处不在。个人自从呱呱坠地以来就离不开各种社交活动。个人和家庭在处理日常迎来送往的过程中要遵循一定的礼仪行事，在工作中更需要掌握社交礼仪。得体的社交方法策略可以为个体的生活和工作保驾护航，更能为其增添人格魅力及自我效能感。在当今的信息社会，我国在经济、社会各个领域加快了与世界的接轨，人际交往变得日益频繁，社交礼仪已经成了个人融入社会的一张名片，是人际交往、学业事业的制胜法宝。

1 当代大学生礼仪修养现状

我们通过大量的调查研究发现，当代大学生礼仪修养的现状非常不容乐观。大学生对于礼仪修养的认识和知识严重不足，甚至存在着对礼仪素养的误读，普遍对礼仪认知与行为存在一定程度的脱节。尽管大多数大学生的行为举止基本符合规范，但霸位、乱扔垃圾等不文明行为时有发生。很多大学生在与老师和其他同学交往过程中没能做到言语行为得体、交流充分顺畅。礼仪修养现实情况与社会需求严重脱节，这就急需社会、学校和家庭共同搭建合适的平台，采用灵活多样的方式全面提高大学生礼仪修养水平。

2 大学英语课程应该起到的作用

马克思主义教育观倡导人的全面发展，使个体能够适应不同的劳动需求，履行不同的社会职能，并能够在艺术、科学等方面得到充分发展。社会需要为个体的全面发展提供条件和方法，而教育是培养和造就全面发展的个人最重要的途径。

在现代信息社会，培养当代大学生的社交能力及社交礼仪是改革开放和市场经济形式下的需要，对于学生的全面发展和社会的进步有着重要作用。各高校一方面需要开设更多面向所有学生的社交礼仪课程；另一方面要利用现有课程的特点，适时加入社交礼仪要素。大学英语课程肩负着全面培养学生的艰巨使命，也具备得天独厚的优势。大学英语课堂需要传授高效的语言技能和社交礼仪规范，同时要为学生营造社交礼仪文化氛围及大量的实践机会。

3 社交礼仪教学重点

3.1 语言技能

随着信息社会的发展，语言对于社会交际的作用越来越明显，而社会对语言的要求越来越高，尤其要求语言的速度和效率。掌握一门外语，首先要在提高语言表达的准确性和语言交流的有效性方面下功夫。其次，教师要侧重语言类礼仪和涉外社交礼仪的传授。语言技能的掌握和熟练运用是实践社交礼仪的先决条件，也能够在实践过程中得到检验和提高。

3.2 语言类礼仪

语言类礼仪的表达主要靠口语礼仪和书面礼仪。口语礼仪应用最为广泛，需要考虑到对象、场合和时间的不同。语音的运用是一门艺术。一般情况下，音量和语速适中应是适宜的，同时音调要抑扬顿挫，富于变化，以便吸引和保持对方的注意力。音量、音色、语速和声调的变化很有可能代表着不同的意图或者心境的变化。

书面礼仪的内容和形式需要特别注意规范性。我们在交流时，要注意与不同对象谈话的内容，尤其是要考虑对象所处的社会文化背景、文化涵养及心境。语言表达要准确、精炼、掌握分寸。表达适度，才能在坚持原则的前提下做到尊重对方而又不失风度。

3.3 倾听的艺术

倾听是口语礼仪文化最重要的因素。倾听体现一个人的风度，也传达了对社交对象的尊重和友好态度。学生需要掌握倾听的礼节，通过对方音量、音色、语速和声调的变化听懂其真实意图和言外之意；具备幽默的对话技巧策略，有能力营造愉快的谈话氛围，掌控对话，实现有效交流沟通。在倾听的过程中，我们要积极思考，要配合积极的目光接触、赞许性点头和适当的表情。倾听既是一种高级的管理技能，也体现了尊重他人的高尚人格。

3.4 身势语

语言类礼仪一个重要的因素是身势语，即表情语言和动作语言，涉及目光语、手势、身体姿势、表情、动作及触觉等方面。适时应用身势语能够帮助传情达意。需要注意的是，动作语言表达的礼仪含义是有深意的，我们需要了解各国、各民族动作礼仪的具体含义。了解和恰当使用身势语是保持合适的社交距离、得体社交和领会对方真实意图、深入交流的关键。在与外国友人交谈的过程中，观察体会对方身势语的使用对于掌握对方的言外之意有着与语言交流具有同等重要的作用。

3.5 涉外社交礼仪

涉外礼仪是指在国际交往中一般要遵循的礼节，包括遵时守约、尊老敬妇等一般原则和涉外节日、迎送、会谈、宴请、演出、舞会、参观等具体礼仪。此外，一些诸如称呼方式、交换涉外名片、涉外仪容和服饰等细节因素也要有所涉猎。涉外社交礼仪学习与实践相结合能够在很大程度上提高大学生学习英语的兴趣和积极性。

4 社交礼仪教学难点

4.1 社交礼仪文化的重要性

现代生活礼仪的内容已经渗透到了社会的方方面面，从政治、经济、文化领域，到人们的日常生活方面。每个人都必须掌握礼仪规范，践行礼仪行为准则，才能成长为一名合格的社会公民，甚至是世界公民。掌握社交礼仪能够提升个人素养和生活品质；促进人际交往、改善人际关系；改善工作状态、提升工作满意度。优雅的行为举止、得体的仪态言语、诚挚的情感和规范的礼仪是提高生活质量和提升竞争力的基石。

4.2 批判地继承中国社会礼仪文化

自从远古时代，人类为了生存要祭神寻求庇护。如今，这种礼仪在一些国家和中国一些偏僻地区依然存在。中国作为礼仪之邦，礼仪文化源远流长。在礼仪传承过程中，礼仪文化的传承需要一个甄别扬弃的过程。封建迷信和繁文缛节需要摒弃，但中国自古有之的习俗尤其是各民族的特殊风俗需要继承和发展。

譬如，以往在春节，各家要摆起烛台祭拜祖先、天地和灶神，以求来年风调雨顺。学生们要对这个习俗有正确的理解。虽然有封建迷信的色彩，但这些习俗代表着希望和虔诚，反映了当时中国人的生存状态，这样有烟火气的习俗不应该被忘记。现在给家里老人过寿，可以与时俱进，添加年轻人喜欢的元素，但更要尊重老人的意愿，这才是真正的孝道。在英语课上，教师可以组织学生展开讨论，使学生对于一些有争议的社交习俗形成全面客观的评价，学会尊重历史，尊重他人意愿。

4.3 社交礼仪的差异性

俗话说“百里不同风，千里不同俗”，国家、地域的不同滋养了迥然不同的风俗礼仪。见面问候致意可以脱帽致意、拥抱、双手合十、手放胸口或者以唇碰脸。了解和尊重社交礼仪的不同，有助于了解各民族风土人情，建立民族认同感和自豪感。李鸿章在宴会上喝洗手水闹笑话要引以为戒，中国留学生因为过谦而与工作机会失之交臂的惨痛教训也不能再重蹈覆辙。

4.4 社交礼仪的发展性

现代社交礼仪的内容和形式发生了深刻的变化。从礼仪语言上看，通俗简洁、国际通行的交际语使用频度不断增加、范围不断扩展，外语词汇使用频繁。教师在英语课上教授相关词汇和表达方式会激发学生的兴趣和积极性，而且具有现实意义。

从礼仪形式上看，礼仪的传播媒介趋于多样化。媒介代替面对面的交流成了交流信息、传递感情的载体，礼仪的表达方式也是让人眼花缭乱。借助网络礼仪内容可以跨越时空的限制，传播得更远、更久，传播效果也可能会更好、更强烈。但是方便快捷之余，带来的误会、疏离感也需要被了解和克服。

礼仪规范的发展需要更加国际化，更加符合国际惯例。形成国际化的礼仪规范有助于中国走向世界、融入世界，使中国真正成为新时代的礼仪之邦。当代大学生应该成为塑造和践行新时代中国礼仪规范的中坚力量。

4.5 理论联系实际，践行社交礼仪

课上的理论讲解难以调动和保持学生的积极性，也很难使学生深入理解和灵活运用礼仪知识，因此，教师有必要采用场景模拟等形式，在课内外组织学生实践课上礼仪知识。教师可以给学生设置接待外宾、工作面试或者参加婚礼等场景，学生分组完成场景模拟，并对自己和组员的表现作出评价。学生通过实践，可以更加重视礼仪文化、消化理解礼仪知识、找到并弥补自身的差距。

4.6 高校教师应身先士卒，营造践行社交礼仪的校园氛围

各高校应该加强社交礼仪文化建设，营造积极践行社交礼仪的校园氛围。可通过广播、大屏幕、展览和文明小贴士等形式宣传礼仪知识；定期举办礼仪知识讲座、知识竞赛和礼仪展示等形式的校园礼仪实践活动，使学生们能够在耳濡目染中提高认识、增长礼仪知识。高校还可以组织学生校内监督巡逻，宣传礼仪知识，制止不文明行为，发掘践行社交礼仪的典型。高校教师作为学生学习的榜样更要身先士卒，随时注意自己言行举止，注意提升自己的社交礼仪素养及能力，起到表率作用，并在课内外利用多样有效的形式传播礼仪知识文化。

5 总结

高校肩负着传授社交礼仪规范、培养当代大学生有效社交能力的重要使命。大学英语课程应该利用其优势在教授语言技能的同时向学生普及社交礼仪规范，在课内外通过各种形式锻炼学生的语言技能及社交礼仪，培养学生的自信心、民族自豪感，增强学生对社会的适应力和未来就业的竞争力。

参考文献

[1] 李姝 . 现代礼仪教育在高校立德树人中的意义与路径研究 [J]. 亚太教育，2019（8）：48-49.

[2] 周瑜蔚 . 社交礼仪对大学生就业的影响 [J]. 产业与科技论坛，2018，17（7）：137-138.

[3] 张乃华 . 礼仪实践：大学生礼仪认知与礼仪行为的有效弥合 [J]. 教书育人（高教论坛），2017（6）：43-45.

非英语专业学生语用失误调查研究

■ 张晓昆
■ 天津商业大学 300134

摘要 语用失误现象在跨文化交际中普遍存在，本文通过调查分析的方式对此进行实证研究，探究非英语专业学生语用能力与在校学习时长的关系，对比其在语言语用失误与社交语用失误的不同表现，为教师在大学英语教学过程中更有针对性地提升学生的语用能力提供现实依据。

关键词 **语用失误；语用能力；交际能力**

1 语用失误

语用失误这一概念由珍妮·托马斯（Jenny Thomas）于1983年首次提出。她认为语用失误是指未能理解“说话者的所指”，并在《跨文化语用失误》（*Cross-cultural Pragmatic Failure*，1983）中进一步把语用失误分成语言语用失误和社交语用失误这两大类。她认为，当语用力施加于语言标记或结构不同于本族语人群时，语言语用失误便产生了。社交语用失误来源于对于适当言语行为的跨文化的不同理解。何自然于1988年在《语用概论》这本书中，阐述了语用学的相关论题，其中包括对语用失误的详细论述，他将语用失误视为言语交际中未达到完满交际效果而出现的差错。

在实际语言运用过程中，囿于学习者语言能力、文化水平以及跨文化意识等方面的原因，学习者在语言学习和使用的过程中，语用失误在一定程度上不可避免。而与言语行为、会话含义等语用学热门课题相比，学界对于语用失误的研究相对较少。一些外语专家和教师从理论层面就语用失误进行了研究，少数的实证研究也多将研究对象定位于英语专业学生，例如托马斯（Thomas，1983）、何自然（1988）、何自然和阎庄（1986）、洪岗（1991）等，目前学界对于非英语专业学生的语用失误情况的关注有待提高。对于非英语专业学生而言，单纯的语言技能已经难以满足日益增长的国际交流需求和更高级别的语言交际需要，因语用失误带来的多方面影响也逐渐引起人们的关注，因而挖掘语用失误产生的原因，提高非英语专业本科生的语用能力，势在必行。本文对非英语专业学生的语用失误进行实证研究，探究非英语专业学生语用能力与在校学习时长的关系，对比其在语言语用失误与社交语用失误的不同表现，以期为教师在大学英语教学过程中更有针对性地提升学生的语用能力提供依据。

2 语用失误调查研究

2.1 研究问题

本研究试图探究非英语专业学生语用失误情况，研究如下问题。

①大一学生与毕业生的语用能力是否有显著的差别?

②语言语用失误及社交语用失误的比例哪个更高?

③语用失误的个体差异是否显著?

2.2 研究对象

研究在 2007 年 1 月进行。研究对象是天津商业大学的 217 名非英语专业的学生，他们随机选自 8 个班级，来自 4 个系别。他们的学习状况如下。

131 名学生是大一新生，未参加大学英语四级考试；另外 86 名学生是毕业生，都已通过大学英语六级考试。两部分学生都具备一定的语言能力。

为使研究更加有效，如下因素考虑在内：

①研究对象并不了解研究的性质；

②根据不同的语言情况在不同的班级进行（研究对象的人数情况参见表 1）;

③研究对象需自行完成测试项目并在规定的相同时间内完成；

④性别差异考虑在内。

表 1 研究对象情况统计表

研究对象	工商管理（男：女）	生物工程（男：女）	计算机（男：女）	法学（男：女）	总数（男：女）
大一新生	54（30：24）	38（18：20）	25（0：25）	14（10：4）	131（58：73）
毕业生	43（25：18）	26（13：13）	10（1：9）	7（5：2）	86（44：42）

2.3 调查问卷设计

本研究通过调查问卷的方式，获得天津商业大学大一新生和毕业生关于语用能力的第一手资料，用于研究非英语专业语用能力情况，以期为探索提高学生语用能力及交际能力教学方式提供依据。

本文以中国学习者应有的交际需求、应有的中英文之间的交际差别、交际复杂性等为标准，设计问卷。问卷共包含 40 道题，由两部分构成。第一部分共设置 30 道场景问答题，要求学生根据情景选择恰当的答案。第二部分共有 10 题，要求学生对于斜体部分进行对错判断。就语用失误类型而言，问卷中有 15 个问题属于语言语用失误和 25 个问题属于社交失误。第 4、7、9、13、15、16、21、23、29、30、32、33、38、39、40 题属于语言语用失误问题，其余属于社交失误问题。

为确保研究效度，明确研究主题，即考查学生是否运用语言得当，本测试的说明及指示由英语本族语教师审阅，提供的所有英文句子语法完全正确。调查问卷因以语用为中心，并无绝对正确的答案，可参考的答案已给出，在研究人员认可的情况下，若学生与参考答案一致，每题可得 2.5 分。

2.4 数据收集

调查问卷共计发出 250 份，收回 243 份，其中有效问卷 217 份。

3 研究结果

在所回收有效问卷中，根据大一新生和毕业生出现的语言语用失误和社交失误情况，分别进行数据统计，结果如表 2 所示。

表 2 大一新生、毕业生语言语用失误及社交失误百分比

研究对象	大一新生	毕业生
语言语用失误（%）	21.56	21.30
社交失误 （%）	28.27	27.21

从表 2 数据中，我们可以发现不同年级学生都普遍存在语用失误的现象。就语用失误分类而言，语言语用失误要比社交失误的比例稍低，这表明与语用能力相比，学生的交际能力欠缺较多，其社交意识在语言能力表现上体现不足。从不同的英语学习时间长度来看，随着大学英语学习时间长度增加，非英语专业学生的语用失误并没有显著减少，这说明在大学英语教学过程中对于学生语用能力的要求还有待提高，更加有针对性的教学方式和学习方法有待开发和实践。

通过对学生的跨文化语用能力的总得分平均值进行分组比对，可分析大一新生和毕业生群里内部的个体间差异，具体统计数据见表 3。

表 3 平均值、标准偏差、*T* 值

研究对象	平均值	标准偏差	*T* 值
大一新生	77.23	6.236	—
毕业生	77.99	5.550	0.25

根据表 3 数据结果显示，大一新生和毕业生个体之间的语用能力并无显著差异，语用失误是群体普遍存在的语言失误现象。

结合表 2 和表 3 的结果，我们发现虽然不同的学生群体有不同的教育背景、英语学习水平，他们的语言能力也不尽相同，但其表现出来的语用失误却并无明显差异，语用失误，尤其是社交失误（相对于语言语用失误而言）出现的比例较高。因此，通过本次调查研究，我们可以得出如下结论：在非英语专业本科生中，语用失误普遍存在，其不因学生在校学习时长的增加而有所减少，也不因个体间的差异而有显著变化。

这一研究结果也向我们证实了关注语用能力的提升在大学外语教学中的重要性。现行的大学英语教学似乎并不能使学生通过在校期间的英语学习获得语用能力的明显提升。即便他们的语言能力会随着学习的深入而有所增强，但语用能力仍然普遍欠缺，语用意识还有待加强。这就要求大学英语教学不能仅仅关注语言教学本身，更应多加关注学生语用能力的整体提升。教师应充分意识到学生语用能力提升的必要性和重要性，认识到目前在学生中普遍存在的语用失误现象，不断探究语用失误产生的原因，并通过调查研究、交流访学、课堂实验、学生座谈等方式，积极探索出一种更加契合的语用教学方式，切实提高学生的语用能力和交际能力，为学生更好地创新、实践、交流打好坚实的基础。

4 结语

本文通过对天津商业大学大一新生和毕业生这两个群体语用能力测试进行实证研究，对比其在语言语用失误与社交语用失误的不同表现，发现非英语专业学生语用能力与在校学习时长并无显著关联，学生语用水平的个体差异情况不明显。作为非英语专业大学生在跨文化交际过程中普遍存在的现象，语用失误应当在大学英语教学中得到更多的关注和重视，我们应鼓励教研结合，不断创新教学方式方法，探索提高大学生英语语用能力的有效办法，以满足日益增多的国际化交流，为祖国培养更多优秀的国际化人才。

参考文献

[1] THOMAS J. Cross-cultural pragmatic failure[J]. Applied linguistics，1983（2）：91-112.

[2] 何自然 . 语用概论 [M]. 长沙：湖南教育出版社，1988.

[3] 何自然 . 语用学——理论与应用 [M]. 北京：北京大学出版社，2000.

[4] 何自然，阎庄 . 中国学生在英语交际中的语用失误——汉英语用差异调查 [J]. 北京：外语教学与研究出版社，1986（3）：52-57.

[5] 洪岗 . 英语语用能力调查及其对外语教学的启示 [J]. 外语教学与研究，1991（4）：56-60.

浅论伍尔夫女性主义文学的压抑

■ 宋鸿沄
■ 天津商业大学 300134

摘要 女性主义文学一直受到压制。这种压制既来自男权社会的传统，也来自女性作家自身的囿圄。本文以伍尔夫为例，探讨女性主义文学的压抑现状及其成因。

关键词 **伍尔夫；女性主义；男权**

1 引言

翻开西方文学史，佼佼者多为男性，这是男人的文坛？道理其实很简单：鉴于男女两性社会学意义上的不平等，女性纵有才华，也很难崭露头角，因为缺乏相对宽容的文学创作的环境和土壤。正如《灯塔行》第一部分的《窗》中，查尔斯·坦斯利（Charles Tansley）先生站在男权主导社会地位主流者的视角批判性地对丽莉·布瑞斯珂（Lily Briscoe）大放厥词："女人不会绘画，女人也不能写作……"由此可见，对女性创作的制约在于男性将创造力（创作）视为他们自己的特权，进而将从事笔耕的女性置于僭越的地位。基于此，男性作家的男权是不容挑战的，是不允许被让渡给女性的。从古至今，男性"文人"确实把文学创作视为"扬名立万"的一种主要形式，倍加重视。此外，弗洛伊德认为，男女两性的生理差异形成了男女的心理差异，并最终导致社会现象上的诸多差异。女性在后儿童期自觉的"匮乏"致使女性形成了"自卑心理"和男权崇拜。当"男尊女卑"的氛围困扰着女性作家，长期被"道德正确"驯化的她们又能如何创作呢？

2 伍尔夫的压抑

伍尔夫在《自己的房间》一书中假设莎士比亚也有个才华横溢的妹妹朱迪斯（Judith）。这个小妹碍于当时社会规范的束缚不可能有莎士比亚的文学际遇，最后更可能的悲剧结局是其未婚先孕，客死异乡。她纵有满腹经纶却不得大展拳脚，终落得个抱憾终身。即使她百般努力得以挣脱"贞洁观"的束缚，敢于突破这层禁忌而从事写作，其所写内容也必遭男权社会的扭曲、变形。这种"贞洁观"就是女性应有的"道德正确"。伍尔夫曲折地反映了女性受到男权主流意识形态的控制以及来自女性自身的非主流乃至反主流的世界观、感受方式和符号化过程。

伍尔夫在该书中还指出，传统的文学史仍然是一部由无数"文学经典"（canon）汇集成的男性文学历史。这种历史必然以男性文本和男性经验为中心，性别歧视和性别偏见所产生的各种奇谈怪论昭然于文本的字里行间。即使这部男性文学史偶尔慷慨地吸纳几个"著名"女作家如简·奥斯汀（Jane Austen）、乔治·艾略特（George Eliot）和勃朗特姐妹（Brontës）等的作品，但依然自始至终以一种男性的视角（male gaze）来进行阅读和阐释，并以男性的标准实施评判或批评。于是，这就更加深化并内化了男性文学的经典标准，巩固了男性文学的中心地位，从而将女性作家的作品赶出主流视野、使其被逐渐边缘化。换言之，女性文学作品在男权主导的社会中往往被不知不觉地忽略、扭曲和边缘化，即使成名的女性作家也不得不甘居从属的地位。在传统男权文化氛围中，所谓女性文学不过是些诸如闺阁春怨、爱情小说、鸳鸯蝴蝶派等罗曼史之流的轻薄作品，难登大雅之堂。

寻找女性自己的文学传统是当代西方女性主义文学创作者致力于达成的目标之一。她们笃定有一个独立存在的女性文学传统，只是被湮没于男权道统文化之中无法现身而已。女性主义者的任务在于重新发掘被埋没或受冷落的女性作家的作品，尝试建立一套女性文学的典范和体系。此外，有些女性主义批评家则关注针对文学经典修正后的解读，希冀借此纠正男权传统对女性文学的误解、怀疑，得以重构传统的文学理论和批评方法。伍尔夫认为文学史中确实隐含着一个明确但又时断时续的女性传统，其中的女性作品更洋溢着女性性别的特征。美国女性主义批评家伊莱恩·肖沃尔特（Elaine Showalter）也认为女性文学创作文学史的连续性的确存在，而女性文学传统的断裂正是因为遭到男权文化人为的斩断和埋没。伍尔夫还提出了一个更为现实的历史上女性作家所遭遇的窘境：一个女性如果想要写小说，她必定得有足以维持个人生计的一点钱（一年五百磅就够了）；她还要有属于自己的独立空间，一个可以上锁、自己专用的房间。经济独立不至于饿死、拥有独立空间心灵才可以获得自由，这些正是伍尔夫所认为的历史上那些女性作家的现实困扰。

当一名女性想写点东西，抑或是希图成为“作家”，其文学成长的道路上很可能有着无数的障碍（obstacles）。相较之男性，她们面临着更为沉重的舆论压力与心理负担，必须付出更多、更大的代价。首先，受歧视和被束缚的身份使得她们无法如男性般追求功名利禄、建功立业，或像男性一样遨游书海、广交学友。旧时女性作家的教育和阅历的局限由此而存。在伍尔夫所处的时代（19 世纪末至 20 世纪初期），教育问题不仅体现在女性在经济上依附于男性的现实，还体现在学院式教育制度始终以男性标准为基石，尽管这时的西方中产阶级以上的女性得以接受些许教育。这种充斥着男权文化观点的教育当然使女性无法从中寻获可资借鉴的生活和文学经验，更找不到进入文学创作的信心，于知识或心理上皆不利于女性文学创作的发展。纵观历史，女性作家多被困囿于家庭的小天地中。狭隘的生活空间，加之女性生理性别特质而被强行剥夺家庭之外的一切权限构成了女性作家文学创作道路上的梦魇。这种极其悲催的人生经历和体验很可能致使她们在创作中过多地着眼于爱情、家庭以及人伦关系，从而使作品显得结构松散且过于饶舌与闲谈式。

伍尔夫认为，性别歧视也体现在文学体裁的选择上。在男权社会文化中，女性所处的位置就是养育众多子嗣、操持繁杂家务。如此一来，她们还剩下多少精力和热情能够专心致志地进行写作？不具备优良贵族式教育的她们即使能进行时断时续的创作，其成就能有几何？在诗歌和戏剧方面取得卓越成就的女性寥寥无几就是明证。换言之，悲剧、十四行诗及文艺评论等在文学史上实属男人的艺术样式，不是女性的，至少不是女性作家所擅长的。女性创作多呈现婉约含蓄风格，在历史上，很少见到女性作者敢于直陈女性的情感、身体、爱欲等。很明显，女性叙述长期受到语言文化的束缚，影响不可谓不深远和顽固。

现实生活“贞洁观”对女性作家的主宰和束缚，致使她们在文学创作的过程中不自觉地承载着传统观念的重压，男权意识依然在束缚着她们的写作自由。伍尔夫的《妇女的职业》一文根据其自身的经验指出，妇女的想象与激情在创作过程中不断受到男性传统的钳制。自古以来，女性即被文化潜移默化地教育成“以家庭为重”，并且以“奉献”为人生目的，反而忽略了女性作为一个“人”的存在价值与自尊。女性素来不被鼓励去正视自己的需求、追求己之所欲。压抑、禁欲、附庸、服从、牺牲成为文化道统中对于女性作家无形的约束。在男权体制下成长的她们企图要做“屋里的安琪儿”(the angel in the house)，即理想的自我牺牲型女人，从来没有自己的想法和愿望。基于此，身处 20 世纪的伍尔夫执笔创作之时，首先要做的就是杀死“安琪儿”(killing the angel in the house was part of the occupation of a woman writer)，摆脱传统男权思想束缚与限制，以绵密细腻的手法、女性自身的声音，表达女性的切身体验，深度触及女性的内心世界，昂扬着饱满的艺术情趣。

3 后记

伍尔夫在创作时的确受到了性别限制，出现了诸多表达禁忌，这就妨碍了她如实倾诉自己血肉之躯的经验。这种对女性欲望的压抑，不论在作品还是在生活中，恐怕伍尔夫都不曾克服。她在一次演说中坦陈女性作家因为性别关系在其写作经历中不能直言自己“身体经验”的限制。有关情欲等问题，女性作家更是不敢轻易触碰，想象力至此荡然无存。伍尔夫的日记、传记向世人袒露了她本人在这方面的压抑。于是，她的小说就绝少表现女性的性生活、性心理，显得格外“干净”。由此，伍尔夫在文学创作中的压抑可见一斑，亦如她自己所言：“我尚未解决真实地倾诉一个血肉之躯的自我体验。我甚至怀疑能否有任何女性作家可以解决这个问题。”当年的兰陵笑笑生应感谢自己首先是个男儿身！

参考文献

[1] VIRGINIA W. Women and writing[M]. San Diego，New York，London：Harcourt Brace & Company，1979.

跨文化交际视角下的非英语专业本科生语用能力提升探究

■ 张晓昆
■ 天津商业大学 300134

摘要 本文从跨文化交际角度出发，针对非英语专业大学生普遍存在的语用失误问题，通过案例分析讨论，探究在大学英语教学中提高学生语用及交际能力的有效途径。

关键词 **跨文化交际；英语教学；语用失误；语用能力**

1 跨文化交际

随着全球化和国际合作交流的不断加深，中国的跨文化交流活动也变得日益频繁，非英语专业本科生作为国家经济发展和对外交流的重要人才基础，以跨文化视角有针对性地培养和提高其语用能力显得尤为重要。

为顺应时代发展，培养更具国际化视野和国际化能力的高层次人才，《大学英语教学指南（2020 版）》（以下简称《指南》）中明确了大学英语课程作为普通高等学校通识教育的重要组成部分，除了工具性之外，还具有人文性的特点。就人文性而言，大学英语教学强调了跨文化教育这一重要任务，因为语言既是文化的载体，又是文化的组成部分，因此学生要“通过英语学习了解国外的社会与文化，增进对不同文化的理解，加强对中外文化异同的认识，培养跨文化交际能力”，而提高中国大学生跨文化交际能力也逐渐成为大学英语教学的重要内容和外语教学改革的主攻方向。

与此同时，《指南》在基础目标的总体描述中也明确了跨文化交际能力的重要性，“在与来自不同文化背景的人进行交流时，能够观察到彼此之间的文化和价值观差异，并能根据交际需要运用基本的交际策略”。基于此，大学英语教学不应局限于单纯的语言知识和技能的传授，更应注重在日常教学过程中有机融入文化内容，促使学生在语言学习的过程中体会文化差异，在跨文化学习和实践中不断提高自身跨文化交际能力和语用能力。

2 语用失误

语用失误中的“语用”这一概念最初是由莫里斯（Morris）在其著作《符号学基础》（1938）中首次使用，在此之后的 40 年，语用学仅在哲学这一范畴中进行研究。1977 年《语用学杂志》（*Journal of Pragmatics*）的首次出版发行标志着“语用学”这一学科的诞生。1983 年莱文逊（Levinson）发表的著作《语用学》被认为是第一本语用学专著。在这本书中，他回顾了语用学的发展过程，总结了主要的研究成果，介绍了一些主要的研究课题，指出今后研究的方向及语用学基本理论结构的建构。语用学是指语言的使用，其主要研究课题为指示功能系统、言语行为、预设、会话含义及会话结构，其很多方面都得到了较为深入的研究，其中语用失误作为学习者语言使用过程中常见问题值得引起我们更多关注。

语用失误这一概念最初由珍妮·托马斯（Jenny Thomas，1983）在《跨文化语用失误》（*Cross-cultural Pragmatic Failure*）上提出，她将未能理解“说话者的所指”视为语用失误，并将语用失误分为语用语言失误和社交语用失误这两类。何兆熊（2003）认为语用失误出现是源于听者接收了说者并非想传达的语用之力。利奇（Leech，1983）认为“不同社会群体语言规范的转移可能导致语用失误”。也就是说，语用失误是指由于不能理解语用差别而造成的言语交际失败。语用失误是不同于语法错误，它可以被认为是非英语本族语人有意无礼，不友好甚至是粗鲁的表现。

语用失误现象在中国英语学习者中十分常见，有一些研究者针对这一现象做了实证研究，如何自然、阎庄（1986）研究中国学生英语交流的语用失误现象。非英语专业大学生语用失误会有多种类型，在洪俊彬（2019）看来可以分为称呼失误、问候语失误、致谢失误、请求失误、邀请失误、道歉失误等这几类，而语用负迁移、语际负迁移和文化负迁移都会造成语用失误的产生。这些研究都为大学英语教学更有针对性地开展语用能力提升提供了尝试方向。

3 语用能力提升的有效途径

针对普遍存在的大学生语用失误现状，教师应意识到语用失误已成为英语教学中亟待解决的问题，而要想不断提高学生的跨文化交际能力，语用的恰当使用也理应成为语言教学中不可或缺的部分。教师应该认识到在英语教学过程中英语文化讲解的重要性，在语言教学课堂积极主动融入文化教学，这样才能建立中英双语之间良好的沟通渠道。在以中文为母语的环境下进行英语教学时，教师如何从多种角度多维融合目标语到教学中值得进行深入研究。

英语专业和非英语专业学生语用能力提高的路径不尽相同。英语专业可以通过开设专门的“跨文化交际”“口语和表达”和“语用学”等课程，以主修或选修的形式，更有针对性地提高学生跨文化交际中的语用能力，也可以在精读讲解中穿插相应的教学板块进行强化训练。而对于非英语专业学生来讲，囿于时间、课程等安排，为全体学生分门别类开设跨文化等课程来提高语用能力这一做法并不现实，单纯的讲述文化这一方式也不可行。那么，如何把文化教学融入课堂教学中呢？为避免语用失误，提高非英语专业学生语用能力和跨文化交际意识，现提出几点建议如下：

3.1 介绍文化背景知识和语用知识

目标语的文化背景知识讲解对于英语学习者来说是至关重要的。不同的文化对于社会情境的阐释是不同的。教师在讲解课文之前可以介绍些不同的文化背景，这不仅可以提高学生的兴趣，也可以帮助他们理解课文内容。

比如场景一：

In the street，an Englishman wants to smoke，but he has no match. He asks a stranger：

A) Got a match ?　　B) Would you be so kind to give me a match ?

C) Do you smoke ?　　D) Would you like to smoke ?

这里体现出不同文化对于"free goods"这一概念的不同理解。戈夫曼（Goffman）（1967）曾这么解释：free goods 指那些可以在特定的情景下不经允许而获得的小物品。在中国和英国文化中，对于 free goods 的理解自然是不同的。在英国，火柴（match）差不多是免费的，所以人们不必用很客套的话来获取它，即使是从一个陌生人那里也是如此。但在中国，在传统文化的熏陶下，人们则会倾向于用一种更加礼貌的方式来向陌生人索要它。正因为这种中西文化背景的差异，如果教师不加以讲解介绍，学生在接触西方文化不足或自身文化积淀不够时，很容易套用中文当中的表达方式和思维模式，进而造成语用失误。因此，教师应该针对这样的场景，介绍中西不同的文化背景，详细讲解它们使用的不同之处，引导学生识别在不同文化中对待同一件事不同的处理方式，提高学生跨文化交际意识，增强语用能力。

同时，在学习语言时，除了大众普遍重视的语言知识学习之外，了解何时、何地、如何把知识应用到不同的场景更加重要。这就是说，教授语用的适当使用是至关重要的，脱离了语言使用环境而盲目介绍、解释、使用、套用某些表达方式就会造成语用失误。比如一些词语和短语由于传统和社会习俗等而成为禁忌，尤其在性或宗教方面，这些就叫作禁忌话题。禁忌话题涉及的方面无疑是很广泛的，比如年龄、婚姻状况、体重等，这些话题虽然并不冒犯中国人，但我们在跨文化交际中应该有意识地避免使用。

3.2　提高学生的文体感

非英语专业学生大多只能掌握一种文体——标准的正式书面体。这就导致当他们与以英语为母语的人交流时，更容易使用那些正式语体，而不注意根据具体语境选用正确恰当的表达方式，很多时候往往会出现文体乱用的情况。

比如场景二：Tom's mother died several days ago. Li Hong knew this and she comforted him, "I'm sorry to hear that your mother kicked the bucket."

如果用"I was sorry to hear about your mother"，则更表示同情，而"I was sorry to hear that your mother kicked the bucket"并不得体，因为文体使用不当。但根据采访座谈，我们发现大部分学生认为这样的使用是得体的，并无不妥之处。究其原因，一是在于教师在教学中忽视了对学生文体感的培养，二是学生在自己学习过程中也没有主动识别并区分不同文体语用的意识。学生们知道"kicked the bucket"这个短语表示"死亡"的意思，但他们并不知道这个短语更俚语化。因为文体使用不当，无意中对听者造成了不好的印象，进而造成了语用失误以及跨文化交际上理应避免的交际失误。

3.3　培养学生的非言语交流能力

不同国家、不同民族、不同文化、不同地区会有不同的语言和非言语交流的方式。美国的一项关于交流的研究表明，93% 的态度表达是通过人的声调和面部表情来传递的，而仅有 7% 是通过言语来表达的（莱文、阿德尔曼，1982）。因此，非言语交流正如言语交流一样是文化的一部分，也应在日常教学中得到相应的关注。英语教师介绍目标语的不同肢体语言是非常必要的，比如肢体交流、距离、姿势等，学习各种姿势和语言的配合是很重要的，这将有利于学生更好地识别、学习、掌握、运用非语言因素来辅助自己的语言表达，增强跨文化交流的效果。而目前在各个阶段大部分群体语言教学中，这一方面是学生学习中的软肋，应当引起各位教师和研究学者的重视。

4 结语

针对当今非英语专业本科生在语言使用过程中普遍存在的语用失误问题，本文从跨文化视角论证全面提升语用能力势在必行。结合案例研究，本文从介绍文化背景知识和语用知识、提高学生的文体感、培养学生的非言语交流能力这三方面，探究了提升非英语专业大学生语用能力的有效途径，以期为非英语专业大学英语教学中学生获取语用能力提供可行性方案，培养具有国际化视野和跨文化交际能力的现代化人才。

参考文献

[1] MORRIS C. Foundations of the theory of signs[M]. Chicago：The University of Chicago Press，1938.

[2] LEVINSON S C. Pragmatics[M]. Cambridge：Cambridge University Press，1983.

[3] THOMAS J. Cross-cultural pragmatic failure[J]. Applied linguistics，1983（2）：91-112.

[4] 何兆熊 . 语用学文献选读 [M]. 上海：上海外语教育出版社，2003.

[5] LEECH G. Principles of pragmatics[M]. London：Longman，1983.

[6] 何自然，阎庄 . 中国学生在英语交际中的语用失误——汉英语用差异调查 [M]. 北京：外语教学与研究出版社，1986.

[7] 洪俊彬 . 非英语专业大学生英语语用能力调查研究与分析 [J]. 黑河学院学报，2019，10（2）：91-93.

[8] GOFFMAN B E. Interaction ritual：essays on face-to-face behavior[J]. American journal of sociology，1967，33（3）：462.

[9] LEVINE D R，ADELMAN M B. Beyond language：Intercultural communication for English as a second language[M]. Englewood Cliffs：NJ：Prentice Hall，1982.

新冠疫情宣传片中的中国国家形象构建
——以中国环球电视网抗疫宣传片《战武汉》为例

■ 韩 蓓 张 谡
■ 天津商业大学 300134

摘要 宣传片是塑造国家形象的直观有力的工具。由于新冠肺炎疫情的影响，新冠疫情期间，宣传片成为国家之间重要的交流方式之一。本文以宣传片《战武汉》为例，结合费尔克劳的三维分析框架和拉斯韦尔的传播过程模式，从文本、话语实践和社会实践三个层面对宣传片转录文本进行批评性话语分析。研究发现，在国际社会背景下，该宣传片通过运用话语策略对中国抗疫过程的实际表现进行全面直观的展现，成功塑造了以人为本、团结统一、不畏艰难、勇担责任的中国大国形象。

关键词 **宣传片；国家形象构建；批评性话语分析；拉斯韦尔传播过程模式**

1 引言

宣传片作为一种媒体工具，起到传播信息知识，宣传观念思想的作用，除商业领域运用的广告性质的宣传片外，其在国际交流中也有广泛的应用。外宣媒体作为中外交流的枢纽，新闻报道和视频为其主要宣传方式，相比于新闻报道，宣传片有着更为直观、生动的优点，同时可以及时揭露一些别有用心的人污蔑抹黑、造谣生事的言行，为疫情防控营造良好舆论氛围。新型冠状病毒暴发时期，国际形势纷杂紧张，西方媒体以偏概全，对事件报道存在立体性偏见，借机刻意抹黑中国形象。关键时期，中国外宣媒体更应主动掌握话语权，积极正确应对西方话语霸权对中国造成的"污名化"问题，对中国国家形象进行话语重塑和延展，向世界真实展示中国的抗疫成就，维护中国的负责任大国形象。在国际交流中，宣传片通过恰当合理的话语策略，宣传片成为重塑和传播国家形象的有效途径。批评性话语分析（CDA）被认为是话语研究的经典方法，起源于罗杰·福勒（Roger Fowler）等学者于 1979 年出版的《语言与控制》（*Language and Control*）中的批评语言学（大卫，2012）。通过这一研究范式，可以揭露话语者如何操纵话语传递思想，说服受众，同时也可以挖掘出话语所代表的权力和意识形态之间的内在联系。批评话语研究的方法范式包括费尔克劳夫（Fairclough）的话语实践方法、罗斯·沃达克（Rose Wodak）的话语历史方法（DHA）、范戴克（van Dijk）的辩证关系方法以及斯科隆夫妇（Scollon R. 和 Scollon S.）的实践节点分析方法等。而费尔克劳夫的三维分析框架是较为具体的，更适合于分析隐藏在话语中的社会问题，揭示话语与社会因素之间的辩证关系（沃达克、迈耶，2009）。

结合语料本身特点，本文将费尔克劳夫的三维分析框架、韩礼德（Halliday）的系统功能语言学（SFL）和拉斯韦尔（Lasswell）的传播公式相结合，分析中国环球电视网

(CGTN)所发布的以战疫为主题的系列宣传片，并选择一部最有代表性的宣传片进行深入分析。由于《战武汉》发布时间较早，点击观看量最多，文字字幕最有鼓动性，且为所有抗疫宣传片中唯一一部以漫画形式展示的宣传片，不会受到现实场景的干扰，故本文分析主要以宣传片《战武汉》为例，探讨该宣传片使用的话语策略及构建的中国国家形象。

2 文献综述

迄今为止，学者们从多个角度对宣传片中的中国国家形象建构进行了研究。他们主要从传播学、翻译学和语言学三个主要学科来分析这一现象。在传播学领域，谭有志(2012)从拉斯韦尔公式的五个方面分析了中国国家宣传片，并与国外报道和宣传视频进行了对比，揭示了大众传播的不足之处、外国媒体的偏见，并提出了通过宣传片树立中国形象的策略。在语言学领域，梁晔(2017)结合费尔克劳夫的三维话语分析模型和韩礼德的系统功能语法分析了中国共产党形象。从翻译学的角度看，武建国和刘艾静(2020)，在费尔克劳夫的互文性理论指导下，从中国国家宣传片的角度分析了中国国家宣传片解说词的翻译，为中国对外传播的翻译研究提供了语用启示。

同时，也有学者通过分析中国的外交演讲、报道和广告来研究国家形象的构建。例如，周鑫宇(2016)运用定位理论，揭示了奥巴马在第70届联合国大会上的外交演讲策略，阐释了如何利用外交话语来解读国家形象。刘宁(2018)从批评性话语分析的角度，运用语料库工具，对中美媒体关于中国雾霾的报道进行了研究，旨在发现不同媒体塑造的中国形象。

学者们对中国形象建设的研究贡献颇丰，其中从传播学角度对宣传片(如经济、历史、文化等主题宣传片)进行分析研究的占大多数，但从批评性话语分析的角度作出研究的还不多见。然而，随着国际关系的日益紧张，新冠疫情的突然暴发，某些外国媒体试图通过不公正的报道或带有偏见的宣传片“污名化”中国。为维护中国良好形象，探究宣传片的话语策略所达到的效果及海外观众反馈，从批评话语分析的角度探究宣传片在制作传播过程中树立的中国形象是非常必要的，这也有利于反思有关国家形象的海外视频的制作，从而找到高效的方法进行提升和完善。

3 理论框架

批评性话语分析的主要任务即解释话语和权力以及意识形态之间的关系，重新阐释话语中被人们广为接受、奉为惯例但不一定科学正确的命题(费尔克劳夫，1989)。费尔克劳夫的辩证研究法作为批评性话语分析的一种研究范式，是在韩礼德的系统功能语法的基础上发展起来的。他关注话语和社会之间的辩证关系，并认为话语是社会实践的一种形式，即话语发生在社会情境中，因此话语分析脱离不开社会语境，二者紧密相关(费尔克劳夫、沃达克，1997)。在这种语言观的引导下，他构想出三维分析框架并提出具体的研究方法，如图1所示。

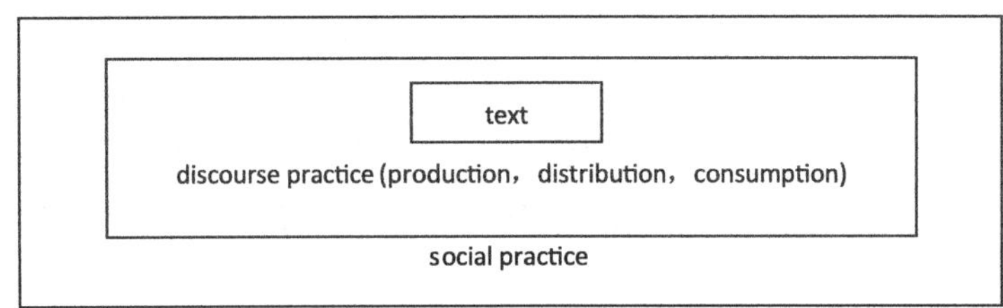

图 1　话语分析三维框架

在该框架中，文本（text）不仅是分析范式的中心，同时也是三维框架的基础。文本既是话语实践（discourse practice）的中心，同时也是话语实践的产物。从宏观角度看，文本和话语实践均在社会实践（social practice）的范围内进行，二者的形式也由社会实践所决定。为提供翔实的分析方法，费尔克劳夫阐述了每个层面的分析步骤和相关因素，即描述文本的结构特征，解释文本和话语实践的关系，揭示话语实践和社会实践之间的关系（辛斌、高小丽，2013）。

在文本层面上，费尔克劳夫限定了七个项目，如词汇、语法、连贯、文本结构等层层递进，他同时也提到其他条目，如话语体裁及风格、文本的连贯以及话语的互文性等（费尔克劳夫，1992）。费尔克劳夫的方法和韩礼德的系统功能语法相结合后，可以延伸为分类、隐喻、及物性、时态、语态以及语篇连贯等（李庆明、吴华，2019）。在文本分析中，互文性是核心概念，具体的分析是在文本分析层面展开的（田海龙，2009）。

在话语实践层面，费尔克劳夫关注文本的产出、分配及消费，这是由特定的语境所决定的（费尔克劳夫，1992）。在社会实践方面，费尔克劳夫着重分析话语的意识形态和权势关系。本文采用费尔克劳夫的三维分析框架探究话语表现和社会因素之间的关系。使用该分析模式对宣传片进行话语分析，不仅可以拓宽中国抗疫宣传片的分析视角，还可以使学者关注中国国家形象建构的话语策略。

1948 年，美国政治学家拉斯韦尔在传播学领域研究中提出一种研究范式，旨在回答以下问题：谁？说了什么？通过什么渠道？对谁说？有什么影响？该研究方法后被称为拉斯韦尔公式，也被称作“5W”公式，如图 2 所示（麦奎尔、温德尔，1981）。该方法用来分析处理信息交流的结果以及探究纯文本在社会群体中如何被传播和解读，该方法和费尔克劳夫的三维框架中的第二个层面话语实践有重合之处，即话语实践中文本的产出、分配及消费都属于话语传播过程，且“5W”公式中对话语传播过程的分析更加详细。因此两种方法可以融合为适合本文语料的新的研究框架。

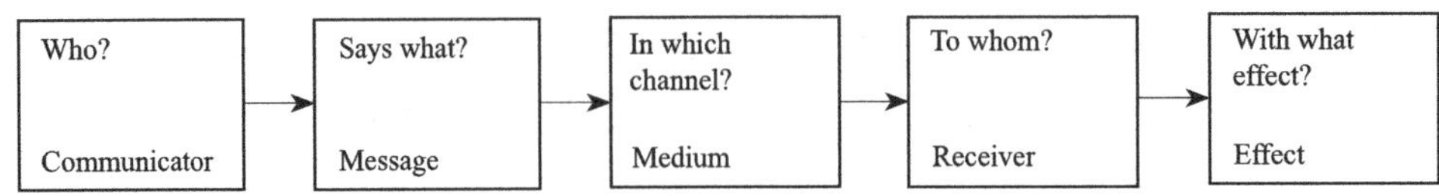

图 2　拉斯韦尔公式及对应的传播元素

在下文分析中，笔者会以费尔克劳夫的三维分析框架为主要理论结构，在文本分析层面，为求更详细剖析话语形式，结合韩礼德的系统功能语法，从词汇、及物性、互文性等方面解读文本；在话语实践层面，使用拉斯韦尔公式探究话语从文本层面到社会实践层面的传播过程，最后使用费尔克劳夫的三维分析框架中的社会实践层面分析该宣传片中话语的社会因素。

4 宣传片《战武汉》的批评话语分析

2020 年，由于新冠疫情的暴发，很多西方国家趁机散布谣言，通过不实报道或刻意剪切影像等将疫情暴发的矛头直指中国。为捍卫、重塑中国国家形象，摆脱其他国家对中国的“污名化”，国际宣传片起到的作用至关重要。由于中国环球电视网主要面向海外观众，且为中国权威平台，因此本文以此平台为依托，在“视频（video）”搜索栏中使用关键词“COVID-19”进行搜索，并在搜索结果中选择发布时间最早、点击量和播放量较多的一部代表性宣传片，即《战武汉》（*Wuhan's War on COVID*-19），通过文字转录，对字幕进行转录处理，并对其进行批评性话语分析。该视频时长 3 分 43 秒。经转录，文本共 405 个单词 /28 个句子。下文将以费尔克劳夫的三维分析模式为研究框架，从文本、话语实践以及社会实践三个层面对语料进行分析处理。

4.1 文本分析

在文本分析层面，主要关注文本的显著特点，下文的分析包括三部分：分类、及物性和互文性。

4.1.1 分类

分类是概念元功能中的一项，也属于认知分类。而词汇选择是实现分类系统的主要方法。因此，不同的词语选择反映了不同的态度和价值观。词汇选择不仅意味着对某些词语的选择，还意味着对特定词语的频繁使用，这种明显的现象代表了说话人的意图和目的。如在《战武汉》的文本中，数字的使用是一个非常明显的现象。本宣传片共出现 29 个数字，根据数字所表示的主语类型的不同可分为四大类，如表 1 所示。

表 1 《战武汉》中数字的分类

种类	项目	频数	比例
人（people）	居民（residents）	1	3%
	感染者（infectors）	5	18%
	医务人员（medical staffs）	3	1%
时间（time）	日期（date）	8	28%
	限期（deadline）	1	3%
物资（materials）	医疗补给（medical supplies）	10	35%
其他（others）	表面积（surface area）	1	3%
总计（sum）	—	29	100%

从表 3 可知，代表医疗补给（medical supplies）的数字出现频率最高，占比最大，为 35%，其后是表示日期和感染者的数字，分别占比 28% 和 18%。语料中，对于医疗补给的表达使用较为频繁，展示了整个中国为抗击疫情所做的充分准备和急速补救措施，如“中国公司被要求在 10 天内建造一座有 1000 个床位的医院（Chinese companies were ordered to build a 1,000-bed hospital within 10 days）”，“两天后，中国空军派出货机运送 1400 多名陆军医疗人员（Two days later，the Chinese Air Force sent cargo planes carrying 1,400 more medics from the army）”和“截止到 2 月 23 日，中国已经派出了 330 多个医疗队，包括 41600 名医务人员前往病毒肆虐的湖北（By February 23，China had dispatched over 330 medical teams incorporating 41,600 medics to the virus-hit Hubei）”。从语料中可知中国为抗击疫情所做的一切贡献都被量化为具体数字，这表明中国抗疫措施是客观真实的、可供考证的。医疗补给的数量显示了中国人在新型冠状病毒暴发期间所采取的措施，而表示日期的数字则表明中国在每一阶段都有新进展。由此可知，中国在争分夺秒地抢救感染者，在为争取病人的一线生机做最大的努力，在尽全力挽救所有感染者。累计确认感染者的数字在宣传片中一直在增加，从 1 月 23 日的 495 例确诊病例到 2 月 2 日的 5000 例，2 月 11 日达近 20000 例。虽然这些数字令人震惊，但始终是以具体统计数字的形式出现，并没有刻意隐藏或含糊不清，表明中国向全世界人民传达的始终是真实的情况。与此同时，这也和最终结果“新确诊病例人数终于开始下降（new confirmed cases have finally started to decline）”形成了鲜明的对比，让受众体会到中国行动的影响和贡献。真实庞大的数据不仅使观众感到震惊，同时也能使其相信中国政府正在为保护人民不受疫情感染而及时采取有效措施。

4.1.2 及物性

在韩礼德的系统功能语法中，及物性是经验元功能的核心，用以表征世界，描述事情的发生，将我们周围发生的事物划分为几类过程。及物性包括六种过程，分别为：物质过程、心理过程、关系过程、言语过程、行为过程和存在过程。每种过程一般有三个要素，即参与者、发生过程和情境。在话语或文本中，为传达真实的意图和意识形态，言者多选择描述特定的过程，并合理安排参与者和情境来组成不同的话语（李庆明、吴华，2019）。

在转录语料中，及物性所包括的过程列举在表 2 中。

表 2 不同过程类型的频数和占比

过程类型	频数	占比
物质过程	21	75%
关系过程	5	17%
言语过程	1	4%
行为过程	1	4%

续表

过程类型	频数	占比
存在过程	0	0%
行为过程	0	0%
总计	28	100%

从表 2 可知，该宣传片话语中仅有四种过程，分别为物质过程、关系过程、言语过程和行为过程。在四种过程类型中，物质过程共出现 21 处，占比为 75%，比例最大。由于其他过程出现频率和物质过程相差较大、占比过低，因此本文主要以最鲜明的物质过程为例，分析其中的意义。

物质过程在转录文本中非常突出，它涉及物理行动，能够客观地记录事件发展的过程。它包括行动者、过程、目标和环境，如表 3 所示。

表 3 《战武汉》中的物质过程

行动者（actor）	过程：物质过程（process：material）	目标（goal）	环境（circumstance）
the city	is fighting	an unprecedented defensive battle	—
the city	was locked down	—	—
China	began	a large-scale rescue mission	—
the first batch of medical teams	arrived	—	—
Chinese companies	were ordered to build	a 1,000-bed hospital	within 10 days
China	held	a top-level meeting	on the outbreak
the disease	continued to spread	—	—
the construction of three temporary hospitals	began	—	—
the Chinese government	has called on	19 other provinces, municipalities and regions	to send medics to cities in Hubei
6,000 medical workers	landed	—	at Wuhan's airport
the Chinese Air Force	sent	cargo planes carrying 1,400 more medics	from the army
Over 1,500 medical workers	have been infected	—	—
some（medical workers）	laid down	their lives	to save others

续表

行动者 （actor）	过程：物质过程 （process：material）	目标 （goal）	环境 （circumstance）
Chinese manufacturers	were mobilized	—	—
the daily capacity of mask production	was raised	—	from 8 million to over 50 million
huge volumes of material supplies	headed	—	for Wuhan
China	had dispatched over	330 medical teams incorporating 41,600 medics	to the virus-hit Hubei
Wuhan	has built	two infectious disease hospitals	—
（Wuhan）	increased	the number of designated hospital	to over 40
（Wuhan）	put in us	13 temporary hospitals	—
（Wuhan）	bringing	the total number of available beds	to over 40,000
（Wuhan）	preparing	another 70,000 beds	at quarantine sites
no one	is left	—	unattended
new confirmed cases	have finally started to decline	—	in Wuhan
the dawn of victory	has appeared	—	—
China's efforts	have bought	the world time	—
those steps（efforts）	have come at	greater cost	to China itself
no victory	should be hastily announced	—	until there is a complete win

根据表 3 的统计结果，下文的分析主要从行为者（actor）和过程时态（tense of process）展开。首先，由于文本中多长句，包含了各种从句，经计算整个文本中共有 28 个物质过程。句子中出现最多的行为者是表示机构的主语，共出现了 15 次，如中国公司（Chinese companies）、中国空军（Chinese Air Force）、中国政府（Chinese government）、中国制造业（Chinese manufactures）、中国（China）、武汉（Wuhan）等，它们都属于集体名词，可以被视为一个整体。换句话说，通过这些行为主语，宣传片设法告诉受众，在疫情面前，中国人民团结一心，是一个不可分割的整体。同时，带有这些行为者的物质过程介绍了中国已经或正在作出的努力，如“中国政府已号召其他 19 个省区市向湖北各市派出医护人员（the Chinese government has called on 19 other provinces,

municipalities and regions to send medics to cities in Hubei)"，"中国已派出 330 多个医疗队，41600 名医务人员赶赴病毒肆虐的湖北（China had dispatched over 330 medical teams incorporating 41,600 medics to the virus-hit Hubei)" 和 "武汉已建成 2 所传染病医院，定点医院增加到 40 多所，投入使用临时医院 13 所……（Wuhan has so far built 2 infectious disease hospitals，increased the number of designated hospitals to over 40 and put in use 13 temporary hospitals...)"。通过物质过程，宣传片用令人信服的统计数据客观地表述了中国的抗疫贡献，展现了负责任、认真、执着、团结的中国形象。

在宣传片中，物质过程中北所使用的时态包括过去时、现在时和进行时。经统计，过去时态的使用更为更突出。过去时态表示事件发生在过去，是客观真实的存在，截止到现在已经结束了。如 "……中国政府已号召（...the Chinese government has called on)"，"6000 名医务人员降落在了武汉机场（6,000 medical workers landed at Wuhan's airport)" 和 "已动员各行业生产厂家……（Chinese manufacturers were mobilized...)" 等，向观众传达中国为全国乃至全世界所做的一切。除了过去时，进行时的使用也有特定含义，如在转录文本的第二句，"这个城市正在进行一场前所未有的防御战（the city is fighting an unprecedented defensive battle)"，该句在使用进行时的同时使用了隐喻。这里的隐喻是把抗击疫情比作一场毁灭性的、残酷的、持久的战斗，指出中国正在经历一场艰难的战争，这个敌人不仅来得出乎意料甚至何时战胜也是无法预测的。然而，中国会始终坚持与疫情作抗争，坚决不放弃。

4.1.3 互文性

互文性是话语的基本特征，表示一段话语包含了其他语篇或语篇片段（辛斌，2000）。话语中，直接或间接的引用都是互文性的表现。言者有意直接或间接引用他人的话语来支持自己。

在转录文本中，有一句直接引语——世卫组织总干事特德罗斯·阿达诺姆·盖布雷耶苏斯博士说："中国的努力为世界赢得了时间，但这些努力也让中国自己付出了更大的代价。" 在这句话中，话语的来源出处非常清晰，包括明确的职位和姓名全称。世卫组织是负责卫生健康事务的世界级官方权威组织。由于该组织的权威地位，其话语也带有象征客观真实的绝对权威。借世卫组织官员的话语对中国的抗疫贡献作出客观、间接的评价，表明中国的抗疫贡献是值得肯定的且具有绝对权威、不容诋毁。通过这种互文性，在展示中国抗疫贡献的同时，也是对其他国家对中国"污名化"的反击。

4.2 话语实践分析

在话语实践层面，费尔克劳夫（1992）所关注的文本的产出、分配和消费在拉斯韦尔公式中同样得到更清晰的阐述，因此在话语实践分析层面将以拉斯韦尔公式为理论参考，对宣传片话语的传播全过程及影响作出深入分析。本宣传片中，"5W" 公式的应用可见图 3。

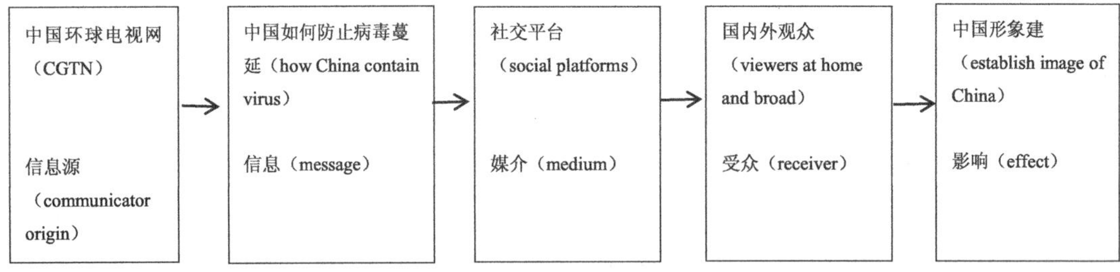

图 3 宣传片的传播模式

由图 3 可知，话语实践过程包含信息源、信息内容、媒介、受众和影响五个要素。首先，宣传片《战武汉》的制作方及传播平台是中国环球电视网（CGTN），属于宣传片话语的信息源。这是中国对外交往的官方平台，是具有权威性和可靠性的。

宣传片所传达的信息是中国如何动员全国人民抗击疫情以及所达到的成效。视频首先简要介绍了武汉的地理位置和人口情况。接着介绍了在这个城市全力抗击新冠肺炎期间，中国先后派出大量医疗队，日复一日地提供医疗物资。然而，统计数据显示，新型冠状病毒仍在传播蔓延，甚至许多医务人员也被感染。但举国上下团结一心的抗疫行动从未停止。最后，宣传片引用了世卫组织官员的评论，客观评价中国抗疫贡献并为中国正名。

传播媒介同时也值得关注。当中国环球电视网（CGTN）播出该宣传片后，该视频通过脸书（Facebook）、推特（Twitter）、优兔（YouTube）、照片墙（Instagram）、抖音短视频国际版（Tik Tok）、微信、新浪微博等新媒体在海外得以广泛传播，收获大量的点击量。近年来，新媒体发展迅速。新媒体具有互动性、双向性、即时性等特点，在促进国际交流合作、塑造国家形象方面具有传统媒体没有的优势（檀有志，2012）。以上每种新媒体平台用户均过百万，具有深远的社会影响力。因此，在话语实践中，媒体平台成为传播信息和获得支持的有力工具。在面对恶意诋毁时，宣传片是走出国门、讲述事实、重构中国形象的直观有效方法，而具有深厚影响力的媒体平台的宣传和转发起到了关键作用。

宣传片《战武汉》的受众主要是外国观众。受众对事件的态度和认识很大程度上取决于对信息掌握的视角和精准程度。他们了解的维度越广，自身的观点就越公正、中立、客观。因此为了避免不公正报道对观众的迷惑和操纵，为特定受众有针对性地推广有关中国抗疫实际行动和贡献的宣传片是非常必要的。

在宣传片影响层面，视频在传播过程中营造了开放、积极、友好的国际舆论氛围，并在国际传播中树立了良好的国家形象。通过对中国抗疫行为和贡献的反复叙述和强调，引导和巩固了中国在国外公众眼中的负责任大国形象，这基本符合人们对事件的一般认知心理。因此，通过拉斯韦尔公式，对话语的产生、分配和消费可以做详细追溯。

4.3 社会实践分析

话语是一种社会实践形式，因此话语分析是由社会因素决定的。它与我们如何行动、如何规范社会、如何传播思想紧密相连。可以认为，话语建构社会，同时又被社会所制约（大卫，2012）。在宣传片的分析中，话语策略的使用使中国团结统一、不畏艰难、勇担责任以及以人为本的形象深入人心。而宣传片在客观评价宣传中国的抗疫贡献的同时，重塑了中国的正面形象，列举真实的统计数据也使中国的抗疫行动给观众留下深刻的印象。同时，根据宣传片的网友评论内容和点赞转发量，该宣传片的推广也在一定程度上改变了海外观众对中国的偏见。这种变化尤其体现在对新冠病毒的命名上，从一开始被错误地命名为“武汉病毒”“中国病毒”，到“新型冠状病毒（2019-nCoV）”，再到世卫组织最终确定的“严重急性呼吸综合征冠状病毒2（COVID-19）”，对中国的敌对和偏见慢慢转化成客观中立的态度。在这个过程中，对外宣传片是改变观众眼中的中国形象的最直接、最高效的方式。这也是话语在社会实践领域所体现的深刻意义。

5 结论

本文以费尔克劳的三维分析框架方法为理论支撑，融合韩礼德的系统功能语法和拉斯韦尔公式，创新性地构造了适合本文语料分析的新的研究框架，从批评性话语分析的角度分析了宣传片《战武汉》。在语篇层面，本文论述了及物性和互文性的分类、物质过程。在话语实践层面，本文运用“5W”公式详细解释话语的产生、分配和消费。在社会实践层面，本文阐释了中国形象建构中产生的社会影响。通过使用适当的话语策略，宣传片是重塑和传播国家形象的有效工具。作为权威媒体，中国环球电视网致力于维护国家声誉，抵制外媒对中国的偏见。该宣传片在客观展示中国抗疫贡献的同时，塑造了以人为本、团结统一、不畏艰难、勇担责任的中国大国形象。

同时，值得注意的是，除了传统的新闻报道和电视广播对中国的海外传播，传统媒体的发展和改革催生了一系列如推特、脸书、微博、微信等新社交媒体平台的出现，随着使用用户数量的激增，其影响力也越来越大，新媒体也逐渐成为塑造和传播中国形象的有效途径。

参考文献

[1] DAVID M，ANDREA M. How to do critical discourse analysis：a multimodal introduction[M]. London：Sage，2012.

[2] WODAK R，MEYER M. Methods of critical discourse analysis [M]. 2nd ed. Beijing：Beijing University Press，2009.

[3] 檀有志．公共外交中的国家形象建构——以中国国家形象宣传片为例 [J]. 现代国际关系，2012（3）：54-60.

[4] 梁晔．中国共产党国际宣传片的批评性话语分析 [J]. 广西科技师范学院学报，2017（1）：54-58.

[5] 武建国，刘艾静．国家形象宣传片《角度篇》解说词翻译中的互文性策略研究 [J]. 西安外国语大学学报，2020，28（2）：22-25.

[6] 周鑫宇．定位理论视角下的外交演讲与国家形象构建 [J]. 中国外语，2016，13（6）：19-23.

[7] 刘宁．基于语料库的中美媒体关于中国雾霾报道的对比研究——以批评话语分析为视角 [J]. 北京第二外国语学院学报，2018（5）：37-53.

[8] FAIRCLOUGH N. Language and power[M]. London and New York：Longman，1989.

[9] FAIRCLOUGH N，WODAK R. Discourse as social interaction[M]. London：Sage，1997.

[10] 辛斌，高小丽．批评话语分析：目标、方法与动态 [J]. 外语与外语教学，2013（4）：1-5，16.

[11] 李庆明，吴华． 费氏三维分析模型视角下英语新闻语篇的批评性话语分析——以《纽约时报》官方网站关于中国反腐报道为例 [J]. 重庆交通大学学报（社会科学版），2019（3）：126–32.

[12] 田海龙 . 语篇研究：范畴、视角、方法 [M]. 上海：上海外语教育出版社，2009.

[13] FAIRCLOUGH N. Discourse and social change[M]. Cambridge：Polity Press，1992.

[14] MCQUAIL D，WINDAHL S. Communication models：for the study of mass communications[M]. London and New York：Longman，1981.

[15] 辛斌 . 语篇互文性的语用分析 [J]. 外语研究，2000（3）：14–16.

[16] 辛斌 . 批评性语篇分析方法论 [J]. 上海外国语大学学报，2002（6）：34–41.

美国小说中的受难研究
——以马拉默德《店员》为例 ①

■ 杨海艳　张丽丽
■ 天津商业大学　300134

摘要　作为世界文学经典主题之一，受难是人类民族历史和生活中的永恒元素，根源于特定的民族历史之中并在特定社会、文化因素等方面的影响下得以充分展现，凭借其强大的精神内核为世人提供更为深远的精神寄托。本文以伯纳德·马拉默德《店员》这部小说为例，运用文本细读的方法，从受难人物形象刻画和受难精神传递两方面，探究作者对于受难这一文学主题的深刻诠释及对人类生存境遇的深入思考。
关键词　**受难；马拉默德；《店员》**

第二次世界大战结束后，索尔·贝娄（Saul Bellow，1915—2005）、伯纳德·马拉默德（Bernard Malamud，1914—1986）和艾萨克·巴什维斯·辛格（Issac Bashevis Singer，1904—1991）等作家相继登上美国文坛，成为 20 世纪下半叶美国文学的主将。他们的作品以炽热的情感、丰富的哲思、敏锐的洞察、清新的文体等特点在美国文坛占有一席重要之地，成为美国文学经典。通过在创作中巧妙运用并升华民族元素，他们不仅向读者展示了移民群体在美国社会文化中的适应和转变过程，同时也反映了整个美国社会中普通人的处境，更关照了整个人类的生存境遇。本文以马拉默德《店员》这部小说为例，通过文本细读探究其中对受难主题的诠释。

1　受难主题

受难这一主题根源于但却不局限于民族文学及其人物刻画中，特定的民族、历史背景、社会现实和文化融合等诸多因素促使作品中的民族性不断消解，进而升华为一种文学上的世界主义，使得作品中所展现的受难精神具有普遍象征意义的世界性。以贝娄、马拉默德、辛格等为代表的这些美国作家，生在美国或长在美国，有接受高等教育的机会，在接受本民族文化的熏陶的同时，也在接受着美国文化的同化，导致旧思想观念、生活方式潜移默化地发生着改变，乃至整个传统开始解体。因此，作家们开始将写作主题从某一特定的民族属性延伸到更广阔的范围，反映美国社会形形色色人的普遍处境。他们将自己的道德观根植于普通人的命运之中，为这些具有民族特质的社会底层小人物赋予更广泛更普遍的人类性，也将受难这一主题拓展到更宽广的人类精神领域，用充满人道主义意味的眼光关照世界，力图证明小说人物的坎坷命运是现代人所共同具有的，揭示了对整个人类生

① 本论文为天津商业大学青年基金研究项目“受难的研究——解析马拉默德的小说《店员》”的研究成果，项目号是15117。

存境遇的深入思考。

马拉默德出生于美国纽约布鲁克林区一个贫困的移民之家，童年时期饱受大萧条贫困之苦，其个人经历为日后文学创作提供了灵感来源。在作品中，他用细腻的笔触描绘刻画了失败却不放弃、受难而依然道德纯洁、生活困苦但精神自由的小人物。他因专门描写这些在社会底层苦苦挣扎、渴望幸福而不得的小人物，被人们视为人道主义作家。他在作品中对人类苦难进行了思考，在艺术创作中不断寻求苦难救赎的途径。《店员》（*The Assistant*，1957）这部小说是马拉默德基于自己童年时期的经历创作而成的，具有鲜明的民族特征，因其蕴含的深刻思想价值和独特艺术魅力，奠定了马拉默德在美国文坛的重要地位，使他在读者心中成为一个伟大的道德小说家。对于马拉默德来说，他在作品中所描写刻画的这些社会底层小人物虽然在生活中饱受苦难，但却仍能在受难中不断追寻生命价值和生活意义，他将受难精神展现得淋漓尽致，这也是马拉默德所一直强调的人类精神世界的可贵之处。作者将这种道德关注注入作品中，展现人文主义情怀，而这种人类所共通的情感和精神寄托也具有更为广泛的教育意义。

2 受难形象刻画

《店员》故事发生于20世纪30年代经济大萧条时期，聚焦在纽约市移民聚居区，整个故事围绕着贫民区莫里斯的杂货铺展开。为躲避沙皇迫害，这些移民逃到美国，莫里斯正是这些受难者的典型代表。他勤劳善良，诚实守信，待人诚恳，富有同情心，乐于助人，甚至愿意为他人受难，但一生穷困潦倒，被病魔夺子，没钱供女儿上学，杂货铺惨遭抢劫，自己负伤，后又身患肺炎，在疾病中结束了这受难的一生。他的一生充分体现出受难精神所蕴含的伟大道德价值和救赎意义，他在为人类赎罪而受难，在道德和精神上取得了成功，他的受难和牺牲也换来了小说中另一个典型受难者弗兰克的灵魂再生和精神皈依，实现了自我救赎和救赎他人真正意义上的精神升华。

小说中另一个典型的受难人物则是弗兰克，他在同莫里斯一家人一同受难的过程中，自己也从一个抢劫犯转变成自我救赎的负责之人，并真切体会到了更为深刻的人生寓意，“生活的目标就是受苦，谁遭受的苦难最严重，坚持得最长久，谁就是最好的人”（1978）。在小说最后极具象征意义的受礼也表明，在经历受难和牺牲以后，他欣然接受了其中蕴含的受难传统，顺理成章地成为下一个莫里斯。小说结尾部分弗兰克不小心掉进坟坑又爬出来，也将这一寓意外显出来，象征着原来的受难者莫里斯虽已死去，但他的受难精神却在年轻的弗兰克身上复活。弗兰克因此完成了“受难—忏悔—皈依”的自我救赎之路，实现了精神和道德上的净化和升华。

3 受难精神传递

作为具有典型代表意义的小说人物，莫里斯和弗兰克身上充分体现了马拉默德小说中人物所具有的共同特征：他们都是苦苦挣扎在美国底层社会中的小人物，却不放弃对道德的追求和成长。受难使人物在精神上得到拯救，在道德上愈发纯粹，在美学方面展现出积极意义。在《店员》这部小说中，马拉默德将受难形象在莫里斯身上展现得淋漓尽致，受苦也成了主人公生活的主要特征之一。乔国强在《美国犹太文学》中评价这部小说“选用民间素材，并用一种具有双重用途的荒诞性讽刺把它表现出来，收到了悲观和乐观两种情绪、绝望和希望两种心理状态相互作用而达到某种平衡的精妙效果”。在马拉默德的笔下，受难被视为一种宝贵的道德追求，是自我建立及完善的必要且重要过程，这也正是马拉默德将主人公身上“受难与救赎之路”这种文化主旋律巧妙融合的生动表现。

小说中莫里斯曾与弗兰克交流了自己对于受难的理解。“一个人活着，就得受苦。有些人苦受得多些，并不是因为他们愿意多受。可是我认为，一个人要是不为律法受苦，他就不会为任何东西受苦了。”“那你为了什么受苦的，莫里斯？”“我为你而受苦。”（2008）在莫里斯看来，人就要坚守律法，但不应该局限于律法上的一字一句，更应该注重道德准则，忠诚守信、关爱他人。这段对话也是马拉默德思想的完美呈现，不仅为读者展现出莫里斯对受难精神的精准诠释，即自愿为他人受苦，这也为弗兰克后期的转变奠定了思想基础，推动了小说情节的发展。小说对于弗兰克受难的人物刻画，不仅体现在他抢劫杂货店后又回到杂货店接受心灵惩罚的受难行为上，也体现在弗兰克在此过程中不断追寻道德与价值的精神世界。对于弗兰克来说，莫里斯是他生活和精神上的导师，在这两个方面都起到巨大的引领作用，让他深刻意识到人类身上蕴含的巨大潜能，而这种伟大的力量足以让人应对生命中的所有苦难，实现肉体和精神上的升华，这也体现在小说最后弗兰克在精神层面完成了对莫里斯这一角色和精神的双重延续。正如奥弗雷德·卡金（1993）所说，“在马拉默德的小说里，精神导师与信徒之间都是为了对方而存在着，互相之间为了对方而受难，通过受难来认识世界的本质和受难的意义”。主动受难的莫里斯和主动接收受难的弗兰克都展现出对于受难思想本质的理解，通过受难使得他们在思想、伦理、道德等精神领域得到升华。

我们也可以从小说对受难的描绘里看到，在美国社会文化大熔炉中，以莫里斯为代表的受难精神和以弗兰克为代表的世俗秩序之间相互碰撞，小说最后两者的融合也向读者传递出更深一层的意味，即不同文化背景的人都应该互相欣赏学习，扬长避短、相互协作，才能使受难意识打破种族、历史、社会、文化的壁垒，成为全人类都能从中吸取养分的共同主题。

4 结语

作为世界文学经典主题，受难在文学上的表现受到其民族、历史、社会、文化等诸多因素作用，本文通过对马拉默德《店员》这部小说中莫里斯、弗兰克这两个典型受难人物形象的刻画分析，着重探讨受难精神的传递，展现出美国作家对受难形象的描绘和受难精神的塑造，同时发掘其背后蕴含的更为广泛的精神力量。他在《店员》中译本出版前写给译者杨仁敬的信（1979）中表示，欢迎向中国读者翻译介绍他的作品，同时表达了自己对中国人民的赞赏，并相信中国读者会理解他的作品。在马拉默德看来这种受难精神是全世界所共通的，他“为所有的人写作”。受难作为这部小说的重要主旨，小说中每个人物都在憧憬美好生活的同时，经历着内心的矛盾和挣扎，人人都在受难，人人都在受难中学会成长。马拉默德希望通过作品向读者展现，人类面对艰难困苦时该如何追求道德秩序，实现道德成长，这种受难精神对于现代社会的人们来说仍极具启迪意义。

参考文献

[1] 伯纳德·马拉默德 . 伙计 [M]. 叶封，译 . 南京：译林出版社，2008.

[2] 伯纳德·马拉默德 . 美国来信 [J]. 译林，1979，4（1）：232.

[3] 乔国强 . 美国犹太文学 [M]. 北京：商务印书馆，2008.

[4] 莫里斯·迪克斯 . 伊甸园之门 [M]. 上海：上海外语教育出版社，1985.

[5] KAZIN A. Bright book of life [M].Boston：Little Brown，1993.

[6] MALAMUD B. The assistant[M].New York：Dell Publishing Co. Inc.，1978.

[7] FORD B. The new pelican guide to English literature：9. American literature[M].London：Penguin Books，1991.

如何巧妙翻译诗句中的关键词

■ 贾玉梅
■ 天津商业大学 300134

摘要 《红楼梦》这部书中有两首非常特别的诗，分别出现在小说的开篇和结尾处，它们遥相呼应，有异曲同工之妙。本文以这两首诗为例，分析杨宪益和霍克斯这两位翻译界的大家是如何巧妙且合理地将诗句翻译成英文的。

关键词 **《红楼梦》；杨宪益；霍克斯；翻译**

《红楼梦》是一部家喻户晓，名扬四海的文学名著，它之所以能扬名海外，离不开两位翻译大家的辛苦付出。杨宪益和霍克斯两位大师各自历时十年之久，呕心沥血地将《红楼梦》这部巨著翻译成英文，打开了《红楼梦》走向世界的大门，对传播中国文化具有非凡的意义。《红楼梦》的开篇和结尾各有一首五言绝句，成首尾呼应之势，为小说增色不少。下面我们就来分析一下两位翻译大师是怎样运用翻译技巧，最终实现了“信、达、雅”的翻译效果。

《红楼梦》开篇第一回中首先出现的是一首偈语，严格说来，偈语只是与诗词略有相似之处，并不能算作真正意义上的诗词。于是，接下来登场的这首五言绝句《题石头记》则可以被视为《红楼梦》这部书中出现的第一首诗。

《题石头记》

满纸荒唐言，一把辛酸泪！
都云作者痴，谁解其中味？

杨宪益版译文：

Pages full of fantastic talk, penned with bitter tears；
All men call the author mad, none his secret message hears.

霍克斯版译文：

Pages full of idle word, penned with hot and bitter tears；
All men call the author fool, none his secret message hears.

对比两版译文不难看出，两位大师对诗句中句型和结构的处理几乎完全相同，特别是最后一句“谁解其中味”，两位的翻译一模一样。不同之处是对诗句中个别词语的英文选择，两位大师略有差异。

首先，第一句里的“荒唐言”，出自《庄子·天下》，原句是“以谬悠之说，荒唐之言，无端崖之辞，时恣纵而不傥，不奇见之也”。大致意思是说：庄子喜用虚空悠远的话语，漫无边际的谈论，没有根据的言辞，经常尽情发挥，而不偏执拘泥，从不靠标榜异端来显示自己的观点。这体现出庄子随顺无心、不受拘束的至高境界。“荒唐”一词在这里并无贬义，实际上庄子认为他所阐述的道理是变化不定，天马行空的，所以用了“荒唐”

这个词。在杨宪益版中“荒唐言”被译作“fantastic talk”，如此选词更贴合后人对“荒唐”一词的理解，即荒诞不经，不合情理。霍克斯将其译作“idle word”，则是更贴合庄子“荒唐之言”的本意，即闲散不羁，随心所欲。这两个版本的翻译各有侧重，难分伯仲，它们都很好地传达了曹雪芹想要表达的意思。曹雪芹在《红楼梦》开篇第一首诗的第一句中就直言宣称自己的作品为“满纸荒唐言”，这种自嘲式的认定是在当时封建礼教和宗法制度下的无奈之举吧。

其次，对于第二句中的“辛酸”一词，两位翻译家不约而同地选择了“bitter”这个单词。其实，“bitter”既不是“辛”也不是“酸”，而是“苦”。霍克斯用的是“hot and bitter”意思是“辛和苦”。辛，辣也；辛和酸，本为两种味道。但汉语中，辛、酸二字合在一起，就不是用来表达味道，而是用来形容痛苦和悲伤，所以将“辛酸”译为“bitter”是非常恰当的。

最后，第三句里面的“痴”字，杨宪益用的是“mad”；而霍克斯用的是“fool”，这说明两位翻译家对“痴”这个字的理解各有不同。汉语里的“痴”字本身就有两层含义：一是傻，蠢笨，如“痴呆”；二是疯狂迷恋，如“痴情”。很明显，霍克斯选择了前者，因为曹雪芹敢于揭露和批判晚清社会在政治、法律、宗教、道德等方面的矛盾和斗争，他的行为在世人眼中就是“傻”。杨宪益选择了后者，把“痴”字理解为“痴迷于儿女之情”，因为当时人们都简单地把《红楼梦》的主题理解为描写儿女情长，风花雪月。由此可见，两位翻译家对原文的理解虽各有不同，但都合情合理，有异曲同工之妙。

《红楼梦》的结尾也出现了一首五言绝句，此诗应为续写者所作，从诗的结构和用词上不难看出是仿开篇的《题石头记》，以达到首尾呼应的效果。

说到辛酸处，荒唐愈可悲。
由来同一梦，休笑世人痴！

杨宪益版译文：

A tale of grief is told, fantasy most melancholy.
Since all live in a dream, why laugh at others' folly?

霍克斯版译文：

When grief for fiction's idle words more real than human life appears,
Reflect that life itself's a dream. And do not mock the reader's tears.

先要声明一点，霍克斯版的《红楼梦》后四十回是由他的女婿汉学家闵福德完成的。这两段译文从结构处理到用词选择都存在巨大差异，杨宪益版的译文更贴合原文，而闵福德的译文则打破了原诗的结构，风格更加大胆张扬。

我们先来看杨宪益版对于第一句的翻译，从用词可以看出他把“辛酸处”理解为《红楼梦》的悲剧结局，“说到辛酸处”表示《红楼梦》这个悲惨的故事已经讲完了。第二句中的“愈”字，同“越”，含义是“越发，更加”，这句诗的意思是：离奇的事态变得更加可悲。杨宪益在翻译时出于结构的需要，省去了句子中的谓语动词，完整的句子应该是：fantasy becomes most melancholy。把第三句和第四句合在一起，按照原因状语从句的句型来翻译，体现出杨宪益高超的翻译水平。这样的处理既做到了“信和达”，又不失“雅”，可谓精妙。

再来看闵福德对这首诗的翻译，他打破诗词的常规翻译模式，别出心裁地将前三句诗合并成一句，用时间状语从句的句式来处理，拿小说中虚构出来的悲哀与人们在生活中经历的悲哀做比较，结果反而是小说中的悲哀更加真实，从而得出结论“人生本来就是一场梦”。此番操作巧妙灵活，让读者眼前一亮。

《红楼梦》是一部包罗万象的“百科全书”，涵盖了诗词、园林、养生、美食、戏曲、医药等生活的方方面面，将其翻译成英文，其难度可想而知，杨宪益和霍克斯两位翻译大师运用各自卓越的翻译技能为我们呈献了经典的《红楼梦》英文全译本，从而让西方世界认识和了解到这部伟大的著作。

参考文献

[1] 刘士聪 . 红楼梦翻译研究论文集 [M]. 天津 : 南开大学出版社，2005.
[2] 王士超 . 红楼梦诗词鉴赏 [M]. 北京 : 北京出版社，2004.
[3] 孙艺风 . 文学翻译与翻译研究 [M]. 北京 : 清华大学出版社，2004.

论《简·爱》中的反抗意识

■ 刘沛林
■ 天津商业大学

摘要 《简·爱》是英国著名女作家夏洛蒂·勃朗特的代表作。该作品成功塑造了简·爱这样一个在男权社会中渴望独立、自由、平等，勇于反抗、敢于追求精神和经济独立的新女性形象。本文阐述了主人公简·爱在小说中经历的五个阶段所反映出来的反抗意识。

关键词 **女性主义；反抗意识；独立平等**

现代西方女性主义在19世纪已颇具规模，在这一时期涌现的大量文学作品塑造了众多的追求独立、平等、自由、具有反抗意识的女性形象。《简·爱》便是展现女性主义意识的代表作品。它为读者塑造了与传统女性截然不同的形象。简·爱没有惊人的美貌和逆来顺受的性格，却有着超出常人的反抗精神与非凡的智慧和见识。在简·爱的世界里，有着一种反抗压迫、追求自由独立的精神，她这种具有反抗意识的品格也使其成为文学史上熠熠生辉的女性形象。

《简·爱》这个故事写了五个不同阶段，每个阶段对应一个地点。第一阶段讲述的是父母双亡的简·爱在里德舅舅家的童年遭遇。在舅妈眼里，简·爱喜欢找碴，爱刨根问底，还敢顶撞大人，是个极不讨人喜欢的孩子。大人的态度也直接影响到表哥表姐们，他们也嫌弃和蔑视简·爱。有一次，14岁的表哥约翰在辱骂了简·爱之后又将她打伤，忍无可忍的简·爱奋起反抗，正如书中写到：

我已经挨惯了约翰的责骂，所以压根不想回嘴，我一心想着怎么来挨过辱骂之后必然会来的殴打。……

书已经扔了过来，打中了我，我跌倒了，头撞在门上，碰破了，伤口流出血来，痛得要命。……

“你这残酷的坏孩子！”我说，“你简直像个杀人凶犯……你就像那些罗马暴君！”

我明知道，一时的反叛早已经使我难免要受到难以想象的惩罚。因此像所有造反的奴隶那样，我在绝望中下决心索性一不做二不休。

她这次反抗的结果是被关进了孩子们都觉得闹鬼的红屋子里，受到了很大的惊吓。但是，如果当时她不反抗表兄呢？长期不反抗、不发泄可能导致更严重的心理障碍。而且，在她如此激烈的反抗之后，她的表兄也不敢再轻易地欺负她了。所以在她刚到洛伍德慈善学校的时候，对朋友海伦说“当我们无缘无故地挨了打，我们一定要狠狠地回击。我相信我们一定得这样——得非常非常狠，好教那个打我们的人永远不敢再打”。

小说的第二阶段描写的是简·爱在洛伍德慈善学校的经历。简·爱的舅妈因为她的叛逆和反抗，把她送到了生活条件十分恶劣的洛伍德慈善学校。在校长面前，简·爱的舅妈恶人先告状，说她是个爱骗人的孩子。简·爱愤怒地爆发了：

我并不爱骗人，我要是爱骗人，就会说我爱你了。可是，我明说，我不爱你，除了约翰，这世界上我最恨的人就是你了。

……你连一点怜悯心都没有，我到死都忘不了你怎么推搡我——粗暴而凶狠地把我推进红屋子，把我锁在里面。……不管谁问起，我都要告诉他们实情，别人都以为你是一个好女人。其实你很坏，又狠心，你才会骗人呢！

简·爱在控诉完她的舅妈之后，有一种从来没有过的自由感和胜利感。

小说的第三阶段描写的是简·爱在桑菲尔德庄园的故事。她的学生阿黛尔是庄园男主人罗切斯特的养女。庄园里不时出现诡异的事情，如令人毛骨悚然的笑声、半夜的脚步声等。在一个晚上，罗切斯特的床上起火，幸得简·爱及时发现，把火扑灭，救了他一命。这种共患难的经历以及深入的精神交流使得简·爱和罗切斯特的心灵一步步靠近。就在罗切斯特和简·爱的婚礼现场，有人赶来干涉，指出罗切斯特还有一位活着的妻子，他被迫承认他的阁楼上关着自己的疯妻子。遭受这一晴天霹雳的简·爱经历了人生中最艰难的一次反抗，她不顾罗切斯特的苦苦哀求，也不顾自己对他深深的眷恋，毅然选择了离开。

在她离开之前，罗切斯特彻底向她敞开心扉，诉说自己的黑暗过往，一再表明今后他只愿和她在一起，并许诺说第二天他们就可以远走高飞，到他在法国南部的别墅长相厮守。

以今天的眼光来看，罗切斯特所说的这一切依然是多么有诱惑力啊！可是简·爱却用强大的内心力量抵制住了诱惑。她从罗切斯特以前的感情经历中得到启发，当她听罗切斯特说自己以前包养过三个情妇时，她质问道："你难道觉得像这样生活——一会儿跟这个情妇好，一会儿又跟另一个情妇好——一点儿都没有什么不对吗？"罗切斯特回答道：

我当初就是那样，可我并不喜欢那个样子。……花钱包下一个情妇是仅次于一个奴隶的坏事情，她们秉性往往较劣，地位总是低下，而跟低劣的人亲密地一起生活会让人堕落。

听到她的话，简·爱立刻意识到自己如果答应继续跟他在一起，也会受到他今后的鄙视，会落得和其他情妇一样的下场。罗切斯特进一步指出她不必在乎自己的违法行为，"因为你既无亲又无友，用不着担心因为跟我一起生活而得罪了他们"。这时简·爱也确实觉得："这世界上谁在乎你？你干些什么又会损害到谁？"但是她内心的另一个声音在说：

我自己在乎我自己。越孤单，越无亲无友，越无人依靠，我越是要尊重自己。我要遵从上帝颁发、世人认可的法律。……法律和原则并不是为了用在没有诱惑的时候，它们正是要用在像现在这样肉体和灵魂都起来反对它们的严肃不苟的时刻。

谈到这里，我们都会被这种自尊自爱的力量所打动，正是这种自尊自爱，帮助简·爱抵御了常人难以抗拒的诱惑。也正是因为如此，她才真正证明了她和罗切斯特的那些情妇不同。她坚信，失去了原则，也必将失去有尊严的爱，失去心灵的自由。所以，她这次反抗的是没有原则的爱。

比起今天的女性来，简·爱的这次反抗付出的代价要沉重很多。因为当时的女性很难有谋生的机会。做家庭教师一年的工资也只有 30 英镑。她离开的时候并没有领工资，只带走了属于自己的微薄盘缠，而这点盘缠也因她精神恍惚而落在了马车上。为了躲避罗切斯特的追寻，同时也因难以放下尊严去乞讨，她在饥寒交迫中晕倒在别人家门前。

小说的第四阶段描写简・爱离开桑菲尔德庄园之后的经历。她离开之后的几天里饱受饥寒交迫之苦最终晕倒在一户人家门外。这户人家住着里弗斯三兄妹，他们竟然是简・爱的另一个表亲家庭。在此期间，简・爱为了自食其力接受了表兄圣约翰里弗斯安排的一个酬劳微薄的乡村教师工作。不久，简・爱意外获得了叔叔留给她的 20000 英镑的巨额遗产，她慷慨地和里弗斯三兄妹平分，每人 5 000 英镑。他们因此获得了真正的经济独立。她的表兄圣约翰请求简・爱嫁给他并陪他远赴印度去传教，但他求婚的理由并不是因为他爱她，而是感觉她吃苦耐劳，适合做传教士的妻子。简・爱不认同圣约翰对待爱情、婚姻的过于理性的态度，这在尊重自己内心的简・爱看来是难以忍受的，所以她拒绝了他的求婚。这一次简・爱反抗的是有原则却无爱的表兄的求婚。

简・爱最终还是听从了自己内心的呼唤，决定回去探望罗切斯特。小说的第五阶段描写的是简・爱重返桑菲尔德庄园的经历。她到了之后才知道庄园已经被烧毁，罗切斯特的疯妻也被烧死，而罗切斯特也失去了一只手臂，且双目失明，孤独地生活在芬丁庄园。在简・爱看来，他们之间的障碍已经消除，于是她毅然和罗切斯特结婚，而罗切斯特在她的精心照顾之下，一只眼睛也恢复光明。这样的结合是对当时有着传统偏见的婚姻观的反抗。在当时的社会，准备踏入婚姻殿堂的男女，男人应该比女人拥有更多的财富和更高的地位。而罗切斯特已经千金散尽且身患残疾，而简・爱继承了大笔财产，变得非常富有，但她为了爱情依然坚持要与罗切斯特结为连理，这说明简・爱具有多么纯洁而高贵的品格啊！

简・爱这种自强自立、自尊自爱，敢于和不公的命运反抗的品格，却是今天那些想走捷径的人很少具备的，也因此注定，即便这些人坐上了别人的宝马车，也依然难以享受尊严与平等，那么，她们用青春和美貌换来的一切反而可能成为心灵的囚笼。所以，在今天这个倡导自食其力的社会，我们要想获得持久的平等与尊重，更有必要依靠自己的力量来获得经济和精神的独立。

参考文献

[1] 勃朗特．简・爱 [M]. 吴钧，译．北京：人民文学出版社，1990.

[2] 王玲玲．论《简・爱》中的女性主义 [J]. 牡丹江教育学院学报，2016（6）：18–19.

[3] 唐晓琳．对《简・爱》中人物性格和女性意识的分析与思考 [J]. 中国科教创新导刊，2012（5）：87–88.

大学英语课程思政建设中的多媒体融合使用

■ 陈宗博
■ 天津商业大学 300134

摘要 随着我国社会进入新时期，信息技术的快速发展使信息的传播渠道出现了媒体融合的趋势。课程思政教育在媒体融合的环境下出现了新的变化。如何利用当前出现的媒体融合趋势，促进大学英语课程思政建设的进一步发展，既是挑战也是时代的需要。在应对这种挑战时，大学英语课程既要进行教育路径的创新，也要警惕媒体融合环境下信息的复杂性。

关键词 **媒体融合；课程思政；英语教学改革**

1 大学英语课程思政建设的重要性

在新时代下，大学英语的课程思政教育发挥着非常重要的意义。大学英语课程思政教育的开展，有利于学生在学习英语知识、接触西方文化的同时，接受正确的价值引导，坚定道路自信、理论自信、制度自信、文化自信。青年是国家的未来，大学英语课程思政教育建设对建设中国特色社会主义具有深远影响力。

随着我国社会主义建设进入新时期，社会的主要矛盾出现了转变，人民日益增长的美好生活需要和不平衡不充分的发展之间的矛盾成为当前时期的主要问题。在我国社会不断发展，开放日益加深的同时，如何引导大学生在学习英语语言文化的同时，正确认识中西方文化差异，理解我国社会发展的道路及面临的挑战，成为当前高校课程体系建设尤其是大学英语课程建设的主要问题之一。

近年来，我国许多高校将大学英语课程思政建设作为解决该问题的有效路径。各高校通过建设大学英语课程思政管理体系，培养大学英语课程思政教学团队，健全大学英语课程思政教学体系，使课程思政与大学英语课程深度融合，形成了语言教学与思政教育相向而行的新局面，取得了丰硕的教学成果。由此可以看出，大学英语课程思政建设具有十分重要的意义。

2 媒体融合对大学英语课程思政建设的影响

当前，我国国内大学英语课程思政建设取得了丰厚的成果，但成果主要集中于课堂教学体系的建设方面，学界对于媒体融合发展与大学英语课程思政建设的关系关注还不够。

2.1 媒体融合理念

所谓媒体融合理念，是指当前信息化时代，西方社会呈现出的一种多媒介一体化发展的趋势。该理念最早出现在《自由的技术》一书中，由美国马萨诸塞州理工大学的伊契尔·索勒·普尔教授（Ithiel de Sola Pool，1984）提出。近年来，随着我国信息化社会的发展以及 5G 技术的应用，包括视频软件、视频分享网站、自媒体在内的多种媒介渠道迅速崛起，与传统媒体共同成为社会信息交流与获取的主要方式。这一现象引起了越来越多的国内学者的关注，媒体融合理念及其实践也成为许多学科讨论的前沿话题之一。

2.2 媒体融合趋势促使课程思政教育理念发生变化

在信息化社会不断加深发展的趋势下，我国的课程思政教育工作受其影响，也发生了很大的改变。其中之一，就是思政教育工作者教育理念的变化。教师的教育理念主要是指，教师在教学的过程中表现出的教育策略、教学思想、教育内容等多种因素的总称。由于课程思政教育工作的特殊性，在教学的过程中，教师的思想认识会潜移默化地影响学生的思想发展，从而给学生的思政理解创建了一条专属的学习途径。

在传统的思政教育工作开展的过程中，由于没有太多外部因素的干扰，教师的教学思想相对保守，难以进行很好的创新改革。教师长期秉持讲授式的教学策略，在这种教学环境下，很难激发出学生的思维活力和思政想象力，从而使得学生的思想认知停留在课本教育内容阶段，间接地影响到学生今后的思政探索与人生成长。

随着课程思政教育资源的整合与媒体的融合，在思政教育过程中，教师与学生的教学关系发生了很大的转变。学生不再处于被动学习的环境下，而是主动参与到思政教育活动当中，教师的教学位置也发生了变化，在过去的思政教学中教师主导教学的过程，在课程思政教育与多种媒体融合之后，教师成为课程思政教学的辅导者与引领者，其通过激发、启迪学生的思政想象力，从而更好地提高课程思政教育的质量。

在权威主流媒体的融合发展背景下，国家政策的变化与国际新闻的引导都需要主流媒体的正确导向，从而让学生们能够正确客观地了解国家政策变化与国家舞台的事件因果。如中央电视台在新媒体发展的环境下，就通过对中央媒体的有效融合，形成了中央电视总台的新媒体；并且在宣传工作开展的过程中其能够有机结合当下微视频软件的优势，从而有效地提高了央视媒体的社会舆论引导力、公信力和影响力。

在互联网技术的时代发展潮流下，课程思政教育工作面临着挑战与机遇，课程思政教育工作者需要大刀阔斧地进行改革创新，挖掘课程思政教学的潜在优势，使其融合到现代思政教学的模式当中，以充分发挥课程思政教学的整体质量。在课程思政教育实践中，我们可以发现，教师只要敢于创新，积极结合媒体传播的优势，就可以收到高效的教学反馈，课程思政教育工作的生命力也就更加旺盛。

2.3 媒体融合对提升课程思政教育的综合价值

在媒体资源融合之后，可以明显地发现新兴媒体的传播效率与质量，相比传统媒体有了极大的提高。在媒体融合之后，可以进行实时高效、跨地域、跨文化的信息传播，可以说真正实现了全球通的预想目标，为人民的生活提供了更多的可能性与更加广阔的认知视野。

在课程思政教育工作开展的过程中，教师通过传统媒体与思政教育内容的有机结合，可以为学生们构建一个良好的思政学习环境。在媒体资源融合之后，思政教育工作开展的广度与深度都发生了极大的改变，很好地提高了课程思政教学的质量与效率。

在信息化时代之前，没有媒体资源支持的情况下，课程思政教育工作往往会受到教育场所、教学时间、教学资源的限制，在课程思政教育工作开展的过程中主要依靠教师的口头讲解与多媒体演示，这在一定程度上限制了课程思政教育工作质量的提高。

在媒体融合的教育背景下，教师可以根据具体的教学内容将其与信息技术进行很好的结合，从而构建系统完善的课程思政媒体教学体系，在这样的教育体系中各类教育资源可以得到最大的发挥应用。在互联网技术的支持下，课程思政教育工作将会打破常规教学体系的制约，学生可以通过在线学习、慕课、微课、社交等方式，更好地学习思政内容，提高自己的思政综合学习质量。

在媒体融合之后，课程思政教学工作的时间与地点都可以进行弹性调整。在媒体顶层设计与传播范围的设计控制下，教师可以对课程思政教学内容进行很好的优化分析。然后借助不同媒体传播的渠道，课程思政教学为学生构建了一个生态文明的课程思政学习空间与氛围，从而保障学生可以完全沉浸在课程思政教育内容的熏陶下，通过每时每刻的影响，使其更好地学习课程思政教学内容，提高其课程思政核心素养与综合学习能力。

3 总结

依靠媒体融合发展探索大学英语课程思政教育的新路径给课程思政教育工作提供了很多的教育优势，但也须警惕其中不良的因素。在媒体融合之后传播的社会信息更加的复杂多样，其中一些观点缺乏真实性与可靠性，会影响学习者的思想认知。在媒体融合之后，如何借助媒体的力量，更好地体现出课程思政教育的核心价值观，可能会成为当下课程思政教育新一轮创新改革的重点与难点。

媒体融合是一把双刃剑。在媒体融合之后，信息传播范围更广、更加集中，在复杂的社会发展过程中容易引发社会舆论风险，由于新媒体传播的时效性与交互性，使得社会舆论在短时间内容易形成统一的发展方向，这给后期的引导与纠正带来了极大的影响。学生在成长的过程中社会经验不足，缺乏准确的事物判断能力，容易受到一些不良社会舆论信息的干扰，从而对其成长产生不利影响。

通过大学英语课程思政教育的改革创新，可以使媒体融合更加有利于课程思政教育工作体系的健全。教师在有效利用媒体融合趋势，进行大学英语课程思政建设的同时，可以有选择性地使用信息资源，保障学生接受正确的价值引领，从而更好地提高大学英语课程思政教育工作的综合质量。

参考文献

[1] 安秀梅．“大学英语”“课程思政”功能研究 [J]. 教育文化，2018（11）：12–13.

[2] 傅荣林．“大学英语”课程思政实践途径探究 [J]. 才智，2018（36）：18，20.

[3] 崔颖．高校课程体系的构建研究 [J]. 高教探索，2009（3）：88–90.

[4] 高德毅，宗爱东．课程思政：有效发挥课堂育人主渠道作用的必然选择 [J]. 思想理论教育导刊，2017（1）：31–34.

“雨课堂”辅助大学英语教学探究

■ 张晓娟
■ 天津商业大学 300134

摘要 在网络技术迅猛发展的今天，互联网已经渗透到人们工作、生活和学习的各个方面。在大学英语教学中，如何利用网络优势，帮助学生更好地掌握语言知识，并不断更新自己的知识储备，已经成为大学英语教学改革中的一个热点问题。“雨课堂”的出现正是适应了这种潮流，为大学英语教学改革打开了新的思路，提供了新的视角和途径。本文拟探讨“雨课堂”在辅助大学英语教学中的作用与应用。
关键词 **雨课堂；互联网；大学英语教学**

近几年，网络发展的迅猛势头已渗入现代生活的各个方面。而高等教育学府作为科技的阵地、文化的前沿，更是首先受到了网络文化的洗礼。大学英语教育的目的是提高学生的英语综合能力，使其在工作和生活中能够比较轻松地进行语言交流。信息技术的日益普及和发展，使得大学英语教学内容更加丰富，手段也更加多元化。一方面，我们要看到传统课堂在教学方面的优势与特点；另一方面，“雨课堂”等智慧平台的出现为大学英语教学改革提供了崭新的视角与途径。教师在传统课堂的基础上加入“雨课堂”的应用，让“雨课堂”成为英语教学的得力助手，不失为一种有益的尝试。

1 传统课堂的优势与局限性

传统课堂沿用至今，有其强大的优势。首先，教师与学生面对面，能够直观地分析、解决问题。其次，教师与学生灵活互动，能够形成温暖的教学环境，使师生在进行知识交流的同时，也增进了彼此间的感情，体现了人文情怀。最后，教师经过筛选，对知识体系进行重新整理，有利于提高学习效率。但传统英语教学的局限性也较为明显：受教学时间和内容的限制，学生难以在有限的时间内顾全听说读写各个方面，学生的知识输入量不足；大多数班级的学生英语水平参差不齐，统一的课件和授课难以满足学生多样化的需求。

2 “雨课堂”的功能与优势

“雨课堂”是学堂在线与清华大学共同研发的一种智慧型教学工具。“雨课堂”结合了演示文稿与手机微信的使用，不仅随时随地可以使用，并且操作非常便捷。在“雨课堂”的帮助下，教师可以很轻松地把自己的教学课件（包括文本、音视频等）上传。“雨课堂”就成为大量储备各类教学内容的“集中仓库”，可以随时提取。不仅如此，教师还可以随时获取单个学生学习的信息，了解学生预习和答题情况，并及时给予反馈。通过导出学生的答题情况，教师也能够了解整个班级的概况，分析各个部分的得分情况，有助于其制定后续的教学方案。对于学生来说，学生通过手机在微信上可以随时打开“雨课堂”，实现课前预习、进班上课及课后复习。同时，“雨课堂”也有留言和私信功能，便于教师与学生之间的沟通。这样的互动和学习打破了时间与空间的束缚，使师生真正做到了随时随地获取信息。

3 利用“雨课堂”，着眼课堂教学，全方位提升学生的语言能力

大学英语教学应着眼于语言能力的提升，帮助学生更好地利用语言了解世界、与外界沟通。传统的大学英语教学环境中，学生的知识积累和技能几乎全部来源于书本和老师的讲授，局限性很大。引入“雨课堂”，将学生与课堂更为紧密地联系起来，便于教师拓展授课内容，解放部分繁重的重复性工作，也有利于全方位提升学生的语言能力。

3.1 丰富课前预热形式，引导学生为课堂做好充分准备

传统课堂下，教师会发给学生一些话题内容或纸质资料，让学生寻找相关内容或熟练相应内容，是比较单一的预习形式。在网络背景下，教师可以利用“雨课堂”整理更为丰富的预习内容，例如，可以在课件中设置问卷，插入音视频内容，让学生用语音或文字形式作答，也可以设置一些小试卷，考查学生预习情况。对于预习情况良好的学生给予表扬和激励，对于预习情况不尽如人意的学生也能够做到及时提醒，非常直观。此外，对于大部分学生能够理解和掌握的知识，教师在随后的正式课堂讲授中可以简略；而对于难点重点的讲解，也能够做到重点突出、覆盖全面。

3.2 强化课堂管理，全方面提升课堂效率和学生兴趣

在正式课堂中，“雨课堂”的强大功能更能够得到有效体现。首先，学生通过扫描二维码或者输入课程暗号进入课堂，教师轻松通过“雨课堂”及时了解学生考勤情况，节省了点名耗费的课上时间。在课程进行中，教师更可以通过“雨课堂”进行随机点名，让部分同学完成相应任务，保证学生始终处于专注的状态。其次，在课程讲解过程中，对于学生在预习中反映出的重难点问题，教师可以进行重点讲解。并根据不同的班级体现的不同情况，调整讲解的内容，能够做到有的放矢。在布置课堂任务时，通过“雨课堂”教师能够及时掌握学生完成情况。在准备四六级考试过程中，学生会做大量的阅读练习。教师可在“雨课堂”中发布阅读练习，学生完成后，教师就能及时掌握学生的得分情况，并随即进行有针对性的指导。此外，“雨课堂”还增加了互动学习的趣味性。传统课堂受空间限制，分组一般局限在前后左右的范围内，而通过“雨课堂”教师可以进行随机分组。学生的搭档每次都是不固定的，也增加了学生对完成任务的热情和新鲜感。

3.3 关注课后复习，夯实学生掌握的知识要点

课堂的时间是有限的。要想更好地掌握语言要点，学生必须注重课后和日常的巩固和练习。教师在一堂课结课后，通过“雨课堂”收集的数据，可以给不同的学生布置不同的练习任务，设计以主观题为主的试卷，鼓励学生用语音或文字等不同形式提交反馈。对于

仍然不懂的内容，学生也可以留言，便于师生的沟通，这种方式也在一定程度上保护了学生的自尊心。

4 “雨课堂”环境下教师身份的转换

“雨课堂”操作简单，功能强大，数据统计精准及时。面对以“雨课堂”为代表的线上智能辅助平台，如果教师一味地只是坚守传统课堂，会让学生觉得沉闷单调，逐渐失去学习兴趣。而教师若单纯依赖平台或网络，而不加以引导和监督，部分学生可能会沉迷网络，将应有的学习时间完全荒废在手机或网络中。因而，教师必须学会转换身份，从课程的主导者，转变为课程的辅助者和监督者，让学生更多地进行自主学习。同时，教师的言行也潜移默化地影响着学生。教师应当为学生树立良好的学习榜样，帮助学生树立正确的人生观与价值观。

随着时代的发展，传统的大学英语教学模式已经不能满足现代大学生的学习需求。教师也应顺应时代的需要，积极转换身份，探索网络学习与课堂教学的有机结合点，寻找既能激发学生的学习兴趣，又能敦促学生不断自我提升的发展道路。

参考文献

[1] 汪娟 . 基于网络环境下大学英语翻译教学改革研究 [J]. 吉林省教育学院学报，2019，35（10）：143–146.

[2] 韦唯 . 基于雨课堂的大学英语教学改革实践和反思 [J]. 佳木斯职业学院学报，2020，36（5）：176–177.

[3] 吴丹 . 雨课堂在大学英语课堂上的应用 [J]. 科技风，2020（10）：69，88.

[4] 张蕊，张静波 . 国内大学英语自主学习研究综述 [J]. 才智，2019（9）：18–20.

互联网背景下支架式教学初探
——以大学英语阅读教学为例①

■ 李丽军
■ 天津商业大学　300134

摘要 本文首先指出了目前大学英语阅读教学中存在的问题，之后着重探讨了阅读教学中进行基于互联网的支架式教学模式，以期实现课内和课外相结合的有效的大学英语阅读教学。

关键词 **支架式最近发展区；阅读教学**

1 研究背景

随着时代的发展，大学英语教学要求教师充分利用互联网技术，使用一种基于互联网的英语教学模式，熟悉学习者的认知和情感，着重培养学生的语言学习自主性和应用能力。

阅读是学生语言学习的重要方面，英语阅读课对学生提高语言应用能力起着重要作用。当前，我国的大学英语教学，尤其是阅读教学存在着很多问题。第一，教学中，大学英语仍以教材为中心，传统教学方式比比皆是，课堂教学以语言点或语法讲解为主，或是采用简单问答的方式，阅读材料也不够丰富，阅读课就是简单的精读课，没有语言阅读策略和技巧的培训，学生在课堂教学中只是接受者，被动地接受教师讲授的内容，没有思考时间和过程，甚至没有思考的机会，学生失去学习动力，其语言应用能力不能得到有效提高。第二，在过多地被动接受语言知识的过程中，学生不能主动思考，阅读能力没有提高，对阅读理解感到困难，慢慢地失去对阅读的兴趣，从而更加有惰性，不能主动找到阅读策略和方法。部分学生对英语学习有焦虑感，也体现在阅读方面，当遇到生词或者文章稍难，不能很好理解文章内容的情况下，学生就会感到紧张，甚至焦虑，想要放弃，这些负面情绪也是学生阅读障碍的情感因素。第三，教师的教学中没有关注到学生的情感因素，经常为了完成教学任务追赶进度，课上引导学生思考做得不够，课后不能及时进行教学反思。第四，虽然近年来教师也会借助网络辅助英语教学，但是并没有主动探索基于互联网的新的教学模式以弥补目前的不足。因此，阅读教学需找到一种基于网络的新的教学模式。

随着互联网技术的发展，研究者们充分利用网络，尝试将课堂教学与互联网有机结合起来。建构主义下的支架式教学，强调为学生提供适当的支架，帮学生更好地完成学习内容，但是它不能帮助学生进行课下的自主学习，容易使学生失去课外阅读兴趣，互联网模

① 本论文为2020年天津商业大学“课程思政”改革课程建设项目“新视野大学英语”的阶段性成果，项目号是TJCUKCSZ202001。

式正好弥补了这一不足，其通过网络教学平台与课程相结合，及时帮助并指导学生，促进学生学习。

本研究意在探索大学英语阅读教学中融合以互联网为基础的支架式教学模式，以此实现课内和课外相结合的有效的大学英语阅读教学。

2 理论基础

2.1 最近发展区理论

最近发展区理论是支架式教学的理论基础之一，由维果茨基提出。最近发展区指的是刚刚超越学习者目前已有的知识和技能层面的那一层面。在学习过程中，教师或能力强于学习者的同伴提供给学习者一定的支持和帮助，使学习者跨越现有水平达到更高层面。这种帮助可以称之为“支架”。教师关注学生的现有水平和学生通过努力能达到的潜在发展水平，不断根据学生的认知发展设定教学目标，引导学生向较高层面发展。支架可以帮助学生在自身最近发展区取得进步，不断提高水平。新的基于支架的教学模式可以根据最近发展区的核心思想设定教学目标，教学目标的出发点可以是学生最近发展区。

2.2 支架式英语教学

格雷夫斯（Graves）等给支架下定义，认为支架是教师或指导者提供给学生帮助的过程，帮助学生在某个学习任务中搭建支架，使学生以现有的知识和能力，通过努力，达到潜在的发展的水平，取得成功。普利斯里（Pressly）这样提出支架的定义：教师基于学生现在的水平和学习需求提供给他们支架，当学生的能力提高到一定阶段，就去掉支架。在支架式英语教学中，教师把学生看作中心，通过各种学习资源（如图书、网络、多媒体等）为学生提供学习支架，组建交流讨论小组，从而帮助学习者顺利地完成对知识的获得和掌握，提升英语能力。

2.3 英语阅读教学

英语阅读在学术和日常应用中都对学习者非常有益。大学英语教学中，阅读是培养学生英语应用能力的关键内容。王蕾和程晓堂提出，阅读内容和任务应该与学生的阅读水平相对应，且阅读任务应该提前布置，阅读内容要能引起学生兴趣。因此，教师可以从日常生活或学生熟悉的事物中选取任务。布朗强调，阅读材料应从真实语言材料中选择。也有学者认为，阅读内容最好能够做到多样化，可选自多领域，如科学、政治、历史和经济等，恰当的阅读内容和任务能促使学生主动地参加阅读课各项活动。

3 基于互联网的支架式大学英语阅读教学模式

支架式英语阅读教学研究目前取得了很多有启发性的研究成果。但是，如何在课外进行支架式教学活动，并借助互联网教学平台将教学活动的范围进行拓展，丰富支架式英语教学活动呢？支架式英语教学这样可以使教师与学生互动更多，使教与学更有效率，从而提高学生学习动机，减少其对英语阅读的焦虑。

本文通过研究国内外基于互联网的教学应用实践，前期通过问卷和访谈的形式，了解学生个体学习情况后，尝试将网络应用到支架式大学英语阅读教学中，把教学过程分为“三步”走，即课前、课堂和课后教学。

3.1 课前教学

上课前，学生通过网络进行学习，这是一个热身过程。根据社会建构主义理论，学生课前须对即将学到的知识进行意义建构，为课堂学习进行深入学习做准备。因此，教师要充分准备在线课前教学活动，设置内容，帮助学生做好预习工作。

第一，教师要进行前期分析。教师要了解学生的知识水平，确认学生的最近发展区。根据最近发展区和学生们的具体情况搭建恰当的学习支架。

第二，搭建支架。教师为学生提供课前教学资源，例如，相关的文档、微视频、课件、网页链接等，并且上传到学习平台上。

第三，发布学习任务。为避免学生无目的学习，基于任务法，教师要定制目标，帮助学生确认学习方法，使学习既有效率又有效果。

第四，进行讨论和辅导答疑。学生完成预习任务后，教师可将问题准备好在交流群里提出，搭建建议支架，解决学生提出的问题。

第五，及时调整教学内容。通过前面的步骤，教师可确认学生们在本节课的最近发展区，及时调整课堂教学活动的设计。

3.2 课堂教学

第一，搭建情境支架，激发学生学习动机。按照建构主义理论，教师如果把学生学习活动和学习任务相结合，使学生带着问题去探索，去深入学习，更能保持其学习动机。因此，教学中，教师要提供问题支架，引导学生带着问题和任务进入学习情境，帮助学生在真实情境中将原有知识和新知识结合，学得新知识。

第二，搭建问题支架，独立探索。教师需搭建问题支架，将复杂内容设计成导向问题，所有问题要尽可能激发学生学习兴趣，使学生带着问题主动进行学习，培养独立思考和解决问题的能力。

第三，搭建任务支架，协作学习。教师为学生搭建任务支架，为学生布置相应的学习任务，把学生分为不同小组，通过小组合作使学生进行探究学习，鼓励并引导学生参与讨论。在教学中，教师可以充当中介者，帮助学生减少焦虑。

第四，搭建反馈支架，进行效果展示。学生完成学习任务后，进行自我展示和体验成功。此时，教师搭建反馈支架，给予评价，各小组间进行互评。教师综合评价每一名学生的学习效果，帮学生获得成就感，减少产生的负面情绪。

3.3 课后教学

课后教学要进行总结。各小组整理完毕后，要将查到的比较好的课程资源及学习成果发布到学习平台，共享资源；课后增加难题，拓展知识，用以培养学生审辩式思维能力；课后进行知识测验，以便了解学生知识习得情况，为安排下一次教学设计活动做准备。

4 结语

在阅读教学中，教师尝试构建基于互联网的支架式教学模式能够做到具体问题具体分析，激发学生的学习热情，提高学生阅读能力，培养学生学习自主性。本研究的不足之处在于只进行了小范围短期的实验，效果有待在未来研究中进一步检验。在互联网发达的今天，如何应用网络优势，探索创新地提高学生尤其是学困生自主学习能力的教学模式还有待进一步研究。

参考文献

[1] WILLIAMS M，BURDEN R L. Psychology for language teachers[M]. Beijing：Foreign Language Teaching and Research Press，2000.

[2] GRAVES M F，BRAATEN S. Scaffolded reading experiences：bridges to success [J/OL]. Preventing school failure，1996，40（4）：169–173[2010-07-16]. https：//www.tandfonline.com/doi/abs/10.1080/1045988X.1996.9944673.

[3] PRESSLEY M. Reading instruction that works：the case for balanced teaching [M]. New York：Guildford Press，2002.

[4] 王蔷 . 英语教学法 [M]. 北京： 高等教育出版社，2000.

如何在虚拟世界中引领学生
——大学英语网上教学实践与反思

■ 张 韬
■ 天津商业大学 300134

摘要 线上教学是今后大学英语开展教学的重要辅助教学平台，其在虚拟空间中充分发挥教师的引领作用是保证教学质量的关键。本文以《新视野大学英语读写教程》第三版第四册在天津商业大学网上教学实践为例，从学生个人成长、思政、文化教育三方面，探究大学英语教师如何在网络虚拟教学世界中在课程设计、教学评估各环节充分发挥网络教学的优势，结合传统课堂教学的宝贵经验扬长避短，在语言技能教学中有机融入思政文化教育，体现校本特色，引领学生高效学习语言知识，并使其以一技之长助力个人成长、履行国家使命与社会担当，最终实现大学英语教学教书育人的双重使命。

关键词 **线上教学；校本特色；思政教育；文化自信；跨文化交际能力**

正如英语教育专家俞敏洪在2020年5月6日第23届哈佛中国论坛中所言：疫情给教育领域带来了巨大的挑战，同时也带来了一次重大的革命。这次疫情带来的革命性变化就是中国从城市到农村，从老师到家长和学生，全都以最快的速度接触和熟悉在线教育，后续这会给中国教育领域带来多方面的深刻影响。以大学英语教学而言，网上授课期间学生分散在全国各地的城市、农村，教师如何在网上虚拟空间里履行授业解惑、教书育人的双重职责，践行"以教师为主导、以学生为主体"的教学理念？依据学校人才培养目标，根据学生的具体需求和英语能力，优化整合网上优质资源；在课程设计中始终坚持将语言、文化、思政教育有机结合、体现校本特色；加强过程性评价，提升学生的自主学习能力是关键。本文即以《新视野大学英语读写教程》第三版第四册在天津商业大学网上教学实践为例，探究大学英语教师如何结合学校人才培养目标和学生实际情况，从学生个人成长、思政、文化教育三方面，通过课堂设计、过程监督等环节在网上虚拟教学空间中发挥引领作用，践行"以教师为主导，以学生为主体"的教学理念。

1 课程设计体现校本特色，培养学生自主学习，助力个人成长

1.1 依据学校人才培养目标，优化整合网上学习资源，课程设计突出重点

2007年《大学英语课程教学要求》明确提出："鉴于全国高等学校的教学资源、学生入学水平以及所面临的社会需求等不尽相同，各高等学校应根据本校的实际情况，指定科学、系统、个性化的大学英语教学大纲、指导本校的大学英语教学。"以天津商业大学为例，大学英语教学应始终围绕学校人才培养目标——"培养具有高度社会责任感、深厚商学素养的复合型、应用型创新创业人才"展开教学，以全面提升学生的商学素养、人文政

治素养和跨文化交际能力为其教学目标。

以《新视野大学英语读写教程》第三版第四册的教学为例，本书涉及逻辑、审美、企业家精神、环保和跨文化交流五大主题，其中企业家精神和跨文化交流两个主题与学校培养目标直接相关，是教学重点，在教学内容的设计及课堂时间分配上都应给予充分重视，主题内容应深入展开，课上教学互动时间适当延长。以第三单元 A 课文 "Fred Smith and FedEx：The vision that changed the world"（《弗雷德·史密斯与联邦快递：一个改变了世界的创想》）的相关教学设计为例。本文是一篇传记题材的文章，介绍了第一大国际物流公司创始人弗雷德·史密斯这位成功的企业家的成长、创业历程。备课团队教师始终以培养学生的商学素养为宗旨，以探究企业家精神和基本素质为主题，在教学内容方面主要讲授了弗雷德·史密斯非凡的领导力和远见卓识，同时，在课堂设计方面结合学生们当下的年龄特点和成长阶段，重点让学生了解主人公年少时期如何培养、发展自己的飞行爱好，在实战中不断完善，最后助力他创立联邦快递公司，成就一番事业的章节内容（课文 4~8 段）。在课堂设计方面，教师会组织学生撰写自传，讲述自己某一爱好在人生不同阶段的发展历程，并展望这一爱好对未来人生规划的作用、影响。随后，可借助批改网平台，通过教师点评、学生分组互评，择优在听力课上进行演讲。通过对企业家精神这一主题的深入展开，教学旨在锻炼学生英语表达能力的同时，兼顾其商学素养的培养，并帮助学生尽早发现自我、确立人生目标。

1.2 优化整合网上资源，设计多种教学活动，满足学生的个性化学习需求

与传统的课堂授课相比，网上授课的最大优势是打破了教材、时空的局限，就某一单元的主体在网上可以同时获取大量的文字、视听材料，为学生提供广阔的学习平台。如何甄别优劣，结合学校人才培养目标和学生语言能力实际情况，优化整合网上资源，这里就要发挥教师的主导作用。每一单元的教学都包括：词汇、背景知识学习，课文学习和课后练习三大部分，涵盖三次课时的学习。每一课时的课件设计都包括必修部分和选修部分，必修部分是全体学生课时必须完成的内容，有语言知识和随堂测试题；选修部分主要涉及课件里教师优选的视听材料、U 校园等教师指定平台的视听材料，让学生在完成课上必修部分之后，根据个人兴趣和语言水平，学习适合自己的内容。

1.3 加强过程性评估，每一教学环节增设同步测试和互动反馈环节，提高学生的自主学习能力

网上教学较之传统面授教学的最大缺憾就是无法观测获悉学生对教学内容理解和反馈的信息。在教学设计中每一教学环节增设同步测试和互动、反馈环节，旨在利用网络平台，如雨课堂、WE Learn 等强大的后台数据，对学生的网上学习时长、学习效果进行跟踪记录，教师可以实现实时了解学生的学习情况、掌握学生对知识点的理解程度，对教学内容和教学进度及时调整，实现教学相长的目的。同时，在课文讲解和练习部分，教师可利用腾讯会议、腾讯 QQ 平台，开展问答、讨论等师生互动环节，实现在虚拟课堂中锻炼学生口语表达、提升思辨能力的目的。如在每单元的词汇、背景知识学习部分都设置答疑环节；在课文讲解部分，备课教师团队可就课文的主要内容、重点知识增设提问环节，在

一问一答中适时掌握学生对文章内容的理解情况，同时也培养学生的口语表达能力。增设过程性评估是保障网上教学顺利开展的关键，与传统教学中的终极考核具有同等的重要意义，因此，还需教务等相关部门通力合作，将过程性评估内容正式纳入最终的学期考核体系之中，提升权重比例，提高学生对过程性评估环节和内容的重视度和自觉性，切实提高学生的自主学习能力。如在第三单元第一次课的雨课堂课件里除了词汇、短语和背景知识的内容之外，还增设 10 道词汇题和一套词汇巩固小测，以督促学生完成课上学习任务；在第二次课文讲解部分增设“通篇理解”（global understanding）课文内容配对题，作为课后作业，督促学生预习课文；在练习写作部分，教师设计学生点评作文标准表，细化点评内容，让学生在作文互评阶段按照列表里的各项内容有的放矢地开展作文互评，同时确保学生互评不流于形式，督促学生完成互评任务，实现互相学习，提升自主学习能力（表 1）。

表 1　自我评价和生生互评标准

标准	评价
主题表述清晰	
具体例证	
引文内容	
重点明确	
语言使用正确	
优点	
不足之处	

2　融入与主题相关的思政文化内容，培养学生的爱国情怀和文化自信

教育部最新版《大学英语教学指南》明确指出，大学英语教学使学生“通过学习和使用英语了解世界优秀文化和文明，同时有助于增强国家语言实力，有效传播中国文化，促进与各国人们的广泛交往，提高国家软实力”。大学外语教学部面向全校本科一、二年的全体非英语专业的学生开展大学英语课程，在达到《大学英语教学大纲》听说读写语言技能的基本要求之外，还需同时培养学生的政治人文素养，实现教书与育人的双重任务。

教书育人是各级教育组织始终不变的基本原则。教学中的育人环节曾经一度因只以成绩结果和技能学习作为评定教学效果的唯一标准，而未给予品质教育应有的重视，造成部分学生重知识学习、轻品德养成的不良结果。近年来，随着各级教育层面对师生思政教育的普及、深入，教育环境大有改观。大学英语作为大学生了解世界、培养跨文化交际能力和国际视野的平台，更要以培养学生的爱国情怀为立足之本，遵循“修身、齐家、治国、平天下”的治学之道。在《新视野大学英语读写教程》第三版第四册的教学设计中，备课

组成员遵循以上教学原则，在每一单元的主题讨论部分都设计有“放眼天下，心系祖国”的时事新闻阅读和观看环节，材料均与每一单元主题直接相关，均选自中国日报、英国广播公司等国内外主流媒体。通过主题讨论或写作活动，教师可加深并进一步延伸主题内容，让学生在虚拟课堂中做到提升英语技能的同时，也能“家事、国事、天下事、事事关心”，始终不忘学习的初心。以第三单元主题讨论为例，本课主题是企业家精神，课文着重讲述了主人公的领导力、远见卓识等个人素质的培养，为了让学生进一步意识到“家国担当、回馈社会”是中国企业家精神的重要部分，全面培养学生的商学素养，弥补课上内容的局限，备课教师还从中国日报等媒体优选疫情期间，企业积极响应国家号召复工复产，中国企业家向国外疫情严重的国家和地区捐赠防疫物资的时事新闻。

教师在组织学生阅读理解新闻材料的同时，指引他们思考企业家精神的全面内涵，并开展主题讨论，引导学生理解“达则兼济天下”的家国担当是中国企业家精神的重要素质，扩充了课文中企业家精神的内容。

3 课程设计中融入中华优秀传统文化，提升学生文化自信，讲好中国故事

提升中国文化软实力是全民共同的责任，随着中外校际合作交流的普及与深入，中国大学生跨出国门、参与国际学术交流的机会增多，如何用英语介绍中国优秀传统文化、讲好中国故事，解决当下留学生普遍存在的中国文化失语症问题，是大学英语教学亟待解决的问题。而目前教材中，中国文化的英语讲述部分所占比例很小，只在翻译练习部分有所体现，不能满足学生跨文化交流能力的培养。鉴于此，备课教师在每单元都增设了与课文内容或翻译部分主题相关的中华传统文化内容，以阅读理解、听力练习的形式，引领学生熟悉本民族优秀文化及其英语正确表述方法，夯实语言能力、提升文化自信。如第一单元在翻译练习中庸思想时，教师在协助学生顺利完成翻译任务的同时，优选林语堂《孔子的智慧》一书中充满辩证思想的论语经典名句翻译，让学生在中英配对练习和随后的国学经典诵读环节中，通过欣赏语言中的矛盾修辞法的巧妙运用，了解中庸思想在语言中的体现，进而掌握中庸思想的内涵与意义。又如在第四单元的环保主题章节中，教师补充了儒道“天人合一”和“自然观”的英语材料，让学生进一步了解中国传统文化中的环保内容和精神实质。

4 结语

大学英语教学是实现校本特色人才培养目标的基础环节，是高校培养学生人文素养、品德养成的文化基地。在网络虚拟教学世界中，教师应在课程设计、教学评估各环节充分发挥网络教学的优势，结合传统课堂教学的宝贵经验扬长避短，在语言技能教学中，有机融入思政文化教育，体现校本特色，引领学生高效学习语言知识，并以一技之长助力个人成长、履行国家使命与社会担当，最终实现大学英语教学教书育人的双重使命。

参考文献

[1] 教育部高等教育司. 大学英语课程教学要求 [M]. 北京：外语教学和研究出版社，2007.

[2] 王守仁.《大学英语教学指南》要点解读 [J]. 外语界，2016（3）：2–10.

[3] 应惠兰. 大学公共英语教学改革——以学生为中心的主题教学模式 [J]. 外语教学与研究，1988（4）：22–26.

[4] 俞敏洪出席第 23 届哈佛中国论坛：疫情之后变化最大的可能是教育领域 [N]. 中国新闻网 .2020-05-07.

人工智能赋能下的大学英语智慧课堂构建
——基于云班课移动应用教学平台①

■ 殷雪圻 杨海艳
■ 天津商业大学 300134

摘要 本文探讨以云班课移动应用为载体，构建人工智能赋能的大学英语智慧课堂，从根本上转变大学英语课堂模式，从而提升大学英语教学的质量，增强高校培养担当民族复兴大任的国际化人才的能力。

关键词 **人工智能；云班课；大学英语智慧课堂**

随着人工智能第三次浪潮的兴起，现代教育技术正在深刻影响大学英语教学的模式和效果。人工智能赋能之下的智慧课堂建设成为教学改革的焦点。而云班课（旧称蓝墨云班课）作为结合了人工智能技术的移动信息教育平台的代表，深度拓展了移动学习的便利性和交互性，为大学英语智慧课堂的构建发挥了关键作用。

1 人工智能赋能大学英语教学的意义

近年来，智能手机在大学校园普及，学生学习和知识获取方式向碎片化转变，使得大学英语现有的教学模式与学生的学习需求格格不入，与新时代信息技术的发展脱节，大学英语教学又一次面临改革。每一次拥抱新技术，大学英语教学的面貌都为之一新。而人工智能将给大学英语教学带来脱胎换骨的改变。

1.1 提高大学英语教学质量

首先，人工智能通过分析每个学生的特点，得出学生的英语学习学情和个人的优缺点，给学生提供一套有针对性的个性化学习方案。真正解决千百年来说来容易做起来难的因材施教的落实问题。其次，通过人工智能，打造大学英语教学在听、说、读、写、译各个环节的智能化自主学习模式。再次，用人工智能构建大学英语智慧课堂，培养学生的批判性思维意识，使他们具有思辨能力。最后，借助人工智能淘汰落后的大学英语教学模式，建设大学英语"金课"课程，切实提高大学英语教学质量，为培养新时代中国特色社会主义建设的国际人才作出扎扎实实的贡献。

1.2 助力新时代人才培养战略

从国家战略角度来考量，大学英语教学在我国外语教育的政策中具有战略地位，我国的和平崛起、"一带一路"建设和人类命运共同体的构建需要大量的英语人才进行国际间

① 本论文为2020年天津商业大学"课程思政"改革课程建设项目"新视野大学英语"的阶段性成果，项目号是TJCUKCSZ202001；2019年天津商业大学专业"金课"建设项目"大学英语3（新视野教程）"的阶段性成果，项目号是19JKJS01020；2020年天津商业大学线上及混合课程建设项目"大学英语4（新视野教程）"的阶段性成果，项目号是20ZXJXZX0136。

的交流与合作。周树森指出，我们的外语战略观念和战略规划，还落后于国家崛起、民族复兴的历史进程。比如，作为“外语学习大国”，实际上，我们也需要有更清晰的“关键语言”意识，制定相关的外语政策和语言战略。如果说，美国是看到外语人才匮乏将危及其“称霸世界”的地位而全面加强外语战略，那么，中国面临的主要矛盾是，外语战略同正在形成的新的大国地位还不完全适应。因此，在人工智能的支持下完成好大学英语教学，是新时代人才培养的要求，也是中华民族复兴的战略使命。

2 基于云班课的大学英语智慧课堂的构建

2.1 云班课的人工智能技术

云班课移动教学助手是基于移动互联网环境，使用手机来实现教师与学生之间的资源推送、即时互动、课堂管理、过程性评价、布置批改作业、测试等教学活动的移动应用。教师创建班课，学生加入该班课，就可以开展学习活动。

云班课人工智能辅助功能基于课堂即时互动反馈采集的行为大数据，采用用户画像技术，为每一位学习者和教师进行画像，并依据用户画像提出针对每一位教师和学生的个性化建议。目前，该移动应用有两位智能助手，面向教师的人工智能助手是助教小墨，其全程关注教师在云班课里的教学活动和学生的学习情况，每周提供一次上周教学情况的总结。他能根据教师开展活动的类型和频率提出教学改进建议，还会报告他观察到的最积极的学生或需要帮扶的学生。面向学生的人工智能助手是助学小蓝。当学生在班课里学习的时候，小蓝全程监控、记录和分析学生的学习行为。当学生在班课中表现优秀时，小蓝会提出表扬；当学生学习落后时，小蓝会敦促学生积极学习，迎头赶上。小蓝每周都会为学生整理上一周的学习情况并发布学情报告，提出相关建议。当需要人工智能的帮助时，教师或学生只要摇一摇手机，就可以把小墨或小蓝召唤出来。随着人工智能技术的进一步发展，小墨和小蓝的功能将更为强大。

2.2 基于云班课的大学英语智慧课堂

2.2.1 设计思路

人工智能系统除了为大学生提供自主学习的学习环境，还为大学英语课堂教学提供了一套智慧课堂解决方案。智慧课堂，是指以建构主义理论为依据，利用大数据、云计算、物联网和移动互联网等新一代信息技术打造的，能够实现课前、课中、课后全过程应用的智能、高效的课堂。由此可见，大学英语智慧课堂是在人工智能支持下的线上线下相结合的大学英语混合教学模式。它是一种新的课堂形态，在教师为学生创造的主动学习条件下，其能最大限度地发挥学生的主体地位。课堂不再局限于教室，在移动互联网、数据云存储、人工智能等技术的支持下，宿舍、校园、食堂、图书馆都可以成为课堂，学生在哪里学习，哪里就是课堂，从而实现多维度、多模式的立体教学空间。

智慧课堂包括学习任务设计、主要问题设计、线上线下辅导计划、作业、实验、小测试、项目案例、讨论等设计方案，分为课前、课中、课后三个环节来具体实施。

2.2.2 课前

教师发布课程资源和录制教学视频，每单元都包括课文及生词表音频、背景知识介绍、主题视频、词汇讲解微视频、预习作业、课文译文和单元任务。课前要求学生模仿音频熟读课文和生词；自学背景知识介绍；对照课文译文掌握文章大意；词汇讲解专门为学生设计，要求学生在自学时补全部分例句或进行翻译；分小组对视频涉及话题进行讨论准备；预习作业包括课文篇章的结构分析图和文章总结（summary），其中部分内容设置了横线，要求学生填空；单元任务是根据课文内容写主题报告，以小组为单位完成，由小组代表在课堂上做口语报告。所有的资源都设有一定经验值，比如每个文档资源五个经验值，学生浏览之后就能获得经验值。此外，教师可根据课文内容发起问卷调查的活动，比如某一课是关于大学生花钱还是存钱的主题，教师通过发起问卷活动，可了解学生零花钱的用途及其对花钱和存钱的态度。在将大量学习内容翻转到课下之后，学生的课下学习主要通过在线完成，学习任务也大幅度增加，教师要及时监控学生的学习进度，随时解答学生线上学习出现的问题。

2.2.3 课中

上课前，教师可使用蓝墨云班课发起签到活动，节省点名的时间。课堂教学分两次课进行。

第一次课：

①学生对导入视频的主题进行讨论，学生在蓝墨云班课举手抢答，或由教师摇一摇手机随机点名进行讨论。教师对参加活动的学生点赞给予经验值的奖励。

②对于导入部分的思辨性问题，教师在蓝墨云班课发起头脑风暴的活动，学生进行回答，教师投屏展示学生回答内容并点赞和点评。

③课文篇章结构的分析以提问形式开展，检验学生预习情况。

④词汇讲解聚焦重点词汇，做到少而精，教师检查学生自学词汇情况并核对例句翻译或填空的答案。

第二次课：

①学生以小组为单位，每次一组进行单元任务的口语报告。教师点评，并给予经验值评定。

②课后练习的处理，重点是汉译英练习，学生做演示文稿讲解。

③为了检验学生对每一课的语言点的掌握情况，教师发起词汇选择题测试活动，设定100个经验值，涉及该课重点词汇和短语，要求在规定的时间内学生提交试卷，成绩自动生成，学生根据所得分数获得相应经验值。测试结束，答案和解析自动公布，同时生成成绩统计分析，教师根据分析挑选得分率较低的题目进行重点讲解，或现场答疑。

2.2.4 课后

教师在蓝墨云班课布置作业活动。

①写作作业。在布置题目和要求的同时，教师可以附带该写作模式的讲解演示文稿，供学生参考学习。教师设置写作提交的截止时间，规定学生统一提交电子版，由教师批改

或蓝墨云班课智能批改。

②听力作业。教师上传视频或音频，要求学生听写，并在截止日期前拍照提交。作业到期后由教师批改，学生获得的分数就是经验值。当任务结束，学生就能看到参考答案。

③口语作业。大一学生的口语作业不宜太难，可由学生模仿课文音频背诵一段课文，教师给出经验值评分，对于发音存在问题的学生，教师通过评语留言给予纠正和指导。

学期结束，蓝墨云班课依靠人工智能的强大统计分析能力，将每个学生一学期的学习参与、学习过程、学习成果、学习成长情况报告给教师和学生，并以经验值详细统计形式进行量化，反映出学生的努力程度和收获，蓝墨云班课也可以把经验值加权处理为百分制，作为学生的平时表现成绩供教师参考和记录。

3 基于云班课的大学英语智慧课堂带来的教学变革

形式多样的教学资源使学生获取教学资料不再只停留在纸面上，全面细致的数据反馈让教师把握学情变得高效、直观，课堂的质量与效率得到全过程、全方位的提升。

3.1 形式多样的教学资源

开展智慧课堂教学应有多样化的教学资源，如微课视频、课件、文档、音频、网页链接等，使教学资源实现多媒体化、智能化、碎片化，教师根据教学进度按需推送，学生可以随时随地获取和自学。

蓝墨云班课后台提供的资源报告可以清晰地以饼图的形式呈现教师上传的资源类型及所占比。此外，平台还能通过学生的学习记录，汇总他们的资源学习情况，并以表格形式记录每个学生的学习数据。

3.2 及时精确的数据反馈

基于动态学习分析的智慧课堂，教师可以快速地对课堂活动进行评价和反馈，了解学生的课堂学习效果。以课堂测试为例，传统课堂中必须在测试后批阅并汇总学生成绩进行分析才能够掌握学情，而在智慧课堂中，教师推送测试题到移动终端，学生通过手机应用程序完成题目并提交后，即可获得成绩，教师能看到测试的总体情况及每一题的正确率，快速掌握学情并据此进行点评，提高了教与学的效率。智慧教学评价系统不仅能够即时反馈测试数据，还能够对学生的学习全过程进行动态、实时的诊断评价和记录，例如查阅资源的完成进度、课堂签到的时间、测试和作业的得分等，甚至班级学生查阅资源的时间都能够一一记录，为教师掌握学生学习规律提供了依据。

4 结论

人工智能为教育插上了腾飞的翅膀，其将前所未有地改变人类的知识习得的理念、方式和能力。人工智能新闻主播的问世、机器翻译和翻译软件越来越高的实用性都给大学英语教学提出了新挑战，鞭策大学英语教师进行课程的根本性改革。大学英语教学要顺势而为，积极应变，主动求变，拥抱新科技革命，在人工智能技术的支持下打造大学英语“金课”，闯出以智慧课堂为特点的外语教学新路径，为人类命运共同体的建设培养一专多能的具有国际视野的优秀人才。

参考文献

[1] 周树春．民族复兴历史进程中的外语教育战略新路向 [J]. 中国外语，2018，15（1）：1，11–15.

[2] 孙曙辉，刘邦奇．智慧课堂 [M]. 北京：北京师范大学出版社，2016.

"互联网 +"模式下大学英语听力教学反思

■ 顾　楠
■ 天津商业大学　300134

摘要　大学英语教学实践中，师生普遍承认听力能力的重要性，但也普遍意识到该能力是大学生最薄弱的环节。虽然教师们一直致力于听力教学改革，但是效果并不尽如人意。在"互联网 +"模式下，各种互联网平台和资源为我们带来新的契机。文章将提出大学听力课程面对的种种难题，并尝试通过互联网提供的平台和资源来解决这些难题。

关键词　**大学英语听力教学；"互联网 +"；雨课堂**

1　综述

《大学英语课程教学要求》提出："大学英语的教学目标是培养学生的英语综合应用能力，特别是听说能力，同时增强其自主学习能力，提高综合文化素养；在课程方面，大学英语课程的设计应充分考虑听说能力培养的要求，使用先进的信息技术，开发和建设各种基于计算机网络的课程，为学生提供良好的语言学习环境与条件。"由此可见，在大学英语的教学目标中，对听力能力的培养应该放在首要位置。从课程设置上看，许多高等院校会单独设置听力课，其目的是为了提高学生的听力能力。这一点也可以从听力题型在各种英语考试（特别是师生最为关注的全国大学英语四、六级考试）中体现，而其所占比例还在逐年提高；这也说明社会更需要有过硬听说能力的人才，越来越多的国际交流需要大量的外语人才储备。

社会对于大学生听力能力的要求越来越高，而与此相对的，大学英语听力课的授课方式和内容却难以有所突破，无法满足学生和社会的需求。"互联网 +"时代为教育界带来了新的契机。"互联网 +"实际上指的就是"互联网加上传统产业"，这个"+"指的是传统行业借助现代信息通信技术或互联网上搭建的各类型平台，将二者进行深层次的融合，从而创造出全新的行业生态发展环境。丰富而精彩的学习资源通过互联网平台涌入我们的生活，而互联网技术也在不断革新，这一切都在改变我们的生活和学习方式。笔者将在下文中提出大学听力课程面对的种种难题，并尝试通过互联网提供的平台和资源来解决这些难题。

2　大学英语听力课程中的问题

2.1　教师教学模式和能力问题

大学英语教师的授课模式往往延续着传统的教学模式，即听录音做习题—校对答案并讲解—拓展小讨论。原因是英语教师在学生时代的听力课就是遵循的传统模式，因此自己成为教师后就理所应当地沿袭了这种教学模式。但是这种教学模式忽略了学生的主动性，很难激发学生的兴趣和积极性，最终降低了听力课的学习效果。此外，英语教师往往只专注于提高自己的英语相关专业能力，而忽视了互联网技能的学习。因此，他们在面对“互联网＋”时代时，更多的是茫然，既不能熟练操作互联网平台，也很难在海量的教学资源和软件资源中作出合适的选择。

2.2 学生听力学习模式和能力问题

作为听力课的教学主体，学生的听力学习模式和能力问题很大程度上会影响听力课的教学效果。

首先，在英语教学中，学生往往对教师十分依赖。学生希望教师能安排好一切教学活动，讲清楚一切语言点，自己只要被动吸收就可以。这正好和传统的听力教学模式相符。但是这种习惯性的被动吸收却往往让学生自己感觉枯燥，甚至产生厌学情绪。

其次，学生往往忽略跨文化知识的学习。语言和文化相辅相成，学生如果不能深刻了解语言背后的文化内涵，即使精通语言，也会由于语境的不同，而错误判断语义，造成国际交流的失败。所以了解西方文化，学会用英文表达中国文化，并对两种文化进行异同分析对于提高学生听力能力是十分重要的。但是，在听力课上，这些内容很难引起学生的重视，原因有两点。其一，改革开放以后，西方国家的物质和文化被大量引入中国，不少人迷信西方的一切都是先进的，并忽略掉其糟粕的内容；特别是英语课上主要涉及的是西方文化，所以有些大学生觉得没必要学习中国文化。其二，近些年，国家倡导学习中国传统文化，并不断推出一些如《百家讲坛》等节目来引导年轻人了解中国文化，这一导向虽然极为成功，但也导致一些学生以五千年文明自居，不屑于了解和学习西方文化。而不能融入适当的文化内容，听力课程就不能算是完整的。

再次，由于中学教育往往忽略学生听力能力的培养，大学生的听力水平普遍较低，加之其在大学听力课学习中频频受挫，自信心降低，逐渐产生畏难心理。在这种心理的负面影响之下，学生在听英文材料时无法集中注意力，在练习中产生逃避心理，在测试中产生恐慌而无法发挥应有的水平。这种恶性循环最终导致学生无法对听力产生兴趣，更无法提高听力水平。与此同时，教师的教学计划往往以班级的平均水平为标准，不可能满足学生个性化的需求。能力较好和较差的学生都会因为对于教师授课的节奏和难度的不适应而不满，最终失去学习兴趣。

最后，作为新生力量，学生每天都能接触到海量的教学资源和手机软件，但是没有任何人的指导，学生无法辨别哪些材料和软件更适合自己，因此也无法充分利用互联网达到自学的目的。

2.3 课程安排和教材的局限

近年来，大学英语课时普遍缩减，而英语听力的课时则一减再减。在如此少的课时内，教师很难传授足够的知识或指导学生做足够的练习，更不能轻易组织课堂活动，以避免无法完成固定的教学计划，如此一来就很难提高学生的听力能力。

而英语听力教材往往来自权威性较强的几家出版社，几年才会更新换代，书中编辑的材料往往跟不上时代的节奏。此外，这种固定的教材也妨碍了教师按照学生的能力程度和兴趣，或自己的教学目的和步骤进行编排和完善。

在上文中，笔者已经详尽地解释了大学听力课程出现的种种问题，而看似无解的难题，却因为互联网时代的到来出现转机。利用互联网中存在的丰富学习资源和便捷的软件，英语教师可以转变自己的教学意识，改革授课方式，将互联网和听力课程结合起来，提升学生的学习兴趣进而提高学生的学习效率。

3 解决方式

3.1 指导学生利用互联网平台和资源进行个性化的自学

通过各种互联网平台，教师和学生可以轻松地获取大量的听力资料。互联网的听力资料丰富多彩且时代感强，广受大学生欢迎。教师也应顺应时代，积极了解各种网络平台，学会运用各种英语学习软件，寻找优秀的听力资源，比如，网易公开课，英国广播公司和美国之音的节目，以及 TED 演讲等，都可以介绍给学生进行课下听力练习的补充学习。

当然，为了了解学生的自学情况，教师也应该做好监督工作。线下测试往往既占用上课时间，也被广大学生抵触。教师可以探索一些有趣的手机软件来处理。比如，一些教师希望通过仿读单词来提高学生对单词的辨识度，但是没有时间检查学生的完成情况。这样，教师可以使用现在较为流行的打卡软件，学生就可以通过这种有趣而简便的方式完成测试。

当然互联网上的资源和软件十分繁杂，这就为大学教师提出了新的要求。首先，大学教师要转变教学意识，将线上和线下的教学结合起来；其次，教师要潜心了解教学资源、学习互联网技术；最后，教师还要研究如何结合线上自学做好课堂设计。而“雨课堂”的出现完美地将二者结合在一起，并广受大学教师欢迎。

3.2 利用“雨课堂”平台结合线上自学和线下课堂教学

“雨课堂”是学堂在线与清华大学在线教育办公室共同研发的智慧教学工具。它的全部功能基于演示文稿和微信，使用十分便利，教师可以通过“新建手机课件”在课前向学生推送与听力单元主题相关的中西方文化背景知识，可以包含视频和相应的试题。这样，教师可以在不占用课时的情况下，充分地补充相关的中西方文化知识。而学生也可以利用课余碎片化时间，按照自己的能力和节奏完成预习内容，听力能力比较差的同学也能以勤补拙，逐渐建立自信心。“雨课堂”还会向教师提供数据，来显示学生的自学情况，方便教师在课堂教学之前调整教学内容。在课堂环节，教师可以一改让某些同学回答习题的做法，而是由全体学生实时作答，这种方式增加了课堂的互动，提高了学生的注意力，也能使教师通过后台数据及时了解学生的问题。教师的演示文稿也可以在学生的手机上观看并保存，方便学生课后复习。课后，教师可以通过“新建试卷”布置课后作业或测试题，进一步巩固课堂知识点培养学生的听力能力，教师也能通过后台数据了解学生的学习情况，并据此反思和改进自己的教学方式和内容。

4 总结

传统的大学英语听力课程，由于教学理念、课时和教材的限制，导致大学生对于英语听力学习兴趣不高，学习效率低下。在“互联网 +”模式下，各种互联网平台和资源为我们带来了新的契机。大学教师应转变教学观念，指导学生利用互联网平台和资源进行个性化的自学，并借助“雨课堂”等英语学习平台，将线上和线下的英语听力教学结合在一起。

参考文献

[1] 教育部高等教育司．大学英语课程教学要求 [M]. 北京：外语教学与研究出版社，2007.

[2] 欧婷婷．“雨课堂”在大学英语听力教学中的应用 [J]. 长春工程学院学报（社会科学版），2019（4）：106–109.

[3] 卜小伟．大学英语听力教学现状及教改对策 [J]. 农家参谋，2020（7）：217，219.

[4] 李雪．浅谈网络环境下大学英语听力的学习变革 [J]. 国际公关，2019（12）：154.

[5] 汪克慧．“互联网 +”模式下大学英语听力课堂教学的转型 [J]. 黑龙江工程学院学报，2020（1）：54–57.

[6] 王进．中国英语能力等级量表与大学英语听力教学 [J]. 教育教学论坛，2020（13）：134–135.

[7] 杨照．基于认知策略理论的大学英语听力教学模式探索——以应用型高校为例 [J]. 海外英语，2019（17）：63–64.

涉外法治和法律服务人才需求与翻译能力培养

■ 葛亚军
■ 天津商业大学 300134

摘要 高质量开展涉外法治，高水平提供法律服务，是当前党和政府、社会各界关注的热点问题。如何培养涉外法治和法律服务人才，成为亟须解决的现实问题。本文梳理了我国涉外法治及涉外法律服务高端、广泛且紧迫的需求，分析了涉外法治和涉外法律服务面临的传统和新时代挑战以及涉外法治、法律服务的供给侧短板。在此基础上，本文提出了开展涉外法治工作、提供涉外法律服务应当具备翻译能力的观点，以及涉外法治和法律服务人才培训的机制、模式、内容等构想。

关键词 **涉外法治；涉外法律服务；法律翻译；翻译能力；全国法律职业翻译能力考试**

我国“十四五”规划和 2035 年远景目标的宏伟蓝图已经绘就，并于 2021 年开启了实现“十四五”规划和 2035 年远景目标的新征途。当今世界正经历百年未有之大变局，全球治理格局正在发生深刻调整，国际环境日趋复杂，不稳定性、不确定性明显增加。我国日益走近世界舞台中央，更加深度参与全球治理。更好维护国家主权、安全和发展利益，参与全球治理，保障和服务高水平对外开放，保障并服务参与“走出去”的我国企业、公民和“请进来”的外国企业个人的合法权益，离不开涉外法治和涉外法律服务保障，离不开通晓国际法律规则、善于处理涉外法律事务的高质量涉外法治和法律服务人才。

加快涉外法治和法律服务能力建设，对立足新发展阶段，贯彻新发展理念，构建新发展格局，以高水平对外开放推动高质量发展，构建人类命运共同体，实现中华民族伟大复兴的中国梦，具有重大意义。2020 年 11 月，中央全面依法治国工作会议强调“要坚持统筹推进国内法治和涉外法治”。2020 年 4 月，十三届全国政协第 34 次双周协商会就涉外法律服务人才建设开展专题协商。可以说，加强涉外法律服务人才建设成为近年来最热门话题之一，各方摩拳擦掌。涉外法治和法律服务人才队伍如何建设，各方八仙过海，各显神通。

为深入贯彻落实习近平总书记关于加强涉外法治专业人才培养的重要指示精神，落实中央关于发展涉外法律服务业的决策部署，加强高层次紧缺人才培养，2021 年 2 月 4 日，教育部学位管理与研究生教育司、司法部律师工作局联合就实施法律硕士专业学位（涉外律师）研究生培养项目下发通知（教研司〔2021〕1 号），决定选取北京大学、清华大学、中国人民大学、中国政法大学、对外经济贸易大学、复旦大学、华东政法大学、上海政法学院、武汉大学、中南财经政法大学、西南政法大学、中山大学、广东外语外贸大学、吉林大学、西北政法大学等高校实施法律硕士专业学位（涉外律师）研究生培养项目，将于 2021 年开始招生。旨在向全球提供中国国际法治公共服务产品，向国际社会分享中国法制经验和资源，为国家、地方的立法、行政、司法机关、法律服务单位、各类市场主体选拔、培养、培训、启用涉外法治和法律服务人才的全国法律职业翻译能力考试，在中国外文局和人力资源社会保障部的支持下，该项目的专题调研正在加速推进。越来越多政法类、翻译类高校或相关教学部门，与全国与地方律师协会、部分律师事务所互动合作，共谋涉外法治与法律服务人才大计。

涉外法治与涉外法律服务离不开翻译能力的支撑。同样，涉外法治与涉外法律服务人才的培养，离不开其翻译能力这一不可或缺的基本素养和能力的培养。哪些方面急需哪些涉外法治和涉外法律服务，究竟什么样的翻译能力可成为涉外法治与涉外法律服务核心素养和基本功之一，由谁培养、如何培养涉外法治与涉外法律服务人才所需的翻译能力，成为我们需要应对的现实问题。

1 涉外法治和涉外法律服务的现实需求

相比其他需求，我国涉外法治、涉外法律服务的需求高端、广泛且紧迫。涉外民事、商事、刑事、海事、知识产权及其他纠纷，需要擅长涉外司法的审判、执行、研究、合作方面的法治专才；国际司法合作、国际执法合作、国际警务合作、国际刑事司法协助、国际民商事司法协助、国际行政合作，需要规划实施的法治专才；全国和地方立法机关对相关法律的制定、修改、废除、解释，需要外国法律借鉴和我国立法成果对外发布方面的法治专才；党政机关的法律事务，需要涉外专才；国际法、国内法律与国际规则衔接、新领域国际规则、我国法律域外适用、域外法律查明的相关应用方面，需要能够胜任相关实务、教学、科研、培训等法学研究及实务专才；国际组织的相关法律事务，需要我国可以派出、能够胜任的相关专才；国际贸易投资争端争议的仲裁、调解、代理、司法审查承认执行等业务，需要能够胜任的涉外仲裁、审执及辅助人才；海外中企、国内外向型企业、国内外企的法人治理、正常投资贸易活动，以及相关争议解决等，需要相关涉外法律人才；国内律协、本土律所、国内外资律所、海外中资律所、其他律所的跨国诉讼、尽职调查、法律谈判、法律咨询、法律文书的中外文草拟、修改、翻译、涉外见证、域外法律查明、民商事海事知识产权等业务，需要业务代理、专题研究、合作导师等方面法律服务人才；涉外民事、商事、海事、投资、知识产权、体育等争议的涉外仲裁、涉外调解、涉外诉讼、涉外诉讼、涉外公证见证等，离不开涉外法律服务人才；军事援助、军事贸易、海外军演、海外维和、军事研究等方面，离不开涉外军事法治和法律服务专才；开展外交、提供领事服务领域，离不开外交法治和法律服务人才；高校开设国际法方向的法学院、开设法律翻译的高翻学院、有法学院和外院教学部门设置的公共外语教学部门、法官学院、律师学院、警官学院、检察官学院、军事学院等，需要能胜任人才培养、职业培训、项目合作、人文交流、学术交流的师资及辅助专才；行商协学会需要能开展涉外行业管理、国际学术交流、国际合作协作的专才；新闻、出版、外宣、舆情、影视娱乐、大众传媒领域，需要能够提供相关涉外法治和法律服务的研究应用型人才；法律翻译及相关语言服务商，同样需要能够胜任的法律法学笔译、口译专才。

2 涉外法治和涉外法律服务的需求挑战

我国涉外法治和涉外法律服务，正在面临传统和新时代挑战。随着以中国为代表的发展中国家的崛起，传统国际法和国际准则正在遭受挑战，符合时代发展潮流的新型国际法、国际关系准则和新领域国际规则有待于形成，进入或服务国际组织的机制和人才储备乏善可陈，缺乏迅速准确查明域外法律的渠道、平台、工具、数据库，缺乏能将域外法精准译成中文的人才队伍和人才选拔机制，缺乏重点建设的国家级、地区性域外法律查明机构。我国法律域外适用过程中，能将我国法治建设成果精准译成外语的人才供不应求，国内法律与国际规则衔接过程中，两者衔接的相关基础研究不足，两者衔接相关研究的立法环节应用不足，缺乏科学长效地发现、选拔、培养涉外法治和涉外法律服务海内外人才的考评机制和培养机制。

3 涉外法治和涉外法律服务职业人士的能力短板

首先，涉外法治和提供涉外法律服务的职业人士总量显著供不应求。其能力构成方面短板明显，普遍存在不熟悉调整国际关系、国际贸易、国际投资的相关规则、准则，不熟悉普通法系、大陆法系、伊斯兰法系、印度法系，尚不具备其他主要法系的法律思维；不清楚与不同文化圈法律职业人士有效沟通的策略技巧，存在跨文化交流障碍；在准确全面理解英语等其他外语的立法、行政、司法、法律服务相关文书大意方面存在困难；在准确理解英语或其他外语的法学专著、裁判文书、案例判例、条约公约法律法规等立法类文书、合同协议等方面存在困难；在建立合作、业务学术交流、争议解决等专业谈判时，不性别、不同口音、不同风格的英文或其他外语的准确全面理解和用英语等其他外语专业充分表达方面，存在困难；准确理解英语等其他外语的法律文书方面，用英语或其他外语草拟、修改、审查法律文书，撰写回复邮件来函等方面，问题突出，能力水平达不到；在法律、法学情境下，用英语等其他外语口头开展相关工作、办理相关业务方面存在困难；将我国现行法律、法规、规章、规范性文件、司法文件、裁判裁决、指导性案例、典型案例、合同章程、法律意见书等翻译成英语等其他外语，问题突出，能力水平有限，自信心受影响。

4 涉外法治和涉外法律服务所需翻译能力

翻译能力是涉外法治和涉外法律服务离不开的核心素养和基本功。开展相关涉外法治工作，提供相关涉外法律服务，应当具备的翻译能力包括不限于：①将中文法律信息准确快速地笔译为英文或其他语言的能力；②将中文法律信息交传、同传、视译为英语或其他外语的能力；③将英文法律信息准确快速笔译为中文的能力；④将英文法律信息交传、同传、视译为中文的能力；⑤英语以外的其他语种与中文之间的法律笔译、口译能力；⑥英语等外语载明的法律信息的挖掘能力；⑦多元法律文化的认知和跨文化交流能力；⑧不同法系、不同国别关键术语的理解翻译能力；⑨翻译机器和翻译工具的使用能力以及机器翻译的译后编辑能力。

5 涉外法治和涉外法律服务翻译能力的培养

这一能力的培养需要构建国家战略需求导向、各级党政支持、相关考试引领、政法院校等高校和涉外律师学院等培训机构的专家型学者和学者型专家唱主角、外语院校紧密配合、海内外官产学研媒各界资源共享的涉外法治和法律服务人才培训机制。翻译能力培养可分为教育教学和职业培训两种培养模式，以法律职业人士在职培训和法学法律、翻译和专门用途外语在校生教学培养为主，既提供笔译、口译，也提供机器翻译等技术；既提供英语和汉语，也提供汉语和其他有需要的外语；既提供线下课程和资源，也提供线上课程和资源；既教学培训，也测试考评；既在国内教学培训，也谋求在海外拓展。学习考试内容可包括但不限于合同协议、章程规章、法律意见书、谅解备忘录、合作意向书、尽调报告、裁判文书、仲裁文书、公约条约、司法建议、协查协助公函、法律行政法规、地方性法规、规章和规范性文件、公告意见通知、司法解释、指导性案例、典型案例、判例、行政处罚决定、法学专著教材、法治报道、法律历史文化、相关发言稿等法律文本笔译，也可包括合作交流、项目推广、协商谈判、法治外宣等相关法治法律情境口译。

参考文献

[1] 关于实施法律硕士专业学位（涉外律师）研究生培养项目的通知 [Z/OL].[2021-02-02]http：//www.moe.gov.cn/s78/A22/tongzhi/202102/t20210226_515055.html.

[2] 全国法律职业翻译能力考试专家调研论证会在中国外文局召开 [Z/OL].[2019-09-11]http：//news.china.com.cn/txt/2019-06/11/content_74875054.htm.

浅谈如何备战大学英语四级考试中的翻译题型①

■ 刘春瑜
■ 天津商业大学 300134

摘要 在国际交流日益频繁和建设人类命运共同体的今天，全国大学生英语四级考试已进行了全面改革，考题中原先的单句汉译英变成了段落汉译英，分值也提高至总分的15%。本文将简要谈谈如何备战大学英语四级考试中的翻译题型。

关键词 **四级考试；段落翻译；线上线下结合**

在《大学英语教学指南（2020版）》中明确规定了大学英语的教学目标。其将现阶段大学英语的教学目标分为基础、提高和发展三个级别。其中，基础目标中对翻译能力的解释为学生能借助词典等工具，对题材熟悉、结构清晰、语言难度较低的文章进行英汉互译，译文基本准确，无重大理解和语言表达错误，并且能运用基本的翻译技巧。

对于天津商业大学学生来说，近几年的四级考试中翻译题型得分情况并不太乐观。段落汉译英长度为150个左右汉字，答题时间仅为30分钟。内容主要与中国的历史、文化以及经济、社会发展相关。考场上，学生不能使用字典，由于翻译前面的阅读部分做题速度不够快，相当多的考生留给汉译英翻译的时间不足30分钟。如何在英语课时减少的情况下提高成绩，对高校师生是一个新的挑战。因此，找出翻译教学中的问题，改进教学方式方法，逐步提高学生的翻译水平和翻译成绩，是我们当前教学改革中的一个重要课题。

1 大学英语翻译教学未受到足够重视

各高校按照教育部《大学英语课程教学要求》，开设大学英语课程，但近些年很多高校的大学英语课课时都有所减少。比如天津商业大学大英课从之前的每学期64学时减少为48学时。笔者教授《全新版大学英语综合教程》多年，十分喜爱这套教材，因为教材中兼顾了对学生英语听说读写译五方面的训练。教材的每个单元A课文后均有单句和段落的英译汉练习，但只是给了关键词提示，并没有其他，没有任何翻译素养与技巧方面的讲解内容。教师们根据自己的课时，往往对翻译教学只是对对答案，大部分时候授课停留在逐词逐句的讲解上，没有涉及具体翻译技巧，课堂沉闷，不利于激发学生对翻译的学习兴趣。

很多教师和学生都把大量时间给了听力、阅读和写作，四级考试中学生的翻译水平可想而知。曾经有同学把翻译考试中的皇帝翻译成“yellow man”，把核能翻译成“heneng”，笑话百出。

① 本论文为2019年天津商业大学专业“金课”建设项目“大学英语1（全新版教程）”的阶段性成果，项目号是19JKJS01022。

2 大学英语四级考试段落翻译题型评分标准

本题满分为 15 分，要求考生在 30 分钟内将整个段落翻译成英文。成绩分为六个档次：13~15 分、10~12 分、7~9 分、4~6 分、1~3 分和 0 分。

前三档的评分标准如下：

13~15 分：此档为优秀档。译文准确流畅，仅有少量小错。

10~12 分：此档为良好档。译文基本上表达了原文的意思，但有少量语言错误。

7~9 分：此档为及格档。译文勉强表达了原文的意思，勉强连贯，语言错误不少。

3 大学英语四级真题评析（以 2019.6 为例）

原文：

灯笼起源于东汉，最初主要用于照明。在唐代，人们用红灯笼来庆祝安定的生活。从那时起，灯笼在中国的许多地方流行起来。灯笼通常用色彩鲜艳的薄纸制作，形状和尺寸各异。在中国传统文化中，红灯笼象征生活美满和生意兴隆。……

参考译文：

Lanterns originated in the Eastern Han Dynasty. Initially, they were mainly used for illumination. In Tang Dynasty, people celebrated safe and stable life with red lanterns. Since then, lanterns have become prevalent in many places in China. Lanterns are generally made of brightly-colored thin paper. They come in various shapes and sizes. In traditional Chinese culture, red lanterns are a symbol of happy life and business success...

译文分析：

本段落是对中国灯笼的介绍，语篇长度和难度都一般。学生们看似都熟悉红灯笼，但在考场上想翻译准确且通顺不是一件容易的事。考生要注意“灯笼、照明、流行”等关键词的翻译以及时态和语态的变化。“尺寸各异”“生意兴隆”，都考验学生的临场翻译功底。此外，原文开头灯笼起源于东汉，一定是过去时态，而从灯笼通常用薄纸制作开始到最后一句，又需要转换到一般现在时。在语态上，这一段落中很多处都需要用到被动语态。“形状和尺寸各异”，虽与前半句中间有逗号，但可以拆为两句话来翻译。

笔者在阅卷中发现得分偏低的学生，译文漏译现象多，答题卡仅有的几句译文也尽是错误，比如 lantern 的拼写，很多人写错。“源于”“象征”等重要动词译错，时态语态的错误也很多。教师们在平时要提醒考生们注意译文要忠实于原文，可数名词单复数、词组、句型、时态语态及单词的拼写，都要尽可能不出错。当然，学生还应该养成自查整段译文的良好习惯。

4 重视翻译教学，可采取线上线下结合的方式

4.1 鼓励学生学习线上翻译课程，尤其是汉英翻译技巧

汉语重意合，英语重形合。教师们虽然课时有限，但可以推荐一些好的翻译网课给学生，并及时利用雨课堂推送汉英翻译技巧的文章给学生。翻译技巧涉及词语增减、词类转换、句式调整、合译、分译及转换法等。教师还可推荐一些好的汉英翻译文章，让学生们逐渐掌握两种语言的差异。针对线上的学习内容，学生如果有疑问，可以拿到课堂上与老师一同讨论，以求共同进步。

4.2 师生共同努力

平时教学中，教师应督促学生积累有关中国节日、经济文化和国家发展的相关词汇，并多关注像《中国日报》双语新闻的公众号上介绍我国国情的文章。段落翻译多为五六个单句构成的一个段落。学生平时还应加强对单句翻译的练习力度，学会正确理解原文，分析语法结构，运用正确的翻译技巧，做到不漏译，译文通顺。

最后，学生特别要重视语法知识。学生平时应注意定语从句等各种从句的翻译。此外，对被动语态、比较结构、强调句等用法，学生也要十分熟悉。

5 结语

2020 年的新冠疫情使教师们都学会了线上教学，但翻译教学的提高还需要把线上和线下结合起来，以弥补大学英语课时不足的现状。从历年大学英语四级考试段落翻译的试题来看，学生只要能够坚持训练，考场上是可以做到基本或准确表达原文的意思的。平时，学生应加强长难句的理解和分析，熟练使用翻译技巧，使得考场上的译文忠实于原文并且尽量流畅。另外，阅读题不可以做得过于磨蹭，给足段落翻译的时间。看到题目后，学生要先浏览原文，在试题册上写出关键词等，再一气呵成写完译文。总之，想得高分，唯有平日里多加练习。

参考文献

[1] 朱丽云，徐静娴 . 翻译技巧在大学英语四级段落翻译题型中的应用 [J]. 英语广场，2019（12）：39–40.

[2] 王治奎 . 大学汉英翻译教程 [M]. 济南：山东大学出版社，1999.

中国翻译职业伦理体系评析

■ 张 谡 赵玉洁
■ 天津商业大学 300134

摘要 近年来，根据新时代中国的翻译业态的新发展和翻译语境的新特点，探索翻译职业伦理研究的理论和方法成为时代的一个迫切需求。中国翻译业态和时代语境急剧变化，尤其是随着机器翻译的深度介入，中国翻译职业伦理研究发展滞后。因此，本文就以顺应我国新时代语境的新变化和我国翻译业态的新发展为目标，积极探索构建中国翻译职业伦理的体系，并且探讨如何建立新时代的翻译行为和翻译人员的伦理模式以及伦理冲突解决机制。

关键词 翻译；伦理

1 引言

翻译界的研究经历了从语言符码转换观到20世纪70年代的文化转向（以霍姆斯《翻译中的名与实》为标志），再从文化转向走向伦理研究三次范式转换。中西翻译史的演变也经历了从宗教典籍翻译到社科、文学翻译再到应用文献翻译的过程。翻译作为语言转换的职业，其本位是“语言研究”，核心是处理语言转换中的语义、结构、风格等“语言差”“时间差”“文化差”等基本问题。语言技艺是翻译的起点和核心。另外，翻译也以丰富的社会语言实践和语言需求为发展动力。翻译观念也经历了“忠实原文”到翻译风格（或文体）再到功效的发展变化。而功效考量从强调“合作翻译”到不是以“神圣性”“经典性”作为最高准绳的译学观的转变，即第三阶段的“书房到作坊”转变是“人类译学观念的实质性变化”。新技术、新意识形态带来的时代语境塑造着翻译业态的职业化发展。在“中国人可以平视世界”的新时代，数字化时代带来的超文本和虚拟文本使翻译从“符号翻译向多维符号转换”，中国的翻译伦理研究也经历了从传统的“忠实伦理”和“差异伦理”走向“职业伦理”。

就新时代的翻译语境而言，翻译已经成为“语言服务业”的一种重要业态。袁军、王明、葛岱可等都认为“市场化的客户中心主义”是翻译服务的核心。为促进中国语言服务标准化，中国译协在2019年颁布了《翻译服务培训要求》《翻译服务采购指南第二部分：口译》和《译员职业道德准则与行为规范》三个标准规范，中国译员职业化发展迅速，译员定价权和译员声誉较高，但作为“继发性”市场，“质”与“量”明显不匹配。从鲁迅文学奖翻译奖、“大中华文库”翻译以及中国学术外译等国家重要的翻译事业来看，中国翻译的职业化水平还呈现“未完成状态”。

2 国外翻译职业伦理研究综述及现状

受西方解构主义的影响，贝尔曼在 1984 年首次提出“翻译伦理”（translation ethics）的概念，《译界》杂志和国际译联等西方翻译界对翻译伦理研究反应热烈。翻译伦理就是调整译者与文本、译者与他人、译者与世界、译者与机器之间是非对错的道德规范和道德准则。“伦理是一个捍卫秩序的意识形态范畴，秩序有事任何体系存在的基础”，译前、译中和译后，对译者都有一个“译外如何”“译不译”“谁译”“怎么译”“译后如何”等基本的道德判断和伦理选择。安托瓦纳、皮姆、切斯特曼等学者主张翻译研究应该以伦理研究为主题，并对翻译伦理展开了广泛的研究。必须要说明的是，翻译伦理是翻译行为和翻译主体必须遵守的规范。“伦理研究的范围大于道德”，翻译伦理既包括译员伦理，也包括翻译行为伦理。

皮姆主张翻译伦理不同于翻译规范。翻译要尊重译者主体，翻译行为需从忠实伦理转向文化交际伦理。译者个人而不是“忠实”“等效”等翻译原则是翻译研究的立足点， 不存在普遍有效的翻译原则。所以，译者的伦理模式应该是忠于翻译职业而不是源语或译语的语言文化。翻译研究应该探讨如何建立译者可以遵守的翻译伦理规范体系。皮姆把译者从工具地位提升为主体地位，奠定了翻译职业化的理论基础。

贝尔曼反对“归化”为首的破坏原文的词义和文体的翻译行为，提倡以原文为中心的翻译的“差异性”，即体现源语言作品的深层次内涵。他说，不尊重差异性是种族中心主义。翻译行为的评价应考虑译者的社会和政治环境，包括其传译原语言和文化的才能、策略和效果。贝尔曼把译者的价值伦理导入翻译评价，主张客观对待“翻译腔”，尊重译者的声音（voice）、语调（tone）和风格（style），把翻译行为当作再创作过程，一定程度上否定传统的“客户中心主义”和“译者隐身”论。翻译不仅要体现意义转述，更要强调叙述、氛围、风格，读者从译文中读到的故事、逻辑、体验、风格、享受等于原作无限接近，尤其是原作中“异质”的文学性或文化性——译作目标读者陌生、新鲜和震撼东西——不能丢掉和归化。

切斯特曼更强调翻译的“文化基因”，即翻译不仅是语言转换过程，更是文化传承过程。所以，译者应该遵循传意规范、关系规范、期望规范和义务规范。切斯特曼和韦努蒂等人提出了五大翻译伦理模式：再现伦理、服务伦理、交际伦理、基于规范的伦理和承诺伦理。这几种伦理分别体现忠实、忠诚、理解、信任和卓越的价值诉求。切斯特曼将所有的翻译活动和翻译活动的参与者纳入考核，既包括笔译，也包括口译。而且，除第五种伦理模式指向整体的职业伦理以外，其余四种伦理模式及其价值诉求都偏向针对某一个特定翻译活动，即“再向伦理偏向作者，服务伦理偏向客户，交际伦理偏向译员，基于规范的伦理偏向目标语的读者，承诺伦理偏向翻译这一职业”。可以说，西方的翻译职业伦理体系已经基本成形。

3 国内翻译职业伦理研究综述及现状

国内译界的翻译职业伦理理论研究在译介、讨论、应用和反思国外翻译伦理理论的基础上展开。茅盾第一次把“忠实”作为翻译的职业伦理，语言层面的直译、归化以及有限的异化一直是中国译界的伦理首选。1938 年，庚款毕业生杨宪益、戴乃迭夫妇受时代影响，其简化句法、词法，强调汉语通顺的“简化体”备受争议也就不难理解了。“我们偏于直译，拘泥于原文。译文平庸”。许钧提出从意图、译者道德和现实环境三个层面多重因素翻译活动的影响，主张译作对原作的题材、意识、意义、意境、语言、风格、创作手法、遣词造句、段落篇章、阅读效果、审美效果等文体元素的宏观、微观、内涵外延等忠实保留，“经得起对，经得起读”。作为国内较早考察译者伦理行为的学者，他与皮姆、贝尔曼的译学思想相容相通，革命性扩展了林纾、严复等人以“忠”抑或以“信”，即意义传达正确为中心的“忠实”论的内涵。近年来，胡东平、辛广勤就翻译业态中“和谐伦理”和“互惠伦理”分别展开研究并获得教育部科研课题立项。胡、辛两人的研究旨在构建新时期良好的业态，属于“点”的研究，不涉及“面”和“体”。个人伦理与个人认知、信仰、价值观和内心的道德准则密切相关。

基于道德哲学层面存在康德的“道义论”和边沁的功利主义，译者个人伦理存在“行为论”和“目的论”两种伦理模式。道义论伦理坚持行为本身纯洁与至善，尊重少数、边缘和弱势群体的权利。而目的论伦理强调行为的最佳结果，而目的正当，可能与道义论伦理冲突。个人伦理既可能受目的论，也可能受道义论的影响，甚至是混合和交叉影响。赖斯、费米尔、斯奈尔－霍尔比、诺德等都倾向于“目的论”伦理。而凯利则提出译员伦理的“三元素”：能教授翻译、有足够翻译实践量、有突出的研究成果。

王宏印就文学翻译的道德规范和学术规范提出了“十忌”：勿自私（Not to be selfish）、勿自执（Not to be self-centred）、勿自傲（Not to be self-important）、勿自卑（Not to be self-abased）、勿自弃（Not to be self-resigned）、勿尖刻（Not to be sarcastic）、勿两可（Not to be fence-sitting）、勿玄虚（Not to be mysterious）、勿势利（Not to be snobbish）、勿偏狭（Not to be one-sided）。这些禁止性建议不涉及技术性和智力性因素，主要涉及译员的个人伦理选择。虽然王宏印的论述以文学翻译原则和方法为主要出发点，但他的规范论实际是译员伦理模式的负面清单。2018—2019 年，黄少政的翻译理论在国内引起较大学术争议。以时任主编谢天振为主的《东方翻译》也邀请过王理行、许钧、毕飞宇、林少华、马爱农、郭国良、袁筱一、文敏、吴笛、朱振武等就新时代翻译尤其是文学译员的个人伦理和学术规范展开讨论。

黄少政语言犀利，虽然观点常有偏颇，但是其“回顾综述”（overview）、“共同体评价”（peer review）值得注意。其认为，许钧、袁筱一的翻译理论完全正确和面面俱到，但纽马克的“语言关”“语法关”“价值关”的个人伦理模式更凸显专业。译员个人伦理与职业伦理的关系是翻译职业伦理研究的一个重要主题。职业伦理指职业活动中的社会角色、责任、权利、义务的规定性要求。译员的个人伦理职业伦理可能重合、补充和冲突。译员个人伦理应该与职业伦理相结合。

陈浪、任文主张“分层级”和“分距离”的翻译伦理目标。在基本层面，译员对客户和读者负责。在更高层面，译员对翻译职业、译文以及译文的社会影响负责。基本层级的伦理目标与更高层级的伦理目标发生冲突时，应以“高为上”。译员行为满足读者/听者、赞助人当期需求，视为合乎伦理。道义论、目的论和“客户至上”论都如此。但这都属于“近距离”责任伦理。如果文本内容或者翻译行为可能对未来社会和遥远世界带来负面影响时，尤其是翻译记忆、语料库等人工智能“译员”，应该适用“远距离”责任伦理。当不同距离的伦理目标发生冲突，“以远为上”。这一观点充分考虑了技术对翻译的全面干预，具有前瞻性，是翻译职业伦理的一个重要方向。目前，包括中国《译员职业道德准则与行为规范》等几乎所有国别和国际职业翻译组织都制定了译员职业道德和行为规范，也都基本以“道义论”为指导，采取“近距离责任原则”，将“能力”“正直”“保密”“忠实”和“中立”认定为“共同和几乎普遍的伦理原则”。

4 目前国内译员职业伦理规范实践

在实践方面，中国的《译员职业道德准则与行为规范》（下面简称《规范》）等职业规范对译员技术翻译行为有比较前瞻性的规定。一方面，其颁布时间晚，影响力、认可度和约束力还不太明显（这个可以在丰富的翻译实践中交给时间来解答）。另一方面，其原则是“底线思维”和“宜粗不宜细”。总体上，“不得欺骗和误导”是所有职业伦理的基本要求，翻译规范专业性不够。如科大讯飞、芝麻翻译等主流翻译软件在文体、遣词、知识产权、保密等方面如何不“欺骗和误导”，需要有更加专业的伦理规范加以调整；还有，《规范》与技术结合深度不够。在平台经济和软件泛滥的大环境下，原作的作者往往是集体作者（建议者、起草者、前文本作者、撰写者、修订者、定稿者等）、机器作者、网络写手、语料库、记忆软件、装修软件等。

《规范》旨在规定译员职业操守，所以囿于职业直接责任，即“近距离责任”，与技术风险带来的伦理责任规范需求敞口很大，技术社会的风险责任伦理已经成为职业伦理的重要内容；此外，《规范》基本没有设计学理与实践伦理的互通管道，“案例”、质疑、辩论等研究者和管理者本应该是一个职业共同体却被人为分割。我国的《著作权法》把“翻译权”纳入保护范围，“首译”权独享就大大限制了其他译文的可能性。这与学理上普遍认可的基于承认译者的主体资格的“译作的可能性价值”相矛盾。学理上认可译员主体资格，但立法与行业规范却忽视了共同体责任伦理。此外，《规范》对译员职业伦理后续教育与考核，无论是学理、立法还是行业，都还处于空白状态。

5 国内翻译业未来面临的问题及应对措施

首先，就译员而言，翻译的“语言学派”“文化学派”，即翻译宗教典籍的第一阶段、翻译社科、文学的第二阶段的译者都是有一定理论修养和文化素养同时代的文化精英。但职业化时代的译者大多数只是一名翻译从业者，“他们以完成承接翻译任务为满足，甚少、甚至根本不考虑与翻译研究有关的问题”。至于翻译职业化时代的经纪人、读者/听众、管理者等职业人士，他们与译学界学术前沿就更加疏远。新时代，中国译学学术界最新成果未能有效转化成业态成果，对译员，尤其是应用翻译译员的影响力有待提升。

其次，翻译技术全方位介入翻译活动。一方面，网络文本（常常是多模态文本）成为翻译对象。另一方面，效益大于准确的量产翻译、译后编辑、网络众包等粗放型甚至是“破坏性创新”使得译员的伦理选择受多重困境的干扰。这些破坏性创新给翻译生态带来了较大冲击。尤其是2020年初发生的新冠疫情，中国虽然志愿者比较多，“云帮忙”等文稿翻译、在线呼叫、站点口译、多语种宣传、“语言桥”“语言正能”等对抗“疫”起到了比较大的贡献。在国家层面的总结大会上，翻译服务也得到了孙春兰副总理的特别表扬。但是，我们的云译医学机器翻译平台、中药机器翻译引擎、译员应急综合知识等疫情语言服务基础设施还和作为一个产业和职业的以“译”抗“疫”系统性需求有比较大的差距。与广泛的机器翻译实践相比较，机器翻译的伦理研究还处于起步阶段。

6 总结

翻译伦理是研究翻译的一项重要内容，而翻译职业伦理体系则在国内翻译行业领域占据重要位置。目前，国内对于职业翻译伦理的规范仍有空缺之处，翻译业在未来仍有待解决的问题，如机器翻译的伦理研究。为了更好地探索构建中国翻译职业伦理的体系，研究者应以辩证唯物主义和历史唯物主义为指导，以应用翻译行为伦理和普通译员伦理为重点，以构建为落脚点来规范翻译职业伦理体系。

参考文献

[1] 任文. 机器翻译伦理的挑战与导向 [J]. 上海翻译，2019（5）：46-52.

[2] 王宏印. 文学翻译批评论稿 [M]. 上海：上海外语教育出版社，2006.

[3] 许钧，谢天振. 新时代文学翻译的使命——“浙江大学文学翻译名家高峰论坛”纪要 [J]. 东方翻译，2018（5）：4-11.

[4] 徐彬，杨珍. 翻译生态系统中的破坏性创新 [J]. 山东外语教学，2019（6）：123-130.

[5] 谢天振. 翻译：从书房到作坊——2009年国际翻译日主题解读 [J]. 东方翻译，2009（2）：4-10.

[6] 谢天振. 论翻译的职业化时代 [J]. 东方翻译，2014（2）：4-9.

[7] 杨宪益. 杨宪益对话集 [M]. 北京：人民日报出版社，2011.

[8] 张媛. 中西方翻译伦理观解读及未来发展趋势研究 [J]. 保山学院学报，2016，35（3）：36-39.

[9] 中国翻译协会. 译员职业道德准则与行为规范 [M]. 北京：中国标准出版社，2019.

以新发展理念落实《大学英语教学指南》对教师的观念素质能力要求①

■ 赵建洪 张晓昆
■ 天津商业大学 300134

摘要 中央提出必须把新发展理念贯穿发展全过程和各领域，在迎来十四五和新发展时期《大学英语教学指南（2020版）》发布，其从立德树人出发贯彻党的教育方针，对教师提出了更全面更符合时代发展的要求。本文试图从新发展理念出发，对教师的重要性、目前存在的不足和提升教师观念、能力和素养途径进行分析探讨。

关键词 **大学英语；指南；教师；素养**

时代迎来了新的发展阶段，“两个大局”背景下中国进入“十四五”发展时期，教育坚持的面向现代化、面向世界、面向未来的内涵进一步丰富。新发展阶段必须贯彻新发展理念，《中共中央关于制定国民经济和社会发展第十四个五年规划和二〇三五年远景目标的建议》要求“把新发展理念贯穿发展全过程和各领域，构建新发展格局，切实转变发展方式，推动质量变革、效率变革、动力变革，实现更高质量、更有效率、更加公平、更可持续、更为安全的发展”。《中华人民共和国国民经济和社会发展第十四个五年规划和2035年远景目标纲要》中“建设高质量教育体系”一章提出“建设高素质专业化教师队伍”，建立高水平现代教师教育体系，加强师德师风建设，完善教师管理和发展政策体系，提升教师教书育人能力素质”。《大学英语教学指南（2020版）》（以下简称《指南》），明确“大学英语作为高校大多数非英语专业学生在本科教育阶段必修的公共基础课程和核心通识课程，在人才培养方面具有不可替代的重要作用，应该全面落实立德树人的根本任务”（何莲珍，2020），明确了大学英语课程的地位、作用和任务。《指南》在课程定位、教学目标、教学方法、教学资源、教师发展五个方面就课程思政、英语能力等级量表、信息技术、教材编写采用、教师素养等提出了新要求。特别是在教师发展上，其对大学英语教师提出的五个方面素养提升要求，是落实习近平总书记对教师“四有”“四个领路人”的期望的具体化要求，即育人素养、学科素养、教学素养、科研素养、信息素养，具有非常重要的指导意义。如何实现五个方面素养的提升？本文按照新发展理念要求进行探讨。

1 从立德树人的总要求认识提升教师素养的重要性

新时代高等学校要全面贯彻党的教育方针，坚持立德树人，加强师德师风建设，培养德智体美劳全面发展的社会主义建设者和接班人。《指南》从三方面明确了大学英语课程

① 本论文为2019年天津商业大学专业“金课”建设项目“大学英语3（新视野教程）”的阶段性成果，项目号是19JKJS01020；2020年天津商业大学线上及混合课程建设项目“大学英语4（新视野教程）”的阶段性成果，项目号是20ZXJXZX0136。

的意义，要实现大学英语立德树人和课程教学目标都需要提升教师育人意识和能力。“教育大计，教师为本”，作为大学英语课程教学主导的教师要按《指南》要求不断提升自身素养，不辜负在中华民族伟大复兴中的责任与使命。

作为必修的公共基础课，大学英语教学工作量大面广，一些不适应新发展阶段要求的认知和做法由于是多年形成的，要进行改变需要我们不断提高认识，也需要循序渐进推动。一是坚定不移贯彻新发展理念；二是坚持深化改革开放，有自我革命的精神，还要有开放的胸怀；三是坚持系统观念，开放眼界，整体全面地看问题。

2 从《指南》要求看大学英语课程建设存在的主要差距

2.1 教师对自身教学的育人功能认识不足

随着教育教学改革的深入，大学生英语课程课时大幅减少、四六级成绩不再与学历学位等挂钩，大学英语教学有被边缘化的倾向。从排课到教学投入等各方面都存在不重视的现象，加上多年重科研轻教学的情况以及学生就业的功利导向，使相当多大学英语教师自身对发挥育人作用认识下降。随着近年课程思政的推进，这一情况虽有所改观，但与《指南》要求还存在差距。

2.2 缺乏落实服务学校定位、专业培养目标方的意识和主动性

在教育部本科教学审核性评估期间，各高校应以服务经济社会发展为导向进行顶层设计，明确办学定位与特色。在服务学校办学定位、专业培养目标方面，除管理层面的问题外，大学英语教师主动在教研、科研方面探索服务学校、学院需求方面主动性不强。一是大学英语教学量大面广，存在“船大掉头难”的情况；二是思维定式与行为的惯性；三是教学工作量较大，服务需求的教学改革多停留交流研讨的口头上，在教学服务需求的创新不足。

2.3 课程思政开展还不深入

《高等学校课程思政建设指导纲要》提出了课程思政全覆盖的要求，《指南》落实纲要进一步明确“大学英语教学应主动融入学校课程思政教学体系，使之在高等学校落实立德树人根本任务中发挥重要作用”，“拓展课程深度，将课程思政理念和内容有机融入课程”。虽然课程思政从各级别课程立项建设已开展有三年时间，但距离《纲要》要求还存在不小差距。主要表现为，一是教师之间课程思政意识和能力还不平衡，部分教师认识不足、教学上还没有系统的方案和方法；二是存在教师“一厢情愿”的情况，他们在挖掘大学英语思政元素、搜集教学资源等方面做了很多工作，时间精力放在供给上，对学生反馈和教学效果缺乏调研和分析。

3 从时代发展要求探讨提升教师育人素养

3.1 转变工作观

马克思说劳动创造了人，劳动“是整个人类生活的第一个基本条件，而且达到这样的程度，以致我们在某种意义上不得不说：劳动创造了人本身”（恩格斯，1876）。从马克

思理论出发，劳动在人的全面发展、教师素养能力方面依然是重要渠道和动力源泉。稻盛和夫在《干法》中对人们普遍认同的，源自欧美的近代尽量缩短工时、应该尽量增加报酬的工作观提出质疑。认为工作是提升心志、磨炼人格的“修行”。教师像园丁，在育人岗位上日复一日、教学相长，而校园文化中更具有“修行”的特点和环境。许多教师热爱教学事业和教师职业，在学生成长中能够获得充实感、幸福感。有怎样的工作观就会怎样工作，怎样工作就会造就怎样的人格。在教师岗位树立先进的工作观，把工作干成事业是利己利他、提升个人素养和全面发展的必由之路。

3.2 提升教育观、学生观

百年大计，教育为本；教育大计，教师为本，那么对教师个人呢？应是理念先行。《指南》中提出了育人素养、学科素养、教学素养、科研素养和信息素养，要形成这些素养的前提是教师具备先进的教育教学理念，包括教育观、学生观、教师观、教学观。大学英语教学要实现由“教”向“学”转变就是要求树立“以学习者为中心”的教育教学观和学生观，并主导这一结果的实现。目前，笔者了解到最基本的教育观是以人为本，尊重人的价值，促进人的主动发展和全面发展，在这个过程中关注个体全面发展和终身发展；学生观注重学生发展的主动性、潜在性和差异性，把他们的现在作为起点，以发现、发展和希望的眼光看待学生。与时俱进地树立并践行先进的教育价值观，是提升教师素养的根本。

3.3 破除旧有观念与做法

在现实教学中，学校还存在很多偏离教育规律的“市井”观念，例如，在大学里教师不自觉地变身家长，以“爱”的面貌出现，以孩子、孩子们代称学生，行动上也常以家长身份行事；还有教师以行政的方式处理教育教学问题、以处理事务方式处理学生问题，以“严”的面貌出现，在生评教时被学生低评和差评。还有很多让学生“没话说”口服心不服，貌似公平和正确的课堂教学和管理学生的江湖方法。在高校还存在行政化的背景下，没有与时俱进的教育理念就会流于形式上“没毛病”“道理上说得通”，结果也公平，而实质上违背教育规律、人才成长规律的认识和做法。

3.4 以新发展理念引领，不断探索、践行先进的教育理念

先进的教学理念是教师从事教学工作的信仰，在党史学习教育中，我们深刻认识到信仰的力量，先进的教育教学理念也是教师克服困难不断进取的动力之源。在除旧立新中，把探索、践行先进的教育理念成为常态，需要勤于思考、勇于探索。学习领会践行新发展理念，一要坚持改革开放精神，革新进取并开放包容；二要坚持系统观念、整体思维，统筹教与学、理论与现实。

要从时代发展高度与时俱进，如《指南》中“教学过程由关注教师‘教’向关注学生‘学’的转变”，这是体现“以学习者为中心”，但有专家认为这仍是对立思维，提出“以学习为中心”。这就像师道尊严、戒尺惩戒过时一样，任何理念与做法都有时代性，如同生产关系要适应生产力发展一样，教育理念要适合现实发展。但作为教师，我们内心要清楚这些观点及背后的道理，并能结合实际与时俱进地践行。再如古人说“授人以鱼不如授

人以渔”，笔者认为也落后于时代了，现在的要求不仅是教授打鱼的方法，还要引导学生知道为谁打鱼、打什么鱼、哪里有鱼，进一步还要知道怎么卖鱼、加工鱼和冷链储藏运输等。

教学的趋势是从 make things（做事）到 make things happen（让事情发生），激发学生的内生动力，教师不再是给人一桶水自己要有几桶水，教师不只是装满水的水桶，学生不再是渴望得到水的空桶，学生是种子，教师是阳光、春风、雨露。新时代的转变无处不在，教师从传道授业获得尊重变为让学习者受到尊重，以及相互信任和尊重。像司机已成为常人的技能不再是专门的职业一样，教师在素质和能力上也要成为多面手、多角色。

任何理念都有时间性和适应性，变化的是现象，事物的本质和底色是不变的，就像教与学、教师与学生是一个整体、是共同体，变化的主导是不变的，教学的过程都由教师主导。“点燃他人希望”成为教师的能力与素养，犹如破茧成蝶，过程是艰难的，但却是新发展阶段教师自我成长必经之路。

参考文献

[1] 何莲珍. 新时代大学英语教学的新要求——《大学英语教学指南》修订依据与要点 [J]. 外语界，2020（4）：13–18.

[2] 恩格斯. 劳动在从猿到人转变过程中的作用 [M]. 北京：人民出版社，1995.

落实《大学英语教学指南》提升大学英语课程育人能力①

■ 赵建洪　王忆云
■ 天津商业大学　300134

摘要　教育部高等学校大学外语教学指导委员编制的《大学英语教学指南（2020版）》发布，强化了大学英语课程的立德树人功能，《指南》从立德树人出发对涉及大学英语教学的几个主要方面都提出具体要求和方向指导。本文结合教学和管理实际进行分析解读，并探讨落实的方法措施。

关键词　**大学英语；指南；课程；育人**

引言

为适应新时代发展和新文科、大外语的要求，教育部高等学校大学外语教学指导委员会历时 1 年零 4 个月编制了《大学英语教学指南（2020 版）》（以下简称《指南》）。《指南》在原教指委主任委员王守仁教授领衔制定的《大学英语教学指南（2015 版）》的基础上，按新时期发展要求，在课程思政、教学内容、教学方法与手段、教师发展等方面进行了拓展，内容系统、全面并具前瞻性、指导性。《指南》明确了"大学英语作为高校大多数非英语专业学生在本科教育阶段必修的公共基础课程和核心通识课程，在人才培养方面具有不可替代的重要作用，应该全面落实立德树人的根本任务"（何莲珍，2021）。《指南》为学校根据培养目标制定大学英语教学大纲、深化大学英语教学改革、发挥大学英语课程的育人功能指明了方向。对于学校和大学英语教学部门，如何结合新时期人才培养要求，把《指南》尽快落实到管理和教学中成为重要课题，是校院两级亟须谋划的并实施的。《指南》中既有定性的方向性指导，又有定量的、具体的要求，对大学英语教师也提出了新的任务、课题与挑战。为更好更快落实指南要求，本文仅就其中定性和方向性内容的理解、对照目前存在的普遍性问题及建议，提出相应的想法和认识。

1 《指南》强化了大学英语课程的立德树人功能

1.1 从"两个大局"认识大学英语课程意义

"胸怀'两个大局'是我们谋划工作的基本出发点。两个大局，一个是中华民族伟大复兴的战略全局，一个是世界百年未有之大变局。"致力于人才培养的大学英语课程服务"两个大局"是自身意义和价值所在。《指南》在前言中对开设大学英语课程的意义，从三

① 本论文为 2019 年天津商业大学专业"金课"建设项目"大学英语 3（新视野教程）"的阶段性成果，项目号是 19JKJS01020；2020 年天津商业大学线上及混合课程建设项目"大学英语 4（新视野教程）"的阶段性成果，项目号是 20ZXJXZX0136；2020 年天津商业大学"课程思政"改革课程建设项目"新视野大学英语"的阶段性成果，项目号是 TJCUKCSZ202001。

个方面进行了阐述，一是了解世界优秀的文明文化、前沿科技、先进管理和思想，培养人文精神；二是为知识创新、发挥潜能提供基本工具，为迎接全球化做好准备；三是培养具有世界眼光、跨文化交际能力，促进国家经济发展和推动构建人类命运共同体。《指南》阐述了大学英语课程的意义，进一步提升了大学英语课程的地位，使大学英语教师增强了立德树人的信心和决心，从“两个大局”的历史高度感到责任重大，使命光荣。

1.2 课程思政已成为大学英语教学的重要任务

《指南》落实《高等学校课程思政建设指导纲要》要求，在“课程定位与性质”部分明确提出：“大学英语教学应主动融入学校课程思政教学体系，使之在高等学校落实立德树人根本任务中发挥重要作用”，在“课程设置”部分提出“提升综合文化素养，树立正确的世界观、人生观、价值观”及“拓展课程深度，将课程思政理念和内容有机融入课程”。从中看出《指南》落实了为党育人、为国育才，培养中国特色社会主义建设者的要求，是“十四五”和2035远景规划对人才培养目标的具体化。作为从事大学英语教学的学校、部门和教师应该努力按照教育规律提高对课程思政的认识和运用能力。

2 服务学校、专业和学生是大学英语课程的使命担当

2.1 服务学校办学目标、专业培养目标和学生发展是大学英语课程的现实任务

《指南》在“课程定位”中指出，大学英语是大多数非英语专业本科学生“必修的公共基础课程”，各高校大学英语课程应合理定位，“服务于学校办学目标、院系人才培养目标和学生个性化发展要求”。在“课程设置”中特别强调了“应考虑学生的不同起点和需求”，“既照顾到起点较低的学生，又要给起点较高的学生以发展空间”。这一表述要求大学英语课程要进一步贴近学校、专业和学生发展，树立需求导向、目标导向，在教材教法、教研教改、教师培训等方面进行深入调研，在课程建设上积极面向人才培养需求进行供给侧改革。

2.2 大学英语教学要实现由“教”向“学”转变是最具挑战的课题

《指南》在“教学方法与手段”中提出教学“可以采用任务式、合作式、项目式、探究式等教学方法，从‘以学生为中心’的教育理念出发”，“使教学活动实现由‘教’向‘学’的转变，使教学过程由关注教师‘教’向关注学生‘学’的转变”。“以学习者为中心”不是一个新话题，但依然是教育发展的趋势。日本中央教育审议会出台的《面向2040年的日本高等教育宏观规划》提出不论时代如何发展变化，基础知识与通用技能都将是人们需要掌握的核心能力，人生阶段不再是“接受教育、工作、退休”的单线型轨迹，而变成在职工作的同时再学习、再教育。日本高等教育模式不再以组织或教师为中心，而是共享校内外资源、推进与多方主体间的协同，构建起学习者自主学习的高质量体制机制，向“以学习者为中心”的方向转变（李冬梅，2020）。

3 技术与资源是提升大学英语教学育人功能的重要保障

3.1 现代信息技术的创新和实践是大学英语教学的必由之路

信息技术迅猛发展并不断应用到教学中，也改变了教学面貌，使教学手段实现了现代化、多样化，更加灵活高效，教学资源也得到极大丰富。《指南》中要求“大力推进现代信息技术与课程教学的深度融合”，实现这一目标要求学校、教学部门、技术部门以及广大英语教师和学生协作，不断扩大信息技术的应用和使用。疫情期间的线上教学极大地推进了信息技术的应用，信息技术与线上教学需要进一步总结梳理，围绕线上师生两方面“教”与“学”、考核评价、学习心理及技术应用中的问题等方面开展教研和科研，探索网上师生互动、辅导与练习、反馈和评价的常态化，使技术为提升教学效果服务。

3.2 教学资源是大学英语教学质量和效率提升的重要保障

《指南》为教学资源单辟一篇，并划分为硬件资源、软件资源和课程资源。现代信息技术是大学英语教学的硬件环境的支撑，建设和完善电台、数码编辑、智能录播、智慧教室等硬件设施建设应尽快纳入学校规划。《指南》的软件环境指计算机网络教学环境，特别要求引进或开发教学系统、网络教学平台，强调“交互性、共享性、开放性、协作性和自主性”，包括教学系统、自主学习系统、课程网站等，指出软件环境是“提升学习质量的重要途径”。

4 教学管理和教师是实现大学英语育人功能的关键

4.1 教学管理是大学英语教学提升教学质量和育人功能的保证

大学英语教学在学校宏观层面的教学管理并无太多特殊性，需要遵循教育规律、教育管理规律，保证大学英语教学在正确的轨道上运行。重点在于：一是科学合理安排教学，包括为教师提供服务和保障；二是需要完善教师分类管理和评价，以激励教师投入到教学中。《指南》要求“充分考虑大学英语教师的职业特点，建立科学合理的教师考核、晋升与奖励制度”。在学院一级管理上需要进一步探索激励机制和营造文化氛围，引导、鼓励大学英语教师结合人才培养需求、语言学习规律积极开展英语教学创新和改革；要注重突出基层教学组织的能力建设，其作为联系教师最近的最基本的教学组织，是教学研究、反馈教情、教学稳定运转的重要环节，教师在教学中遇到的困惑和问题都能在这里充分交流、探讨、相互启发。

4.2 大学英语教师是提升大学英语课程育人能力的核心

2013 年 9 月 9 日，习近平总书记向全国广大教师致慰问信，信中写到：“百年大计，教育为本。教师是立教之本、兴教之源，承担着让每个孩子健康成长、办好人民满意教育的重任。”《指南》在最后的“教师发展”中体现了习近平总书记的教育思想，并明确大学英语教师的“育人素养、教学素养、科研素养和信息素养”五大素养“是保证大学英语教学质量的关键”。围绕立德树人，面向新的发展阶段的教师素质能力建设是一个紧迫而长期的任务，其亦应遵循人才成长规律。大学英语教师首先是做人，然后是做教师，再是做大学英语教师，“我们如何为人，也就如何教学”“好的教学来自教师的自我认同与自我完善”（帕尔默，2020）。学校的教师培训规划应鼓励教师间的交流、学习，教师工作坊应成为经常活动地点，以提升教师“点燃他人希望的能力”。

5 新发展理念是识变求变应变，提升大学英语育人功能的武器

按照“把新发展理念完整、准确、全面贯穿发展全过程和各领域，构建新发展格局，切实转变发展方式”要求，大学英语教学改革与发展也须自始至终贯彻创新、协调、绿色、共享、开放的新发展理念。特别在面对制度规定障碍、教条保守观念、文化习惯和惰性方面，更应坚持创新、系统观念，发扬解放思想、实事求是的“改革开放精神”（习近平，2018）。特别对以维护教学稳定、迁就所谓师生利益而违背教育规律、人才成长规律观点和做法，教师要有自我革命精神，从百年党史中汲取智慧和动力。教师应始终本着“否有利于对学生的思想引领、是否有利于对学生的价值观塑造、是否有利于学生的健康成长”来开展教学（史习红，2021）。落实《指南》是涉及学校、相关职能部门、教学单位、教师和学生整体的系统工程，也是一项教改大课题。存与废、破与立，发展与稳定上，要符合新发展理念，符合教育规律、教育管理规律、人才成长规律，符合学校、学院和学生三个层面的人才培养需求。

参考文献

[1] 何莲珍 . 新时代大学英语教学的新要求——《大学英语教学指南》修订依据与要点 [J]. 外语界，2020（4）：13–18.

[2] 李冬梅 . 日本高等教育如何迈向 2040 [N]. 中国教育报，2020–11–20（5）.

[3] 习近平向全国广大教师致慰问信 [N]. 人民日报，2013–9–10（1）.

[4] （美）PALMER P J. 教学勇气——漫步教师心灵 [M]. 方彤，译 . 上海：华东师范大学出版社，2020.

[5] 习近平 . 庆祝改革开放 40 周年大会重要讲话 [R]. 北京：北京人民大会堂，2018.

[6] 史习红 . 中共天津商业大学党委第二届委员会第四次全体（扩大）会议上的讲话 [R]. 天津：天津商业大学，2021.

新形势下高校人事管理工作的改革路径研究

■ 刘　洋
■ 天津商业大学　300134

摘要　高校的人事管理制度作为高等教育发展的重要因素，影响着高等教育师资团队建设以及高等教育的发展状况。本文分析了当前高校人事管理工作存在的问题，并从更新人事管理理念、注重高校人事管理制度的创新、完善奖励机制等方面阐述了人事管理制度的发展方向，探究如何革新其理念，变革其制度，塑造其队伍，使其更适应于服务当前的高校发展。

关键词　**高等教育；人事管理；改革**

教育是国家和社会发展之本，高等教育尤甚。高校的管理机制，尤其是其人事管理制度及运行，作为影响高等教育发展的重要因素，尚未得到学界足够的关注。作为高校管理机制核心要素之一的人事管理，其规范与科学化的程度，极大程度上影响着高等教育师资团队建设以及高等教育的发展状况。故而，高校人事管理研究的重点方向之一就是如何革新其理念，变革其制度，塑造其队伍，使其更适应于服务当前的高校发展。但由于种种历史或现实的原因，高校部分管理干部在工作中难以真正发挥服务于发展，服务于教师的积极性，弱化了高校内部教学与行政队伍之间的合作，影响着高等教育持续健康发展。

高校一切工作的根本在于人，人事管理也不例外。高等教育中人事管理是否科学，是否规范，成效高低，往往由人事管理队伍的素质高低决定。因此，提升人员素质，构建管理团队成为当前高校人事管理中需要优先解决的问题。

1　高校人事管理的内容和意义

高校人事管理谋求人和人之间的和谐、人和事之间的高效。这种和谐、高效有益于推动高校的内涵式发展，从而提高我国高等教育的核心竞争力。从实际工作来看，高校的人事管理主要有两个落脚点："服务"和"管理"。高校的主业是教学，高校的主体是教师。高校人事管理的主要工作就是服务于教师，从而构建其对于学校的凝聚力，激发其对于教学科研的激情，推动高校的高水平发展。高校人事管理的成效决定着高校内部各团队之间是否能协同前进，服务于高校整体发展的目标。

2　当前高校人事管理工作存在的问题

2.1　对人事管理的重视程度不够

近年来，随着我国高等教育进入大众化阶段，各个学校出于毕业率、就业率、升学率等考虑，极其重视学校的专业和教学建设，对人事管理的理念更新、团队建设、制度建设关注不够。首先，很多高校受限于传统行政管理理念，对于“目标导向”“能力本位”的认识不足。人事管理工作往往围绕于上级指示，忽视了人事管理的根本目的在于推动高校发展的目标。理念的滞后导致了实际工作中，上级负责思考，下级负责执行，上级对于一线工作缺乏了解，下级的工作与整体目标出现背离，人事管理难以形成成效。其次，部分高校在面对人员不足时，往往优先考虑高水平教学和科研人员的引进，对于人事管理队伍的建设关注不够，使人事管理工作陷入人员结构老化、人员长期不足的困境。最后，一些高校的人事管理制度因循守旧，层级复杂，未能形成统一的流程规划，各层级或权责不明，或各行其是，或无章可依，导致人事管理效率低下。

2.2 人事管理制度发展相对滞后

人事管理制度发展仍然相对滞后。当前，我国高校现行的人事管理机制发展于事业单位管理制度，虽历经变革，在许多方面仍存有传统事业单位管理的共性特征，这种共性特征普遍存在于我国企事业单位和社会团体之中，具有鲜明的行政化色彩。这种行政化色彩突出的管理机制固有其在上传下达、令行禁止方面的高效优势，却在激发团队潜能、发挥各级管理人员主观能动性发面力有不逮。新时代高校的内涵式发展路径核心是激发教师的聪明才智，使其在教学科研工作中居于主体地位，充分发挥其主观能动性。因此，如何改革现有人事管理机制，既保有其传统的行政效率高，又能调动教师积极性，就成了人事制度发展亟须解决的课题。

2.3 人员管理科学性不足

我国高校普遍存在“重人才进行，轻员工培养”“考核流转标准不透明”等科学性不足的问题。当前高校人事管理机制的一般流程是先对各内部部门进行岗位编制、划分职能，然后针对编制和职能，进行人员引进招聘、考核录用、配置到岗，之后结合员工业绩再行升迁、平调、分流。这种管理流程相对严格、规范、成熟，能保证人事管理工作始终服务于上级职能部门的要求，保证了行政效率，但也同时有科学性不足的隐忧。高校发展的核心是如何激发教职员工的潜能，而激发潜能就要强调针对个体的人性化管理。具备科学性的管理机制需要以激发潜能为目标，针对个体需求，给予人性化管理，服务于高校整体发展。

2.4 缺乏有效调动教师工作积极性的手段

部分高校仍然对绩效考核的功效认识不到位，未能建立健全合理的考核绩效机制。教职工的薪酬主要取决于硬性指标，如学历、职称、就职年限等。个人在实际工作中付出的时间精力，体现的能力水平往往体现在精神激励上，而未能在薪酬奖励中。长期缺乏奖励机制的现象使得注重实际工作的教职员工积极性逐渐降低，失去了工作创新的心理需求，不利于高校整体发展目标。

3 高校人事管理工作的改革路径

3.1 更新人事管理理念，加强人事管理制度建设的重要性认知

在内涵式发展路径上，人事管理机制因其与教职员工关系密切，很大程度上决定着高

校发展水平的高低。高校应进一步加强对人事管理理念重要性的认识，树立服务意识。以提高认识为突破，建立健全服务机制，促进管理机制的转变。管理理念以“人”为核心进行转变，改变过去管人的观念，将人才当作高校发展的战略资源，充分发挥其主观能动性和积极性。在决策理念上，要提高民主性，提高法制意识，接受多方监督。在发展理念上，应积极探索科学管理的规律，把握正确的建设方向。在制度建设过程中，应坚持规范化，注重人员素质的培训提高，完善基于实际工作成效的绩效激励机制。

3.2 加强教育和管理人才培养，注重高校人事管理制度的创新

高校人事管理队伍构建的基础是人的教育与培养，没有对于人事管理干部的培养教育，人事管理机制难以形成实际功效。高校人事管理机制对于高校内涵式发展的重要作用及其特性作用要求人事管理干部须具备良好的专业性及职业素养。首先，高校人事管理工作需要专业人员能够熟悉掌握人事领域相关政策规定，同时进行合理解读，并运用相应专业技能予以落地实施；其次，高校人事管理工作与高校的教学、科研工作关系紧密，通过服务于一线教师，直接作用于高校高水平建设。人事管理人员能否对高校教学及科研领域有一定程度的了解；能否对教学及科研的规律、难处有一定的体会，从而根据从事领域教学的教师提出相应的建议，做好信息整理，协助其规划发展职业路径，决定了其人事管理工作水平的高低，也极大程度上决定了高校内涵式发展的成败。因此，高校须不断创造条件，加强人事管理工作人员培训学习，提升其职业素养，使其掌握专业技能，熟悉相关教学科研领域知识；唯有了解教师团队发展方向，才能促进高校人事管理机制的科学化、规范化发展。

在高校人事管理机制建设形成的阶段，高校应创造相应的条件，促进人事管理人员的发展提高。首先，高校应重视人事管理人员的培训教育工作，制定相关制度，提供相关平台，邀请校内外专家对管理人员进行培训，弥补现有人事管理人员的专业短板。其次，高校人事管理机制应形成内部交流机制促进人员的内部流转。内部人员交流和流转可以使人事管理工作人员熟悉政策制定的整个流程，了解政策落地的实际情况，向政策相关方及时做好解读，并将政策相关方，如教师，对于政策的反应向政策制定部门进行反馈，使政策更加优化，政策落地更加合理，使脱离实际的部分得到及时反馈修订，避免各方对于学校政策和人事管理工作产生误读。再次，高校人事管理机制应注重团队梯队规划建设。缺乏中青年人员规划建设常常导致团队遭遇青黄不接的困境，既影响了人事管理干部个人的职业发展，也对团队的正常运转和长久发展造成不利影响。高校人事管理应制定团队梯队建设相应政策，定时、定期、定量进行优秀青年人才的选拔补充，通过校内青年人才的交流和校外人才的引进为高校人事管理团队的稳定性、工作的延续性，以及高校的可持续性发展提供人事管理人才保障。

3.3 突出以人为本的原则，完善奖励机制，激发教职工的积极性、主动性和创造力

人事管理制度建设过程中必须要突出以人为本的原则，注重对人事管理人员的人文关怀。同时，应健全完善绩效奖励制度，做好人才激励，激发人事管理人员的工作热情和工作潜能，在团队内部形成积极奋进的良性竞争氛围。人事管理工作中，我们应强调人的主

体地位，使人事管理人员的个人发展需要与学校的整体战略发展有机结合，培养其责任感、使命感、激发其创新活力，使个人的发展融入集体的发展中，使集体的发展对个人的发展有所回报，从而促进升高校核心竞争力的提升。

参考文献

[1] 张立云 . 创新高校人事管理的实践研究 [J]. 现代职业教育，2018（12）：222–223.

[2] 邱翠琳 . 高校人事管理工作的改进与创新路径选择 [J]. 吉林省教育学院学报，2018，34（4）：74–76.

[3] 廖彬，孙艺方 . 创新高校人事管理制度与可持续发展的策略研究 [J]. 商讯，2019（4）：195–196.

[4] 程瑶 . 高校人事管理工作的开展与队伍建设 [J]. 科技经济导刊，2020，28（21）：153.

[5] 惠雪 . 新时代高校教师人事管理工作改革前景探析 [J]. 奋斗，2020（9）：55–57.

三位一体，形成风格
——记一次教研工作坊中接触到的清华大学薛克宗教授[①]

■ 韩 嵬
■ 天津商业大学 300134

摘要 笔者在一次研修班中聆听了清华大学薛克宗教授的指导，受益匪浅。薛教授认为青年教师要在教学中逐步形成自己的特点与风格，并把价值塑造融入自己所教授的课程中去。本文即择其精华，简要阐述。

关键词 **薛克宗；三位一体；教学风格**

1 引言

笔者参加了一次在清华大学举行的名为"'金课'视角下一流专业与一流课程建设理论与实践"的研修班，聆听了多场专家讲座与案例分享，收获颇多，而印象最深也是收获最大的是薛克宗教授[②]的评课议课工作坊。薛教授在三位青年教师试讲之后给出了一些指导意见并就如何讲好一堂课与一门课给出了一些指导原则与建议。下面把薛教授教学理念的精华与大家做一个分享。

2 一堂好课的四字原则

工作坊一开始，薛教授就评价一堂课的标准提出了"听、看、做、评"的四字原则。"听"，顾名思义就是听教师讲了些什么授课内容；"看"，主要是看教师的仪态风貌，板书和演示文稿设计等；"做"，简单说就是教师一堂课都做了什么事，具体是指教师在一堂课中是否指出了教学目标，提出了几个问题，是否回答了这些问题，是否完成了本堂课的教学目标和相应的教学计划。"评"即发现教师讲课的特点、优点尤其是问题与不足。薛教授指出，教师在备课阶段就要清楚这堂课要"做"几个问题，并指出逻辑非常重要。比如，教师在一堂课开始时点明本堂课的教学目标以及结束前的课堂小结。如果没有这些"形式上"的东西，久而久之，教师自己也不清楚一堂课到底做了什么，学生则更不清楚老师讲了些什么。所以，教师明晰这四点原则尤其是"做"这一点，对一堂课成功与否是至关重要的。

① 本论文为 2019 年天津商业大学专业"金课"建设项目"大学英语 1（全新版教程）"的阶段性成果，项目号是 19JKJS01022。

② 薛克宗教授，清华大学航空航天学院退休教授，北京高校青年教师教学基本功比赛多届评委。

3 工作坊案例分析与教学十点原则

第一位青年教师试讲的是高数课的“函数的凹凸性”。试讲结束与学员点评之后，薛教授给出了“讲好一堂课与一门课”的3条原则：①教学过程设计，逻辑顺畅；②一堂课要有其重点与难点；③一堂课要有教师的特点，特点指教材上没有，别人不这么讲的，教师独有的特点。薛教授指出：①教师要面向学生讲课，即真正做到讲给学生听，而不是讲给自己或黑板听，语言要有节奏、干净，要“娓娓道来”；②教学目标要努力体现三位一体与课程思政；③“情”到“识”的转化，即构建情景→情感→认识的转化。针对第一位老师的问题，薛教授指出：①要注意情景与语义的关系。情景是手段，语义是目的。②建立知识点之间的联系。比如尝试把数学中函数凹凸性联系物理学与经济学中的某些现象。③课堂如何体现三位一体与课程思政。“三位一体”[①]是清华大学建设一流专业与一流课程的具体手段，即抓好课堂教学，是课程思政的“落地”体现。落实课程思政就是落实三位一体，落实三位一体就是落实课程思政。针对试讲教师引入港珠澳大桥进行所谓“课程思政”教育，薛教授指出课程思政不是“拉郎配”，与其强加联系，不如通过引入数学家发现“函数的凹凸性”来体现知识的“神圣感”“奇妙感”和“敬畏感”，因为这些情感是可以转化成价值的。

第二位青年教师试讲的是“旅游体验营销”。 针对试讲中的问题，薛教授指出两点。①定义很重要。要重视基本概念。②要注意各教学元素间的关系，即内容、方法、媒体、表达。其中内容是主要的也是最重要的，其他三个元素都是服务于内容的，所谓“内容为王”。 薛教授重申青年教师要把主要精力放在提高学术水平和教学内容上，要努力把相关专业领域内的“新成果、新见解、新材料、新设计”应用到教学中去。薛教授还引用陶行知先生的“学高为师，身正为范”的名言，指出“学高”不易做到，更为可贵。薛教授说，大多数人文社科领域内的定义都是外国人提出来的。中国学者有义务对西方学者提出的定义进行本土化改造，这种改造本身也是一种价值塑造。比如，我们可以提出“旅游心理学”，分析中国游客的旅游心理。管理学也可以借鉴“工程伦理”等。薛教授又引用了顾明远先生的名言“要培养学生发现问题，提出问题，分析问题和解决问题的能力”，指出这就是能力培养的重点。

第三位青年教师试讲的是消费者行为学中有关“消费者的个性”内容。结合试讲教师的特点，薛教授指出两点。①教师讲课一定要有自己的东西。“照本宣科、就事论事、平淡无疑、学生沉默”是教学的“四个敌人”。②教师要有一定的学术表现欲。这种学术表现欲不仅是教师“学高”的表现，也能感染学生，引起学生的兴趣，激发学生的求知欲。在谈及问题时，薛教授指出：①要让学生有疑，要培养学生的批判性思维；②各院校应发挥各自的专业优势，建立具有本校特点的自己的体系、观点和理论。关于课程思政、价值塑造，薛教授用一个比喻予以总结：很多课程的做法犹如喝咖啡加糖，思政元素是加进去

---

① “三位一体”是清华大学针对新时期本科教学改革提出具有清华特色的教育方针。“三位”指知识传授，能力培养与价值塑造。

的，不是自然的口味；而理想的价值塑造犹如吃水果，学生在接受知识和培养能力的同时塑造了自己的价值观，课程本身就是“甜的”。而“甜不甜”取决于学生的舌头，即学生对这些价值的吸收接纳程度。

最后，薛教授总结了讲好课的其他几条原则。①一堂课要留有疑点，要给学生思考的余地。②课堂小结很重要，通过梳理一堂课的知识点和讨论的问题可以很好地提升教师的教学水平。③重视内结构与外结构的关系，要建立课程体系与其他课程的联系。④媒体的问题，恰当的教学媒体可以有效地促进教学，几种媒体要相互结合，黑板粉笔并不过时，要让学生学会记笔记。⑤教师要逐步形成自己的风格。

4 结语

薛教授已 80 多岁高龄，在研修班上仍坚持工作了近 5 个小时。笔者被他这种执着的敬业精神所折服。薛教授对我们这些学员教师也是非常的尊重，他的这种平易近人、课上严如父、课下爱如父的精神也值得我们学习。从清华大学学习回来，翻阅课堂笔记，我发现薛教授是在身体力行着自己提出的十条教学原则，比如以情感人、发现问题，不断质疑、形成特点与风格，学术表现欲，等等。研修班其他几位专家多是探讨了新形势下的教学或科研，而薛教授则面向传统的教学基本功，他的点拨对教学一线教师更加实用，使我们更加深刻地认识到要扎根教学并不断积极探索。工作坊只有短短 5 小时，其间的收获足以让我消化很长的时间并将终身受益。

浅谈高校常态化压实五种教育的必要性与策略方法

■ 窦曼方
■ 天津商业大学　300134

摘要　现代年轻人中一些抗挫能力偏低。笔者认为，尽快在全国高校常态化压实挫折教育等五种教育，应该是非常紧迫、非常必要与重要的。本文集合五种素质教育，浅谈其必要性与简略策略方法。

关键词　**教育；高校教育；素质教育**

作为一名有着十几年教龄的一线高校教师，笔者深感高校除了重视就业教育、创业教育及成功教育以外，还应该切实重视提高学生的综合素质教育，即从爱的教育、感恩教育、挫折教育、生命教育、环保教育等五个方面着手并深度展开。

1　爱的教育

有一次笔者在教学楼的楼道内看到一只被困其中的小麻雀，虽然有一两个同学在场，但也无人理会（也许是同学离得稍远些没有注意到），任由小麻雀焦急地在紧关的玻璃窗前乱飞乱撞地想出去……笔者也是第一次遇到这种情况，怕惊到小鸟，低头弯腰把一边的玻璃窗大大的推开，待着急的小麻雀明白过来，一下子就掠窗而过，飞回了蓝天，重获了自由……它的心情应该是好的吧，笔者的心情也确是分外得舒畅开朗。

1.1　爱的教育的必要性

爱的行为小到为小动物施食、放生、呵护，大到关键时刻舍己为人、牺牲生命，这些行为无不带给我们至诚至真的感动，无不闪耀着生而为人的人性光辉。由此，在高校践行压实“爱的教育”之际，对学生多加引导尤显必要与重要。爱的教育包涵内容广泛，其中包括：爱祖国，爱人民；爱生命，爱自然；爱同学，爱老师；爱父母，爱家庭；爱学习，爱付出；爱自己，也爱一切。爱的力量是伟大的，爱的影响是美好的。爱心满满身心安和，爱心满满喜乐无边。懂得爱并且时常践行的人，无论是爱语还是爱行，甚至哪怕只是充满爱的美好想法，似乎都具有净化芬芳空气的功效，让人身心恬静，安适安然。学生们在充满爱的教育的大氛围中，一定会明了“爱”，感受“爱”，践行“爱”，传递“爱”，爱心的光芒必将使他们健康成长，光明长胜。

1.2　简略策略方法

①开展“爱的教育”主题系列班会（分期主题：爱祖国，爱人民，爱老师，爱同学，爱父母，爱他人，爱自己，等等）。

②开展善待校园中小动物的活动，培养爱心，形成爱心满满的良好校园氛围。

③广泛开展公益志愿社会活动，爱心回报社会，正能量满满。

2 感恩教育

中国词语词汇表达中有“知恩图报”“投之以李报之以桃”“滴水之恩当涌泉相报”等关于知恩、感恩、报恩的语言。孝亲感恩的名句也有“乌鸦知反哺”与“羊羔知跪乳”等。佛家也有“报父母恩，报众生恩，报国土恩”的说法。中华民族自古至今重视回报回馈，重情重义重孝的优秀品格可见一斑。

2.1 感恩教育的必要性

然而，现代社会中，由于种种原因，大学生中出现了一些背离中华感恩优秀传统美德文明的事件。比如：个别大学生不但不感恩父母的养育之恩，还嫌弃贫穷的父母；有的大学生，出国后就有不端言论。笔者认为，他们都应接受良好的发自内心的感恩教育。国家恩，父母恩，国土恩，等等这些，对于我们每个人来说，都是恩重如山的。没有祖国，何来家庭安？没有父母，何来这生命人身？没有国土，没有生我们养我们的这方土地，何来长大成人、滋养安乐？所以，我们每个人都应真心地处处感恩、时时感恩。真心地感恩祖国，真心地感恩国土，真心地感恩父母，真心地感恩他人，真心地感恩时代，真心地感恩一切，真心地感恩万物。如果在学校，老师能给学生细致精微地讲解清楚其中的道理，让学生们每个人都心服口服，其结果必定是他们对祖国、对社会、对父母都能以热诚的知恩感恩之心，积极地回报与回馈。

2.2 简略策略方法

①开展“感恩教育”主题系列班会，讲清道理（分期主题：感恩祖国，感恩国土，感恩父母，感恩万物，等等）。

②广泛开展感恩回馈活动（陪父母聊天、为父母做饭等，时常唱诵赞美祖国、赞美万物的赞歌等），陶冶身心，助于觉醒。

3 挫折教育

3.1 挫折教育的必要性

现代社会，很多家庭都是呵护爱护宠爱孩子的。父母大多都是在各方面尽量不让子女受半点儿委屈。可是这样对于孩子的成长与未来发展而言，并不一定是一件完全的好事。事实证明，很多一贯顺风顺水、成长历程毫无挫折经历的人，一旦在生活学习中，遇到一些“意外”事件，由于本身缺乏抗挫折经历与能力，往往会不知所措，甚至还会作出一些令人意想不到的事，其中就包括无知地伤害他人或伤害自己。

如果各高校都能积极践行落实挫折教育，相信如上悲剧就可以最大限度地得到化解与避免。

现代社会是一个充满挑战的社会，在这样的社会中，不遭受挫折是不可能的。如果学生在学校教育中缺乏挫折教育与挫折训练，缺乏正确对待挫折的思想与意识，就好像是温室里的“花朵”，是不太可能很好地适应现代社会的。而只有学生经历过挫折历练教育，掌握一定的应付挫折的方法，在一定程度上才能够更好地适应社会。

3.2 简略策略方法

挫折教育是指让受教育者在受教育的过程中遭受挫折，从而激发受教育者的潜能，以达到使受教育者切实掌握知识并增强抗挫折能力的目的。

①提升学生思想意识与认知。与学生分享名人或具有代表性的遇挫并抗挫的经典故事或经典案例。

②鼓励学生参与挫折教育活动。通过科学严谨的挫折教育活动有意识或无意识地提升参与学生的抗挫折能力。

4 生命教育

生命教育，即直面生命和人的生死问题的教育，其目标在于使人们学会尊重生命、理解生命的意义以及生命与天人物我之间的关系，学会积极生存、健康生活与独立发展，并通过彼此间对生命的呵护、记录、感恩和分享，由此获得身心灵的和谐，生活美满幸福。

4.1 生命教育的必要性

当代社会，部分青少年过度追求物质，容易迷失自我，加之受不良影响，个别人道德衰落，责任感淡薄，心理脆弱。自我轻生、校园暴力、伤害他人、伤害小动物等事件时有发生，我国高校推行生命教育刻不容缓。生命教育的核心应该是珍爱生命、尊重自己与他人；热爱生命，热爱生活；爱护自然，爱护生命，并与自然和谐共处，天然和乐安然一生。生命教育不仅是一切教育的前提，同时也是教育的最高追求。生命教育是指向人的终极关怀的重要教育理念，是一种全面关照生命多层次的人本教育。生命教育要求给学生以全方位的人文关怀与人本关怀，帮助学生理解一切生命本质的平等与一切生命的价值及意义。生命教育能教会学生珍爱生命，更能启发学生完整理解生命的意义，更懂得尊重、热爱自己与他人的生命；生命教育能惠泽人类，还能让学生明白与自然万物和谐共生共荣；生命教育能开启学生的认知智慧，使他们对生活的感知更美好，也更对生活充满礼赞与感恩。

生命教育中也包含死亡教育，然而其目的并非是为了死而开展教育，而是让人清楚清晰地了解理解人一生的生老病死的全过程，了解死亡、感知死亡，进而更好地知“死”而向“生”。所以，生命教育中的死亡教育也是非常具有积极意义与建设意义的。据报，美国某校开设死亡体验课程，让学生假装自己已死，躺在提前准备好的棺材里，感受自己的“死亡”，体验后的同学纷纷表示要更加热爱自己当下的人生与生命，该体验项目课程受到学生们的喜爱与好评。

4.2 简略策略方法

①“生命教育导师”培训课程。“爱即生命”（Love is life）是生命教育的核心理念。

②开展专题生命教育活动。结合心理教育、健康教育、青春期教育等专题教育，开展灵活多样的生命教育活动。

③多学科渗透生命教育。语文、英语、人文等学科内涵丰富的生命教育内容，这些学

科都可成为隐性生命教育的载体。

5 环保教育

2020 年，国际多个时尚品牌纷纷加入环保行列；2020 年，冬季达沃斯论坛主题为“凝聚全球力量，实现可持续发展”；2018 年，英国女王颁布“禁塑令”；每年的 4 月 22 日是“世界地球日”，当天也有越来越多的人参与地球环保活动；著名歌手迈克尔·杰克逊的《地球之歌》时至今日，依然被人们赞叹并广为传唱。所有这些都说明当今世人的环境意识愈加觉醒，对环保行为也日益重视。

5.1 环保教育的必要性

然而，即便如此，温室效应、环境恶化、气候异常还是如影随形。2020 年，先是尚未停息的澳洲大火，进而世界疫情暴发，随后还加之蝗灾，等等。所有这一切都让我们深感重视环保、践行环保的重要与紧迫，也更让我们意识到高校环保教育的必要、重要与迫在眉睫。因为大学生这个庞大群体是未来社会的中坚力量，能起到良好榜样带动作用。只要在青年学生一代的心中打牢环保意识，热爱环保、践行环保、人人环保的社会大氛围就一定指日可待。

5.2 简略策略方法

①广泛开展校园禁塑活动（或使用可降解生物塑料制品）。

②广泛常态化宣传各种环保行为，每日自检践行。

③设置专题环保系列课程，学习观看环保经典纪录片等。提升牢固环保意识与自觉。

6 总结

大学生是国家未来的中坚力量，大学教育中既要做好专业、学业、就业教育，也要高度重视学生各方面的素质教育。要实现全面“人”的教育，只有学生切实提升完善自己的软实力，才能达到一个全新的境界，成为全面成长、全面发展的栋梁之材。

浅议大学英语课堂教学对学生健康心理的关注

■ 张　勍
■ 天津商业大学　300134

摘要　2020年的高校在校大学生基本上都是2000后出生的青少年，这个时期的青少年多个性张扬，关注自我，他们身上存在很多80、90后所不具备的特质。大学时代是青少年到成年人转变的关键时期，本文从青少年的特点、心理健康的重要性和高校教师的使命感着眼，进而分析课堂教学对大学生健康心理进行引导的可能性。

关键词　**大学英语；课堂教学；青少年；心理健康**

近年来，国际局势多变，突发事件难以预测，自然环境遭到人为破坏严重，各种新型病毒防不胜防，各种压力扑面而来，对于正值人生重要阶段的大学生来说，其面临学习、就业、人际交往、社会融入的各种挑战与困难，他们是否能够顺利度过青春成长期，步入社会、融入社会、回馈社会，成为一个健康积极的阳光少年，需要引起社会、家庭、教师各方力量的关注。

1　当代青少年的特点

首先，由于社会大环境的改善，当代青少年多数家庭条件优越，多为独生子女，在2~6名家长围绕呵护下长大，这就造成了孩子们对平等权利和话语权的要求比较高，他们有主见，表达欲强烈，追求个性化生活方式；其次，由于家庭生长环境较为宽松，全社会教育理念的不断进步，“00”后的孩子们见识明显比80、90后的孩子要多，知识面也更宽，但是这些孩子长期缺乏历练，加之全球一体化以及网络的普及，也导致了孩子们网络与现实含混不清，现实感不强，心理承受能力比较差，面对困难和问题时往往不知道如何解决，常常会陷入压力和困境中的情况。

2　身心健康的平衡

人们通常说的身心健康，无疑大致可以分为身体健康和心理健康两个重要组成部分。对于身体健康大家都很在意，平时偶尔出现头疼脑热都会及时就医或自行购药进行医治，以期尽快恢复。谁都不想小病不治，积累拖延铸成大病，危害生命。然而，心理健康往往会被大多数人尤其是学生家长忽略，他们过分关注孩子的身体健康，对心理健康不能提高到一定的关注水平。

适龄青少年或在校大学生应该具有健康的心理：能够适应自己的学习环境，调整自身的学习强度，处理好与周围同学和老师的人际关系，不受不良环境与因素的影响，感性与理性协调平衡，具有独立思考的能力和面对压力与挑战的勇气，遇到问题和难题不逃避，勇于面对，明辨是非，拥有正向积极的价值观，并符合社会发展的标准。

3 心理障碍导致悲剧的典型事例

3.1 影视作品中的案件

2020 年 6 月，一部由作家紫金陈的推理小说《坏小孩》改变的国内首部家庭悬疑剧《隐秘的角落》热播，引发了全网热议。为人低调踏实的少年宫数学教师张东升和学习成绩优异的初中生朱朝阳在一系列事件推动下，连续作案导致全剧 7 人死亡。

剧中数学教师张东升平时为人老实，在爱情和家庭中愿意付出，在数学领域也有自己的建树，是一个头脑聪明称得上是高智商的教育工作者。由于在爱情中的长期付出和家庭中话语权的缺失，其内心阴暗的因素慢慢积累，产生了偏激的行为，导致杀人。

剧中初中生朱朝阳，本是一个学习成绩优异的孩子，尤其在数学方面，表现出优于其他学生的天赋，具有遇事敏感、心思缜密、善于策划的性格特点。这些特点在一个十几岁的孩子身上本来是可以有着光明的未来和前途的。但是问题也恰恰出在他的原生家庭上，父母离异，母亲忙于工作，疏忽了对孩子内心的健康的关注。父亲重组家庭，并且有了一个女儿，朱朝阳对父爱的渴求，在父亲那里没有得到回应。在学校，他虽然学习成绩出众，但不擅长沟通，缺乏处理人际关系的能力，这个十几岁的孩子在同学当中并没有一个可以互相学习、共同成长的伙伴。其种种内心的渴求、失落、委屈、压抑，没有得到满足和释放，在外部环境发生变化的时候，在周围事件成为诱因的时候，悲剧就自然而然、接二连三地发生了。

3.2 现实生活发生的真实事件

2020 年 7 月 8 日下午，河南平顶山一中高考考场理综考试结束前，有个女生心态崩溃撕了自己的答题卡后又连撕了两位同学的答题卡。

2020 年 7 月 12 日，央视新闻发表一则题为“贵州公交坠湖司机蓄意报复社会”的微博：贵州通报公交坠湖致 21 死案。该司机因拆迁问题心生不满，喝酒后蓄意驾车冲进湖中，后已死亡。公交车并无机械故障。

一些媒体做了采访报道：“他平时是个老实人。”“同事说他是个好人”。有一些网民评价说：“这次报复社会事件，主要是在于拆迁以后住房分配以及补助协调不顺、沟通不畅所引发的一系列悲剧。”

不管是青少年还是成年人，任何人在日常生活中都没有可能是一帆风顺的，出现这样或那样的问题都是社会生活的正常现象。人在成长过程中，会不断地遇到困难、挫折、挑战，所谓关关难过，关关过。遇到困惑、委屈的时候，有的人会走入一个误区，认为都是社会的错，是学校不好，是老师不对，是同学不友善，然后产生报复心理，这就会导致极端事件的发生，危害社会或他人。不管生活多么不如意，都不能成为伤害自己或者他人的借口。

4 大学英语教师的责任

大学英语课程是我国高校基础必修课程，每周设 3~4 课时，这就使大学英语教师与学生接触的时间，较其他科目的任课教要多一些。面对面的交流与沟通是引导学生心理健康的前提条件。英语教师的本职工作是传授语言文化知识，然而，语言教学不仅仅是单纯知识信息的输出，在讲解知识的同时，既可以传播文化，也倡导教师把对学生进行人生观价值观的引导融入课堂教学的方方面面，以小见大，防微杜渐。

不管是影视作品，还是生活中真实发生的大大小小的负面事件，其根源大多可以追溯到青少年成长时期在心理埋下了某种不满、委屈、压抑、脆弱等原因造成的心理问题，这就像一颗阴暗的种子，没有得到及时的疏导，最终造成恶果，铸成大错。

高校英语教学工作者应以德立身，身体力行，在平凡的工作岗位中时刻关注学生情绪的变化，在语言教学的同时尽可能加入符合社会现状、引导学生正向思考的话题讨论；在教学资源的选择上，关注正向价值观的引导；课堂教学话语更要注意避免敏感话题和词汇，从多方面、多方位关注大学生身心的健康成长。

5 总结

生活中的痛苦和烦闷都在所难免，大学生处于青春叛逆的时期，也是容易敏感脆弱的人生阶段，大学英语教师在课堂教学过程中，要潜移默化地传达正能量。大学生觉得生活中、学习上、周围的人群哪里不对的时候，是要坚定自己的信心和信念的，不管在某个层面出现了误差，都是可以及时校准的，也许只是一件小事情、一句话、一个关爱的行为、一个温情的拥抱，都会像一把钥匙一样让处于危机的孩子回到一种和生命同行的步调。教师有责任让孩子们对生命拥有满足感，让他们相信幸福就在那里，光明就在那里，只是需要方法和行动去向它靠近。每一个大学生都是天空中的飞鸟，终将飞往属于自己的领空；每一个青年都是一条大鱼，终将游向自己的海域。

参考文献

[1] 陈默 . “00” 后孩子的七大特征 [J]. 今日教育，2015（6）：11–13.
[2] 彭聃龄 . 普通心理学 [M]. 北京：北京师范大学出版社，2012.

一流教学团队建设

■ 宋鸿沄
■ 天津商业大学 300134

摘要 好的课堂效果离不开一流教学团队的辛勤耕耘。不断变化的大学英语教学更需要一流教学团队的倾力付出。本文拟就一流教学团队建设谈几点构想。

关键词 **大学英语；教学团队；金课**

1 创新改革视角

1.1 政策视角

一流教学团队应有专职教师长期跟踪研究相关国家、省市教育主管部门的相关政策，及时组织团队内教师进行学习，更新思维和认识。这就为教学创新改革铺平了政策的道路。一切教学科研工作都在国家大政方针的框架内施行，才能保证教育改革方向的正确性。基于政策学习，本团队拟制定符合未来发展要求的《大学英语拓展课程实施方案》。各种教学方案的实施完全基于国家各项要求并兼具前瞻性，这是一流教学团队的大局观所在。

1.2 理论视角

当前大学英语教学在新技术应用的大潮中有些犹豫不决。这种犹豫首先源自对技术的不熟悉，无从下手；其次，还始于理论的不足和匮乏。一流教学团队在长期实践中应该秉承成熟的理论认知：内容永远是占据主导地位的着力点，新技术是辅助，不能本末倒置；借助新技术要实现内容的提升、教学过程的带动、自主学习的完善，而不能唯技术论；教师和学生依然是教学实践的主体和主导，打造“金课”依托的是“人”而不仅仅是技术。基于以上理论认识和当前新技术发展态势，一流教学团队可以考虑建构“师生多模态互动学习”理论框架，延续前人的理论成果，创建符合本科院校实际的大学英语课程教学实施方案。这是一流教学团队的理论观所在。

1.3 技术视角

教学是一门艺术，教育的关键在于“师”之高，“生”之勤。“人”的因素贯穿始终。

但同时，随着新媒体、新网络等技术的日臻完善，一流教学团队不能也不应该排斥新技术的合理应用。新冠疫情期间，新技术在网课中的广泛应用就是最好的诠释。一流教学团队对于新技术应用有两个改革着力点：第一，积极开发运用新技术进行辅助教学，并设计全新的教学、学习模式；第二，对现有依托新技术开展的混合式教学进行反思，取其精华，去其糟粕。探究现有新技术在教学中实际应用效果才能有效了解其是否真的优于传统教学模式，才能为新技术真正回归正位发挥功能提供可靠信息。还是以本次疫情期间的网络教学为例。网课到底是临时的替代措施，还是今后大学英语教学的重要发展方向之一？教学参与者的教师和学生的亲身感受是什么？教与学两端、供给和需求的两侧是否认可新技术背景下的网络教学？由此，这种网络教学要做哪些调整以期达到合理的教学效果？这些问题随着新技术的发展都需要教学团队认真仔细的调研，拿出合理的答案和教学改革方案。“一流”恰恰体现的是教学团队内部的与时俱进和战略定力同时共存并相互支撑。这是一流教学团队的技术观所在。

2 实践性教学

2.1 体验性教学

一流教学团队务必注重学生在学习活动中的亲身体验。其要通过引导学生进行积极的思维体验、情感体验与关系体验，获得对客观世界和精神世界的感性经验，形成对自然、社会、自我的整体认识。以“英语文学与写作”选修课为例。任何文学的赏析都需要思维体验，情感认同。与作者形成共情关系对于学习和认知体验尤为重要。在课上，教师的授课重点并非文学案例中的细枝末节，而更多的是深度挖掘作者的思想、人物心理活动、宏观叙事方法，并以此与学生的认知形成共鸣。

2.2 过程性教学

一流教学团队务必注重学生在学习活动中的过程参与。教学团队在实践中应该淡化对学生的“绩效考核”思维（分数），而更应强调成长的过程。学习本身有别于商业职场，不能过于功利化，只重分数（结果），忽视“人”的成长（原因）。这是过程性教学的宏观建构思维。此外，从教学的微观着手，教师首先应该梳理过程性教学的流程和细节，并通过引导学生积极参与知识理解的过程、思维发展的过程及意义建构的过程，进而使学生获得知识、发展能力、养成态度。

2.3 反思性教学

一流教学团队还应该注重学生在学习活动中的总结与反思。在实践性教学中，“实践”不仅仅是指“动手做或操作”，而是有着理性参与和价值关怀的实践。教学通过引导学生在实践体验的基础上对客观世界、自我世界进行理性反思，形成“物我”关系、“我你”关系和“自我”关系，丰富与改造经验，并使学生通过反思觉醒自我、提升自我。

2.4 课外实践教学

一流教学团队应该有意识地带领学生参与社会和课外实践学习。比如，教师不妨尝试带领学生积极参与“大学生创新创业项目”等社会实践性活动。在“大创”项目的前期准备中，师生共同出谋划策，将所学专业知识运用到实际的研究和工作当中，逐渐提升学生们对事物的认知能力，拉动学生们思考问题的深度和广度，推动学生们从书本走出来亲自实践的综合社会能力。在项目中期，师生一起实地走访调研，采集数据，记录客观事实，整理分析，“读万卷书”+“行万里路”，同时还能“阅人无数”。这种有意义的实践性教学对师生都有裨益，收获颇多。再比如，2019 年“精准扶贫视角下天津第三产业吸纳甘肃贫困地区中青年劳动力的对策研究——以养老护理人员为例”的大创项目就很好地把学生书本理论和我国实际问题结合起来。在项目中，大家以问题为导向，找到问题，分析问题，解决问题，有的放矢地去学习、去研究。这就把理论同实践有机地结合在一起。

2.5 实践基地建设

一流教学团队还应该与校外产业孵化器和科技企业联盟建立良好互动关系。作为高校的教学，师与生的眼睛要不断地盯着校外、盯着社会、盯着世界，不能满足于闭门造车、狭隘于自说自话、脱离社会生产和发展的实际。一流教学团队要有能力为学生提供实地走访调研的途径和外景地。比如，2019 年 4 月初，教师带领同学们到红桥区科技企业孵化园区访问参观，并同企业法人等进行有针对性的座谈会。座谈会上，企业职业经理人就目前科技型企业发展状况和前景进行了讲解并回答了同学们的问题。座谈会很热烈，研讨很尽兴，会后，同学们纷纷表示长了见识，开了眼界。组织大学生进行社会实践活动，能够使他们亲自体验改革开放的成果和实践，并让他们亲自参加服务社会的各项有益的劳动，将课堂上的知识学习转化为实践中的体验，加强对知识、理论的理解，从而实现自觉学习知识、应用所学知识的教学目的。

3 资源建设

3.1 原创性资料建设

原创性始终是一流教学团队的关注焦点。“金课”或“好课”的打造本身就是源源不断的原创的达成，没有好的原创就没有“金课”或“好课”。基于此，一流教学团队应该结合团队教师能力和特点，合理安排针对教学的原创点和原创度。比如，擅长做课件的教师就可以组建相应的课件制作小组打造实用性好的英语教学课件；再比如，擅长录播课和微课的教师可以结合网络教学实际和教材安排，组织制作对学生学习有益的录播课；再比如，教学讲稿的创作应该集思广益，定期更新，不断添加符合时代特征的新内容、新思想。一流教学团队应该在多领域、多科目上制作具有独立知识产权的原创资料，为打造“金课”和“好课”备齐技术优势和资源。

3.2 新媒体涉猎：公众号建设

一流教学团队应该涉猎新媒体领域，为英语教学开疆扩土，在新媒体时代应有自己的一席之地和话语权。比如，一些老师近年来尝试制作并运营微信公众号和小程序等。公众号内容定位于在校学习的大学生，并为大学生提供公益性的资源，包括：文章、音频、视频、原创微课等。公众号制作的初衷在于，面对扑面而来的众多资源，学生很可能无所适从，不知道如何取舍；教师作为专业人士，可以从专业的视角选取最佳的素材和最优的资源，经过加工处理，呈现给学生。这就保证了信息的无害性、有效性、有用性、指导性。教学团队尝试制作公众号等新媒体的现实意义也在于此。

3.3 教学资源建设

一流教学团队应该有自己的教学资源库。这个资源库应该包含尽可能丰富的与教学相关的各种资源：电子书库、外刊杂志库、影音库、国内外论文库等。一方面，教师在备课中不断补充的新资料和这些“库”的建设与应用密切相关；另一方面，教师遴选有益资料可以反哺给学生，大大拓展教学的广度和深读。从教师角度讲，教学团队内部资源库的建设对于教学质量和科研水平的提升都有重要作用。

4 方向

无论是网络教学，微课、慕课教学，还是目前课堂上下实践的智慧教学，一流教学团队都要悉心为之。不断地进行教学改革和尝试是一个富于活力的团队应有的气质。一流教学团队教师在教学改革研究方面，应该善于挖掘，利用新技术捕捉教学热点问题，形成教改课题研究，带动良好的教学科研氛围。在研究大学生英语教育有效途径与方法的过程中，我们应该充分论证团队教育合力的作用，在实践中注重教学改革成果的应用、总结和改进。这种应用和改进重点体现在以下几个方面。①教学方法和手段的改革。教学团队应该根据不同选修课程内容特点进行课堂教学改革，尝试研讨式、探究式、对话式教学，并且采用智慧课堂、翻转课堂、微课等手段辅助教学，直接惠及学生和教学效果的提高。②教学团队应该结合《大学英语教学大纲》在多领域、多科目制作具有独立知识产权的原创资料，并在课堂上进行实际应用，及时总结优劣，评估教学效果，以期得到广大师生的认可。教学资料必须内容扎实，趣味性、实用性很强，大大提高教学效率。教学团队还应及时把自己的研究成果转化为课堂教学内容的拓展和延伸，极大地提高学生的英语学习兴趣和学习效果。③转化为教学和科研实力。一流教学团队的诸多工作最终应该转化为教师的教学能力和科研实力的显著提升。这种提升当然会直接作用于学习主体的学生身上，最终形成教学相长、双赢多赢的局面。

参考文献

[1] 蔡基刚，廖雷朝 .ELE 还是 ESP，再论我国大学英语的发展方向 [J]. 外语电化教学，2010（5）：20–26.

[2] 丁仁仑，戴炜栋 . 高校大学外语教学定位思考 [J]. 外语界，2013（2）：17–23.

[3] 王守仁，文秋芳 . 新一代大学英语 [M]. 北京：外语教学与研究出版社，2015.

新时代教育背景下的教师之变①

■ 黄怡凡
■ 天津商业大学 300134

摘要 教育领域的变革一直在继续。课程思政、教育新技术等都成为新时期高校大学英语教学的新常态。《大学英语教学指南（2020版）》已发布，其中方方面面的调整也对大学英语教师提出了新的要求。教师能力的发展需要教师自身具有进取的精神和职业的理想，同时也需要国家和学校相关政策的支持。

关键词 **教师发展；课程思政；教育新技术**

1 新时代教育背景

2018年全国教育大会上，习近平强调要加快推进教育现代化、建设教育强国、办好人民满意的教育。这对教师队伍的建设提出了新的更高要求。2019年，中共中央、中国国务院印发了《中国教育现代化2035》，提出要提升高等教育竞争力，加强高等学校思想政治教育，制定紧跟时代发展的多样化高等教育人才培养质量标准。这些年，课程思政在各个高校快速推进，2020年《高等学校课程思政建设指导纲要》发布，强调高等教育要落实立德树人根本任务，要将价值塑造、知识传授和能力培养三者融为一体。将课程思政融入课堂教学全过程，提升教师课程思政建设的意识和能力。

在时代大背景下，高校外语教育改革应声发展。2019年召开了第四届全国高等学校外语教育改革与发展高端论坛，吴岩司长在讲话中指出高等外语教育发展要超前识变、积极应变、主动求变，要深化改革，推动新文科建设，培养高素质外语人才。

作为大学英语教学指导性文件，《大学英语教学指南》顺应改革方向，作出及时调整，其2020版已正式发布。新指南的变化主要体现在大学英语课程建设要以能力培养为导向和目标；大学英语课程具有立德树人使命；大学英语课程是公共基础课及核心通识课；重视在线开放课程、线下课程、线上线下混合课程、虚拟仿真课程等精品课程建设等方面。同时，在教师发展方面提出五大素养：育人素养、学科素养、教学素养、科研素养、信息素养。

面对上述改变，作为教学主体的教师无法置身事外。“改变”既是新时代教育对高校外语教师提出的要求，也应成为这一群体在应变过程中形成的自我追求。

2 新时代教育背景下的教师之变

2.1 转变自我身份

教师是课程建设的主力军而非主导者。课程建设要以国家需求为首要着力点，充分考

① 本论文为天津商业大学本科教学改革项目“大学英语一流课程建设方案研究”的研究成果，项目号是TJCU-JG202001

虑学校需求和学生需求，制定教学大纲，明确教学目标；教师是课堂教学的组织者而非主宰者。应改变满堂灌的传统课堂教学模式，使学生成为课堂教学的主角和中心。正如哈佛大学教育研究生院的约瑟夫·布莱特教授所言，“下一代教师更需要被培养成‘陪伴指导型’教育工作者”。在整个教学过程中，教师应善于发挥媒介作用、精于有效课堂活动设计、勤于为学生答疑解惑，给予学生机会进行思考、表达及知识的内化，进而激发学生的创造性。

2.2 更新教学方式，调整教学内容

《大学英语教学指南（2020 版）》中将大学英语课程定位为公共基础课程和核心通识课程，课程“对于促进大学生能力、素质与素养的协调发展具有重要意义”。这一阐述改变了英语教学中着重语言知识点教授的传统观念，将英语教学变为能力导向。教师要对教材内容进行深度挖掘，方向大体有三。其一，课程思政内容。将社会主义核心价值观根植于教学过程中，帮助学生树立正确的人生观和价值观。其二，中国文化内容。外语学习者不仅要学习西方文化，更要传播中国文化。外语教师有责任帮助学生了解并理解中国文化，在国际交流中讲述中国故事。其三，学科交叉。外语作为传统文科课程，教师和学生都应秉持文科的思维模式。“新文科理念突破传统文科的思维模式，强调继承与创新，促进多学科的交叉与融合。”多学科的交叉与融合是外语课程的发展方向，也是其作用所在，其能更好地满足学校和学生的需求。

因此，大学英语教学需要更多地采用以学生为中心的、师生双向、生生多向的实操演练，以实现知识的内化及最终的外显。比如，应辅助学生创新创业，建立校企联结，真正将所学外语知识服务于地区经济发展，服务于城市及国家文化的对外输出。这种实操型知识内化巩固过程一定有助于学生能力、素质和素养的提升。

2.3 掌握教育新技术，发展多样化教学手段

如今的课堂拥有广阔的空间，学生和教师身处教室，心在世界。媒体技术的高速发展将教育带入一个崭新的世界。2020 年春一场突如其来的疫情将人们困于家中，教师被迫在几夜之间学会了如何进行线上教学，这被视作无奈之举，也是一种突击性发展。当疫情过去，重回教室时，我们发现线上教学已经不可以被割舍。因此，无论从政策要求角度还是实际需要角度，广大教师都应深入研究线上教学或线上线下混合教学。从慕课到微课，再到各种手机应用软件、社交平台，甚至短视频，这些研究涉及如何进行高质量慕课或微课的制作；如何在媒介平台进行内容和信息的筛选；如何合理且有效利用媒介提升课堂教学效果；如何开发第三课堂；如何在真实语境中锻炼语言应用能力，同时提高综合素养，等等。

例如哔哩哔哩网站（B 站）。大学生是其主要受众，他们对平台表现出高黏合度、高参与度与高信任度。B 站不乏实用性强且具有知识性、文化性及趣味性的内容，教师通过合理利用 B 站内容，可以提升学生与课程的黏度。仅以此为例，笔者想说：教师群体中或许有很多以为像 B 站这样的存在与己无关，但在信息技术飞速发展的大数据时代，只要技术还在发展，教师就不能停下学习的脚步，教师要成为学生的榜样，应先行一步为学

生示范如何利用媒介、如何筛选信息，以及如何学习。

2.4 常总结，勤反思

反思性思维最初是由美国哲学家、教育家约翰·杜威（John Dewey）提出的。国内外学者对其内涵和意义进行过众多研究，如亓明俊和王雪梅认为“反思是在一定情景中，基于实践中发生的问题进行的系统的、逻辑的、深入的思维活动，是改进实践、不断发展的基本保证”。反思教学能够促进大学英语教师专业发展这一观点被普遍认同。从时间维度来讲，反思应贯穿教学的整个过程，包括教学计划的制订、教学过程的监督、课堂教学结束后的总结。从反思方式来讲，教师可以记课堂日志，也可以录制课堂教学过程，供学生在课后回忆并探究。除此之外，教师还可以定期设计问卷，从学生那里得到反馈，完善课堂教学。反思教学的过程使教师实现了在做中学，从经验中总结进步，有助于教师的专业发展。

3 教师之变得以实现的几点保障

从内部条件来说，教师需要有足够的积极性和主动性，不失去探究的热情，热爱自己所做，具有职业理想。从外部条件来说，其一，国家和学校的战略方针与教师个体的发展方向不矛盾，即教师在工作环境中有用武之地，这样教师才能踏实坚定地发展自己的专业；其二，学校良好的评价机制能够促进教师发挥主观能动性，公平合理的评价体系和激励措施让教师具有职业满意度和成就感，能够推动其专业发展，进而反哺于教学；其三，完善的培训体系能够提高教师的教学能力和科研素养，在新时代教育背景下，在新文科、大外语、课程思政、线上教学等关键词下，学校要为教师定制具有专业性、系统性、连续性的培训，为其打通职业上升通道，帮助教师完成自我突破和改变；其四，构建教师成长共同体，学校和社会应为教师搭建一定范围内的交流平台，进行知识、经验和资源的分享及共享，相互促进，共同发展，也可避免单打独斗形成的职业孤独感。

教师发展的内部条件和外部条件互相影响，相辅相成。两者共存，教师当具有过硬的专业能力和综合素养。

4 结语

教育大计，教师为本。关于教师，亚洲基础设施投资银行金立群行长曾讲到高校的师资建设对培养国际化人才至关重要。只有具备深厚跨文化知识底蕴、有高尚情操的教师才能感染并培养出高素质的国际化人才。

如今，对教师能力的考量需要跨学科、多维度进行，这对广大教师提出了新的挑战。希望通过社会、学校和教师个体的共同努力，每位教师都可以充满勇气地应对挑战，发展为符合新时代教育需要的且获得个人成长及职业幸福感的教师。

参考文献

[1] ［英］海伦·海斯特．媒介浸润环境下的教与学之路——访哈佛大学教育研究生院约瑟夫·布莱特教

授 [J]. 世界教育信息，2020（8）：8–12.

[2] 向明友．顺应新形式，推动大学英语课程体系建设——《大学英语教学指南》课程设置评注．外语界 [J]. 2020（4）：28–34.

[3] 亓明俊，王雪梅．反思性思维视阈下大学英语教师探究共同体的支持系统建构．外语电化教学 [J]. 2020（3）：36–40.

[4] 金立群．在第四届全国高等学校外语教育改革与发展高端论坛的发言 [R]. 北京：第四届全国高等学校外语教育改革与发展高端论坛，2019.

新时代大学生的特点与教学调整

■ 李 炜 张 勍
■ 天津商业大学 300134

摘要 笔者从事一线教学工作20余年，接触的学生一批又一批：从最初的70后，到后来的80、90后，现在到了00后。随着时代洪流的不断推进，科技更迭，社会变迁，人与人的交流方式在不断地发生着微妙的转变，大学生的思想意识、待人接物都在潜移默化地受到周边人、事、物的影响。学生的学习方式转变，就要求教师作出相应的调整。
关键词 **大学生；特点；教学；转变**

在从事大学英语教学过程中，笔者发现课堂教学所用的教材数次改版。从夯实理论基础知识、注重读写轻听说，到听说领先、读写共进，从侧面反映出大学英语教学在不断适应时代和应用的需求，稳步提升，逐渐改进。世界永恒的不变就是改变，教学的改革要尊重社会大环境的变迁，顺应时代的潮流。

1 时代变迁

近几十年，我国经历了奋进、变革、发展、壮大等不同阶段。这在漫长的历史长河中也许只是一瞬，对于偌大世界来说，只不过是一小部分，但是对于在改变中不断谋求振兴的中华民族来说，每一次的变化都是巨大而又深刻的。一个被剥削被压迫的民族，正是通过自己的不断努力，从贫穷饥饿，一步步走向温暖安定，再到富足小康；从封建到民主，从农村走向城市，从封闭走向开明，从愚钝走向科学，从落后走向先进，从黑暗走进光明，从萧条走向繁荣，从陈腐走向勃勃生机。中华民族的变化是勤劳勇敢的中国人不断开拓进取的成果，是世人皆知的伟大成就，中华民族的变化是划时代的变革，是跨越式的转变，其影响是巨大而又深远的。

中华人民共和国成立之后，尤其是改革开放以来，农业发展，工业发展，商业发展，科技发展，经济发展，人民生活水平得到了有效改善，综合国力稳步提高。国门打开，我们取长补短，去糟粕学精华，结合自身优势，走出了一条未有人走过的中国特色社会主义道路，对外出口，对内引进，吸引外资，发扬壮大，科技兴国，教育为本。中国特色社会主义的先进性不断展露出来，中国人民的爱国热情前所未有的高涨，主人公意识显著增加，受教育水平全面提升，与中华人民共和国成立初期形成天壤之别，全社会的文明程度大幅度地提升。中国既是世界主流文明文化的一部分，又坚定地坚持走自己的社会主义发展道路，丝毫没有动摇。

2 学生变化

时代不断更迭，历史的脚步从来没有片刻的停留。人类是在社会的大环境中生存、群居的动物，必然会受到周围环境潜移默化的影响，甚至有些影响是不可磨灭的。每个时代具有自己鲜明的特点，生活在不同时期的人们，工作、学习、行为处事、沟通交流、思考问题的方式都不尽相同。正处于人生转折微妙时间段的大学生的状态，也在不断地发生着变化。

2.1 常见的心理问题

受全球经济模式和政治局势变化的各种影响，科技飞速发展和网络普及的冲击，各个时代的社会和周围环境都不一样，一些不良思潮对当代大学生产生了一些腐蚀。有些大学生从思想上产生了崇尚金钱、爱慕虚荣、贪图享乐、自私利己的倾向，遇事的处理方式往往忘记了曾经的理想与不懈的追求，忽略了无私的奉献精神与国家和人民的利益。

近年来，随着全国各地高等院校的不断扩招，大学生生源的数量剧增，这也在不同程度上相应地影响了大学生群体的整体质量。上大学早已经不是当年“千军万马”过独木桥的处境，学生学习成绩普遍下滑，这也是让社会担忧的地方。当代大学生普遍存在的现象就是心理承受能力不强，甚至可以说是脆弱，他们往往面对困难束手无策略，不堪一击。对于未来与前途没有明确的规划，人际交往能力不佳，部分学生有自闭、抑郁倾向。

从一些相关报道和新闻中，也能了解到近年来大学生的心理状态失衡导致的悲剧频发。由于恋爱或人际关系的不顺选择自杀；由于学习或工作障碍产生的杀害室友的行为；由于社会经验匮乏，抗压能力差，导致的厌世愤俗、杀母的惨案。大学生群体中出现的自我封闭、失去自我、迷失方向、排斥他人、愤怒情绪，令人心寒的同时，也是社会安定的隐患。

多少年轻的生命在本该盛放的季节离开，他们从呱呱坠地到有独立意识、行为能力的成人，经历了多少坎坷风雨，其中饱含家长与社会的培养。一次次的警示告诉我们大学生心理健康教育刻不容缓，心理素质的强化不仅需要自身的历练，也需要教育工作者的辅导、家庭的温暖、社会的关爱。青年一代拥有健康的心理、坚定的意志，民族素质才能得到整体发展与提高，反之，大学生的消极负能量对整个国家和民族的发展都是难以逾越的障碍。

2.2 影响学习的因素

对学生学习状态产生影响的主要因素：个人的身心健康、家庭和成长经历、社会环境和学习环境、学校管理和教育方式等。除此之外，当代大学生的日常生活充斥着各种电子产品，手机、电脑、网络、游戏、交友软件，吞食着年轻生命的宝贵时间。在时代背景的大环境下，每个人都是渺小的，难以抗衡的，个体所能做到的就是完善自我，顽强生长，尽最大的努力吸收养分，增强自身的免疫力和抵抗力，不受负能量、歪风气的侵蚀。

此外，学校完善的规章制度，良好的学习风气，积极的社团活动，能够在很大程度上平衡学生的心理失衡问题，使他们充实生活，培养沟通处事能力，增强学习和适应能力。

3 教育教学的调整

传统的管束式教育明显已经不能满足时代的需求，不适合当今大学生张扬的个性、多彩的生活。面对复杂背景下衍生出的各种心理抵触情绪，我们应因势利导，以疏通代拥堵，以交流代约束。

从教学方面来讲，传统的老师站在讲台上讲、学生坐在座位上记的接受式学习模式也早就落伍。死啃书本，背诵记忆，反复考试的教授时代已经过去了。传统的教学和学习的目的基本都是针对考试的，为了能够在各种考试中达到预期的效果，教师和学生都忽略了教育教学的最终目的：培养学生的独立思考和辩证思维能力。社会和时代的改变对教育和教学都提出了新的要求，教师和学生对于教与学首先要改变观念，转换角色，摒弃以教师为主导，调整成以学生为主体。方法要变，从根深蒂固的模式中拓展，开创灵活的教与学。我们应灵活合理地运用已有的经验与材料，设立丰富的实践环节，培养学生的全方位能力。

4 总结

大学时期是大学生从青春走向成年，从张扬走向稳重，从懵懂的孩童成为社会中坚力量的重要时期。站在十字路口的青年，是否能够培养良好的学习动力，确定明朗的人生方向，向左还是向右，一念之差，失之千里。社会发展的脚步从未停歇，教育教学的理念不变，迟早会被社会淘汰。纷繁复杂的大数据科技时代，各种诱惑无时无刻地在分散着学生的注意力，要把学生从不良影响中拉回到健康成长的大路上，需要教师有极大的耐心、勇气和智慧，保护年轻的生命，使之健康茁壮，平衡发展。

参考文献

[1] 王维铭．浅谈大学生的心理健康问题及对策 [J]. 卫生职业教育，2004，22（19）：181-183.

[2] 李晓燕．新课改背景下英语自主高效教学方法探析 [J]. 中学生英语，2019（20）：67.

大学英语语音室教学环境现状分析及改善对策

■ 陈　芳　王忆云
■ 天津商业大学　300314

摘要　使用语音室实现英语教学是对大学英语教学改革的一个重大突破，本文主要介绍天津商业大学的大学英语语音室教学环境的现状，针对现状作出基本分析提出相应的改善对策，进而阐释教学环境改善对新文科教学的影响。

关键词　**语音室；现状；对策；新文科**

随着国家的快速发展，大学生对英语的需求也越来越高，与之俱来的是其对英语教学的更高要求，以及提出更高的标准。英语教学应更注重实用，即听说读写的综合能力。而使用语音室实现高水平英语教学势在必行。随着时间的推移和科技的进步，20 年前的老旧设备已经开始慢慢退出教学舞台。

1　大学英语语音室设备现状

由于大学英语教学较早地使用语音室教学，大概在 20 世纪 90 年代，其就开始投入使用，虽然当时是非常先进的技术，但随着科技的迅速发展及语音教学设备的日新月异，以前的老旧设备如今已不能满足教学需求。大部分语音室是以教师主机为主，主要依靠教师来操控整个教学过程，控制语音设备。而学生端都是一个小终端，用来接收教师机信号，并无实质作用，抑或利用得不够充分。

目前，天津商业大学大学外语语音室正在使用的语音室，一共有 16 间，能容纳 1000 余名学生同时上课，主要设备情况大致分为三类。

20 世纪 90 年代，引入的松下语音系统及硬件，使用了 20 年有余，依然在教学一线使用。该类设备主要以 WE-LL300 为主，实现视听说教学。教室环境堪忧，教学过程中常无故出现各种系统问题，无售后维修。甚至一些老配件因厂家不再生产也无法更换。目前只能依靠语音室管理人员的经验以及技术进行摸索，探究该类设备的使用状况。

21 世纪初，引进的一批蓝鸽语音系统，主要以 LBD2000+ 型号为主。该类设备主要以教师端为主，学生端是一个小型可以操作的终端，可以实现音量加减、初始化等简单操作。其主要操作在教师端控制学生端口进行听说教学。这类设备使用时间也将近 20 年，很多配件存在严重老化问题，系统不稳定，运行过程中常会出现各种各样的问题，且多种配件也不再生产不方便更换。

还有一款 New Class 系统。教师端是可视化窗口，可以看到学生在线人数，并且会有颜色变化，从视觉上带来新奇的体验。每个学生端都有一个小终端可以自己开机，每个学生端配有显示器，可以实时观看授课教师广播的内容。这种学生终端也只能局限在开关机等简单操作上，利用起来不够充分，其主要控制平台依然在教师终端，并不能给学生带来更多的自主学习机会。

2 大学英语语音室教学环境改善的对策

近几年，随着教学改革的不断深入以及智慧教学概念的引入，各科教学都在探索如何更加智能地将知识传授给学生，而大学英语也在不停地改革，不停地探索。而语音室设备老旧，系统不稳定，很难跟上科技的发展，也很难支撑现如今的智慧教学。

于是，我们依然要在老破旧设备上进行改革创新，没条件创造条件也要让语音室教学环境有所改善。随着智慧教育引入课堂，智慧教学线上教学已经开始被广大教师接受并应用于日常教学中，不通互联网的语音教学环境已经不能满足当下的教学，例如雨课堂的出现，它不仅需要系统中安装配套的办公软件插件，更需要语音室内有可用互联网，这对以往大学英语语音室是一个非常大的挑战。没有连通互联网的语音室如何应对这种情况，便是当下亟须解决的问题。

第一步要解决的问题就是为语音室联通互联网。

此前 20 余年，语音室致力于辅助英语教学进行听说的训练，对网络要求不高。而近几年自主学习课堂的推进，使得原有的语音室教学环境不能满足新时代的教学要求，对网络有了更高的要求。所以，推进互联网建设，让授课老师可以使用网络进行授课非常重要。互联网的联通会使授课变得极为方便。

语音室互联网的建设，需要联合学校网络中心，与之配合将互联网联通到语音室所在教学楼，再通过交换机将 IP 地址分配给各个教室。目前，此项工作已经完成，且雨课堂已经配合大学英语教学开始在各个语音室运用。语音室教学环境进行升级联通互联网之后，雨课堂加入日常教学中，使得教学过程更加生动有趣，教学改革项目也有了可以施展的空间。

第二步要解决的问题是，大学英语语音室引进新设备。

随着现代教育技术的发展，老破旧的语音室设备、原始黑板课堂等教学环境已经不能满足现代化教学。突如其来的疫情，使授课教师需要掌握更加多样性的教学本领，从常规的教学中跳脱出来，利用雨课堂、腾讯会议等多种线上教学形式实现授课。当前，授课教师已经开始将这些线上教学运用到日常课堂教学中，因此，其对新设备有了更高的要求。

现代大学英语语音室建设更加多元化，教师机和学生机可实现交互，在保障基础教学的基础上，语音室也可作为计算机机房使用，从而让学生得到更多自主学习的机会，在文科实验室可以探索更多样化的文科实验。

3 改善教学环境对新文科教学的影响

过去 20 年，大学英语语音室只承担基础语言教学功能，而无能力支撑新科技以及新教育理念的引入，更无力支撑新文科形势下的课程改革。

随着新文科概念的引入，调动文科生参与到新文科教育中，显得尤为重要。让人工智能、计算机辅助教学等多项现代教育技术融入新文科教育中，培养多方位全面的文科生已然成为重中之重。如何才能调动文科生参与到新文科教育中呢？我们可以从改善文科实验室教学环境着手。

改善教学环境能给文科生做一些积极向上的引导，引导学生主动学习，主动探索新设备，摆脱固定思维模式，在大学英语教学中使用设备做一些更有趣的实验课题，使得学生对英语产生更加浓厚的兴趣，对英语课充满期待。我们期待大学英语教学能培养出更多综合型人才。

4 总结

本文以天津商业大学大学英语语音室为例，将大学英语语音室现状以及针对这些现状作出的改善对策进行了阐释，并对于这些改善对策的效果做了进一步说明和预测，最后对于新文科形势下的大学英语教学提出展望。

参考文献

[1] 苏晓勇 . 高校英语语言实验室建设探讨 [J]. 大学教育，2020（4）：124–126.
[2] 解滨 . 高校语言实验室的发展与建设若干问题探讨 [J]. 巢湖学院学报，2009，11（3）：151–154.

基于“意识、知识、能力、体验”四位一体的大学生创新创业教育研究初探——以天津商业大学为例①

■ 樊竹君　刘　洋
■ 天津商业大学　300134

摘要　创新精神、创新意识和创新创业能力作为评价人才培养质量的重要指标，也对完善高校创新创业教育体系有着重要的影响。本文以天津商业大学为例，旨在通过对创新创业教育现状的分析，探索出一条基于“意识、知识、能力、体验”四位一体的创新创业教育体系，对地方高校创新创业教育提供可借鉴的模式。
关键词　**四位一体；创新创业；创新创业教育体系**

近年来，创新创业教育在全国各大高校如火如荼地展开，创新创业教育得到不断的深化和发展。国务院对创新创业教育提出了明确要求，2015 年，国务院办公厅发布的《关于深化高等学校创新创业教育改革的实施意见》的总体目标中提到，到 2020 年建立健全课堂教学、自主学习、结合实践、指导帮扶、文化引领融为一体的高校创新创业教育体系，人才培养质量显著提升，学生的创新精神、创业意识和创新创业能力明显增强，投身创业实践的学生显著增加。天津商业大学作为一所以商学为主干，管、经、工、法、文、理、艺多学科相互支撑、协调发展的高等学校，创新创业教育体系的构建对学校的发展至关重要。但是，随着创新创业教育的不断深入，随之而来也暴露了一些问题，如对创新创业教育体系的认识不到位、参与创新创业教育的师资力量薄弱、创新创业教学体系不健全、创新创业教育模式陈旧等。本文旨在通过对创新创业教育现状的分析，探索出一条基于“意识、知识、能力、体验”四位一体的创新创业教育体系，对地方高校创新创业教育提供可借鉴的模式。

1　创新创业教育现状

1.1　认知不到位

当前创新创业教育理念较之前得到了突飞猛进的发展，但很多教师和学生对创新创业理念的理解还不够。教师仍然以陈旧的思想指导学生，学生仍然受传统教育影响，只关注工作的稳定性，不愿自主创业，阻碍了创新创业意识的培养。

1.2　师资力量薄弱

由于受师资力量的制约，学校未设置专职的创新创业教师，大多数教师以教学、科研为主，精力有限，对创新创业教育没有足够时间进行深入思考和研究，没有足够的创新创业经验。虽然部分学院聘请了校外企业家讲授创新创业方面的课程，但传授的知识仍然有

① 本论为基金项目新工科背景下地方院校特色工科专业改革探索与实践的研究成果，课题号是 A201006901。

限，学生对创新创业的理解仍然浮于表面。

1.3 教学体系不健全

虽然开设了创新创业相关课程，但学校没有统一的运行机制，各学院讲授创新创业课程还处于“各自为政”的状态，教学质量参差不齐，难以整体把握学生的学习效果和学习状态。

1.4 创新创业教育体系模式陈旧

大部分专业仍然停留在传统的育人模式上，在现有的课程体系中，仍然以理论教学为主，实践教学形式较为单一，缺乏交互式实践教学方法，这样的模式制约了学生的创新创业思维，学生的创新创业体验效果也会大打折扣。

2 “意识 + 知识 + 能力 + 体验”四位一体创新创业教育体系的构建

2.1 创新创业意识的养成

学校应结合学校的商学素养的内涵，以商学特色人才培养的基本标准为指导，培养学生的创新创业意识。通过与专业教育课程的融合，教师应注重教学方案的优化和教学观念的转变，将创新创业意识渗透到学生的教学管理全过程中，促进学生的创新创业意识和创业能力的培养。

2.2 创新创业课程体系设置

要以学校的人才培养目标和创新创业教育目标为导向，以学校自身办学定位为基础，促进专业教育与创新创业教育的课程整合。学校应根据专业的不同，调整课程设置，丰富创新创业教育资源。除了专业导论、大学生创新创业、创业基础等必修课外，学校还应根据不同专业，开设创新创业指导等丰富的创新创业教育课程群。在完善线下课程体系构建的同时，学校还应大力开展线上创新创业教育课程，增加在线开放课程数量，利用优质的线上资源，选择一批视频公开课、慕课等在线开放课程，丰富学生创新创业课程体系。

2.3 创新创业能力建设

打造一支创新创业教育与创业就业指导专职教师队伍，通过聘请优秀校友、知名企业家、创业成功者等各行各业优秀人才，担任专业课、创新创业课授课或参加高水平竞赛的指导教师，通过多种方式提高学生的创新创业能力。学校还应建立创新创业“虚拟教研室”，整合全校优质创新创业资源，通过集体备课、研讨交流等多种形式，定期进行创新创业课程优化，结合不同专业，将专业知识与创新创业课程融合，促进学生创新能力的培养。

2.4 新工科背景下的创新创业实践体验

发挥全国高校创新创业典型经验“50 强”高校优势，依托“天商微渡”众创空间平台，加强专业实验室、虚拟仿真实验室、创业实验室和工程实训中心建设。以“新工科”建设为依托，继续推进大学生创新创业训练计划，深入挖掘有竞争力的项目进行培育，积极参加“互联网 +”大赛，促进项目落地转化。积极承办高水平学科竞赛，以赛代练，为学生创新创业提供实践平台。

3 结语

社会的发展离不开优秀的创新创业人才，地方高校应以培养应用型、复合型的创新创业人才为己任，通过探索“意识、知识、能力、体验”四位一体的大学生创新创业教育体系，把创新创业教育思想、理念和实践贯穿到课程、专业、教材、制度运行等人才培养的全过程中，服务地方经济发展、培育高质量创新创业人才。

参考文献

[1] 吴思丹 . 基于校企协同视角下创新创业教育体系构建与探讨 [J]. 就业与保障，2020（13）：72–73.

[2] 吴炜 . 创业型大学创新创业人才培养体系构建——基于深度融合产教平台的实践 [J]. 四川职业技术学院学报，2021（2）：45–51.

[3] 雷文静，雒亚男 . “三位一体”人才培养目标下应用型高校创新创业教育体系研究 [J]. 西安航空学院学报，2020（7）：84–88.

[4] 庄丽娜 . 构建高等学校创新创业教育体系研究 [J]. 产业科技创新，2020，2（18）：85–86.

"双万计划"背景下的一流本科课程质量提升路径与研究 ①

■ 樊竹君　刘　洋
■ 天津商业大学　300134

摘要　课程关乎人才培养质量，是人才培养的核心要素，教学改革，改到深处是课程。课程是体现"以学生发展为中心"理念的"最后一公里"，是落实"立德树人"根本任务的具体化、操作化和目标化。明确课程质量提升的路径能够为课程建设者提供明确的课程建设指导，充分了解课程质量提升需要做什么、怎么做、做到什么程度，才能保证课程建设目标的达成。

关键词　**双万计划；一流课程；课程质量；金课**

1　前言

2019 年，教育部启动了"双万计划"，即建设国家级和省级一流专业 10000 个和国家级和省级一流课程 10000 门。所谓一流课程，即淘汰"水课"，打造"金课"。这必将促使全国各高校掀起一轮新的课程教学改革，掀起高等教育的"质量革命"。作为高等教育的主力军，在一流课程评选中，竞争会愈发激烈，因此，在"双万计划"背景下，高校如何适应国家和地区经济社会发展需求，对接学校人才培养目标，根据自身情况，探索一流本科课程的质量提升路径，实现内涵发展，就显得尤为重要。

吴岩司长在 2021 年全国高教处长会上提出，中国高等教育正在进入全面提质创新的新时代，要建设高质量教育体系，办好人民满意的教育，培养德智体美劳全面发展的社会主义建设者和接班人。高等教育高质量的根本与核心是人才培养的高质量，要抓好根本质量，就要建设高水平人才培养体系。抓课程质量，是人才培养的核心要素。

2　一流本科课程质量提升路径

"学生中心，成果导向，持续改进"是课程建设的中心思想，"两性一度"作为"金课"标准成为课程建设的新目标。因此，我们要严格按照两性一度的"金课"标准打造一流课程，在线上、线下、线上线下混合式课程中，探索一流课程的建设标准，找到一流本科课程质量提升的路径。

2.1　明确教学内容和课程体系

一流本科课程质量提升的关键因素是明确课程的教学内容和课程体系。教学活动是以

---

① 本论文为天津商业大学校级教学改革研究项目"'双万计划'背景下一流本科课程建设标准的探索与研究"的研究成果，项目号是 TJCUJG202077。

教学内容为基础的，因此，我们要把课程相关的最新的研究成果引入教学内容，结合人才培养目标和要求，做好课程教学设计，要针对不同专业，根据培养目标的不同而调整教学内容，重构、完善专业教学课程体系，加强课程系统化，防止碎片化，这样才能更有针对性地进行课堂教学。

2.2 深入开展课程思政

课程思政是一流本科课程质量提升的重要抓手。讲好课程思政课程，是实现立德树人根本任务的关键所在。课程思政既包括基础课、专业课，也包括理论课和实践课，不管是哪种课程，都要深入挖掘课程中的思想政治教育元素，将思政理论知识、中国优秀传统文化、社会主义核心价值观等融入各门课程，全面推进思政课程和课程思政建设，防止出现“两张皮”的现象。

2.3 增加实践教学比重

实践教学是一流本科课程建设的重要支撑。在应用型本科教学的大环境下，实践教学与理论教学是不可分割的两个部分，二者相辅相成，共同促进。传统的教学模式是理论知识先于实践教学，两者互相独立，各成体系。但在“双万计划”背景下，要实现一流本科课程质量的提升，必须将实践教学与理论教学有机融合，从“重理论、轻实践”向“重实践、适当减少理论”过渡，根据不同专业的培养目标，将课程进行整合，增加实践教学比重，探索基于实践教学模式的课程建设。

2.4 深化产教融合

深化产教融合是课程质量提升的关键推手。2017 年，国务院办公厅印发《关于深化产教融合的若干意见》指出，要大力支持应用型本科和行业特色类高校建设，提高应用型人才培养比重。健全高等教育学术人才和应用人才分类培养体系，为学生提供多样化成长路径。深化产教融合，就是要发挥政府统筹规划、企业重要主体、人才培养改革主线、社会组织等供需对接作用“四位一体”制度架构，推动产教融合从发展理念向制度供给落地，探索适合“双万计划”背景下的一流课程建设的基层教学组织，利用市场合作和产业分工，构建校企利益共同体，形成稳定互惠的合作机制，促进校企紧密联结。

3 总结

建设一流本科课程是提升人才培养质量的必由之路，高校应抓住“双万计划”这一有利时机，围绕自身办学定位和人才培养方案，明确发展方向，制定出符合自身条件的课程改革内容，围绕教学内容和课程体系、深入开展课程思政、增加实践教学比重、促进产教融合等方面，提升课程高阶性、突出课程创新性，增加课程的挑战度，切实推进课程建设，探索出一条提升一流本科课程质量的可行的路径。

参考文献

[1] 王运武，黄荣怀，彭梓涵，等．打造新时代中国“金课”培养“卓越拔尖”人才 [J]. 中国医学教育技术，2019，33（4）：379–384，388.

[2] 王国栋，周玉燕，秦国正，等．双万计划背景下地方高校生物技术制药一流课程建设的探索 [J]. 药学教育，2021，37（1）：38–41.

[3] 李宏林，方海燕，高晓宝，等．“双万”背景下地方应用型高校《粉体工程》一流课程建设与实践 [J]. 山东化工，2020，49（19）：218–221.

[4] 高正艳．一流专业建设达成度评价：内涵与特征 [J]. 上海教育评估研究，2019（2）：21–24.

发达国家创业教育特色、借鉴及启示①

■ 纪多多
■ 天津商业大学 300134

摘要 创业教育最早可追溯于20世纪40年代，以美国为代表的西方发达国家经过数十载的高等教育改革与实践，已形成较为完善的创业教育体系，并日益成为各国推动创新型经济发展的核心和动力源。本文通过分析美、英、德三国创业教育特色，针对当前我国实施创业教育的现状及问题，立足新的时代背景，借鉴发达国家创业教育成功经验得出启示，以期为我国地方高校开展具有中国本土特色的创新创业教育教学改革提供参考。

关键词 **创业教育；特色；高校；借鉴及启示**

我国创业教育最早始于20世纪80年代，在党和国家高度重视下，经历了萌芽起步、高校自主探索、政府引导下的多元发展和全面发展四个阶段。2015年后，在国家一系列政策的推动下，创业教育进入深入实施阶段，并取得了长足的发展，形成了一大批优秀的创业教育成果。但与发达国家相比，我国创业教育在教育理念与培养目标定位、课程体系构建、实践平台建设、"双师"型师资培育与储备、质量评估与保障、创新创业文化氛围营造等方面仍存较大的差距。当前，我国正处于经济由高速增长转向高质量发展阶段，这必然给高校人才培养带来了新的任务和新的挑战。高校作为培养创新创业人才的重要阵地，应担负起时代赋予的重任，主动顺应国际创业教育发展的新趋势，积极深化创新创业教育教学改革，不断提升创新创业人才培养质量。这不仅是我国经济升级换代与转型发展的迫切要求，也是未来国家提升国际竞争力和保持可持续发展动力的需要，更是破解当前大学生结构性就业矛盾的现实需求。以美国、英国、德国为代表的西方发达国家，高度重视创业教育，经过数十年的演变、发展，已形成完善的教育体系，并纳入国民教育体系之中，在实践过程中积累了丰富的经验，取得了丰硕的创业理论与创业实践成果。本文通过分析发达国家的创业教育特色不仅为我国提供借鉴，更为地方高校探索开展具有本土特色的创新创业教育改革与发展提供参考。

1 发达国家创业教育特色

1.1 美国

美国是最早开展创业教育的国家，经过60多年的研究与发展，其创业教育已经走向繁荣和成熟，在提升大学竞争力、开发大学生技能、推动美国经济发展、增加社会就业率

① 本论文为天津市教育科学规划课题"天津市普通高校创新创业教育评价研究"的研究成果，课题号是HE4008；2020年天津市教改项目"新工科背景下地方院校特色工科专业改革探索与实践"的研究成果，课题号是A201006901；2020年天津商业大学校级本科教育教学改革项目"'一流专业'建设视域下高校创新创业教育评价研究与实践——以天津商业大学为例"的研究成果之一，课题号是TJCUJG2020683。

等方面发挥了至关重要的作用。其创业教育的特色主要表现如下。①前瞻性的创业理念。美国大学创业教育倡导"为每个学生的自由发展服务"的承诺，如美国百森商学院着眼于长远，坚持为未来几代人设定"创业遗传代码"的创业教育理念，致力于培养学生适应未来社会发展的企业家精神和专业素质，成为引领全球创业教育的先锋。②多维度、多层次、多渠道的立体式创业支持环境。美国通过制定和完善法律法规政策，如颁布的"美国创新战略""'创业美国'计划"从政府层面为创业教育实施提供有力保障；通过制定一系列的鼓励政策和法规，如《拜杜法案》《联邦技术转移法》等为加快大学技术转让、促进产学研合作及参与区域和地方经济发展建设及推进大学创业教育产业化提供法律保障和政策支持；国家在税收上逐年加大对大学创业教育活动的扶持力度，有效推动了高校创业教育的发展。此外，基金会、企业和研究机构等社会组织也均为美国大学创业教育提供资金、管理、技术、场地等支持。③系统性的综合创业课程体系。遵从学生认知发展规律，各大学以"创业过程"为核心，依据自身办学优势对不同类型、不同内容及不同层次的创业课程进行系统化设计，以确保创业教育目标的实现和跨学科教育理念的落实。目前，美国已有 1800 所高校开设了 2500 多门创新创业课程，形成了"主修"课程与"辅修"课程相结合的跨学科课程体系。如斯坦福大学将全球创业纳入创业课程体系，有效整合理论课程中所涉及的创业知识，增强课程的实效性和针对性。④优质的创新创业师资储备。美国大学创新创业教师队伍具有"专兼结合"和"跨学科"的特点。大学通过"创业者终身学习计划"、创业学博士项目、聘请兼备创业经验及学术背景的社会资深人士从事兼职教学和研究工作三种方式培养创新型的创业教师。数量充足、结构合理、专兼结合的创业教师储备成为美国创业教育领跑于其他国家的制胜法宝。⑤成立多功能的创业教育中心。旨在提供创业学术课程、开发创业教育合作项目、开展创业研究，成为大学与外界联系的重要纽带。目前，美国建有 150 个创业教育中心，这些中心在运行的过程中，通过"跨界"更有效地调动跨学科资源，使学生更加灵活地适应社会需求变化。

1.2 英国

英国政府高度重视创业教育，将其作为提升"国家经济发展驱动力"的重要举措之一。经过近 40 年的探索实践，英国已成为世界上创新创业教育经验最为丰富的国家之一。其创业教育特色主要表现如下。①良好的发展政策环境支持。英国创业教育的发展与政府的大力支持紧密相关，如英国政府联合教育与技能部（DFES）、财政部（HMT）、贸工部（DTI）和首相办公室（ODPM）四部门协同制定与创业教育相关的法规与政策，以保证大学开展创业教育教学研究及服务大学生创业；创业教育项目大部分资金来源于科学与技术办公厅（OST）、教育与技能部等部门，以政府拨款或设立创业基金项目方式进行扶持，为推动创业教育发展奠定坚实的物质基础；成立国家创业教育中心（NCEE），规范英国大学创业教育的发展；以大学为依托成立科学创业中心（UKSEC）和全国大学生创业委员会，促进了大学与外界相连，在开展创业教育教学研究、密切高校与产业联系、提供创业指导与咨询、鼓励技术转化、强化师资培训等方面发挥着举足轻重的作用，助推英国全国范围创业教育快速发展。②将创业教育纳入大学整体战略规划。在大学内部成立创业教育中心，为大学生及教师提供创业指导、研讨、培训；建立跨学科的创业研究和教学中心，聚集各方创新创业领域的专家、学者、企业家、创业成功人士、培训者共同开发创业课程和优质创业教育资源，支持、指导、规范科研成果的转化；广开创业教育资金渠道，多方吸纳社会资源，以保证大学创业教育得以顺利开展和可持续发展。③创业课程结构具有鲜明的整合性。英国大学创业课程按性质可分为“关于创业”“为了创业”和“在创业”三类，注重对学生创业情感的培育和创业精神的培养。课程的开发由各高校基于资源共享、共同合作模式实施网络化开发。创业课程注重对学生创业精神的培养，与各种创业援助整合，使大学创业教育从课堂走向实践；创业课程与创业研究整合，推动大学开展创业教育理论研究、学术交流、实践改革等，将研究成果融入创业课程之中；创业课程与课外课程整合，在创业课程与课外课程的双重影响下，有利于大学创新创业文化的推广，激发学生创新创业意识、获取创业经验、培养创业能力。④完整的宏观评估体系。在国家指导下，英国设置了一套详细全面且具有针对性的创新教育宏观评估体系。如：“高等教育社区商务互动调研”用于监督与衡量创新基金使用成效、“知识交换框架”针对高校与企业/社区的创新教育互动与转化开展评估、“科研卓越框架”针对科研质量进行的评估、“教学卓越框架”用于教学质量效果的评估等。同时，英国的《泰晤士高等教育》和《卫报》依据各自的标准每年对大学实施的创业教育效果予以评价。

1.3 德国

德国作为现代工业制造的核心大国，与其很早就开始实施创业教育密不可分。经过几十年的发展，尤其是应用型大学开展的创业教育为德国的制造业提供了持续驱动力。德国创业教育特色主要表现如下。①完备的创业教育政策。德国政府从经济、政治和社会文化三个维度为创业教育构建起良好的政策支撑，如：在经济环境方面通过制定优惠的投融资政策，为大学生创业提供资金支持；在政治环境方面制定了《中小企业促进法》《中小企业增加就业法》等法规，为大学生创业提供政策保障，营造良好的发展环境；在创业文化方面通过实施创业培训、开展创业咨询、加强创业指导与帮助等，对大学生创业素质的提升起到引领、塑造和培养的作用。②系统的创业教育课程体系。德国大学创业课程涵盖了不同创业领域所需各种知识与技能，开展的课程主要有：创新创业法律法规、企业战略管理、财务管理、市场营销、融资、运营管理、企业创业管理、创业实践操作、企业家精神培养、产品创新研发等，体现了跨学科的特点，为大学生创业打下良好的基础。此外，在一定阶段，学校还为学生提供孵化模块。③高效的实践教学。德国大学十分重视创业教育与实践紧密结合，如项目教学、技术实习、实践教学及毕业设计等占德国创业教育的大部分比例，且授课的教授都是具有一定实践经验的专家；通过举办创业比赛促进大学生创业、借助创业教育中心开展实践教育、利用互联网技术将政府、创业中心、企业（行业）及科研机构联系起来，为大学生创新创业教育提供有力支撑。通过与孵化器、科技园合作为学生提供科研环境和创业机会。④兼职为主的高水平创业教育师资队伍。德国大学非常重视创业教育的实践性，许多大学有自己专门的创业教育研究机构和研究人员，其不仅对创业教育开展研究，而且还负责创业实践教育工作。聘请创业成功人士、具有丰富企业管理经验和创业经验的企业主或经济学教师担任兼职创业教师。在创业师资中设立创业教育教授职位，以提升创业导师的身份认同感。此外，鼓励大学教授从事企业管理、创业实践等活动以获取创业指导经验，增强创业师资队伍的活力。⑤浓厚的创新创业文化氛围。德国大学创业教育侧重于“育人”和“育环境”，以培养学生的质疑、挑战、批判精神。积极发挥创业服务中心的引导作用，同时吸引社会资源多渠道为大学生提供全过程的创业培训、创业咨询与指导，宣传创业文化，鼓励学生组织创新创业社团，开展丰富多彩的创新创业活动，营造创新创业氛围。如，慕尼黑工业大学注重学校创新创业文化的营造和发展，形成了创业教育、学术研究与技术研发相互依存、相互促进的良好态势。

2 我国地方高校创业教育亟待解决的主要问题

我国创业教育起步较晚，在党和国家的重视下，取得了快速的发展，但远不能满足社会经济发展对创新创业教育的迫切需求，仍存在以下不足制约了创业教育的发展。①创业教育理念滞后、目标定位模糊，将创业教育视为缓解当前就业压力的权宜之计，仍带有功利性价值倾向；对创业教育的内涵、外延的理解和对创业课程建设重要性认识不足，创业教育与学校的办学理念、发展规划及专业建设没有融合。②创业教育课程体系尚不健全，专业教育与创新创业教育融合度不高。如很多地方高校虽将创业教育纳入人才培养方案，将创业课程纳入正规教学计划之内，开设了如《创业学》《商业谈判》《创业基础与务实》等多门必修课、选修课及相关讲座，但创业课程相对零散、孤立，游离于专业课程体系之外，未形成完整的课程群；创业课程设置存在同质化，且内容多以学校现有学科和师资优势资源设计，缺乏系统性和科学性；创业课程组织实施模式落后，缺乏灵活性；创业课程评价缺乏统一性和规范性。③“双创”教育师资队伍建设薄弱，尤其是高素质的创业导师更是稀缺，创业教育师资总体数量尚未形成一个系统的师资规模，不能满足创业教育发展的需求；承担创业教育的教师多为管理或经济学院的教师、学院辅导员、负责就业工作的行政人员，缺乏系统的专业知识学习与培训，实践指导能力不强；缺少具有丰富实战经验的外部师资。④创业文化氛围不浓厚。受传统思想观念束缚，我国尚未在全社会形成支持、鼓励创业的意识，制约了创业氛围的形成。⑤学生创业的支撑体系不完善。在高校内部，教学部门与教务处、学生处等职能管理部门没有形成“联动机制”；在高校外部，地方政府、高校、企业、媒体没有形成主动联动的机制，制约了高校创业教育的发展。

3 借鉴与启示

目前，我国的创业教育依然处于起步、探索阶段。立足我国创业教育的现状，学习美国、英国、德国创业教育的特色，我们可得出以下启示。

3.1 回归教育本质，科学树立创业教育理念

创业教育在我国刚刚起步，目前学界对创业教育内涵的界定尚存争议。借鉴国内外已有研究成果，可知创业教育是一种以培养学生创新精神、创业意识和创业能力为基本价值取向的新的教育理念，“跨界融合重构”的特征日见凸显。以上三国的创业教育实践表

明：全面、深入、准确地理解创新创业教育的本质对高校推进创新创业教育尤为重要。地方高校要走出传统的窠臼，回归教育的本质，须树立起一个“中心”（以学生为中心）、三个“结合”（课内与课外、人文与科学、教学与研究相结合）全新的创新创业教育理念。聚焦人才培养方案，遵从教育教学及人才成长规律，以立德树人为根本，以促进学生全面发展为目标，以培养学生创新创业意识和精神为核心，做好顶层设计规划，将创业教育纳入人才培养方案进行整体规划设计，贯穿于人才培养全过程。以优质创新创业课程建设和功能齐全的实践平台（如实践教学平台、实训教学平台、创新教学平台）建设为载体，使大学生创业教育与思想政治教育、专业教育、素质教育及就业教育相融合，以培养知识、能力、人格、素质协调发展的创新创业人才。

3.2 构建完善的创新创业课程体系

课程体系体现了课程数量和课程之间的知识结构的关系。美、英、德三国在构建创新创业课程体系上注重将通识教育与专业教育相融合，课程设置灵活多样，且门类齐全，充分体现了以“成人”教育统领“成才”教育的理念。我国地方高校在创新创业课程建设时应从知识本位转向能力本位，以需求为导向，注重科学与人文相融合，在“广”“博”上下功夫。如：面向全校各专业统一开设创新创业通识类必修课程，如《创业基础》《创业引导》等，使全部学生接受创业普及教育，培养学生的创新创业理念和意识；通过创新创业核心课程建设，优化创新创业教育课程群，逐步构建起多层次、模块化的创新创业课程体系，起到激发学生兴趣、拓宽视野、增长知识的目的；借助信息技术优势，加快视频公开课和幕课（MOOC）等在线开放课程建设，不断丰富创新创业优质课程资源，逐步提高学生对以知识学习为主的创新创业课程选择的自由度；加强课程改革，选择试点校探索建设“跨学校、跨院系、跨学科、跨专业”的创新创业课程，以培养学生批判质疑精神、独立分析和解决问题以及创造性思维等能力，满足具有可持续发展力的创新创业人才所需的理论知识及实践技能，使其成为能够立足本土、面向全球、主动思考、勇于创新的终身学习者。

此外，高校要根据人才培养目标定位，规划、组织突出创新创业教育且兼具专业特色的教材及案例库的编写工作。通过完善创新创业课程体系及加强创新创业课程建设使创新创业教育与专业教育、素质教育、就业教育相融合，使大学生获得的“创业基因”更具活力。

3.3 打造专业化多元化的师资队伍

高质量的“双创”教师队伍是实施创业教育的关键。面对今后创业教学学科化发展的大势，地方高校可按专任为主、专兼结合的原则，采用“培养、引进与合作”并举方式加强创新创业师资队伍建设。实施“创新创业导师培育”工程，通过岗前培训、课程轮训、选派骨干教师参加国际国内创新创业教育领域的学术教育与研讨和交流、到企业（行业）挂职锻炼等途径加强教师培训；创新“双创”教育师资培训方法，如：引用大数据管理思维，建立创新创业导师数据库，收集其教学、科研及进修等方面信息并定期对其专业能力水平进行全方位评估，依据评估结果为其提供个性化的培训方案或指导，通过推送课程资源、提供培训项目等促进其终身职业发展；鼓励教师利用网络交流平台自主学习最前沿的教学资源，不断更新自我知识和能力，为满足未来世界的持续发展需要而学习。进一步优化创业教育导师队伍结构，聘请业界知名科学家、企业家、风险投资人、成功校友等担任学校兼职创新创业授课或学生科研创新（创业训练）项目指导教师。如学校本着“协同与共享”原则，探索打通校际之间、校企之间人力资源壁垒，建立起创新创业导师流动机制，使专兼职导师充分发挥自身优势，在协同培育、指导、孵化具有地域特色的优质创新创业项目过程中，实现“跨界”学习，进而提升创新创业导师的整体教学水平与实践指导能力。

3.4 建立多元化的创新创业教育评估机制

创新创业教育质量评估是一项复杂的系统工程，地方高校应结合学校自身性质、层次、培养目标的差异构建评估机制，强化评价的“诊断”与“持续改进”功能。建立多元化、互补性创新创业教育评估主体，可由政府官员、企业（行业）管理人员、专家学者及学生代表组成；结合创新创业教育目标和人才培养规律，建立科学、完备的评估指标；建立起高效的评估方式，以确保调研数据的真实、准确；设立“创新创业教育基金”，用于表彰优秀创新创业团队，如：对通过验收的“国创计划”的参与学生可获“创新与研修类课程”的相应学分，在校级评优或免试推荐硕士研究生时可获得量化加分。对担任“国创计划”指导工作的教师给予计算工作量，注重将指导效果与各种评优、职称评定、职务晋升挂钩，调动指导教师的积极性。

3.5 营造良好的创业教育文化氛围

美国、英国、德国的创业教育特色表明，浓厚的创业文化氛围有利于创业者的创业。因此，我国高校可以挖掘利用校内各种资源，通过举办创业文化节、主题宣讲会、各种实践活动等形式大力宣传开展创业教育的时代意义，营造浓厚的创业文化氛围，让学生在参与活动过程中提高创业热情、激发创业动机；通过开展实施丰富多彩的创业活动传播创业教育理念、普及创业知识和创业技能、提升大学生创业素养、培养创业知识和创业技能，为学生未来就业和创业奠定更坚实的基础。

3.6 建设全面的创业教育支持体系

创业教育是一项长期的系统工程，需要政府、高校、企业、科研院所等组织汇聚共识，形成合力，多维度、多层次构建立体化的创新创业教育支持“网络”，才能有效地促进创业教育持续健康发展。如：政府在高校开展创业教育的过程中扮演者倡导者、扶持者和协调者的重要角色。尤其在制定政策时应从市场需求出发，为创新创业教育赢得有利的发展条件。同时，政府还要健全创新创业教育相关的法律法规，为大学生创新创业搭建投（融）资平台和信用平台，使创业环境、创业教育环境得以持续优化。而企业、行业组织在大学生高校创业教育过程中同样扮演着重要角色，其可从资金、税收、实践平台等方面助推地方高校创业教育的开展，为大学生创新创业提供良好的实践环境。高校作为实施创业教育的主体，要积极主动与政府、社会各行各业的企事业单位开展合作，实现人才、资源在区域间、校际间充分、合理流动，引进社会力量进校园，为创新创业教育营造良好的外部环境。此外，我们还应珍惜校友资源，校友为母校筹集出创业教育资金不仅能提高学校的声誉，而且有利于学校争取其他方面的资助，还有助于证实创业教育所带来的积极效果。

参考文献

[1] 孙慧敏，陈工孟 . 全球创新创业教育研究报告 [M]. 经济管理出版社，2016.
[2] 程策略，研究型大学创新创业教育全面融入人才培养全过程 [J]. 吉林省教育学院学报，2021（4）：60.
[3] 贾鹏，德国高等工程教育创新创业理念及其启示 [J]. 大学教育 .2021（4）：26–28.
[4] 夏仕武，毛亚庆 . 美国创业教育体系化建设：历程及启示 [J]. 江苏高教，2020（8）：69–75.
[5] 孙慧敏，陈工孟 . 全球创新创业教育研究报告 [M]. 经济管理出版社，2016.
[6] 周丽霞，赵欢 . 国内外高校创新创业教育发展比较研究 [J]. 创新与创新研究与实践，2019，2（6）：4–6，19.
[7] 刘俊利 . 美国百森商学院的创业教育及启示 [J]. 创新与创业教育，2020，11（5）：155–162.
[8] 崔鹏 . 国外创新创业教育实践及其启示——基于美、英、德三国比较研究 [J]. 创新与创业教育，2018，9（6）：70–73.
[9] 许超 . 国外高校创新创业教育实践经验与启示 [J]. 创新与创业教育，2018，9（1）：141–143.
[10] 张庆晓，许礼刚，王轶珍 . 美国高校开展一流创新创业教育的经验及启发 [J]. 黑龙江高教研究，2020，38（4）：98–102.
[11] 孙慧敏，陈工孟 . 全球创新创业教育研究报告 [M]. 经济管理出版社，2016.
[12] 张天华 . 英国高校创业教育与价值观的融合对我国创业教育的启示 [J]. 辽宁大学学报（哲学社会科学版），2019，47（5）：179–184.
[13] 施永川 . 全球化背景下英国高校创新创业教育的发展现状及未来走向——访英国创新创业教育者学会国际研究员张静女士 [J]. 世界教育信息，2020，33（4）：36–41.
[14] 樊熙梦，徐俊杰 . 美国、英国、日本高校创新创业教育现状 [J]. 吉林医药学院学报，2019，40（6）：434–435.
[15] 徐小洲，梅伟惠，韩冠爽 . 论我国高校创业教育高质量发展的十大关系 [J]. 高等工程教育研究，2021（1）：155–161.
[16] 王洪才，刘隽颖 . 大学创新创业教育核心・难点・突破点 [J]. 中国高等教育，2017（Z2）：61–63.
[17] 刘琼，滕艳秋 . 德国大学生创业教育发展经验探索 [J]. 中国成人教育，2018（22）：121–123.
[18] 李志义 . 创新创业教育之我见 [J]. 中国大学教学，2014（4）：5–7.
[19] 张晓鹏 . 美国大学创新人才培养模式探析 [J]. 中国大学教学，2006（3）：7–11.
[20] 蔡杰，石美，刘芸 . 浅谈贵阳市高校创新创业教育的对策 [J]. 学理论，2015（18）：210–211.
[21] 李海花，桑新民 . 全球文化沉浸式的大学发展新模式——以密涅瓦大学为例 [J]. 现代教育技术，2017，27（6）：51–56.
[22] 李福华 . 论国家力量介入教师队伍建设的内生性需求 [J]. 清华大学教育研究，2018，39（6）：88–95.
[23] 潘涌，陈泽胜 . 教师：全球可持续发展的关键 [N]. 中国教育报，2019–09–06.
[24] 洪晓雪 . 高校本科生创新创业教育体系研究——以中央财经大学为例 [J]. 中国大学生就业，2017（10）：60–64.